Buch-Updates
Registrieren Sie dieses Buch auf unserer Verlagswebsite. Sie erhalten damit Buch-Updates und weitere, exklusive Informationen zum Thema.

Und so geht's

> Einfach **www.sap-press.de** aufrufen
<<< Auf das Logo **Buch-Updates** klicken
> Unten genannten **Zugangscode** eingeben

Ihr persönlicher Zugang zu den Buch-Updates 260989020882

Objektorientierte Programmierung mit ABAP™ Objects

James Wood

Objektorientierte Programmierung mit ABAP™ Objects

Bonn • Boston

Liebe Leserin, lieber Leser,

vielen Dank, dass Sie sich für ein Buch von SAP PRESS entschieden haben.

Für viele aktuelle ABAP-basierte Technologien – beispielsweise Web Dynpro, Object Services oder SAP Business Workflow – ist es eine Grundprämisse, dass Sie über Wissen in der Objektorientierung verfügen. Aber auch für die herkömmliche ABAP-Programmierung rät SAP seit der Einführung von ABAP Objects mit SAP R/3 4.6C, objektorientiert vorzugehen. Viele ABAP-Entwickler haben den Umstieg jedoch bis heute gescheut: Sei es aus Mangel an Zeit, um sich in neue Ansätze einzuarbeiten, oder weil es aus dem Management keine Unterstützung dafür gibt, eigentlich funktionsfähige Software aus architektonischen Gründen umzubauen.

Zudem hat bislang eine Einführung in die Objektorientierung gefehlt, die Ihnen ABAP-fokussiert alle Hintergründe erläutert. Deshalb werden Sie nicht nur die Mischung aus Theorie und Praxis schätzen, mit der Ihnen James Wood in diesem Buch den OOP-Einstieg so einfach wie möglich macht, sondern eben gerade, dass es am Beispiel Ihrer Lieblingsprogrammiersprache ABAP passiert. Mit der Lektüre werden Sie für den Umstieg vom prozeduralen zum objektorientierten ABAP bestens vorbereitet und können in kleinen Häppchen anfangen, neu zu schreibendes Coding – aber auch bestehendes – auf der Höhe der Zeit zu entwickeln. Ausreden gelten dann nicht mehr.

Wir freuen uns stets über Lob, aber auch über kritische Anmerkungen, die uns helfen, unsere Bücher zu verbessern. Am Ende dieses Buches finden Sie daher eine Postkarte, mit der Sie uns Ihre Meinung mitteilen können. Als Dankeschön verlosen wir unter den Einsendern regelmäßig Gutscheine für SAP PRESS-Bücher.

Ihr Stefan Proksch
Lektorat SAP PRESS

Galileo Press
Rheinwerkallee 4
53227 Bonn

stefan.proksch@galileo-press.de
www.sap-press.de

Auf einen Blick

TEIL I Grundlagen

1 Einführung in die objektorientierte Programmierung 23

2 Arbeiten mit Objekten 43

TEIL II Wichtige Konzepte

3 Kapselung und Ausblenden der Implementierung 93

4 Objektinitialisierung und Bereinigung 113

5 Vererbung 135

6 Polymorphie 165

7 Komponentenbasierte Designkonzepte 195

8 Fehlerbehandlung mit Ausnahmen 215

9 Modultests mit ABAP Unit 247

TEIL III Fallbeispiele

10 Arbeiten mit dem SAP List Viewer 271

11 Object Services in ABAP 293

12 Arbeiten mit XML 319

13 Ausblick 345

Anhang

A Debugging von Objekten 349

B Der Autor 359

Der Name Galileo Press geht auf den italienischen Mathematiker und Philosophen Galileo Galilei (1564–1642) zurück. Er gilt als Gründungsfigur der neuzeitlichen Wissenschaft und wurde berühmt als Verfechter des modernen, heliozentrischen Weltbilds. Legendär ist sein Ausspruch *Eppur se muove* (Und sie bewegt sich doch). Das Emblem von Galileo Press ist der Jupiter, umkreist von den vier Galileischen Monden. Galilei entdeckte die nach ihm benannten Monde 1610.

Gerne stehen wir Ihnen mit Rat und Tat zur Seite:
stefan.proksch@galileo-press.de bei Fragen und Anmerkungen zum Inhalt des Buches
service@galileo-press.de für versandkostenfreie Bestellungen und Reklamationen
thomas.losch@galileo-press.de für Rezensionsexemplare

Lektorat Stefan Proksch
Übersetzung Lemoine International GmbH, Köln
Fachgutachten Thorsten Franz, Bonn
Korrektorat Osseline Fenner, Troisdorf
Einbandgestaltung Daniel Kratzke
Coverbild Getty Images/James Carrier
Typografie und Layout Vera Brauner
Herstellung Lissy Hamann
Satz Typographie & Computer, Krefeld
Druck und Bindung Bercker Graphischer Betrieb, Kevelaer

Bibliografische Information der Deutschen Bibliothek
Die Deutsche Bibliothek verzeichnet diese Publikation in der Deutschen Nationalbibliografie; detaillierte bibliografische Daten sind im Internet über http://dnb.ddb.de abrufbar.

ISBN 978-3-8362-1398-1

1. Auflage 2009

Die englische Originalausgabe erschien 2009 bei Galileo Press.

Inhalt

Einleitung 15

TEIL I Grundlagen

1 Einführung in die objektorientierte Programmierung 23

1.1 Notwendigkeit einer verbesserten Abstraktion 23
1.2 Klassen und Objekte 25
1.3 Festlegung von Grenzen 27
1.4 Wiederverwendung 30
1.4.1 Komposition 30
1.4.2 Vererbung 31
1.4.3 Polymorphie 32
1.5 Objektverwaltung 34
1.6 UML-Tutorial: Grundlagen zu Klassendiagrammen 35
1.6.1 Klassen 37
1.6.2 Attribute 37
1.6.3 Operationen 38
1.6.4 Assoziationen 40
1.6.5 Notizen 41
1.7 Zusammenfassung 41

2 Arbeiten mit Objekten 43

2.1 Syntaxübersicht 43
2.1.1 Definition von Klassen 44
2.1.2 Deklaration von Komponenten 44
2.1.3 Implementierung von Methoden 53
2.2 Anlage und Verwendung von Objekten 55
2.2.1 Objektreferenzen 55
2.2.2 Anlage von Objekten 56
2.2.3 Objektreferenzzuweisungen 56
2.2.4 Arbeiten mit Instanzkomponenten 57
2.2.5 Arbeiten mit Klassenkomponenten 60
2.2.6 Erstellung komplexer Ausdrücke mithilfe von funktionalen Methoden 64
2.3 Schreiben Ihres ersten objektorientierten Programms 67
2.4 Erste Schritte mit dem Class Builder 73

2.4.1 Class-Pools 74
2.4.2 Zugriff auf den Class Builder 74
2.4.3 Anlage von Klassen 75
2.4.4 Definition von Klassenkomponenten 77
2.4.5 Direkte Bearbeitung des Klassendefinitionsbereichs 85
2.5 Fallbeispiel: Arbeiten mit regulären Ausdrücken 86
2.6 UML-Tutorial: Objektdiagramme 88
2.7 Zusammenfassung 90

TEIL II Wichtige Konzepte

3 Kapselung und Ausblenden der Implementierung 93

3.1 Gewonnene Erkenntnisse beim prozeduralen Ansatz 94
3.1.1 Funktionale Zerlegung und ihre Nachteile 94
3.1.2 Fallbeispiel: Eine prozedurale Codebibliothek in ABAP 95
3.1.3 Weg zur objektorientierten Programmierung 98
3.2 Datenabstraktion mit Klassen 99
3.3 Definition der Komponentensichtbarkeit 100
3.3.1 Sichtbarkeitsbereiche 100
3.3.2 Freunde 104
3.4 Ausblenden der Implementierung 106
3.5 Design by Contract 108
3.6 UML-Tutorial: Sequenzdiagramme 109
3.7 Zusammenfassung 111

4 Objektinitialisierung und Bereinigung 113

4.1 Anlage von Objekten 113
4.2 Steuerung der Objektinitialisierung mit Konstruktoren 118
4.3 Steuerung des Instanzierungsprozesses 124
4.4 Garbage Collection 128
4.5 Optimierung der Performance 130
4.5.1 Designüberlegungen 130
4.5.2 Späte Initialisierung 130
4.5.3 Wiederverwendung von Objekten 131
4.5.4 Verwendung von Klassenattributen 132
4.6 UML-Tutorial: Zustandsdiagramme 132
4.7 Zusammenfassung 134

5 Vererbung 135

5.1 Generalisierung und Spezialisierung 136
5.2 Vererbung von Komponenten 141
5.2.1 Definition der Vererbungsschnittstelle 142
5.2.2 Sichtbarkeit von Instanzkomponenten in Unterklassen 144
5.2.3 Sichtbarkeit von Klassenkomponenten in Unterklassen 145
5.2.4 Redefinition von Methoden 145
5.2.5 Instanzkonstruktoren 147
5.2.6 Klassenkonstruktoren 148
5.3 Schlüsselwörter Abstract und Final 149
5.3.1 Abstrakte Klassen und Methoden 149
5.3.2 Finale Klassen 152
5.3.3 Finale Methoden 153
5.4 Vererbung im Vergleich zu Komposition 154
5.5 Verwendung des Refactoring-Assistenten 157
5.6 UML-Tutorial: Erweiterte Klassendiagramme – Teil I 159
5.6.1 Generalisierung 160
5.6.2 Abhängigkeiten und Komposition 160
5.6.3 Abstrakte Klassen und Methoden 162
5.7 Zusammenfassung 163

6 Polymorphie 165

6.1 Objektreferenzzuweisungen – Wiederholung 165
6.1.1 Statische und dynamische Typen 166
6.1.2 Casting 168
6.2 Dynamische Bindung von Methodenaufrufen 171
6.3 Schnittstellen 173
6.3.1 Schnittstellenvererbung im Vergleich zu Implementierungsvererbung 174
6.3.2 Definition von Interfaces 175
6.3.3 Implementierung von Interfaces 177
6.3.4 Arbeiten mit Interfaces 180
6.3.5 Schachtelung von Interfaces 188
6.4 UML-Tutorial: Erweiterte Klassendiagramme – Teil II 190
6.4.1 Interfaces 190
6.4.2 Angebotene und benötigte Interfaces bei Klassen 191
6.4.3 Statische Attribute und Methoden 192
6.5 Zusammenfassung 193

7 Komponentenbasierte Designkonzepte 195

7.1 Grundlegendes zum SAP-Komponentenmodell 195
7.2 Paketkonzept 198
7.2.1 Was ist ein Paket? 198
7.2.2 Anlage und Organisation von Paketen mit dem Package Builder 201
7.2.3 Einbettung von Paketen 204
7.2.4 Definition von Paketschnittstellen 205
7.2.5 Anlage von Verwendungserklärungen 207
7.2.6 Durchführung von Paketprüfungen 209
7.2.7 Paketdesignkonzepte 209
7.3 UML-Tutorial: Paketdiagramme 210
7.4 Zusammenfassung 213

8 Fehlerbehandlung mit Ausnahmen 215

8.1 Gewonnene Erkenntnisse aus vorhergehenden Ansätzen 215
8.2 Klassenbasiertes Ausnahmebehandlungskonzept 217
8.3 Ausnahmebehandlung 219
8.3.1 Behandlung von Ausnahmen 220
8.3.2 Bereinigung von Ressourcen 224
8.4 Auslösung und Weiterleitung von Ausnahmen 225
8.4.1 Systemgesteuerte Ausnahmen 225
8.4.2 Anweisung RAISE EXCEPTION 226
8.4.3 Propagierung von Ausnahmen 229
8.5 Anlage von Ausnahmeklassen 234
8.5.1 Grundlegendes zu Ausnahmeklassentypen 235
8.5.2 Lokale Ausnahmeklassen 236
8.5.3 Globale Ausnahmeklassen 236
8.5.4 Definition von Ausnahmetexten 238
8.5.5 Zuweisung von Ausnahmetexten zu Nachrichtennummern 241
8.6 UML-Tutorial: Aktivitätsdiagramme 244
8.7 Zusammenfassung 246

9 Modultests mit ABAP Unit 247

9.1 ABAP Unit – Überblick 248
9.1.1 Notwendigkeit von Modultest-Frameworks 248
9.1.2 Modultests – Terminologie 250
9.1.3 Funktionsweise von ABAP Unit 250

9.2 Anlage von Modultestklassen 251
9.2.1 Testattribute 252
9.2.2 Testmethoden 253
9.2.3 Verwaltung von Fixtures 254
9.2.4 Generierung von Testklassen für globale Klassen 255
9.3 Fallbeispiel: Anlage eines Modultests in ABAP Unit 255
9.4 Ausführung von Modultests 259
9.4.1 Integration mit der ABAP Workbench 259
9.4.2 Integration mit dem Code Inspector 260
9.5 Auswertung von Modultestergebnissen 260
9.6 Weg zur testorientierten Entwicklung 261
9.7 UML-Tutorial: Anwendungsfalldiagramme 262
9.7.1 Anwendungsfalldiagramme – Terminologie 263
9.7.2 Beispiel für einen Anwendungsfall 264
9.7.3 Anwendungsfalldiagramm 266
9.7.4 Anwendungsfälle für die Verifizierung von Anforderungen 267
9.7.5 Anwendungsfälle und Tests 268
9.8 Zusammenfassung 268

TEIL III Fallbeispiele

10 Arbeiten mit dem SAP List Viewer 271

10.1 SAP Control Framework – Überblick 272
10.1.1 Architektur des SAP Control Frameworks 272
10.1.2 Verfügbare Controls 274
10.2 ALV-Objektmodell – Überblick 274
10.3 Erste Schritte mit dem Flugdaten-Query-Report 276
10.3.1 Erläuterung der Report-Anforderungen 276
10.3.2 Report-Design unter Verwendung des MVC-Entwurfsmusters 276
10.3.3 Entwicklung der Flugmodellklasse 277
10.3.4 Entwicklung der Report-Controller-Klasse 279
10.3.5 Implementierung der Report-Sicht 282
10.4 Ereignisbehandlung mit dem ALV-Objektmodell 285
10.4.1 Integration von Ereignisbehandler-Methoden in den Controller 285
10.4.2 Registrierung von Ereignisbehandler-Methoden 286
10.4.3 Reaktion auf Ereignisse 287

10.4.4 Auslösung von Ereignissen auf dem Frontend 288
10.4.5 Zeitpunkt der Ereignisbehandlung 290
10.5 UML-Tutorial: Kommunikationsdiagramme 290
10.6 Zusammenfassung 292

11 Object Services in ABAP 293

11.1 Objektrelationales Mapping – Konzepte 294
11.2 Persistenzdienst 294
11.2.1 Verwaltete Objekte 296
11.2.2 Mapping-Konzepte 298
11.2.3 Grundlegendes zur Klassenakteur-API 300
11.3 Anlage von persistenten Klassen 301
11.3.1 Anlage einer persistenten Klasse im Class Builder 302
11.3.2 Definition persistenter Attribute mit dem Mapping Assistant 303
11.3.3 Arbeiten mit Objektreferenzen 307
11.4 Arbeiten mit persistenten Objekten 309
11.4.1 Anlage neuer persistenter Objekte 309
11.4.2 Lesen persistenter Objekte mit dem Query-Dienst 311
11.4.3 Aktualisierung persistenter Objekte 313
11.4.4 Löschung persistenter Objekte 313
11.5 UML-Tutorial: Erweiterte Sequenzdiagramme 314
11.5.1 Anlage und Löschung von Objekten 314
11.5.2 Darstellung von Kontrolllogik mit Interaktionsrahmen 315
11.6 Zusammenfassung 317

12 Arbeiten mit XML 319

12.1 XML – Überblick 319
12.1.1 Warum wird die Extensible Markup Language benötigt? 320
12.1.2 Grundlegendes zur XML-Syntax 321
12.1.3 Definition der XML-Semantik 324
12.2 XML-Verarbeitungskonzepte 326
12.2.1 Verarbeitung der Extensible Markup Language mithilfe eines Parsers 326
12.2.2 XML-Modellierung mit dem Document Object Model 326
12.2.3 Merkmale der iXML Library 327
12.3 Fallbeispiel: Entwicklung einer ADT-Leseliste 327

12.4 Fallbeispiel: Erstellung eines XML-Dokumentes 330
12.5 Fallbeispiel: Lesen eines XML-Dokumentes 337
12.6 UML-Tutorial: Erweiterte Aktivitätsdiagramme 341
12.7 Zusammenfassung 344

13 Ausblick 345

Anhang 347

A Debugging von Objekten 349
A.1 Debugging von Objekten mit dem klassischen ABAP Debugger 349
A.1.1 Anzeige und Bearbeitung von Attributen 349
A.1.2 Untersuchung und Durchlaufen von Methoden 352
A.1.3 Anzeige von Ereignissen und Ereignisbehandler-Methoden 352
A.1.4 Anzeige von Referenzzuweisungen für ein Objekt 354
A.1.5 Problembehandlung bei klassenbasierten Ausnahmen 354
A.2 Debugging von Objekten mit dem neuen ABAP Debugger 357
B Der Autor 359

Index 361

Einleitung

Bei all dem Rummel um die objektorientierte Programmierung kann es mitunter schwierig sein, zwischen Realität und Fantasie zu unterscheiden. Da Sie dieses Buch zur Hand genommen haben, möchten Sie wahrscheinlich näher erfahren, was hinter dieser Aufregung steckt. Und da liegen Sie mit diesem Buch genau richtig, denn es wird all Ihre Fragen beantworten.

Ziel dieses Buches ist es, Ihnen die Vorgehensweise zum Schreiben von ABAP-Software aus einer objektorientierten Perspektive zu vermitteln. Wenn Sie dieses Buch gelesen haben, sind Sie in der Lage, mit vielen der neuen und aufregenden ABAP-basierten Technologien zu arbeiten, die auf ABAP Objects basieren. Dazu zählen unter anderem Web Dynpro, Object Services, SAP Business Workflow und die Webservices.

Zielgruppe und Voraussetzungen

Dieses Buch richtet sich an ABAP-Anwendungsentwickler, die über grundlegende Erfahrungen beim Schreiben von ABAP-Programmen unter Verwendung der ABAP Workbench verfügen. Die grundlegenden Konzepte und Begriffe der Sprache ABAP werden in diesem Buch nicht erläutert. Wenn Sie noch nicht mit ABAP gearbeitet haben, sollten Sie daher zunächst das Buch *ABAP Objects – ABAP-Programmierung mit SAP NetWeaver* (SAP PRESS, 2006) lesen. Da es sich bei diesem Buch um eine Einführung handelt, werden selbstverständlich keine Erfahrungen mit der objektorientierten Programmierung vorausgesetzt.

Die objektorientierten Erweiterungen von ABAP (die *Objekte* von ABAP Objects) wurden mit dem Release SAP R/3 4.6C zur Verfügung gestellt. Um mit den meisten der objektorientierten Konzepte arbeiten zu können, die in diesem Buch beschrieben werden, benötigen Sie daher nicht die neueste Version des SAP NetWeaver Application Servers ABAP (AS ABAP); an einigen Stellen wird jedoch auf Zusätze zur Standardversion hingewiesen, die in den nachfolgenden Releases hinzugefügt wurden.

Wenn Sie die Beispiele in diesem Buch reproduzieren möchten, jedoch nicht über Zugriff auf eine AS ABAP-Instanz verfügen, können Sie im SAP Developer Network (*http://sdn.sap.com*) eine Testversion herunterladen und auf

Ihrem lokalen PC installieren. Wählen Sie auf der Hauptseite DOWNLOADS • SOFTWARE DOWNLOADS • SAP NETWEAVER MAIN RELEASES. Dort finden Sie verschiedene Versionen des AS ABAP, die Sie abhängig von Ihrem bevorzugten Betriebssystem installieren können. Jedes Download-Paket enthält Anweisungen, um Sie bei den ersten Schritten mit dem Produkt zu unterstützen. Falls Sie auf Probleme stoßen, können die Foren im SAP Developer Network zudem nützliche Tipps liefern.

Aufbau dieses Buches

In vielerlei Hinsicht war es äußerst schwierig, dieses Buch zu schreiben. Einem Thema wie diesem gerecht zu werden, erfordert ein ausgewogenes Verhältnis zwischen Theorie und Praxis. Aus diesem Grund werden die theoretischen Konzepte anhand einer Vielzahl von Praxisbeispielen veranschaulicht.

Im ersten Teil des Buches werden die grundlegenden objektorientierten Konzepte mithilfe verschiedener einfacher objektorientierter Programme erläutert, um Ihnen einen schnellen Einstieg in das Thema zu ermöglichen. Der zweite Teil des Buches behandelt wichtige objektorientierte Konzepte wie Kapselung, Vererbung und Polymorphie. Abschließend lernen Sie, wie Sie diese Konzepte mithilfe von Werkzeugen und Services verwenden, die mit dem SAP NetWeaver Application Server bereitgestellt werden.

Am Ende jedes Kapitels finden Sie ein kurzes Tutorial zur Unified Modeling Language (UML), in dem Sie jeweils erfahren, wie Sie Ihre objektorientierten Designs mit einer in der Branche gängigen grafischen Notation ausdrücken.

Im Einzelnen werden in den Kapiteln dieses Buches die folgenden Inhalte behandelt:

- **Kapitel 1: Einführung in die objektorientierte Programmierung**
  Der objektorientierten Programmierung liegt eine umfassende Theorie zugrunde. Vor der Beschäftigung mit der Anlage von Klassen muss daher diese Theorie erläutert werden, um die allgemeinen Zusammenhänge verständlich darzustellen. Die in diesem Kapitel beschriebenen Konzepte liefern das nötige Grundwissen, um mit der Entwicklung von Klassen beginnen zu können.
- **Kapitel 2: Arbeiten mit Objekten**
  In diesem Kapitel werden die theoretischen Konzepte aus Kapitel 1 vertieft, indem Sie einige einfache objektorientierte Programme anlegen, die in ABAP Objects geschrieben sind. Darüber hinaus wird hier die ABAP-

Objects-Syntax für die Definition von Klassen, Methoden etc. ausführlich erklärt. Zur Veranschaulichung dieser Syntax werden einige Beispiele beschrieben, die Ihnen zeigen, wie Klassen in der Praxis verwendet werden können.

- **Kapitel 3: Kapselung und Ausblenden der Implementierung**
  In diesem Kapitel werden zwei wichtige Konzepte des objektorientierten Designs eingeführt: die Kapselung und das Ausblenden der Implementierung. Zunächst wird die Wichtigkeit dieser Konzepte durch die Betrachtung einiger Probleme mit Codebibliotheken aufgezeigt, die über prozedurale Methoden entwickelt wurden. Anschließend lernen Sie, wie sich diese Probleme in Klassenbibliotheken durch den Einsatz von speziellen Werkzeugen für den Zugriff vermeiden lassen. Schließlich werden die Möglichkeiten untersucht, um wiederverwendbare Klassen mithilfe der Technik Design by Contract zu entwickeln.
- **Kapitel 4: Objektinitialisierung und Bereinigung**
  In diesem Kapitel wird der gesamte Lebenszyklus eines Objektes – von der Anlage bis zur Löschung – beschrieben. Dabei erfahren Sie, wie Sie in diesem Prozess interagieren, um eine maximale Performance zu erzielen und die Integrität Ihrer Designs zu verbessern.
- **Kapitel 5: Vererbung**
  Einer der möglichen Nebeneffekte von gut durchdachten objektorientierten Designs ist die Wiederverwendung von Code. In diesem Kapitel erfahren Sie, wie Klassen mithilfe der Vererbung wiederverwendet werden. Darüber hinaus wird eine alternative Form der Wiederverwendung von Klassen beschrieben, die Komposition.
- **Kapitel 6: Polymorphie**
  In diesem Kapitel wird aufgezeigt, wie die in Kapitel 5 beschriebenen Vererbungsbeziehungen mithilfe einer Technik genutzt werden können, die als Polymorphie bezeichnet wird. Im Rahmen dieser Erläuterungen werden Interfaces eingeführt, bei denen es sich um reine Designelemente handelt.
- **Kapitel 7: Komponentenbasierte Designkonzepte**
  Nachdem in den Kapiteln 1 bis 6 die Grundlagen der objektorientierten Programmierung erläutert wurden, wird der Schwerpunkt in diesem Kapitel erweitert. Sie erfahren hier, wie das ABAP-Paketkonzept eingesetzt werden kann, um Ihre Klassenbibliotheken in Entwicklungskomponenten mit grober Granularität zu organisieren.

- **Kapitel 8: Fehlerbehandlung mit Ausnahmen**
  Dieses Kapitel erläutert, wie Ausnahmen in Klassen und Programmen mit dem klassenbasierten Ausnahmebehandlungskonzept in ABAP gehandhabt werden.
- **Kapitel 9: Modultests mit ABAP Unit**
  In diesem Kapitel lernen Sie, wie Sie mithilfe des Testing-Frameworks ABAP Unit automatisierte Modultests entwickeln. Mit diesen Tests können Sie sicherstellen, dass Ihre Klassen die in den API-Verträgen beschriebene Funktionalität bieten.
- **Kapitel 10: Arbeiten mit dem SAP List Viewer**
  Dieses Kapitel ist das erste von drei Kapiteln mit Fallbeispielen, in denen aufgezeigt wird, wie ABAP-Objects-Klassen für eine Vielzahl gängiger Entwicklungsaufgaben verwendet werden können. Sie erfahren, wie mithilfe des neuen objektorientierten ALV-Objektmodells interaktive Reports erstellt werden, und ein Praxisbeispiel bietet eine Anleitung für das Arbeiten mit Ereignissen in ABAP Objects.
- **Kapitel 11: Object Services in ABAP**
  In diesem Kapitel wird die Verwendung der Dienste erläutert, die über das Object-Services-Framework bereitgestellt werden. Dabei lernen Sie insbesondere, wie diese Dienste für die Entwicklung persistenter Klassen eingesetzt werden, deren Zustand in der Datenbank gespeichert werden kann, ohne eine einzige SQL-Zeile schreiben zu müssen.
- **Kapitel 12: Arbeiten mit XML**
  Dieses Kapitel schließt die Reihe von Fallbeispielen ab und zeigt, wie Sie unter Verwendung der iXML Library, die mit dem SAP NetWeaver Application Server bereitgestellt wird, mit XML-Dokumenten arbeiten. Diese Beschreibungen bieten zudem die Gelegenheit, einen abstrakten Datentyp zu entwickeln, der die meisten der in diesem Buch beschriebenen Konzepte verwendet.
- **Kapitel 13: Ausblick**
  In diesem letzten Kapitel erfahren Sie, wie die in diesem Buch vermittelten objektorientierten Konzepte in realen Praxisprojekten angewendet werden.
- **Anhang: Debugging von Objekten**
  In diesem Anhang wird die Verwendung des ABAP Debuggers beschrieben, um objektorientierte Programme auf Fehler zu untersuchen.

Konventionen

Dieses Buch enthält eine Vielzahl von Beispielen, um Syntax, Funktionalität etc. zu veranschaulichen. Um diese Abschnitte zu kennzeichnen, wird eine Schriftart verwendet, die mit der in vielen integrierten Entwicklungsumgebungen eingesetzten Schriftart vergleichbar ist, um die Lesbarkeit von Code zu verbessern:

```
CLASS lcl_test DEFINITION.
  PUBLIC SECTION.
    ...
ENDCLASS.
```

Werden neue Syntaxkonzepte eingeführt, sind diese Anweisungen durch eine fett formatierte Listing-Schrift gekennzeichnet (im vorangegangenen Codeausschnitt die `PUBLIC SECTION`-Anweisung).

Danksagung

Ich glaube fest an die Aussage »du bist, was du liest«. Und aus diesem Grund bin ich vielen großartigen Autoren zu Dank verpflichtet, deren Werke die Grundlage für dieses Buch geschaffen haben. Zudem hatte ich das große Glück, mit einer Vielzahl talentierter Softwareentwickler zu arbeiten, von denen ich so viel lernen durfte. Ich hoffe sehr, dass dieses Buch zumindest einen Bruchteil meines Danks für all ihre harte Arbeit und ihren Einsatz in diesem Gebiet widerspiegelt.

Ich möchte Dr. Stephen Yuan und Dr. Jason Denton dafür danken, dass sie mir die Augen für die Welt des Software-Engineerings geöffnet haben. Zudem danke ich Russell Sloan von IBM und Colin Norton von SAP America für die Möglichkeit, mich in diesem Bereich weiterzuentwickeln und Erfahrungen zu sammeln.

Insbesondere meine Arbeit an einem Projekt bei Raytheon hat mich inspiriert, dieses Buch zu schreiben. Mein besonderer Dank gilt den geduldigen Menschen, die es mir gestattet haben, mich als »verrückter Wissenschaftler« mit ihrer Entwicklungsmethodologie zu beschäftigen. Darüber hinaus danke ich den Mitgliedern des OneAero-Entwicklungsteams bei Lockheed Martin für die neuen Sichtweisen, an denen sie mich teilhaben ließen. Ich möchte mich insbesondere bei Greg Hawkins von SAP America bedanken, der mir mit großzügiger Unterstützung und detaillierten Informationen half, wann immer ich eine zweite Meinung aus einem anderen Blickwinkel benötigte.

Meinem Lektor Stefan Proksch danke ich vielmals für seine Unterstützung bei der Verfassung dieses Buches, das ich ohne seine Hilfe nicht hätte fertigstellen können.

Ich danke meinem Vater und meiner Mutter – die noch heute meine Grammatikfehler korrigiert – dafür, dass sie immer für mich da sind.

Meinen Kindern Andersen und Paige danke ich für all ihre Liebe und Unterstützung. Ich werde mich immer mit Freude an die kleinen Schreibpausen erinnern, in denen wir zusammen auf dem Boden meines Arbeitszimmers gespielt haben.

Meiner Frau Andrea möchte ich sagen, wie sehr ich mich von ihr geliebt und unterstützt fühle. Ohne ihren Einfluss auf mein Leben wäre ich nicht dort, wo ich heute bin. Ich weiß das große Glück zu schätzen, jemanden so Besonderes wie sie getroffen zu haben.

Und zuletzt danke ich Gott, der immer war, ist und sein wird:
Soli Deo Gloria.

James Wood
Principal SAP NetWeaver Software Consultant,
Bowdark Consulting, Inc., Flower Mound, Texas

Teil I
Grundlagen

Dieses Kapitel bietet einen konzeptionellen Überblick über die objektorientierte Programmierung. Die Beschreibung der Konzepte in diesem Kapitel dient als Grundlage für die weiteren Kapitel dieses Buches.

1 Einführung in die objektorientierte Programmierung

Die objektorientierte Programmierung (OOP) ist eine Programmiermethodologie, die eine Vereinfachung von Softwaredesigns ermöglicht, die so besser verstanden, gepflegt und wiederverwendet werden können. Wie zuvor die prozedurale Programmierung stellt auch die objektorientierte Programmierung einen neuen Denkansatz im Hinblick auf das Schreiben von Softwareprogrammen dar. Dabei zeichnet sich diese Art der Programmierung durch ihre Einfachheit aus. Sie werden sehen, wie die objektorientierte Programmierung durch ihre Ausdrucksstärke die rechtzeitige Bereitstellung von Softwarekomponenten mit hoher Qualität vereinfacht, für deren Entwicklung zudem weniger Zeit und damit Geld eingeplant werden muss.

Das Ziel dieses Kapitels ist die Einführung in die grundlegenden Konzepte, die Sie verstehen müssen, um objektorientierte Programme effektiv entwerfen und entwickeln zu können. Diese Konzepte gelten für die meisten modernen OOP-Sprachen wie C++, Java und selbstverständlich ABAP Objects. In diesem Kapitel erhalten Sie zudem eine Einführung in die Unified Modeling Language (UML), die sich innerhalb der Branche als Standardsprache für die Objektmodellierung durchgesetzt hat.

1.1 Notwendigkeit einer verbesserten Abstraktion

Das wichtigste Ziel jedes Softwareentwicklungsprojektes ist die Bereitstellung eines Produktes, das die Probleme löst, zu deren Behandlung es konzipiert wurde. Um dieses Vorhaben erfolgreich umsetzen zu können, müssen Entwickler für die Formulierung eines guten Designansatzes mit Experten des jeweiligen Faches zusammenarbeiten. Viele Projekte scheitern bereits in dieser Phase, da es für Mitarbeiter des fachlichen und des technischen Teams äußerst schwierig sein kann, für die gemeinsame Kommunikation Begriffe und Konzepte zu verwenden, die von allen Beteiligten verstanden werden. Daher muss eine Lösung für die vereinfachte Darstellung komplexer Designs gefunden werden, sodass diese von allen am Projekt Beteiligten problemlos interpretiert werden können: eine gemeinsame Sprache. Im Laufe der Jahre wurden zahlreiche Versuche unternommen, Programmiersprachen und Entwicklungsmethodologien zu erarbeiten, die diese Kommunikationslücke schließen. Der Großteil dieser Ansätze war jedoch nicht erfolgreich, da die Sprachen und Methoden entweder zu schwer zu erlernen oder zu unflexibel waren, um all den verschiedenen Sichtweisen innerhalb eines Teams gerecht zu werden.

Bruce Eckel schreibt in seinem Buch *Thinking in Java* (Prentice Hall, 2006), dass »die Komplexität der Programme, die Sie versuchen zu lösen, direkt mit der Art und Qualität der Abstraktion zusammenhängt, mit der Sie versuchen zu arbeiten« (Übersetzung des englischen Zitats). Frühe Programmiersprachen (zum Beispiel Assembler-Sprachen) boten eine dünne Abstraktionsschicht zur Darstellung der zugrunde liegenden Maschinensprache. Folglich widmeten Entwickler, die mit diesen Sprachen arbeiteten, dem grundlegenden Bitmuster beinahe genauso viel Zeit wie der Lösung des eigentlichen Problems.

Die prozeduralen Programmiersprachen der nächsten Generation waren zwar wesentlich ausdrucksstärker, der Aufwand für Übersetzungen zwischen dem konzeptuellen Problemraum und dem physischen Lösungsraum (das heißt dem Programmcode) war jedoch noch immer recht hoch. Dieser Übertragungsprozess ist nicht nur zeitaufwendig, sondern auch fehleranfällig, da Anforderungen bei der Übersetzung leicht verloren gehen können.

Mit einem objektorientierten Ansatz werden Lösungen von Anfang an als praxisnahe Objekte entwickelt, die, basierend auf dem Problemraum, modelliert werden. Folglich können Experten und Programmierer wesentlich einfacher Informationen und Ideen zu einem Design austauschen, wenn für dieses nicht technische Konstrukte wie Integers (Ganzzahlen), strukturierte Datentypen oder Prozeduren, sondern eine einheitliche Sprache für Problem- und Lösungsraum verwendet wird. Durch die Verbesserungen in der Kommunikation lassen sich versteckte Anforderungen aufdecken, Risiken erkennen und Missverständnisse reduzieren. Letzten Endes tragen all diese Aspekte zu einer besseren Qualität der zu entwickelnden Software bei.

1.2 Klassen und Objekte

Studenten rein objektorientierter Sprachen wie Java lernen häufig, dass »alles ein Objekt ist«. Obwohl dies in einer Hybridsprache wie ABAP Objects (in der weiterhin prozedurale Konstrukte eingesetzt werden können) nicht unbedingt der Fall ist, handelt es sich hierbei dennoch um eine angemessene Grundvorstellung, um Programme mithilfe eines objektorientierten Ansatzes zu entwerfen. In jedem Fall ist es hilfreich zu wissen, was ein Objekt ist.

Ein *Objekt* ist ein spezieller Variablentyp mit bestimmten Merkmalen und einem bestimmten Verhalten. Anhand der Merkmale (oder Attribute) eines Objektes lässt sich der *Zustand* eines Objektes beschreiben. Beispielsweise könnte ein Objekt `Auto` über Attribute verfügen, die Informationen wie Farbe, Marke oder aktuelle Fahrgeschwindigkeit erfassen. Verhaltensmerkmale (oder Methoden) stellen die *Aktionen* dar, die von einem Objekt ausgeführt werden. In diesem Beispiel könnten Methoden vorhanden sein, durch die sich das Auto fahren, wenden oder anhalten lässt.

Wie Sie möglicherweise bereits vermuten, nimmt die Beschreibung der Objekte, die Sie für die Modellierung eines bestimmten Problemraums benötigen, einen großen Teil des objektorientierten Designprozesses ein. Bei diesem Prozess handelt es sich um eine ungenaue Wissenschaft, die häufig erst durch systematisches Ausprobieren zum Erfolg führt. Dieser Prozess beginnt in der Regel mit der Identifizierung der Substantive (das heißt Person, Ort, Gegenstand oder Idee), mit denen die verschiedenen Aspekte des Problemraums dargestellt werden. Die semantische Bedeutung dieser Substantive dient als Grundlage für die Klassifizierung und Definition der Objekte, die für ein funktionierendes Programmiermodell benötigt werden.

Frühe objektorientierte Entwickler haben eine Parallele zwischen diesem Prozess und Klassifizierungstechniken gezogen, die Biologen verwenden, um Beziehungen zwischen Pflanzen und Tieren zu ermitteln und zu erklären. Mit dem Begriff *Klasse* wurden abstrakte Datentypen beschrieben, die angelegt werden konnten, um Phänomene aus der realen Welt zu simulieren. Infolgedessen verwenden die meisten objektorientierten Sprachen das Schlüsselwort `CLASS`, um diese abstrakten Datentypen zu definieren. Eine Klassendeklaration definiert einen Bauplan, in dem dargestellt wird, wie Objekte angelegt werden. Abbildung 1.1 zeigt das Beispiel einer Klassendefinition für das zuvor genannte Objekt `Auto`.

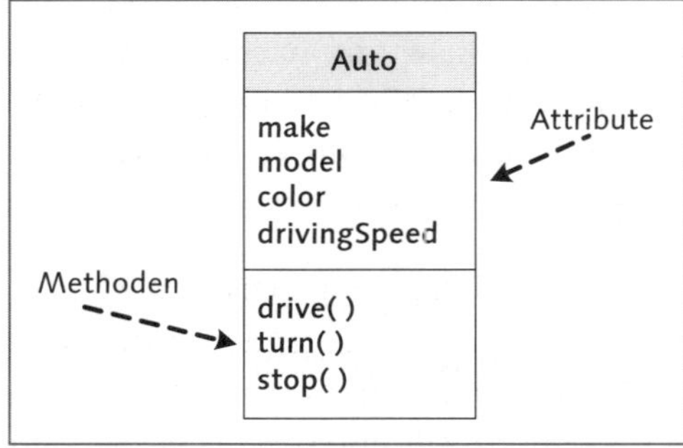

Abbildung 1.1 Klassendefinition für die Beispielklasse »Auto«

Eine gute Analogie, um den Unterschied zwischen einer Klasse und einem Objekt zu erläutern, ist die Beziehung zwischen einem Satz an architektonischen Bauplänen und den Häusern, die nach diesen Bauplänen errichtet werden. In diesem Fall enthalten die Baupläne Anweisungen (zum Beispiel Grundriss für die Raumaufteilung, Raumgrößen, zu verwendende Baustoffe etc.), die als Anleitung für die Konstruktion neuer Häuser verwendet werden können. Jedes Haus, das gebaut wird, verfügt über eine eigene Adresse sowie spezifische Anpassungen wie die Farbe (siehe Abbildung 1.2). Durch diese einzigartigen Merkmale verfügt ein Haus über eine Identität. Mit anderen Worten, ein Haus wird als *Instanz* eines bestimmten Satzes an Bauplänen bezeichnet.

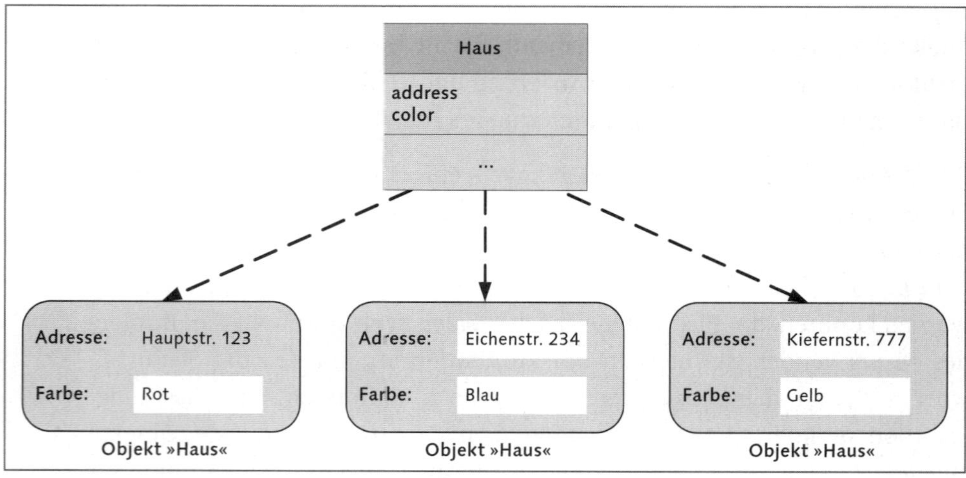

Abbildung 1.2 Beziehung zwischen Klassen und Objekten

Obwohl sich die Häuser durch individuelle Merkmale voneinander unterscheiden, gibt es natürlich auch bestimmte Gemeinsamkeiten bei allen Häusern, die nach denselben Bauplänen errichtet wurden. Diese Gemeinsamkeiten werden häufig von Bauherren genutzt, die Baustoffe wiederverwenden und Erfahrungswerte effizient nutzen möchten, um die Kosten zu senken. In den folgenden Kapiteln erfahren Sie, wie sich diese Konzepte auch auf die objektorientierte Softwareentwicklung anwenden lassen.

Da Sie nun über grundlegende Kenntnisse der Beziehung zwischen Klassen und Objekten verfügen, werden diese Konzepte im Folgenden unter Verwendung der objektorientierten Terminologie kurz zusammengefasst. Eine Klasse ist ein Bauplan, der zur Konstruktion von *Objektinstanzen* verwendet werden kann. Jede Objektinstanz wird über eine *Objektreferenzvariable* gesteuert, die dazu dient, auf Objekte eines bestimmten Klassentyps zu zeigen. Der Typ einer Klasse definiert ein *Interface*, das festlegt, wie mit Objektinstanzen dieser Klasse kommuniziert wird. Objekte kommunizieren miteinander, indem sie sich gegenseitig Nachrichten zusenden. In der objektorientierten Sprache bedeutet dies: Ein Objekt sendet eine Nachricht an ein anderes Objekt, indem eine *Methode* dieses Objektes aufgerufen wird. Dabei können Sie sich Methoden als *Services* vorstellen, die von einer Klasse bzw. einem Objekt bereitgestellt werden. Da jedes Objekt seine eigenen internen Zustandsinformationen überwacht und pflegt, kann es diese Service-Anfragen im Kontext seines internen Zustands verarbeiten.

Objekte *wissen* sozusagen, wie sie ihre Aufgabe ausführen müssen. Diese immanente Kenntnis gibt Ihnen die Möglichkeit, Aufgaben an Objekte zu delegieren und darauf zu vertrauen, dass diese ordnungsgemäß durchgeführt werden. Aus diesem Grund beschrieb der OOP-Pionier Alan Kay objektorientierte Programme als »Sammlung von Objekten, die sich gegenseitig über Nachrichten mitteilen, welche Aufgaben ausgeführt werden müssen« (Übersetzung des englischen Zitats).

1.3 Festlegung von Grenzen

Jede gesunde Beziehung braucht Grenzen. Dies gilt auch für das Geflecht von Beziehungen zwischen Objekten, die in einem Computersystem zusammenarbeiten. Während der Gestaltung von objektorientierten Designs übernimmt jede Klasse bestimmte Rollen und Aufgaben innerhalb des Systems. Diese Arbeitsteilung trägt zur Vereinfachung des gesamten Programmiermodells bei, da jede Klasse auf die Lösung eines bestimmten Teils des vorliegenden Problems spezialisiert sein kann. Hierbei wird von Klassen mit *hoher Kohäsion* gesprochen, da alle Operationen der Klasse auf intuitiv verständliche

Weise eng miteinander verbunden sind. Durch das Festlegen von Grenzen in Klassen können die Integrität und die Kohäsion des Programmiermodells aufrechterhalten werden, um so die ordnungsgemäße Verwendung dieser Klassen sicherzustellen.

Bei objektorientierten Sprachen können mithilfe von *Sichtbarkeitsbereichen* Grenzen innerhalb einer Klasse festgelegt werden. Sichtbarkeitsbereiche trennen das *Interface* einer Klasse eindeutig von deren *Implementierung*. Dieser Prozess wird üblicherweise als *Kapselung* oder *Ausblenden der Implementierung* bezeichnet (siehe Abbildung 1.3).

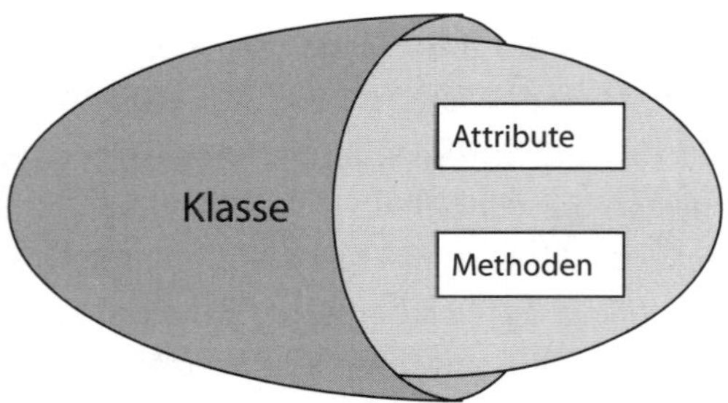

Abbildung 1.3 Kapselung von Daten und Verhalten in einer Klasse

Klassenkomponenten können im *öffentlichen*, *privaten* oder *geschützten* Sichtbarkeitsbereich definiert werden, über den der Zugriff auf diese Komponenten gesteuert wird. Im privaten Sichtbarkeitsbereich ist kein Zugriff auf die Komponenten einer Klasse von außerhalb der Klasse erlaubt. Der Zugriff auf solche Komponenten ist ausschließlich innerhalb der Klasse (zum Beispiel in einer Methode) möglich; diese sind von außen nicht sichtbar. Auf Komponenten im öffentlichen Sichtbarkeitsbereich kann von einem beliebigen Kontext aus zugegriffen werden. Der geschützte Sichtbarkeitsbereich wird in Kapitel 5, »Vererbung«, beschrieben.

Es gibt mehrere wichtige Gründe, die Implementierungsdetails einer Klasse mithilfe von Sichtbarkeitsbereichen auszublenden:

- Erstens wird durch das Ausblenden von Implementierungsdetails die Benutzerfreundlichkeit für Entwickler verbessert, die in ihren Programmen bereits vorhandene Klassen nutzen möchten. In diesem Fall müssen sich Verwender der Klasse lediglich mit den Komponenten vertraut machen, die in der öffentlichen Schnittstelle einer Klasse definiert sind. Alles, was darüber hinausgeht, sind Details. Dies verkürzt die Lernkurve für Entwickler, die mit einer Klasse arbeiten möchten, deutlich. Sie können sich ganz auf das *Was* anstatt auf das *Wie* konzentrieren.

- Zweitens werden durch das Ausblenden der Implementierung die Nebeneffekte verringert, die mit den Änderungen an einer Klasse einhergehen. Denn wenn die internen Details einer Klasse ausgeblendet und von außen nicht sichtbar sind, kann die Implementierung einer Klasse geändert werden, ohne dass Sie sich über mögliche Auswirkungen auf den Code eines Verwenders Gedanken machen müssen, der diese Klasse gegenwärtig benutzt.

Entwickler, die es gewohnt sind, auf sämtliche Elemente innerhalb ihrer Programme zuzugreifen, empfinden dieses Konzept auf den ersten Blick häufig als starke Einschränkung (oder sogar als Strafe). Der entscheidende Punkt hierbei ist jedoch, dass dem Benutzer das Leben nicht erschwert werden soll, sondern dass vielmehr die Aspekte der Klasse ausgeblendet werden sollen, die sich höchstwahrscheinlich ändern. Sie können sich die öffentliche Schnittstelle einer Klasse als Service-Vertrag zwischen Instanzen der Klasse (Objekten) und ihren Verwendern vorstellen. Solange er diese Vertragsvereinbarung nicht verletzt, kann der Entwickler einer Klasse die zugrunde liegende Implementierung beliebig ändern (zum Beispiel für eine schnellere Ausführung, Verwendung einer anderen Datenquelle etc.). Dieser Designansatz wird häufig als *Design by Contract*[1] bezeichnet.

Gekapselte Klassen weisen nur wenige Abhängigkeiten mit externen Elementen auf. Zudem werden ihre Interaktionen mit externen Verwendern über eine stabile öffentliche Schnittstelle kontrolliert und gesteuert. Das heißt, dass eine gekapselte Klasse und ihre Verwender *lose gekoppelt* sind. Größtenteils lassen sich Klassen mit sorgfältig definierten Interfaces ohne wesentliche Änderungen in einen anderen Kontext einbinden. So werden aus gekapselten Klassen, wenn sie ordnungsgemäß konzipiert und angelegt wurden, wiederverwendbare Software-Assets, die in zahlreichen Kontexten genutzt werden können. Einige Best Practices für die Entwicklung gekapselter Klassen werden in Kapitel 3, »Kapselung und Ausblenden der Implementierung«, behandelt.

Durch die Sammlung dieser Software-Assets lassen sich mit der Zeit schnell Lösungen aus Komponenten mit hoher Qualität zusammenstellen, die sich in ausführlichen Tests bewährt haben. Dieser kompositionsbasierte Ansatz bei der Entwicklung von Lösungen ähnelt verschiedenen komponentenbasierten

---

1 Dieser Begriff geht auf den technischen Bericht *Design by Contract* (Interactive Software Engineering, 1986) von Bertrand Meyer zurück. Auf diesen Designansatz wird in Kapitel 3, »Kapselung und Ausblenden der Implementierung«, näher eingegangen.

Ansätzen, die in anderen technischen Bereichen verwendet werden. Beispielsweise vereinfachen Automobilhersteller den Herstellungsprozess, indem sie die Konstruktion eines Autos in eine Reihe von Einzelteilen zergliedern. Diese Teile spalten verschiedene komplexe Abläufe in kleinere Einheiten auf, die leichter zu verstehen und zu verwalten sind.

Beispielsweise können die komplexen Vorgänge, die mit dem ordnungsgemäßen Mischen von Kraftstoff und Luft in einem Verbrennungsmotor einhergehen, in dem Teil *Kraftstoffeinspritzdüse* gekapselt werden. Dieser Teil kann dann problemlos von einem Mechaniker in die Motorbaugruppe eingebaut werden, ohne dass dieser die komplexen Einspritzvorgänge genau kennen muss. Werden solche Teile mit einheitlichen Interfaces erstellt, können sie zudem untereinander ausgetauscht werden. Dies wirkt sich auf mehrere wirtschaftliche Ebenen aus. Hersteller können Teile beispielsweise in verschiedenen Produktlinien wiederverwenden und zudem fehlerhafte durch unbeschädigte Teile ersetzen, ohne dass eine Motorüberholung erforderlich ist. Verschiedene Möglichkeiten zur Durchführung einer komponentenbasierten Softwareentwicklung werden in Kapitel 7, »Komponentenbasierte Designkonzepte«, erläutert.

1.4 Wiederverwendung

Einer der überzeugendsten Gründe für die Verwendung eines objektorientierten Ansatzes zum Entwickeln von Programmen ist die hohe Wiederverwendbarkeit von Code. Obwohl Sie sich leicht vom Versprechen enormer Produktivitätsgewinne blenden lassen könnten, ist es wichtig, die Tatsachen nüchtern zu betrachten. Sich mit der Entwicklung wiederverwendbarer Klassen vertraut zu machen, erfordert Zeit und Erfahrung. In den folgenden Abschnitten werden einige grundlegende Techniken für die Wiederverwendung von Klassen beschrieben. In Kapitel 5, »Vererbung«, und in Kapitel 6, »Polymorphie«, werden diese Themen ausführlich behandelt.

1.4.1 Komposition

Eine Klasse können Sie am einfachsten wiederverwenden, indem Sie eine Objektinstanz anlegen und beginnen, deren Methoden aufzurufen. Klassen lassen sich beim Anlegen neuer Klassen auch als Attribute wiederverwenden. Diese Verwendungsart wird häufig als *Komposition* bezeichnet, wobei neue Klassen aus vorhandenen Klassen *zusammengesetzt* werden, deren Typen für die Definition von Mitgliedsattributen etc. benutzt werden. Diese Klassen sind Aggregate, die vorhandene Klassen als Bausteine (denken Sie an LEGO®) für die Konstruktion von beliebig komplexen Baugruppen nutzen. Auf Komposition basierende Designs sind leicht verständlich und äußerst flexibel. Da Mitgliedsobjekte genau wie andere Attribute ausgeblendet werden können, lässt sich die Verwendungsart dieser Objekte sowohl zur Designzeit als auch zur Laufzeit problemlos ändern.

1.4.2 Vererbung

Eine weitere Möglichkeit, Klassen wiederzuverwenden, ist die *Vererbung*. Das Konzept der Vererbung ist eine Fortsetzung der Klassifizierungsmetapher, die zur Beschreibung von Klassen und ihren Beziehungen verwendet wurde. Entscheidend ist hierbei die Definition von Spezialisierungsbeziehungen zwischen Familien verbundener Klassen. Diese Beziehungen zeigen sich während der fortschreitenden Entwicklung eines objektorientierten Designs.

Das Konzept der Vererbung lässt sich am besten an einem Beispiel erklären. Angenommen, Sie arbeiten an einem objektorientierten Design für ein Banksystem. Zunächst erstellen Sie eine Reihe von Klassen, von denen eine Klasse ein Bankkonto darstellt. Nach näherer Betrachtung der Anforderungen stellen Sie fest, dass bestimmte Besonderheiten ausschließlich auf Giro- und Sparkonten zutreffen. Nun sind Sie in einer verzwickten Situation. Einerseits könnten Sie den Code, den Sie für das Konto zusammengesetzt haben, in neue Giro- und Sparkontenklassen kopieren. Dies erscheint jedoch nicht sinnvoll, denn das Ergebnis wäre eine große Menge redundanten Codes. Eine andere Möglichkeit ist, die Vererbung einzusetzen, um diese Spezialisierungsbeziehung zu beschreiben. In diesem Fall legen Sie zwar ebenfalls neue Giro- und Sparkontoklassen an, aber mit dem Unterschied, dass Sie diese als *Unterklassen* erstellen, die von der ursprünglichen Kontoklasse abgeleitet sind (bei der es sich dann um die übergeordnete Klasse oder Oberklasse handelt). Die Giro- und Sparkontounterklassen *erben* die Attribute und das Verhalten (und sogar den Typ) der Kontooberklasse (siehe Abbildung 1.4). Nun können die relevanten Änderungen an den beiden Unterklassen unabhängig voneinander durchgeführt werden, ohne dass das Rad neu erfunden werden müsste.

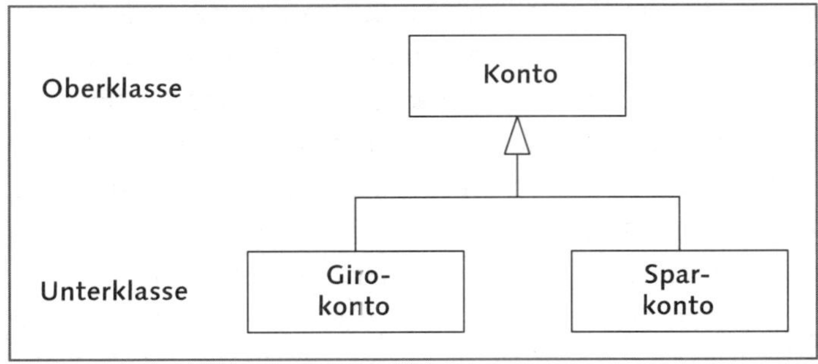

Abbildung 1.4 Vererbungsbaum für Bankkonten

Sie müssen sich darüber im Klaren sein, dass die Vererbung eine Beziehung ausdrückt. Es handelt sich hierbei nicht einfach um einen schicken Ausdruck für das Kopieren und Einfügen eines Codeabschnitts in einen anderen. Anfangs sieht eine Unterklasse wie ein Klon der Oberklasse aus. Eine Unterklasse lässt sich jedoch mit der Zeit erweitern, indem nach Bedarf neue Attribute und Methoden hinzugefügt werden. Zudem werden Änderungen an der Oberklasse automatisch für die Unterklasse übernommen (Ausnahmen finden Sie in Kapitel 5, »Vererbung«). Es ist möglich, Klassenhierarchien mit beliebig tiefen Vererbungsbeziehungen anzulegen.

Die Verbindung zwischen einer Unterklasse und ihrer übergeordneten Klasse wird häufig als *Ist-ein-Beziehung* beschrieben. Für das dargestellte Beispiel gilt daher Folgendes: Ein Girokonto *ist ein* Konto etc. Mit der Ist-ein-Beziehung lässt sich kurz und verständlich ausdrücken, dass die Unterklasse und die Oberklasse zum selben Typ gehören. Wie Sie wissen, beschreibt der Typ einer Klasse, wie Sie mit Objekten dieser Klasse kommunizieren können. Da Objekte einer Ober- und Unterklasse vom selben Typ sind, ist es daher möglich, mit beiden auf genau dieselbe Weise zu kommunizieren. Bei der Polymorphie wird diese Fähigkeit genutzt, um Code in mehreren Dimensionen wiederverwenden zu können.

1.4.3 Polymorphie

Die Definition einer Vererbungsbeziehung impliziert bereits, dass eine Unterklasse sowohl den *Typ* als auch die *Implementierung* ihrer Oberklasse erbt. Die Implementierung einer Methode kann in der Unterklasse jedoch *redefiniert* werden, um ein bestimmtes Verhalten weiter zu spezialisieren. Die Redefinition einer Methode hat keine Auswirkungen auf die Schnittstelle der Methode (das heißt, wie diese aufgerufen wird). Es wird lediglich das Verhalten in der Methode in irgendeiner Form geändert.

Polymorphie bietet die Möglichkeit, mit Unterklassen genauso zu arbeiten wie mit Oberklassen. Dies wird anhand des folgenden Beispiels veranschaulicht. Abbildung 1.5 zeigt eine `Employee`-Klassenhierarchie, die für die Modellierung der Mitarbeitertypen verwendet werden könnte, die in einem bestimmten Unternehmen verwaltet werden. In diesem Fall werden durch die Oberklasse `Employee` die grundlegenden Merkmale und Verhaltensweisen aller Mitarbeitertypen dargestellt. Die drei spezialisierten Unterklassen (`HourlyEmployee`, `CommissionEmployee` und `SalariedEmployee`) stellen die nach Stunden bezahlten Mitarbeiter, die auf Provisionsbasis arbeitenden Mitarbeiter bzw. die Gehaltsempfänger dar. Außerdem wird für dieses Beispiel davon ausgegangen, dass die Methode `calculateWage` in jeder Unterklasse redefiniert wurde, um den Lohn bzw. das Gehalt für die Mitarbeiter anhand des tatsächlichen Mitarbeitertyps richtig zu berechnen.

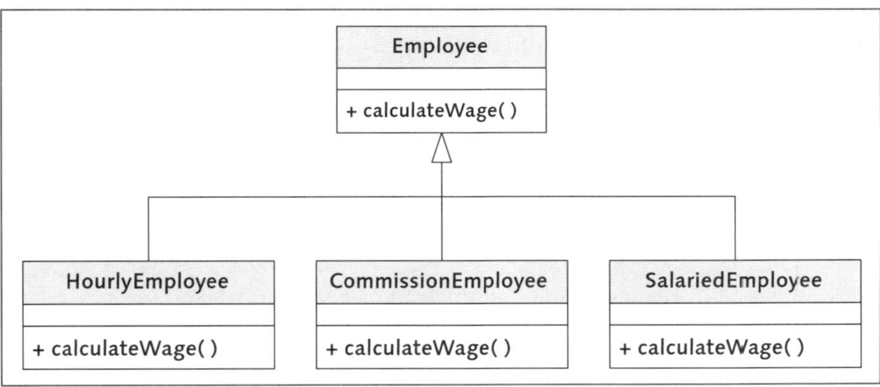

Abbildung 1.5 Klassenhierarchie der Mitarbeiter

Gehen Sie nun davon aus, dass das Unternehmen diese `Employee`-Klassenhierarchie verwenden möchte, um das Kreditorenbuchhaltungssystem zu verbessern, indem die Erstellung der monatlichen Lohn- und Gehaltsschecks automatisiert wird. Listing 1.1 zeigt ein Beispiel für den Pseudocode einer solchen Erweiterung.

```
For Each Employee
   Call "calculateWage" to Calculate the Employee's Wage
   Print the Paycheck
End For
```

Listing 1.1 Beispielalgorithmus unter Verwendung von Polymorphie

Aus Sicht der Kreditorenbuchhaltung ist die Logik tatsächlich so einfach. Die Tatsache, dass die monatlichen Löhne bzw. Gehälter für jeden Mitarbeitertyp unterschiedlich berechnet werden müssen, stellt hauptsächlich für die Personalabteilung ein Problem dar. Und die Handhabung dieser Aspekte an zwei unterschiedlichen Stellen wäre im Hinblick auf den Pflegeaufwand äußerst ineffizient und unübersichtlich. Glücklicherweise bietet das Konzept der *Polymorphie* eine Möglichkeit, um das Kreditorenbuchhaltungssystem so zu gestalten, dass es mit generischen `Employee`-Typen arbeiten kann und nicht durch die unzähligen personalbezogenen Details überlastet wird.

Der Begriff Polymorphie bedeutet wörtlich übersetzt *viele Formen*. Im vorliegenden Beispiel stellt jede Unterklasse eine andere Form (oder einen anderen Typ) von `Employee` dar. Da die Unterklassen jedoch Teil einer Vererbungsbeziehung mit der Oberklasse `Employee` sind, *ist* jede Unterklasse eine `Employee`-Klasse. Mit anderen Worten: Da sowohl die Oberklasse als auch die Unterklasse dieselbe öffentliche Schnittstelle nutzen, kann jede Methode, die für die Oberklasse aufgerufen werden kann, auch für die Unterklasse aufgerufen werden. Das Kreditorenbuchhaltungssystem kann diese Funktion nutzen, indem es mit generischen `Employee`-Instanzen arbeitet. Diese Instanzen können zur Laufzeit vom Typ `Employee` oder einer der zugehörigen Unterklassen sein. Das Laufzeitsystem stellt sicher, dass die richtige Methodenimplementierung aufgerufen wird. Dies ist ein weiteres Beispiel dafür, dass ein Objekt »intelligent genug« ist, um zu wissen, welche Aufgaben es ausführen muss.

Die Polymorphie ermöglicht das Erstellen wiederverwendbarer Algorithmen, die für die Benutzung mit generischen Objekten konzipiert sind. In Kapitel 6, »Polymorphie«, erfahren Sie, wie Sie diese Funktion in Ihren Designs einsetzen können.

1.5 Objektverwaltung

Ein objektorientiertes Programm besteht im Allgemeinen aus einer Reihe von Objekten, die sich gegenseitig aufrufen, um verschiedene Aufgaben auszuführen. Da ein System davon abhängt, dass jedes Objekt eine bestimmte Rolle erfüllt, müssen die Objekte über alle erforderlichen Informationen verfügen, um ihre Aufgaben beim Aufruf ausführen zu können.

Damit die ordnungsgemäße Initialisierung eines Objektes sichergestellt werden kann, bieten die meisten objektorientierten Sprachen die Möglichkeit, eine spezielle Methode zu erstellen, die *Konstruktor* genannt wird. Diese Methode wird immer dann aufgerufen, wenn ein neues Objekt angelegt wird.

Die Aufgabe des Konstruktors ist es, sicherzustellen, dass das Objekt vor der Verwendung in einem konsistenten Zustand initialisiert wird.

Der Lebenszyklus eines Objektes unterscheidet sich in der Regel erheblich von traditionellen Programmvariablen. Oft kann bis zur Laufzeit nicht genau bestimmt werden, wie viele Instanzen eines Objektes in einem Programm benötigt werden. Um diese Herausforderung zu meistern, müssen mit objektorientierter Sprache arbeitende Programmierer einen Mechanismus zur Verwaltung von Programmressourcen entwickeln. Dieses Problem wird mit einer Vielzahl moderner objektorientierter Sprachimplementierungen gelöst, indem Objekte aus einem *Speicher-Heap* dynamisch zugewiesen werden. Dieser Ansatz ist für den Programmierer von Vorteil, da er das Problem der Speicherverwaltung direkt an das Laufzeitsystem weitergibt. Detailliertere Informationen zum Lebenszyklus eines Objektes finden Sie in Kapitel 4, »Objektinitialisierung und Bereinigung«.

1.6 UML-Tutorial: Grundlagen zu Klassendiagrammen

Der Schwerpunkt der objektorientierten Softwareentwicklung liegt auf dem Design. Bevor Sie mit dem Coding beginnen, müssen Sie daher einen Plan erstellen und beispielsweise herausfinden, welche Art von Objekten Sie benötigen und wie diese zur Laufzeit miteinander interagieren.

Objektorientierte Analyse und Design (OOAD) ist eine Methodologie für die Softwareentwicklung, die zum Analysieren von Systemanforderungen und für die Formulierung eines Systemdesigns aus einer objektorientierten Perspektive verwendet wird. Für eine effektivere Veranschaulichung ihrer Designs verwenden OOAD-Entwickler häufig grafische Modellierungstechniken. Die Unified Modeling Language (UML) umfasst eine Reihe von grafischen Notationen für die Erstellung von Diagrammen, die diverse Aspekte des Systemmodells darstellen. UML wird in der gesamten Softwareentwicklungsbranche umfassend verwendet. Daher sollten Sie unbedingt wissen, wie Sie mit UML-Diagrammen objektorientierte Designs darstellen und interpretieren können.

Innerhalb dieses Buches werden die Verwendungsarten der verschiedenen UML-Diagramme am Ende jedes Kapitels untersucht. Diese Erläuterungen beziehen sich auf Version 2.0 des UML-Standards.[2] In diesem Kapitel wird

2 Der UML-Standard wird von der Object Management Group (OMG) gepflegt. Weitere Informationen zur OMG finden Sie unter *http://www.uml.org*.

zunächst das Klassendiagramm behandelt, und an dieser Stelle sollen lediglich die in dieser Einführung beschriebenen Konzepte wiederholt werden. Die erweiterten Merkmale von Klassendiagrammen werden in Kapitel 5 und in Kapitel 6, »Polymorphie«, näher betrachtet.

Mithilfe eines Klassendiagramms wird die statische Architektur eines objektorientierten Systems veranschaulicht. Es zeigt sowohl die verschiedenen im System verwendeten Klassen als auch deren Beziehungen. In Abbildung 1.6 sehen Sie ein einfaches Klassendiagramm, das ein reduziertes Modell eines Kundenauftragssystems zur Auftragsbearbeitung für eine E-Commerce-Website darstellt. Die folgenden Abschnitte behandeln einige der grundlegenden Funktionen eines UML-Klassendiagramms.

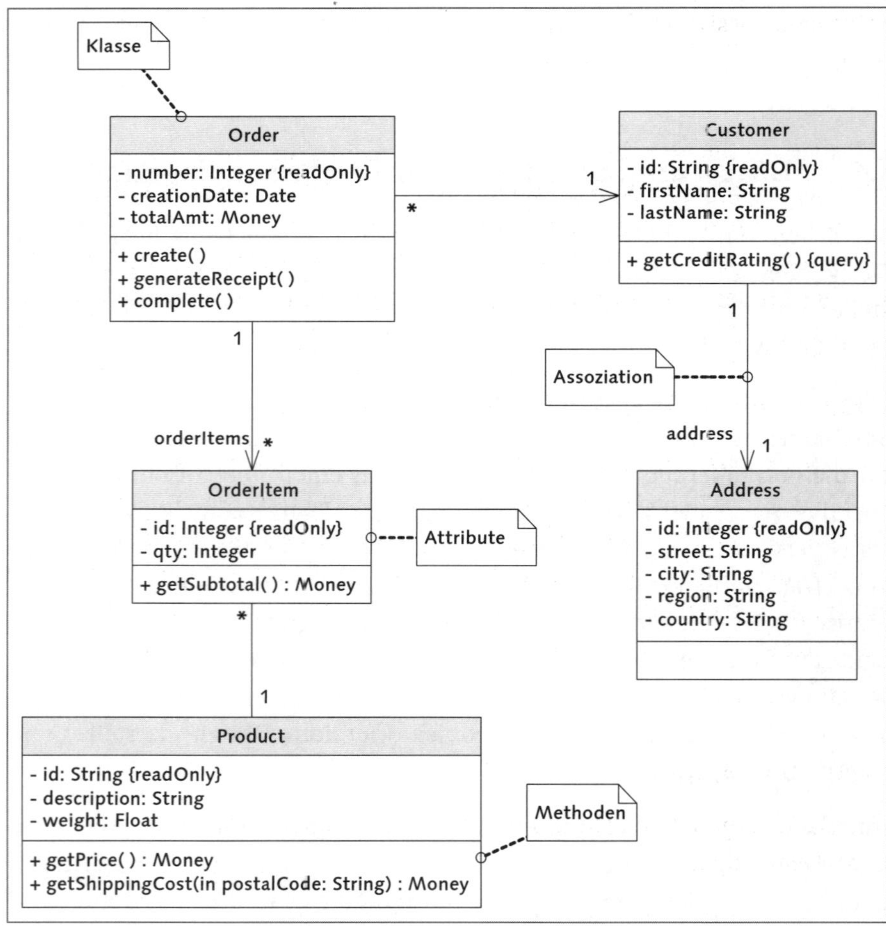

Abbildung 1.6 Grundlegendes UML-Klassendiagramm

1.6.1 Klassen

Das Diagramm in Abbildung 1.6 umfasst fünf Klassen: `Order`, `OrderItem`, `Product`, `Customer` und `Address`. Klassen werden in einem Klassendiagramm als rechteckige Kästchen dargestellt, die in drei Bereiche unterteilt sind: Im oberen Bereich steht der Klassenname, im mittleren Bereich sind die mit der Klasse verknüpften Attribute und im unteren Bereich die Operationen (oder Methoden) der Klasse zu finden (siehe Abbildung 1.7).

Customer
- id: String {readOnly} - firstName: String - lastName: String
+ getCreditRating( ) {query}

Abbildung 1.7 UML-Klassennotation

Selbstverständlich sind die Regeln hierbei nicht sehr streng. Beispielsweise sind im Diagramm in Abbildung 1.6 keine Operationen für die Klasse `Address` definiert. Der Grund hierfür könnte sein, dass beim Anlegen dieser Klasse keine Operationen festgelegt wurden. Denkbar wäre auch, dass der Ersteller dieses Diagramms die Operationen beim Beschreiben der Systemarchitektur für unbedeutend hielt. Sie sollten auf jeden Fall darauf achten, sich nicht in Einzelheiten zu verlieren. Anderenfalls kann das Modell derart verkompliziert werden, dass das Diagramm nicht lesbar ist.

So mancher UML-Einsteiger ist schon in diese Falle getappt, weil er befürchtete, sein Klassendiagramm würde nicht genügend Informationen enthalten, um mit der Programmierung beginnen zu können. Sollte dies auch auf Sie zutreffen, denken Sie daran, dass die Unified Modeling Language unzählige Diagramme bereitstellt, mit denen Sie die verschiedenen Aspekte Ihres Designs veranschaulichen können. Klassendiagramme sind nur ein Teil des Ganzen.

1.6.2 Attribute

Mithilfe der Syntax in Listing 1.2 können Attribute im Klassendiagramm angegeben werden.

```
visibility name: type-expression = initial-value
                 {property-string}
```

Listing 1.2 Attributnotation für ein UML-Klassendiagramm

Beim Festlegen eines Attributes in einem Klassendiagramm müssen Sie lediglich den Namen angeben. Die weiteren Syntaxelemente in Listing 1.2 können Sie jedoch verwenden, um zusätzliche Informationen zum Attribut bereitzustellen.

- Das Element `visibility` eines Attributes beschreibt die Möglichkeit des Zugriffs auf ein Attribut von einer externen Perspektive aus. Zu den möglichen Werten gehören + (Plus) für öffentliche Attribute, - (Minus) für private Attribute und # (Raute) für geschützte Attribute.
- Das Element `type-expression` dient der Beschreibung des Attributtyps. UML definiert einige Standardtypen wie Integer oder String, Sie können aber auch benutzerspezifische Typen angeben. Das Element `type-expression` kann ebenfalls verwendet werden, um die Kardinalität eines Attributes (zum Beispiel für eine interne Tabelle) und den Initialwert des Attributes (falls zugewiesen) darzustellen.
- `property string` ist ein optionales Element, mit dem bestimmte zusätzliche Eigenschaften für ein Attribut umschrieben werden können. In der Klasse `OrderItem` in Abbildung 1.6 ist beispielsweise dem Attribut `id` die Eigenschaft `readOnly` zugewiesen, um darauf hinzuweisen, dass die ID eines Elementes nie geändert wird. Die Werte für diese Eigenschaften können durch den Benutzer definiert werden, der das Klassendiagramm erstellt. Der primäre Zweck hierbei ist die Bereitstellung zusätzlicher Informationen, die für den Entwickler hilfreich sind, der für die tatsächliche Implementierung der Klasse mithilfe einer OOP-Sprache verantwortlich ist.

Listing 1.3 zeigt ein Beispiel für die in Listing 1.2 beschriebene Syntax, in der das Attribut `id` verwendet wird, das in der Klasse `OrderItem` in Abbildung 1.6 angegeben ist. Diese Syntax deklariert `id` als privates, schreibgeschütztes Attribut vom Typ `Integer`.

```
- id: Integer {readOnly}
```

Listing 1.3 Beispiel für eine Attributdefinition

1.6.3 Operationen

Operationen lassen sich mit der in Listing 1.4 gezeigten Syntax darstellen.

```
visibility name(parameter-list) : return-type
                                  {property-string}
```

Listing 1.4 Operationsnotation für ein UML-Klassendiagramm

Der Kürze halber geben Entwickler beim Erstellen eines Klassendiagramms häufig nur den Namen einer Operation an. Die weiteren, optionalen Syntaxelemente aus Listing 1.4 werden üblicherweise strategisch eingesetzt, um einen bestimmten Aspekt der Operation hervorzuheben:

- Das Element `visibility` einer Operation definiert die Aufrufbarkeit. Zu den möglichen Werten zählen + (Plus) für öffentliche Operationen, - (Minus) für private Operationen und # (Raute) für geschützte Operationen.
- Das eingeklammerte Element `parameter-list` dient zur Angabe einer kommagetrennten Liste mit Parametern für die Operation. Die einzelnen Parameter weisen die in Listing 1.5 gezeigte Form auf.

  ```
  kind name : type = default-value
  ```

  Listing 1.5 Festlegung der Parameter für eine Operation

  - An dieser Stelle kennzeichnet `kind` den Parametertyp. Zu den zulässigen Werten zählen `in` für Eingangsparameter, die per Wertübergabe übergeben werden, `out` für Ausgangsparameter, die per Wertübergabe übergeben werden, und `inout` für Eingangsparameter, die per Referenzübergabe übergeben werden.
  - Das Token `name` symbolisiert den Parameternamen.
  - Jedem Parameter kann optional über das Token `type` ein Typ zugewiesen werden. Hierbei kann es sich um einen generischen Typ handeln oder um einen Typ, der für eine bestimmte Programmiersprache spezifisch ist.
  - Schließlich haben Sie die Möglichkeit, über den Ausdruck `default-value` einen Initialwert für den Parameter festzulegen.
- Über das Element `return-type` wird der Datentyp für Werte angegeben, die von funktionalen Operationen zurückgegeben werden.
- Das optionale Element `property-string` gibt bestimmte Eigenschaften an, die einer Operation zugewiesen sind. Ein Beispiel hierfür ist die Eigenschaftszeichenkette `{query}`, die der Operation `getCreditRating` von der Klasse `Customer` zugewiesen ist. Bei diesen Operationen handelt es sich um *schreibgeschützte* Operationen, durch die sich der Zustand des Objektes nicht ändert. Mithilfe dieser Eigenschaftszeichenketten können dem Entwickler Hinweise gegeben werden, die für die Implementierung der Klasse in einer bestimmten Programmiersprache nützlich sind.

Ein Beispiel für die in Listing 1.4 beschriebene Syntax finden Sie in Listing 1.6. Dieses Beispiel deklariert eine öffentliche Operation `getShippingCost`, die einen einzigen Eingangsparameter `postalCode` (vom Typ `String`) empfängt. Die Operation gibt einen Wert vom Typ `Money` zurück, um die abgeleiteten Versandkosten darzustellen.

```
+ getShippingCost(in postalCode: String) : Money
```

Listing 1.6 Beispiel für eine Operationsdefinition

1.6.4 Assoziationen

Die Linien, die Klassen in einem Klassendiagramm miteinander verbinden, stehen für eine Art von *Assoziation*. Sie können sich eine Assoziation als eine weitere Möglichkeit vorstellen, um ein Attribut für eine Klasse festzulegen. Zum Beispiel beschreibt die Linie mit Pfeil zwischen den Klassen `Customer` und `Address` in Abbildung 1.6 ein Attribut vom Typ `Address` für die Klasse `Customer`. Der Pfeil in der Assoziation zwischen den Klassen `Customer` und `Address` weist darauf hin, dass auf Instanzen der Klasse `Address` über ein in der Klasse `Customer` definiertes Attribut zugegriffen werden kann.

Bei einer Assoziationslinie mit Pfeilen in beide Richtungen würde es sich um eine *bidirektionale* Assoziation handeln. In diesem Fall wäre auch ein Attribut vom Typ `Customer` für die Klasse `Address` definiert worden, um die Navigation zwischen Attributen in beide Richtungen zu ermöglichen. Die Zahlen an den jeweiligen Endpunkten der Linie stehen für die Kardinalität der Assoziation aus Sicht der benachbarten Klasse (siehe Tabelle 1.1). Die Assoziation zwischen den Klassen `Order` und `OrderItem` in Abbildung 1.6 deutet zum Beispiel auf eine *One-to-Many-Beziehung* zwischen einem Auftrag und dessen Positionen hin. In diesem Fall kann ein Auftrag keine Position oder mehrere Positionen enthalten, und eine bestimmte Position kann für genau einen Auftrag vorhanden sein.

Kardinalität	Beschreibung
`0..1`	keine oder eine Instanz einer Klasse
`1`	genau eine Instanz einer Klasse
`*`	keine Instanz oder mehrere Instanzen einer Klasse
`m..n`	ein Bereich von Instanzen mit unteren bzw. oberen Grenzen (zum Beispiel 2..4)

Tabelle 1.1 UML-Kardinalitätsnotation

Nun fragen Sie sich womöglich, wozu das Erstellen einer Assoziation dient, wenn Sie stattdessen auch einfach ein Attribut verwenden könnten. Es gibt keine feste Regel, welcher der beiden Ansätze angewendet werden sollte. Als

Faustregel gilt jedoch: Verwenden Sie eine Assoziation immer dann, wenn Sie mithilfe einer Komposition eine Klasse in einer anderen Klasse wiederverwenden. So wird die Beziehung der Komposition deutlicher dargestellt, und Sie können das Diagramm beim Experimentieren mit Ihrem Klassenmodell einfacher überarbeiten.

1.6.5 Notizen

Mithilfe von Notizen können Sie in einem UML-Diagramm Kommentare hinzufügen. Notizen werden durch ein Element dargestellt, das einer Haftnotiz mit einem Eselsohr in der rechten Ecke ähnelt (siehe Abbildung 1.8). Mit diesen Notizen lassen sich in allen Arten von UML-Diagrammen Kommentare zu einem bestimmten Element (durch eine gestrichelte Linie verbunden) oder zum Diagramm als solches hinzufügen. Sie dienen oft der Erläuterung einer bestimmten Anforderung, die zu komplex ist, um sie in einer standardmäßigen UML-Notation darzustellen.

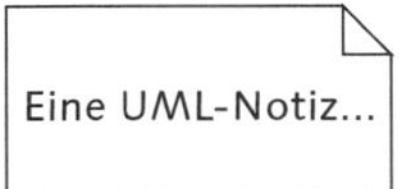

Abbildung 1.8 UML-Notiznotation

1.7 Zusammenfassung

In diesem Kapitel haben Sie erfahren, dass eine Klasse eine Art Bauplan ist, der das Anlegen von Objektinstanzen beschreibt. Klassen kombinieren Attribute und Methoden, um Phänomene aus der realen Welt in einer Softwareumgebung zu modellieren. Regeln und Einschränkungen für diese Modelle können innerhalb von Sichtbarkeitsbereichen erzwungen werden. Über diese Sichtbarkeitsbereiche wird die Verwendung von Attributen und Methoden in der Klasse gesteuert. Darüber hinaus wurden einige grundlegende Wiederverwendungsmöglichkeiten im Zusammenhang mit Klassen erläutert. Abschließend folgten in diesem Einführungskapitel erste Erläuterungen zur Unified Modeling Language, insbesondere zu Klassendiagrammen.

In diesem Kapitel wurde sehr schnell eine große Menge an Informationen vermittelt. Sollten Sie sich nun ein wenig verloren fühlen, ist dies kein Grund zur Sorge, denn in den folgenden Kapiteln erfahren Sie mehr über jedes der angesprochenen Themen.

In diesem Kapitel werden die grundlegende ABAP-Objects-Syntax sowie die relevanten Entwicklungswerkzeuge vorgestellt, die Sie zum Erstellen eines objektorientierten Programms in ABAP benötigen.

2 Arbeiten mit Objekten

In diesem Kapitel beginnen Sie mit der eigentlichen Arbeit und legen einige einfache objektorientierte Programme mit ABAP Objects an. Da die primäre Einheit bei der Entwicklung von objektorientierten Programmen die Klasse ist, befasst sich dieses Kapitel intensiv mit der ABAP-Objects-Syntax zum Definieren neuer Klassentypen. Klassen können als ABAP-Repository-Objekte (Class-Pools) oder lokal innerhalb eines ABAP-Programms definiert werden. In diesem Kapitel (und in den weiteren Kapiteln dieses Buches) erfahren Sie anhand von verschiedenen Beispielen, wie Sie beide Klassentypen anlegen und verwenden.

2.1 Syntaxübersicht

Bevor Sie beginnen, objektorientierte Programme in ABAP zu schreiben, müssen Sie zunächst die Syntax kennenlernen, die zum Definieren von ABAP-Objects-Klassen verwendet wird. Eine ABAP-Objects-Klassendefinition besteht aus einem *Deklarationsteil* und einem *Implementierungsteil*:

- Der Deklarationsteil der Klassendefinition wird verwendet, um alle *Komponenten* einer Klasse (Attribute, Methoden etc.) zu definieren.
- Der Implementierungsteil der Klassendefinition dient zur Bereitstellung von Implementierungen für die Methoden, die im Deklarationsteil der Klassendefinition angegeben werden.

In den folgenden Abschnitten werden die ABAP-Anweisungen beschrieben, die zur Definition lokaler Klassen in einem ABAP-Programm verwendet werden. Beachten Sie beim Durcharbeiten dieser Abschnitte zu den relevanten ABAP-Anweisungen, dass dieselbe Syntax im Class Builder »hinter den Kulissen« erzeugt wird, wenn Sie globale Klassen bearbeiten. Dies wird in Abschnitt 2.4.5, »Direkte Bearbeitung des Klassendefinitionsbereichs«, näher ausgeführt.

2.1.1 Definition von Klassen

Listing 2.1 zeigt die Syntax für die Definition einer lokalen Klasse `lcl_myclass`. Die Anweisung `CLASS DEFINITION` wird eingesetzt, um die Eigenschaften und die Struktur der Klasse zu beschreiben. In diesem Beispiel werden lediglich die Eigenschaften für die *Komponenten* der Klasse (zum Beispiel Attribute, Methodenschnittstellen etc.) deklariert, der Implementierungsteil folgt später. Die Komponenten einer Klasse können in drei *Sichtbarkeitsbereichen* angelegt werden: Diese Bereiche lauten `PUBLIC SECTION`, `PROTECTED SECTION` und `PRIVATE SECTION`. Auf diese Sichtbarkeitsbereiche wird in Kapitel 3, »Kapselung und Ausblenden der Implementierung«, näher eingegangen. Die verschiedenen `[class_options]`, die auf die `CLASS DEFINITION`-Anweisung angewendet werden können, werden in Kapitel 3, »Kapselung und Ausblenden der Implementierung«, in Kapitel 4, »Objektinitialisierung und Bereinigung«, und in Kapitel 5, »Vererbung«, beschrieben und diese optionalen Funktionen im Kontext erläutert.

```
CLASS lcl_myclass DEFINITION [class_options].
   PUBLIC SECTION.
      [components]
   PROTECTED SECTION.
      [components]
   PRIVATE SECTION.
      [components]
ENDCLASS.
```

Listing 2.1 Syntax für den Definitionsteil einer ABAP-Klasse

2.1.2 Deklaration von Komponenten

Die Eigenschaften einer Klasse werden über ihre Komponentendefinitionen festgelegt. Innerhalb einer Klasse können zwei verschiedene Komponententypen definiert werden: *Instanzkomponenten* und *Klassenkomponenten*.

- Instanzkomponenten definieren den internen Zustand und das Verhalten einzelner Objektinstanzen. Eine Klasse `Employee` kann beispielsweise über ein Instanzattribut `id` verfügen, das den Mitarbeiter eines Unternehmens eindeutig identifiziert. Sämtliche Instanzen der Klasse `Employee` verfügen über eine eigene Kopie des Attributes `id` mit einem unterschiedlichen Wert.
- Eine Klassenkomponente (oder statische Komponente) gilt für alle Instanzen einer Klasse. Klassenkomponenten werden immer dann verwendet, wenn eine Komponente für alle Objektinstanzen verwendet werden soll.

Sämtliche Komponentennamen innerhalb einer Klasse liegen in einem Namensraum. Daher ist es beispielsweise nicht möglich, ein Attribut und eine Methode mit demselben Namen zu definieren – selbst dann nicht, wenn jedes Element einem anderen Sichtbarkeitsbereich angehört. In den folgenden Abschnitten werden die Komponententypen vorgestellt, die innerhalb einer ABAP-Objects-Klasse angelegt werden können.

Attribute

Attribute werden verwendet, um den internen Zustand eines Objektes (oder einer Klasse) zu beschreiben. Dieser Zustand wird in Form von Datenfeldern dargestellt, die über jeden gültigen ABAP-Datentyp deklariert werden können.

- Instanzattribute werden mithilfe des bekannten Schlüsselwortes `DATA` deklariert. Diese Attribute definieren den instanzspezifischen Zustand des Objektes.
- Klassenattribute können mit der beinah exakt selben Syntax deklariert werden wie Instanzattribute. Der einzige Unterschied ist die Verwendung des Schlüsselwortes `CLASS-DATA` anstelle des Schlüsselwortes `DATA`. Sämtliche Objektinstanzen benutzen gemeinsam eine einzige Kopie eines Klassenattributes. Dies kann in bestimmten Situationen nützlich sein (weitere Details finden Sie in Abschnitt 2.2.5, »Arbeiten mit Klassenkomponenten«).
- Innerhalb einer Klassendefinition können Sie zudem spezielle Klassenattribute anlegen, die als *Konstanten* bezeichnet werden. Konstanten werden über das Schlüsselwort `CONSTANTS` deklariert. Bei der Deklaration muss Konstanten ein Initialwert zugewiesen werden, der anschließend nicht mehr geändert werden kann. Eine Konstante wird wie normale Klassenattribute für alle Objektinstanzen gemeinsam verwendet. Bei der Benennung von Konstanten sollte die Namenskonvention `CO_<constant name>` eingehalten werden.

Um die Deklaration verschiedener Attributtypen zu verstehen, betrachten Sie die Definition der lokalen Klasse `lcl_customer` in Listing 2.2. Diese Klasse deklariert vier private Instanzattribute: `id`, `customer_type`, `name` und `address`. Um diese Instanzattribute zu deklarieren, werden einige native Datentypen sowie einige Datenelemente und Strukturen verwendet, die im ABAP Dictionary definiert sind. Darüber hinaus können Sie mit komplexeren Typen (zum Beispiel Tabellentypen, Referenztypen etc.) zusätzliche Attribute anlegen, um andere Eigenschaften eines Kunden zu modellieren. Für einen groben Überblick ist dieses Beispiel jedoch ausreichend.

```
CLASS lcl_customer DEFINITION.
  PUBLIC SECTION.
    CONSTANTS: CO_PERSON_TYPE TYPE c VALUE '1',
               CO_ORG_TYPE    TYPE c VALUE '2',
               CO_GROUP_TYPE  TYPE c VALUE '3'.
  PRIVATE SECTION.
    DATA: id TYPE numc10,
          customer_type TYPE c,
          name TYPE string,
          address TYPE adrc.
    CLASS-DATA: next_id TYPE numc10.
ENDCLASS.
```

Listing 2.2 Deklaration von Attributen in einer Klassendefinition

Das Attribut `next_id` ist ein Klassenattribut, das Informationen zur nächsten verfügbaren Kundennummer liefert. Da alle Instanzen der Klasse `lcl_customer` eine gemeinsame Kopie von `next_id` verwenden, bietet dieses Attribut eine praktische Möglichkeit, den Nummernkreis für Kundennummern zwischenzuspeichern. Drei öffentliche Konstanten, `CO_PERSON_TYPE`, `CO_ORG_TYPE` und `CO_GROUP_TYPE`, repräsentieren die verschiedenen Kundentypen, die in dieser einfachen Klassendefinition unterstützt werden. Konstanten verbessern die Lesbarkeit der Klasse, indem literale Werte eine semantische Bedeutung erhalten, die anderenfalls mit bloßem Auge keine Bedeutung hätten.

Bei der Definition von Attributen gelten die grundlegenden Benennungsregeln für ABAP-Variablen (weitere Details finden Sie in der kontextsensitiven Hilfe zum Schlüsselwort `DATA`). Um die Codelesbarkeit zu verbessern, ist es selbstverständlich sinnvoll, Attributen aussagekräftige Namen zuzuweisen. Beachten Sie, dass die semantische Bedeutung dieser Attribute durch das zugehörige Objekt (oder die zugehörige Klasse) definiert ist. Daher ist es nicht erforderlich, jeden einzelnen Attributnamen zu qualifizieren.

- So lautet der Name des Attributes für die Kundennummer beispielsweise nicht `customer_id`. Wird auf das Attribut `id` zugegriffen, geschieht dies immer im Kontext einer Objektinstanz vom Typ `lcl_customer`, eine weitere Qualifizierung ist daher nicht notwendig.
- Beachten Sie ferner, dass den in Listing 2.2 deklarierten Attributen keine Namen mit dem Präfix `G` oder `L` zugewiesen wurden, um beispielsweise

den globalen oder lokalen Variablengültigkeitsbereich zu kennzeichnen. Da Attribute im Namensraum einer internen Klasse definiert werden, ist nur ein Gültigkeitsbereich vorhanden. Eine Konvention ist daher nicht erforderlich.

- Und schließlich verwenden Attributnamen denselben Namensraum wie Methodennamen. Da die Verwendung von Verben in Attributnamen zu Konflikten mit potenziellen Methodennamen führen kann, sollten Sie dies deshalb vermeiden.

Methoden

Das Verhalten eines Objektes wird über seine Methoden ausgedrückt. Methoden werden in der Regel unter Verwendung der in Listing 2.3 gezeigten Syntax definiert.

```
METHODS my_method
   [IMPORTING parameters]
   [EXPORTING parameters]
   [CHANGING  parameters]
   [RETURNING VALUE(parameter)]
   [EXCEPTIONS...].
```

Listing 2.3 Allgemeine Syntax zur Deklaration von Methoden

Diese Syntax definiert eine Methode `my_method`, die optional verschiedene Parametertypen unterstützt. Sie können die Parameterschnittstelle für eine Methode über die Zusätze `IMPORTING`, `EXPORTING`, `CHANGING` oder `RETURNING` definieren, wie in Listing 2.3 gezeigt. Der Zusatz `IMPORTING` wird eingesetzt, um Eingabeparameter zu definieren, die innerhalb der Methode nicht geändert werden können. Der Zusatz `EXPORTING` dient zur Definition von Ausgabeparametern, deren Wert innerhalb der Methode abgeleitet wird. Bei Parametern, die mit dem Zusatz `CHANGING` definiert werden, handelt es sich um Eingabe-/Ausgabeparameter, die innerhalb der Methode geändert werden können. Die mit dem Zusatz `RETURNING` definierten Parameter werden im Zusammenhang mit der Erläuterung funktionaler Methoden besprochen.

Unabhängig vom Typ wird zur Deklaration eines Parameters `p1` die in Listing 2.4 gezeigte Syntax angewendet.

```
{ p1 | VALUE(p1)} TYPE type [OPTIONAL | {DEFAULT def1}]
```

Listing 2.4 Syntax zur Deklaration von Formalparametern

Für Methodenparameter sollten die in Tabelle 2.1 gezeigten SAP-Namenskonventionen verwendet werden.

Parametertyp	Namenskonvention
IMPORTING	IM_<parameter name>
EXPORTING	EX_<parameter name>
CHANGING	CH_<parameter name>
RETURNING	RE_<parameter name>

Tabelle 2.1 SAP-Namenskonventionen für Methodenparameter

Der Name einer Methode repräsentiert, gemeinsam mit den Parameterdeklarationen, die *Signatur* der Methode. Die Signatur einer Methode definiert, wie diese aufgerufen wird. Wird eine Methode mit Parametern aufgerufen, übergibt das aufrufende Programm Parameter, indem *Aktualparameter* (zum Beispiel lokale Variablen im aufrufenden Programm, literale Werte etc.) im Methodenaufruf mit den *Formalparametern* abgeglichen werden, die in der Methodensignatur deklariert sind (siehe Abbildung 2.1).

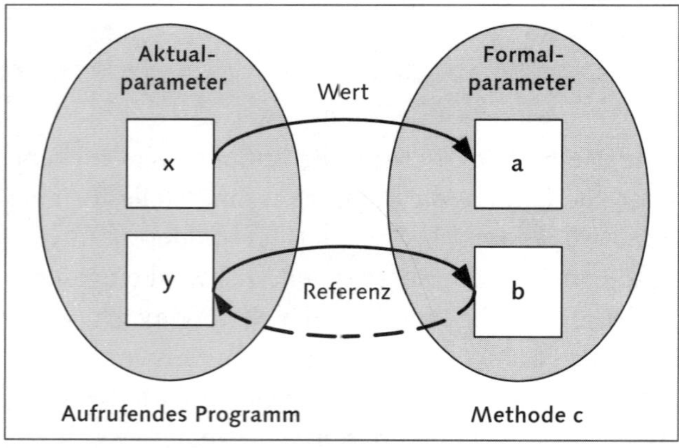

Abbildung 2.1 Abgleich von Aktualparametern und Formalparametern

Parameter können per *Referenz-* (Standardverhalten) oder *Wertübergabe* in Methoden übergeben werden. Der Zusatz `VALUE(...)` gibt an, dass ein Parameter per Wertübergabe in die Methode übergeben wird. Das wiederum bedeutet, dass eine Kopie des Aktualparameters angelegt und an die Methode weitergegeben wird. Änderungen, die an Werteparametern innerhalb der Methode vorgenommen werden, wirken sich lediglich auf die Kopie aus. Die Inhalte der als Aktualparameter verwendeten Variablen bleiben unverändert. In Abbildung 2.1 ist der Formalparameter `a` der Methode `c` als Werteparameter definiert. Wenn das aufrufende Programm die Methode `c` aufruft, wird daher eine Kopie des Aktualparameters `x` angelegt, und der Wert wird dem Formalparameter `a` zugewiesen.

Referenzparameter enthalten eine Referenz (oder einen Zeiger) auf den Aktualparameter (die Variable), der im Methodenaufruf verwendet wurde. Änderungen an Referenzparametern spiegeln sich im aufrufenden Programm wider. In Abbildung 2.1 ist der Formalparameter `b` der Methode `c` als Referenzparameter definiert. Das bedeutet, dass `b` auf den Aktualparameter zeigt, der im Methodenaufruf im aufrufenden Programm verwendet wurde (in diesem Fall `y`). Wenn Sie den Wert von Parameter `b` in Methode `c` ändern, wird die Änderung eigentlich an den Inhalten von Variable `y` im aufrufenden Programm durchgeführt.

Methodenparameter werden standardmäßig als Referenzparameter definiert. Da das Erstellen von Kopien großer Datenobjekte zur Laufzeit bei jedem Methodenaufruf äußerst rechenintensiv sein kann, wird auf diese Weise die Performance von Methodenaufrufen verbessert. In einigen Programmiersprachen gilt es als risikoreich, Parameter per Wertübergabe weiterzugeben, da nicht immer offensichtlich ist, an welcher Stelle Änderungen an einer Variablen vorgenommen werden. ABAP Objects eliminiert diese Problematik, indem Änderungen auf Referenzparameter beschränkt werden, die als `IMPORTING`-Parameter an eine Methode übergeben werden. Möchte ein aufrufendes Programm die Inhalte einer Variablen innerhalb einer Methode direkt ändern, muss es dies explizit deklarieren, indem es die Variable einem `CHANGING`-Formalparameter zuordnet. Beachten Sie jedoch, dass dies nicht für Referenztypen wie Objekt- oder Datenreferenzvariablen gilt (weitere Informationen zu diesen Typen finden Sie in Abschnitt 2.2.1, »Objektreferenzen«).

Darüber hinaus ist es möglich, *funktionale Methoden* in Klassen zu definieren. Funktionale Methoden werden zur Berechnung von Einzelwerten eingesetzt (daher die Verwendung des Begriffs *Funktion*). Listing 2.5 zeigt die Syntax zur Deklaration funktionaler Methoden. Wie zuvor können Sie auch hier `IMPORTING`-Parameter deklarieren, um Eingabewerte für die Methode bereitzustellen. Beachten Sie jedoch, dass `CHANGING`- oder `EXPORTING`-Parameter in funktionalen Methoden nicht definiert werden können, da die funktionale Methode lediglich einen Einzelwert zurückgibt – den `RETURNING`-Werteparameter. In Abschnitt 2.2.6, »Erstellung komplexer Ausdrücke mithilfe von funktionalen Methoden«, werden einige interessante Verwendungszwecke funktionaler Methoden aufgezeigt.

```
METHODS func_method
   [IMPORTING parameters]
   RETURNING VALUE(rval) TYPE type
   [EXCEPTIONS...].
```

Listing 2.5 Syntax zur Deklaration funktionaler Methoden

Die Utility-Klasse `lcl_math` in Listing 2.6 deklariert vier Methoden, die die in diesem Abschnitt beschriebene Syntax zur Methodendefinition veranschaulichen:

- Die Methode `max` empfängt zwei Eingabewertparameter `a` und `b` (vom Typ Integer) und gibt den größeren der beiden Werte als einzelnen Ausgabewertparameter `result` (ebenfalls vom Typ Integer) zurück.
- Die Methode `round` rundet einen Gleitpunktzahlparameter `a` auf die nächste Ganzzahl. In diesem Fall wird der `CHANGING`-Parameter `a` per Referenzübergabe weitergegeben und direkt innerhalb der Methode geändert.
- Die Methode `log` wendet die logarithmische Funktion unter Verwendung von Basis `b` auf Eingabeparameter `x` an. Beachten Sie, dass Parameter `b` mit dem Zusatz `OPTIONAL` definiert wurde. Diese Festlegung bedeutet, dass Aufrufer keinen Wert für Eingabeparameter `b` übergeben müssen (der Standardwert könnte innerhalb der Methodenimplementierung beispielsweise Basis 10 lauten).
- Die Methode `power` ist eine funktionale Methode, die die zwei Eingabeparameter `base` und `exponent` empfängt und den Wert der Basis potenziert mit dem Exponenten (Werteparameter `result`) zurückgibt. Für den Eingabeparameter `exponent` wird ein Standardwert von 2 festgelegt.

  Der Zusatz `DEFAULT` ist insofern mit dem Zusatz `OPTIONAL` vergleichbar, als beide optionale Parameter anlegen. Überreicht der Aufrufer jedoch keinen Wert für einen `DEFAULT`-Parameter, wird durch den Compiler implizit ein Aktualparameter mit dem angegebenen Standardwert (in diesem Beispiel 2) übergeben.

```
CLASS lcl_math DEFINITION.
  PUBLIC SECTION.
    METHODS:
      max IMPORTING VALUE(a) TYPE i
                    VALUE(b) TYPE i
          EXPORTING VALUE(result) TYPE i,
      round CHANGING a TYPE f,
      log IMPORTING x TYPE f
```

```
                   b TYPE i OPTIONAL
         EXPORTING y TYPE f,
     power IMPORTING base TYPE f
                     exponent TYPE f DEFAULT 2
          RETURNING VALUE(result) TYPE f.
ENDCLASS.
```

Listing 2.6 Beispielklasse zur Veranschaulichung von Methodendeklarationen

Klassenattribute können mit der beinah exakt selben Syntax deklariert werden wie Instanzmethoden. Der einzige Unterschied ist die Verwendung des Schlüsselwortes `CLASS-METHODS` anstelle des Schlüsselwortes `METHODS`, das für Instanzmethoden benutzt wird.

Methodennamen beginnen üblicherweise mit einem Verb, um den Verhaltenstyp in der Methodenimplementierung auszudrücken. Der Name einer Methode, die zum Anlegen eines Auftrags in einer Klasse `lcl_sales_order` verwendet wird, könnte beispielsweise `create` lauten. Entwickler, die es gewohnt sind, umfangreiche Namen für Funktionsbausteine festzulegen, betrachten diesen Namen möglicherweise als zu allgemein. Bedenken Sie jedoch, dass Methodennamen zum internen Namensraum der Klasse gehören, sodass kein Risiko potenzieller Namenskonflikte mit globalen Repository-Objekten wie Funktionsbausteinen besteht. Für die Methode in Klasse `lcl_sales_order` könnte auch der Name `create_order` gewählt werden, dies ist jedoch überflüssig, da die `create`-Operation für ein Auftragsobjekt aufgerufen wird. Es dauert eine Weile, sich an die reflexive Beziehung zwischen Objekten und Methoden zu gewöhnen. Seien Sie daher unbesorgt, wenn Ihnen diese noch nicht intuitiv erscheint. In diesem Buch wird Ihnen eine Vielzahl von Beispielen dabei helfen, diese Beziehung zu verstehen.

Ereignisse

Klassen können *Ereignisse* deklarieren und auslösen, die von speziellen *Ereignisbehandler-Methoden* bearbeitet werden. Ereignisbehandler-Methoden können sowohl innerhalb derselben Klasse definiert werden, die das Ereignis deklariert, als auch in einer völlig anderen Klasse. Innerhalb einer Klasse werden Ereignisse unter Verwendung der in Listing 2.7 gezeigten Syntax definiert.

```
EVENTS evt
  [EXPORTING parameters].
```

Listing 2.7 Syntax zur Deklaration von Instanzereignissen

Die Syntax zur Definition von EXPORTING-Formalparametern in Ereignissen ist mit der Syntax zur Definition von Formalparametern für Methoden identisch (siehe Listing 2.4). Beachten Sie jedoch, dass diese EXPORTING-Parameter immer *per Wertübergabe* übergeben werden müssen. Ereignisparameter werden verwendet, um zusätzliche Informationen zu einem Ereignis an Ereignisbehandler-Methoden weiterzugeben. Ereignisse übergeben zudem einen impliziten Parameter sender, der eine Referenz auf das *Senderobjekt* (das Objekt, das das Ereignis ausgelöst hat) enthält.

Klassenereignisse können mit dem Schlüsselwort CLASS-EVENTS angelegt werden. Abgesehen von den unterschiedlichen Schlüsselwörtern ist die Syntax zur Deklaration von Klassenereignissen mit der Syntax für normale Instanzereignisse identisch (siehe Listing 2.8).

```
CLASS-EVENTS evt [EXPORTING parameters].
```

Listing 2.8 Syntax zur Deklaration von Klassenereignissen

Ereignisse werden von speziellen Ereignisbehandler-Methoden bearbeitet, die mit der in Listing 2.9 gezeigten Syntax definiert werden.

```
METHODS evt_handler
   FOR EVENT evt of CLASS lcl_some_class
   [IMPORTING p1 p2 ... [sender]].
```

Listing 2.9 Syntax zur Deklaration von Ereignisbehandler-Methoden

Über die in Listing 2.9 gezeigte Syntax wird eine Ereignisbehandler-Methode evt_handler für ein Ereignis evt deklariert, das in der Klasse lcl_some_class definiert ist. Die Namen der Eingabeparameter für eine Ereignisbehandler-Methode müssen mit der Signatur der Ausgabeparameter übereinstimmen, die im Ereignis selbst definiert sind. Im Gegensatz zu normalen Methodendeklarationen müssen Sie den Typ der Eingabeparameter bei Ereignisbehandler-Methoden jedoch nicht angeben, da diese Informationen bereits in der Ereignisdeklaration festgelegt werden.

In Kapitel 10, »Arbeiten mit dem SAP List Viewer«, wird die Verwendung dieser Elemente anhand eines Report-Beispielprogramms aufgezeigt. Dort erfahren Sie insbesondere, wie Ereignisbehandler-Methoden für das *Abhören* von Ereignissen registriert werden, die über die Anweisung RAISE EVENT ausgelöst werden.

Typen

Benutzerspezifische Datentypen können innerhalb einer Klasse über die ABAP-Anweisung TYPES definiert werden. Diese Typen werden auf Klassenebene bestimmt und nicht für eine Objektinstanz spezifisch festgelegt. Sie können diese benutzerspezifischen Typen verwenden, um lokale Variablen innerhalb von Methoden festzulegen etc. Darüber hinaus kann mithilfe der Anweisung TYPE-POOLS die Verwendung globaler Typ-Pools deklariert werden, die im ABAP Dictionary definiert sind.

Die Definition der Klasse lcl_person in Listing 2.10 zeigt ein Beispiel für die Deklaration und Verwendung von Typen in einer Klassendefinition. Der benutzerspezifische Typ ty_name wird eingesetzt, um das name-Attribut des Benutzers zu definieren. Für benutzerspezifische Typen gilt die Namenskonvention TY_<type name>. Die Klasse deklariert zudem die Verwendung der Typgruppe SZADR aus dem ABAP Dictionary. Diese Typgruppe ist im BAS-Paket (Business Address Services) definiert und enthält verschiedene Typen im Zusammenhang mit Adressen. BAS bietet eine optimierte API für das Arbeiten mit Adressen in Anwendungen. Hier wird der Typ SZADR_ADDR1_COMPLETE aus der Typgruppe SZADR verwendet, um das address-Attribut für die Klasse lcl_person zu deklarieren.

```
CLASS lcl_person DEFINITION.
  PRIVATE SECTION.
    TYPES: BEGIN OF ty_name,
             first_name TYPE char40,
             middle_initial TYPE char1,
             last_name TYPE char40,
           END OF ty_name.
    TYPE-POOLS: szadr.     "Business Address Services
    DATA: name    TYPE ty_name,
          address TYPE szadr_addr1_complete.
ENDCLASS.
```

Listing 2.10 Definition von und Arbeit mit Typen

2.1.3 Implementierung von Methoden

In Abschnitt 2.1.2, »Deklaration von Komponenten«, haben Sie erfahren, wie die verschiedenen Komponenten einer Klasse definiert werden. Sind im Deklarationsteil der Klasse Methoden festgelegt, muss zum Abschließen der Klassendefinition zusätzlich ein Implementierungsteil angelegt werden, der die Implementierungen für jede dieser Methoden bereitstellt. Der Implementierungsteil enthält im Wesentlichen den Quellcode für die Methoden, die im Deklarationsteil der Klasse definiert sind. Listing 2.11 zeigt, wie der Implementierungsteil für die in Listing 2.6 definierte Klasse `lcl_math` erstellt wird.

```
CLASS lcl_math IMPLEMENTATION.
   METHOD max.
      IF a > b.
         result = a.
      ELSE.
         result = b.
      ENDIF.
   ENDMETHOD.
   METHOD round.
      "Implementation goes here...
   ENDMETHOD.
   METHOD log.
      "Implementation goes here...
   ENDMETHOD.
   METHOD power.
      "Implementation goes here...
   ENDMETHOD.
ENDCLASS.
```

Listing 2.11 Beispielimplementierung für Klasse lcl_math

Jede Methode im Deklarationsteil einer Klassendefinition muss innerhalb eines `METHOD...ENDMETHOD`-Verarbeitungsblocks im Implementierungsteil der Klassendefinition implementiert sein. Beachten Sie, dass im Verarbeitungsblock der Methode keine Parameterspezifikationen enthalten sind. Diese Spezifikationen werden nicht benötigt, da der Deklarationsteil der Klasse die Methodenschnittstelle bereits definiert. Innerhalb des Verarbeitungsblocks einer Methode kann mithilfe von normalen ABAP-Anweisungen das Verhalten der Klasse implementiert werden. Die Vorgehensweise ist mit der Implementierung eines prozeduralen Unterprogramms oder eines Funktionsbausteins vergleichbar. Beachten Sie jedoch, dass eine Vielzahl veralteter Anweisungen in ABAP-Objects-Klassen nicht verwendet werden kann. Wenn Sie nicht sicher sind, welche Anweisungen veraltet sind, können Sie unbesorgt sein, der Compiler informiert Sie, an welchen Stellen ein Fehler aufgetreten ist. Spezifische Einzelheiten zu den jeweiligen Sprachelementen finden Sie zudem im SAP Help Portal (*http://help.sap.com*).

Methodenimplementierungen können lokale Variablen intern über das Schlüsselwort `DATA` definieren. Lokale Variablen werden verwendet, um die

Implementierung der Methode zu unterstützen (zum Beispiel als Zähler, temporäre Werteplatzhalter etc.). Eine allgemeine Konvention für die Definition lokaler Variablennamen ist die Verwendung des Präfixes `L`. Der Name einer Zählervariablen könnte zum Beispiel `lv_counter` lauten. Diese Namenskonvention ist nützlich, um potenzielle Namenskonflikte mit Attributen zu vermeiden, die im Deklarationsteil der Klassendefinition angelegt werden. Wenngleich es möglich ist, eine lokale Variable mit demselben Namen wie dem eines Attributes anzulegen, wird dies nicht empfohlen, da die lokale Variable das Attribut innerhalb des Gültigkeitsbereichs der Methode *ausblendet*. Diese Art der Verwendung von Gültigkeitsbereichen führt zu schwer lesbarem Code und häufig zu Fehlern, für die nur schwer ein Debugging durchgeführt werden kann.

2.2 Anlage und Verwendung von Objekten

Nachdem Sie nun wissen, wie Klassen in ABAP Objects definiert werden, wird im Folgenden betrachtet, wie Sie, basierend auf diesen Klassendefinitionen, Objekte anlegen und verwenden. In den folgenden Abschnitten wird erläutert, wie Sie Objektreferenzvariablen deklarieren, Objektinstanzen anlegen und auf Komponenten dieser Objekte und Klassen zugreifen. In Abschnitt 2.3, »Schreiben Ihres ersten objektorientierten Programms«, werden all diese Elemente zusammengefügt, um ein voll funktionsfähiges Programm anzulegen.

2.2.1 Objektreferenzen

Die ABAP-Laufzeitumgebung lässt keinen direkten Zugriff auf Objekte innerhalb eines Programms zu. Um zur Laufzeit auf ein Objekt zugreifen zu können, müssen Sie daher zunächst eine Objektreferenzvariable deklarieren. Eine Objektreferenzvariable enthält eine Referenz (oder einen Zeiger) auf ein Objekt. Bei der Betrachtung des Verfahrens zum Anlegen von Objekten in Kapitel 4, »Objektinitialisierung und Bereinigung«, werden Sie die Notwendigkeit dieser indirekten Art des Zugriffs zu schätzen wissen. An dieser Stelle ist es ausreichend zu wissen, dass auf Objekte über Objektreferenzvariablen zugegriffen wird, die mit der in Listing 2.12 gezeigten Syntax deklariert werden.

```
DATA: oref TYPE REF TO some_class.
```

Listing 2.12 Deklaration von Objektreferenzen

Die Syntax in Listing 2.12 deklariert eine Objektreferenzvariable `oref`, die auf Objekte vom Typ `some_class` verweist (oder zeigt). Die `REF TO`-Erweiterung für den Zusatz `TYPE` der `DATA`-Anweisung gibt an, dass es sich bei der Variablen `oref` um eine Objektreferenzvariable vom statischen Typ `some_class` handelt. Objektreferenzvariablen können in jedem Kontext definiert werden, in dem die Deklaration von Variablen zulässig ist (zum Beispiel als globale Variablen, lokale Variablen in Unterprogrammen oder Methoden, Attribute in einer Klasse etc.).

2.2.2 Anlage von Objekten

Objektinstanzen werden über die Anweisung `CREATE OBJECT` angelegt. Über den Codeausschnitt in Listing 2.13 wird eine Objektinstanz vom Typ `some_class` erstellt und der Objektreferenzvariablen `oref` ein Zeiger auf diese Instanz zugewiesen. Dieser Vorgang zum Anlegen und Zuweisen von Objekten wird vollständig von der ABAP-Laufzeitumgebung gesteuert. In Kapitel 4, »Objektinitialisierung und Bereinigung«, erfahren Sie, wie spezielle – als *Konstruktoren* bezeichnete – Methoden verwendet werden können, um den Prozess zum Anlegen so zu beeinflussen, dass Attributinitialisierungen etc. durchgeführt werden können.

```
DATA: oref TYPE REF TO some_class.
CREATE OBJECT oref.
```

Listing 2.13 Syntax zum Anlegen von Objekten

2.2.3 Objektreferenzzuweisungen

Objektreferenzvariablen können neu zugewiesen werden, um auf andere Objektinstanzen zu zeigen. Verwenden Sie dazu die Anweisung `MOVE` oder den Zuweisungsoperator (=). Beim Zuweisen von Objektreferenzvariablen müssen Sie stets bedenken, *was* Sie zuweisen – nämlich Referenzen. Abbildung 2.2 zeigt die Beziehung zwischen zwei Objektreferenzvariablen (`Ref_1` und `Ref_2`) und den Objekten, auf die diese zeigen (`Object_1` bzw. `Object_2`).

Wenn Sie den Wert von `Ref_2` beispielsweise `Ref_1` zuweisen (siehe Abbildung 2.3), enthalten beide Referenzvariablen eine Adresse, die auf dieselbe Objektinstanz (`Object_2`) zeigt. Zeigen in diesem Fall keine anderen Objektreferenzvariablen auf `Object_1`, gilt das Objekt als verwaist. In Kapitel 4 erfahren Sie, wie die ABAP-Laufzeitumgebung diese verwaisten Objekte mittels *Garbage Collection* automatisch bereinigt.

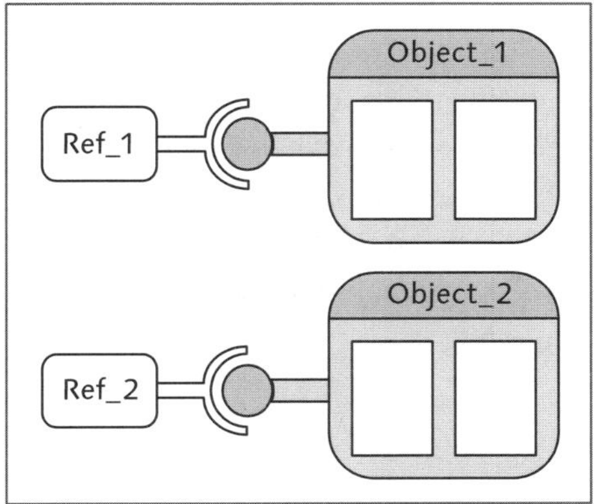

Abbildung 2.2 Neuzuweisung von Objektreferenzen – Teil I

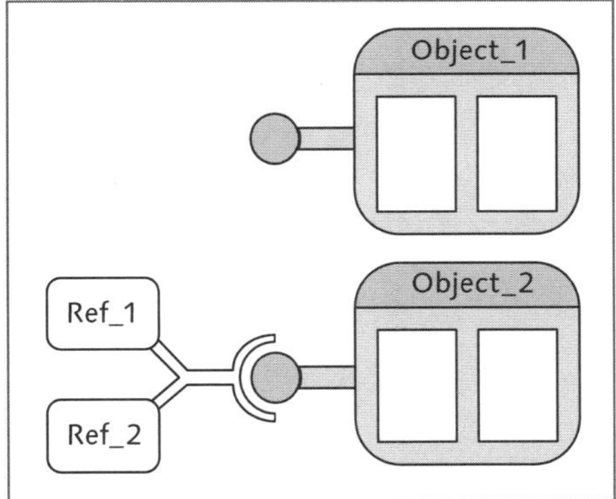

Abbildung 2.3 Neuzuweisung von Objektreferenzen – Teil II

2.2.4 Arbeiten mit Instanzkomponenten

Um in einem ABAP-Programm mit einer Objektinstanz zu interagieren, müssen Sie eine Objektreferenzvariable verwenden, die auf die Objektinstanz *zeigt*, da der direkte Zugriff auf das Objekt streng untersagt ist. Um sich die Beziehung zwischen einer Objektreferenzvariablen und der Objektinstanz vorzustellen, auf die diese verweist, dient die Verbindung zwischen einer Fernbedienung und einem Fernsehgerät als Vergleich. Hier bietet die Fernbedienung eine Schnittstelle, die für die Kommunikation mit dem Fernsehgerät verwendet werden kann (zum Beispiel durch das Drücken von Tasten). Eine Objektreferenzvariable kann auf ähnliche Weise genutzt werden, um auf Instanzkomponenten zuzugreifen. Dies geschieht mithilfe des *Objektkomponentenselektor-Operators*. Der Objektkomponentenselektor (->) ermöglicht den Zugriff auf die Instanzkomponenten eines Objektes.

Um den Einsatz des Objektkomponentenselektors zu verstehen, betrachten Sie das Beispiel eines *Punktobjektes* in einem kartesischen Koordinatensystem. Falls Ihre letzte Geometriestunde schon zu weit zurückliegt, ein kartesisches Koordinatensystem (bzw. die kartesische Ebene) ist ein zweidimensionales Gitter mit einer horizontalen x-Achse und einer vertikalen y-Achse (siehe Abbildung 2.4). Sie können Punkte in einem Graphen darstellen, indem Sie eine x-Koordinate und eine y-Koordinate angeben, wie zum Beispiel Punkt (1,2) im Graphen in Abbildung 2.4.

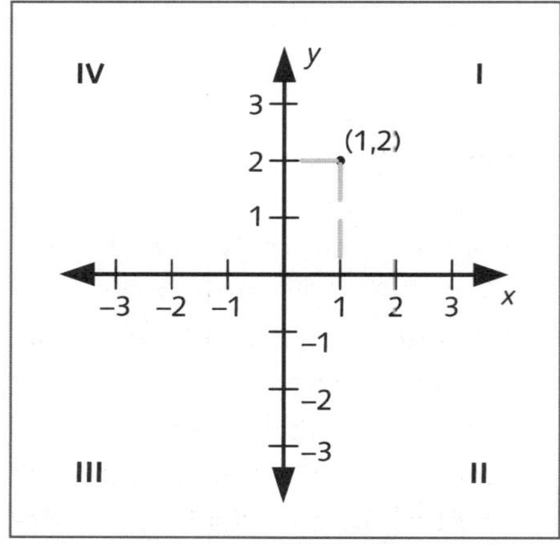

Abbildung 2.4 Kartesisches Koordinatensystem

Der Code in Listing 2.14 definiert eine Klasse `lcl_point`, die einen einzelnen Punkt in einem kartesischen Koordinatensystem darstellt. Die Instanzmethode `get_distance` wird verwendet, um den euklidischen Abstand zwischen zwei Punkten in der kartesischen Ebene zu berechnen. Da es sich bei `get_distance` um eine Instanzmethode handelt, muss über eine Objektreferenzvariable auf diese zugegriffen werden. Das Objekt, auf das diese Objektreferenzvariable zeigt, wird implizit der erste Punkt; der zweite Punkt wird über den Eingabereferenzparameter `im_point2` angegeben.

```
CLASS lcl_point DEFINITION.
   PUBLIC SECTION.
      DATA: x TYPE i,             "X-Coordinate
            y TYPE i.             "Y-Coordinate

      METHODS get_distance IMPORTING im_point2
                             TYPE REF TO lcl_point
                           EXPORTING ex_distance
                                TYPE f.
ENDCLASS.
```

```
CLASS lcl_point IMPLEMENTATION.
  METHOD get_distance.
*   Method-Local Data Declarations:
    DATA: lv_dx TYPE i,          "Diff. X
          lv_dy TYPE i.          "Diff. Y

*   Calculate the Euclidean distance between the points:
    lv_dx = im_point2->x - me->x.
    lv_dy = im_point2->y - me->y.
    ex_distance =
      SQRT( ( lv_dx * lv_dx ) + ( lv_dy * lv_dy ) ).
  ENDMETHOD.
ENDCLASS.
```

Listing 2.14 Verwendung des Objektkomponentenselektors – Teil I

Um die Berechnung durchzuführen, müssen die x- und y-Koordinaten für beide Punkte ausgewertet werden. Um die Verwendung der Attribute anzugeben, die mit dem impliziten ersten Punkt verknüpft sind, wurde die *Selbstreferenzvariable* me verwendet. Alle Objektinstanzen enthalten implizit eine Objektreferenzvariable me. Die Referenzvariable me enthält wiederum eine Referenz auf das Objekt, in dem sie eingeschlossen ist. Die Verwendung der Selbstreferenzvariablen für den Zugriff auf Attribute innerhalb einer Methode ist optional. Wird sie ausgelassen, wird sie vom System im Hintergrund eingefügt. Sie wird primär zur Hervorhebung eingesetzt, gelegentlich jedoch auch, um eine Referenz des aktuellen Objektes an eine andere Methode zu übergeben etc.

Der Codeausschnitt in Listing 2.15 zeigt, wie der Objektkomponentenselektor verwendet wird, um mithilfe von Objektreferenzvariablen auf öffentliche Attribute (zum Beispiel x und y) und öffentliche Methoden der Klasse lcl_point zuzugreifen. In diesem Beispiel werden zwei Objektreferenzvariablen (lr_point_a bzw. lr_point_b) instanziert, indem ihre x- und y-Koordinaten zugewiesen und der Abstand zwischen den Punkten berechnet wird. Methoden werden in ABAP im Allgemeinen über die Anweisung CALL METHOD aufgerufen, wie durch den Aufruf von Methode get_distance gezeigt wird.

```
* Local Data Declarations:
  DATA: lr_point_a  TYPE REF TO lcl_point,
        lr_point_a  TYPE REF TO lcl_point,
        lv_distance TYPE f.

* Instantiate both of the points:
  CREATE OBJECT lr_point_a.
```

```
  lr_point_a->x = 1.
  lr_point_a->y = 1.

  CREATE OBJECT lr_point_b.
  lr_point_b->x = 3.
  lr_point_b->y = 3.

* Calculate the distance & display the results:
  CALL METHOD lr_point_a->get_distance
    EXPORTING
      im_point2 = lr_point_b
    IMPORTING
      ex_distance = lv_distance.

  WRITE: 'Distance between point a and point b is: ',
         lv_distance.
```

Listing 2.15 Verwendung des Objektkomponentenselektors – Teil II

2.2.5 Arbeiten mit Klassenkomponenten

Während der Analysephase werden Sie manchmal über Attribute und Verhalten stolpern, die lediglich mit einer Klasse verknüpft sind, und nicht unbedingt mit einer bestimmten Instanz dieser Klasse. Solche Komponenten sollten als *Klassenkomponenten* definiert werden. Um die Verwendung von Klassenkomponenten zu veranschaulichen, wurde die Klasse `lcl_point` aus Listing 2.14 so geändert, dass sie nun auch einige Klassenkomponenten verwendet (siehe Listing 2.16).

```
CLASS lcl_point DEFINITION.
  PUBLIC SECTION.
    CONSTANTS: CO_QUADRANT_1 TYPE i VALUE 1,
               CO_QUADRANT_2 TYPE i VALUE 2,
               CO_QUADRANT_3 TYPE i VALUE 3,
               CO_QUADRANT_4 TYPE i VALUE 4.

    CLASS-DATA: next_point_no TYPE i.  "Next Point Number

    DATA: point_no TYPE i,             "Point Number
          x TYPE i,                    "X-Coordinate
          y TYPE i.                    "Y-Coordinate

    METHODS:
      constructor,
      get_point_number RETURNING value(re_number)
                           TYPE i,
```

```
        get_quadrant RETURNING value(re_quadrant)
                           TYPE i.

      CLASS-METHODS:
        get_distance IMPORTING im_point1
                           TYPE REF TO lcl_point
                                im_point2
                           TYPE REF TO lcl_point
                     RETURNING value(re_distance)
                           TYPE f.
ENDCLASS.

CLASS lcl_point IMPLEMENTATION.
  METHOD constructor.
    next_point_no = next_point_no + 1.
    point_no = next_point_no.
  ENDMETHOD.

  METHOD get_point_number.
    re_number = point_no.
  ENDMETHOD.

  METHOD get_quadrant.
    IF x > 0.
      IF y > 0.
        re_quadrant = CO_QUADRANT_1.
      ELSE.
        re_quadrant = CO_QUADRANT_4.
      ENDIF.
    ELSE.
      IF y > 0.
        re_quadrant = CO_QUADRANT_2.
      ELSE.
        re_quadrant = CO_QUADRANT_3.
      ENDIF.
    ENDIF.
  ENDMETHOD.

  METHOD get_distance.
*   Method-Local Data Declarations:
    DATA: lv_dx TYPE i,                "Diff. X
          lv_dy TYPE i.                "Diff. Y

*   Calculate the distance between the two points:
    lv_dx = im_point2->x - im_point1->x.
    lv_dy = im_point2->y - im_point1->y.
```

```
      re_distance =
        SQRT( ( lv_dx * lv_dx ) + ( lv_dy * lv_dy ) ).
  ENDMETHOD.
ENDCLASS.
```

Listing 2.16 Geänderte Klasse lcl_point für die Verwendung von Klassenkomponenten

Wie Sie in Listing 2.16 sehen, wurde die Klasse `lcl_point` erweitert, um mehrere unterschiedliche Arten von Klassenkomponenten einzuschließen. Das Attribut `next_point_no` ist ein Klassenattribut, das verwendet wird, um Informationen zur nächsten verfügbaren Punktnummer bereitzustellen, die einem Punkt bei der Erstellung zugewiesen werden kann. Um diese Funktionalität zu nutzen, wurde eine spezielle Methode `constructor` definiert. Diese Methode wird von der ABAP-Laufzeitumgebung automatisch aufgerufen, wenn ein Objekt der Klasse `lcl_point` angelegt wird (weitere Details finden Sie in Kapitel 4, »Objektinitialisierung und Bereinigung«). In der `constructor`-Methode wird die nächste verfügbare Punktnummer (`next_point_no`) hochgezählt, und der Wert wird dem Instanzattribut `point_no` zugewiesen. Der Wert der zugewiesenen Punktnummer kann mithilfe der Methode `get_point_number` abgerufen werden.

In dieser Implementierung der Klasse `lcl_point` wurde zudem eine neue Instanzmethode `get_quadrant` angelegt, um die aktuelle Quadrantenposition für den Punkt zurückzugeben. Innerhalb der Methode `get_quadrant` werden anstelle von hartcodierten literalen Werten die öffentlichen Konstantenattribute `CO_QUADRANT_x` verwendet, um die Quadrantenwerte anzugeben. Innerhalb der Klasse `lcl_point` muss die Verwendung der Klassenattribute nicht qualifiziert werden. Außerhalb der Klasse `lcl_point` muss jedoch über den *Klassenkomponentenselektor-Operator* (=>) auf diese öffentlichen Konstantenattribute zugegriffen werden.

Um beispielsweise auf den Konstantenwert für Quadrant 1 in der Koordinatenebene zuzugreifen, könnte der folgende Ausdruck verwendet werden: `lcl_point=>CO_QUADRANT_1`. Der Klassenkomponentenselektor kann eingesetzt werden, um auf einen beliebigen Typ von Klassenkomponente (einschließlich Methoden, Typen etc.) zuzugreifen. Zudem ist es möglich, den Klassenkomponentenselektor mit einer Objektreferenzvariablen (`oref=>class_component`) zu verwenden. Diese Syntax kann jedoch verwirrend sein, wie Sie später noch sehen werden. Daher wird in diesem Buch die Konvention befolgt, den Klassenkomponentenselektor an den Klassennamen zu binden. Diese Konvention verdeutlicht, dass sich die Komponenten nicht auf eine bestimmte Instanz der Klasse, sondern auf die Klasse selbst beziehen.

Bei näherer Betrachtung der Klasse lcl_point sehen Sie, dass die Methode get_distance als Klassenmethode neu definiert wurde. Da get_distance nicht mehr für eine bestimmte Instanz der Klasse lcl_point aufgerufen wird, musste die Methodensignatur geändert werden, um Eingabeparameter für beide Punkte anzugeben. Beachten Sie an dieser Stelle, dass Klassenmethoden nicht implizit auf Instanzattribute oder -methoden innerhalb der Klasse zugreifen können, da keine Selbstreferenz me mit dem statischen Kontext der Klasse verknüpft ist. Stattdessen können Klassenmethoden auf Instanzattribute lediglich über Objektreferenzvariablen zugreifen, die lokal angelegt oder als Eingabeparameter übergeben wurden. Klassenmethoden können selbstverständlich ohne diese Einschränkungen auf andere Klassenmethoden und -attribute zugreifen.

Der Beispielcode in Listing 2.17 zeigt einige der aktualisierten Funktionen der Klasse lcl_point. Zunächst wurden vier Objektinstanzen angelegt: lr_point_a, lr_point_b, lr_point_c und lr_point_d. Bei der Anlage eines Objektes wird immer die constructor-Methode aufgerufen, und mithilfe des Klassenattributes next_point_no wird eine eindeutige Punktnummer zugewiesen. Diese Funktionalität wird durch den Aufruf der Methode get_point_number für den durch lr_point_c referenzierten Punkt belegt, der als Ergebnis den erwarteten Wert 3 zurückgeben sollte. Der Aufruf der Methode get_quadrant sollte gleichermaßen ergeben, dass sich der von lr_point_c referenzierte Punkt in Quadrant 3 befindet (basierend auf den zugewiesenen x- und y-Koordinatenwerten). Und schließlich wird über den Aufruf der Klassenmethode get_distance der Abstand zwischen den von lr_point_c und lr_point_d referenzierten Punkten berechnet. Beachten Sie an dieser Stelle die Verwendung des Klassenkomponentenselektors im Methodenaufruf lcl_point=>get_distance.

```
DATA: lr_point_a TYPE REF TO lcl_point,
      lr_point_b TYPE REF TO lcl_point,
      lr_point_c TYPE REF TO lcl_point,
      lr_point_d TYPE REF TO lcl_point,
      lv_point_number TYPE numc1,
      lv_quadrant     TYPE numc1,
      lv_distance     TYPE f.

* Create some sample point objects:
CREATE OBJECT lr_point_a.
lr_point_a->x = 2.
lr_point_a->y = 3.
```

```
CREATE OBJECT lr_point_b.
lr_point_b->x = 2.
lr_point_b->y = -1.

CREATE OBJECT lr_point_c.
lr_point_c->x = -3.
lr_point_c->y = -4.

CREATE OBJECT lr_point_d.
lr_point_d->x = -5.
lr_point_d->y = 1.

* Determine the point number & quadrant of point C:
lv_point_number = lr_point_c->get_point_number( ).
lv_quadrant = lr_point_c->get_quadrant( ).
WRITE: / 'Point C has Point #', lv_point_number,
         'and resides in quadrant', lv_quadrant.

* Calculate the distance between points C and D:
lv_distance =
   lcl_point=>get_distance( im_point1 = lr_point_c
                            im_point2 = lr_point_d ).
WRITE: / 'Distance between point C and point D is: ',
         lv_distance.
```

Listing 2.17 Arbeiten mit Klassenkomponenten

2.2.6 Erstellung komplexer Ausdrücke mithilfe von funktionalen Methoden

Die Verwendung der Anweisung `CALL METHOD` ist für funktionale Methoden optional. Diese flexible Syntax unterstützt die Verwendung funktionaler Methoden als *Operanden* in einem Ausdruck. Bei Verwendung in einem Ausdruck werden funktionale Methoden aufgerufen, und der Wert des `RETURNING`-Parameters wird im Ausdruck *vor* der Auswertung ersetzt.

Um diese Funktionsweise mittels Code zu veranschaulichen, wurde in Listing 2.18 eine einfache Klasse `lcl_material` zur Darstellung eines Materials angelegt, das von einem Hersteller produziert werden könnte. Für dieses einfache Beispiel werden nur zwei Attribute definiert. Diese speichern die Material-ID und ein Flag, das angibt, ob es sich um ein bei der Verarbeitung gefährliches Material handelt. Die Namen dieser Instanzattribute lauten `material_number` bzw. `hazardous_ind`. Bei der Instanzmethode `is_hazardous` handelt es sich um eine *Boolesche Methode*, die den Wert des Flags `hazardous_ind` im

Rückgabewertparameter re_result zurückgibt. Boolesche Methoden geben den Wert true oder false zurück. Für die Benennung sollte normalerweise die Konvention IS_<adjective> verwendet werden.

```
CLASS lcl_material DEFINITION.
  PUBLIC SECTION.
    TYPE-POOLS: abap.
    DATA: material_number TYPE string,
          hazardous_ind   TYPE abap_bool.
    METHODS: is_hazardous RETURNING VALUE(re_result)
                                TYPE abap_bool.
ENDCLASS.

CLASS lcl_material IMPLEMENTATION.
  METHOD is_hazardous.
    re_result = hazardous_ind.
  ENDMETHOD.
ENDCLASS.
```

Listing 2.18 Definition einer funktionalen Methode für eine Materialklasse

Über den Beispieltestcode in Listing 2.19 wird ein Objekt vom Typ lcl_material angelegt, und in der Objektreferenzvariablen lr_material wird eine Referenz auf dieses Objekt zugewiesen. Nachdem das Materialobjekt angelegt wurde, werden den Instanzattributen material_number und hazardous_ind Testwerte zugewiesen. In der IF-Anweisung wird die Methode is_hazardous aufgerufen, um zu ermitteln, ob das Material mit Vorsicht zu handhaben ist. Die Ergebnisse dieses Methodenaufrufs werden *vor* der Auswertung des logischen Ausdrucks zurückgegeben. Die Auswertung des logischen Ausdrucks in diesem Beispiel führt daher zum Ergebnis true, da das Attribut hazardous_ind unmittelbar vor dem Aufruf der Methode is_hazardous als true initialisiert wurde. Erwartungsgemäß führt dies zu einer Verzweigung des Programmablaufs in den IF-Verarbeitungsblock der IF-Anweisung.

```
DATA: lr_material TYPE REF TO lcl_material.

CREATE OBJECT lr_material.
lr_material->material_number = '1234567890'.
lr_material->hazardous_ind = abap_true.

IF lr_material->is_hazardous( ) EQ abap_true.
  WRITE: / 'Material', lr_material->material_number,
           'should be handled with caution!'.
ELSE.
```

```
    WRITE: / 'Material', lr_material->material_number,
             'can be handled normally.'.
ENDIF.
```

Listing 2.19 Verwendung funktionaler Methoden in Ausdrücken

Im Fall der Methode `is_hazardous` aus Listing 2.19 wurden keine Parameter übergeben, da keine Eingabeparameter definiert wurden. Sind in einer funktionalen Methode jedoch Eingabeparameter definiert, müssen diese Parameter im Methodenaufruf angegeben werden. Die Syntaxregeln für das Übergeben dieser Parameter sind einigermaßen flexibel. Wenn die funktionale Methode beispielsweise nur einen einzigen Eingabeparameter bereitstellt, können Sie diesen über die in Listing 2.20 gezeigte Syntax angeben.

```
method_name( actual_parameter ).
```

Listing 2.20 Aufrufe funktionaler Methoden mit einem Parameter

Sind für eine funktionale Methode mehrere Eingabeparameter definiert, können Sie diese gleichermaßen mit der in Listing 2.21 gezeigten Syntax übergeben.

```
method_name( p1 = f1 ... pn = fn).
```

Listing 2.21 Aufrufe funktionaler Methoden mit mehreren Parametern

Die Implementierung der Methode `is_hazardous` in Listing 2.19 ist in der Praxis offensichtlich nicht sehr wahrscheinlich. Dennoch zeigt auch ein einfaches Beispiel wie dieses den potenziellen Nutzen der Möglichkeit, das Ergebnis einer komplexen Berechnung kompakt in einen ABAP-Ausdruck einschließen zu können. Tabelle 2.2 zeigt weitere Beispiele für die Verwendung von funktionalen Methoden in ABAP-Ausdrücken.

ABAP-Ausdruck	Verwendung
`MOVE`	im Quellfeld des Ausdrucks Beispiel: `MOVE oref->meth( ) TO...`

`COMPUTE`	in arithmetischen Ausdrücken
	Beispiel:
	`COMPUTE c = oref->get_a( ) +`
	`oref->get_b( ).`
	oder
	`C = oref->get_a( ) + oref->get_b( ).`

Tabelle 2.2 Verwendung funktionaler Methoden in Ausdrücken

ABAP-Ausdruck	Verwendung

logische Ausdrücke (zum Beispiel `IF`)	als Operand in einem Booleschen Ausdruck
	Beispiel:
	`IF oref->get_weight( ) GT 100.`
	`  ...`
	`ENDIF.`

`CASE/WHEN`	als Operand in einer `CASE`- oder `WHEN`-Anweisung
	Beispiel:
	`CASE oref->get_type( ).`
	`  WHEN oref->get_value1( ).`
	`    ...`
	`ENDCASE.`

`LOOP AT/DELETE/MODIFY`	in der `WHERE`-Klausel
	Beispiel:
	`LOOP AT itab`
	`  WHERE field EQ oref->get_val( ).`
	`  ...`
	`ENDLOOP.`

Tabelle 2.2 Verwendung funktionaler Methoden in Ausdrücken (Forts.)

2.3 Schreiben Ihres ersten objektorientierten Programms

In diesem Abschnitt schreiben und testen Sie Ihr erstes objektorientiertes Programm. Dazu integrieren Sie in diesem Beispiel eine lokale Klasse `lcl_date` in ein ausführbares Programm (das heißt in ein Report-Programm) mit dem Namen `YDATE_DEMO`. Die Klasse `lcl_date` kapselt das Konzept eines Datums und bietet einige Utility-Methoden, um das Datum in verschiedenen Formaten anzuzeigen etc.

1. Um das Testtreiberprogramm anzulegen, starten Sie einen SAP-Modus und öffnen den Object Navigator (Transaktion SE80).
2. Wählen Sie im Repository Browser in der Objektlistenauswahl die Option Programm, geben Sie den Namen des Programms ein (siehe Abbildung 2.5), und drücken Sie auf [↵].

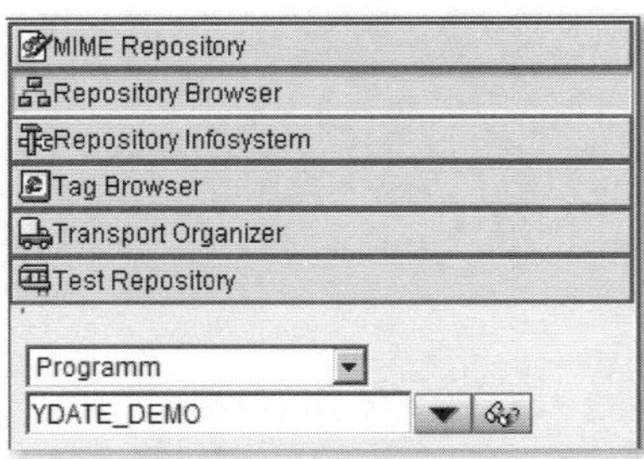

Abbildung 2.5 Anlegen eines Testtreiberprogramms

3. Wenn Sie aufgefordert werden, das Anlegen des neuen Repository-Objektes zu bestätigen, klicken Sie auf JA (siehe Abbildung 2.6).

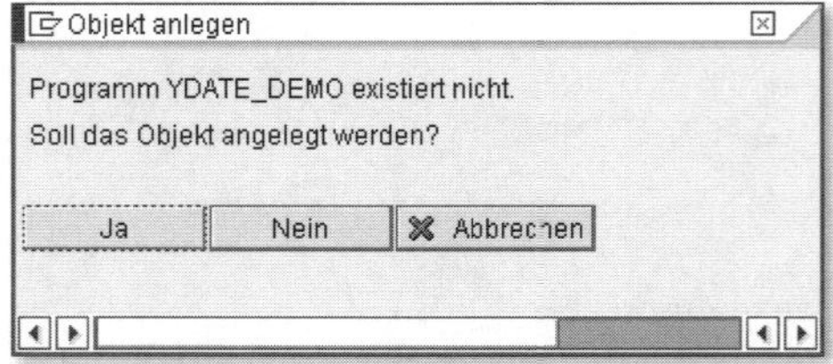

Abbildung 2.6 Bestätigungsdialogfenster zum Anlegen eines Repository-Objektes

4. Im Dialogfenster PROGRAMM ANLEGEN (siehe Abbildung 2.7) müssen Sie festlegen, ob ein *TOP-Include* für Ihr Programm erstellt werden soll. Da Sie lediglich einen einfachen Report anlegen, können Sie das Ankreuzfeld MIT TOP-INCLUDE deaktivieren. Drücken Sie anschließend auf [↵].

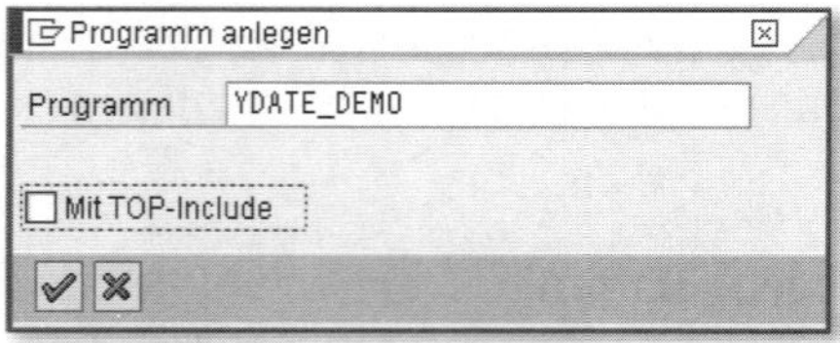

Abbildung 2.7 Dialogfenster zum Anlegen eines Programms

5. Im Dialogfenster mit den ABAP-Programmeigenschaften (siehe Abbildung 2.8) können Sie die verschiedenen Attribute für das Programm bestätigen. Hier wurde der Programmtyp AUSFÜHRBARES PROGRAMM gewählt. Weitere Optionen sind INCLUDE-PROGRAMM, MODUL-POOL etc. Lokale Klassen können in einer Vielzahl unterschiedlicher Programmtypen definiert werden. Übernehmen Sie für dieses Beispiel die Standardwerte, und klicken Sie auf SICHERN.

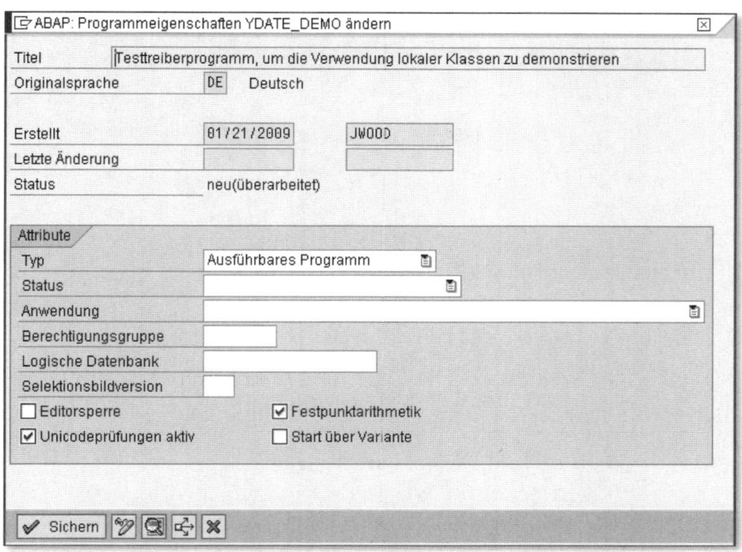

Abbildung 2.8 Dialogfenster mit den ABAP-Programmeigenschaften

6. Im Dialogfenster Objektkatalogeintrag anlegen (siehe Abbildung 2.9) können Sie ein Paket angeben, in dem das Programm angelegt werden soll. Sie können auch Lokales Objekt wählen, um das Programm im temporären Objektpaket (`$TMP`) anzulegen. Da Objekte, die in diesem Paket eingerichtet werden, nie transportiert werden, eignet sich dieses gut für das Arbeiten an Beispielen.

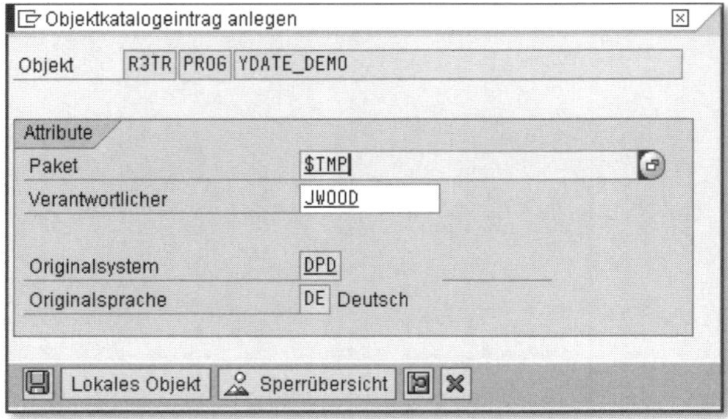

Abbildung 2.9 Dialogfenster zum Anlegen eines Objektkatalogeintrags

7. Abschließend sollte ein ABAP-Editor-Fenster geöffnet werden, in dem Sie mit dem Coding beginnen können. Der Quellcode für das Beispiel wird in Listing 2.22 gezeigt.

```
REPORT YDATE_DEMO.

CLASS lcl_date DEFINITION.
   PUBLIC SECTION.
      METHODS:
         set_date IMPORTING im_month TYPE numc2
                            im_day   TYPE numc2
                            im_year  TYPE numc4,
         as_native_date RETURNING value(re_date)
                             TYPE sydatum,
         display_short_format RETURNING value(re_date)
                                   TYPE string,
         display_long_format RETURNING value(re_date)
                                  TYPE string,
         get_day_of_week RETURNING value(re_weekday)
                              TYPE string,
         get_month_name RETURNING value(re_month)
                             TYPE string.

   PRIVATE SECTION.
      DATA: month TYPE numc2,          "Month: 1\st-\st12
            day   TYPE numc2,          "Day: 1\st-\st31
            year  TYPE numc4.          "Year
ENDCLASS.

CLASS lcl_date IMPLEMENTATION.
   METHOD set_date.
      month = im_month.
      day = im_day.
      year = im_year.
   ENDMETHOD.

   METHOD as_native_date.
      CONCATENATE year month day INTO re_date.
   ENDMETHOD.

   METHOD display_short_format.
      CONCATENATE month day year INTO re_date
        SEPARATED BY '/'.
   ENDMETHOD.

   METHOD display_long_format.
*     Local Data Declarations:
      DATA: lv_weekday TYPE string,    "Week Day (String)
            lv_month   TYPE string.    "Month Name
```

```
*     Determine the day of the week & the month name:
      lv_weekday = get_day_of_week( ).
      lv_month = get_month_name( ).

*     Format the date string in longhand format:
      CONCATENATE lv_weekday ', '
                  lv_month ' ' day ', ' year
             INTO re_date
       RESPECTING BLANKS.
   ENDMETHOD.

   METHOD get_day_of_week.
*     Local Data Declarations:
      DATA: lv_date TYPE sydatum,       "Date in Native Fmt.
            lv_day  TYPE p,             "Day Integral Value
            lt_day_names TYPE STANDARD TABLE
                           OF t246,     "Day Names
            ls_day_name  TYPE t246.     "Day Name

*     Use the functionality of the ABAP native date type
*     "D" to determine the week day (as an integer):
      lv_date = as_native_date( ).
      lv_day = lv_date MOD 7.
      IF lv_day GT 1.
         lv_day = lv_day - 1.
      ELSE.
         lv_day = lv_day + 6.
      ENDIF.

*     Use the standard function module DAY_NAMES_GET to
*     determine the name of the derived day value:
      CALL FUNCTION 'DAY_NAMES_GET'
         TABLES
            day_names           = lt_day_names
         EXCEPTIONS
            day_names_not_found = 1
            OTHERS              = 2.

      READ TABLE lt_day_names INTO ls_day_name
            WITH KEY wotnr = lv_day.
      IF sy-subrc EQ 0.
         re_weekday = ls_day_name-langt.
      ENDIF.
   ENDMETHOD.
```

```
  METHOD get_month_name.
*     Local Data Declarations:
      DATA: lt_month_names TYPE STANDARD TABLE
                                OF t247,   "Month Names
            ls_month_name  TYPE t247.   "Month Name

*     Determine the month name:
      CALL FUNCTION 'MONTH_NAMES_GET'
        TABLES
          month_names            = lt_month_names
        EXCEPTIONS
          month_names_not_found = 1
          OTHERS                = 2.

      READ TABLE lt_month_names INTO ls_month_name
           WITH KEY mnr = month.
      IF sy-subrc EQ 0.
        re_month = ls_month_name-ltx.
      ENDIF.
  ENDMETHOD.
ENDCLASS.

* Global Data Declarations:
  DATA: gr_date    TYPE REF              "Date Object Ref.
                     TO lcl_date,
        gv_display TYPE string.          "Date Display Value

START-OF-SELECTION.
*   Create an instance cf class lcl_date:
    CREATE OBJECT gr_date.

*   Initialize the date to 9/13/2009:
    CALL METHOD gr_date->set_date
      EXPORTING
        im_month = '9'
        im_day   = '13'
        im_year  = '2009'.

*   Display the date in shorthand format (e.g. mm/dd/yyyy):
    gv_display = gr_date->display_short_format( ).
    WRITE: / 'Date in shorthand format:', gv_display.

*   Display the date in longhand format:
    gv_display = gr_date->display_long_format( ).
    WRITE: / 'Date in longhand format:', gv_display.
```

Listing 2.22 Programm YDATE_DEMO

Wie Sie in Listing 2.22 sehen, legt das Programm YDATE_DEMO eine Instanz der Klasse lcl_date an, initialisiert den Datumswert und zeigt das Datum in verschiedenen Formaten an. Die Ausgabe dieses Programms ist in Abbildung 2.10 dargestellt.

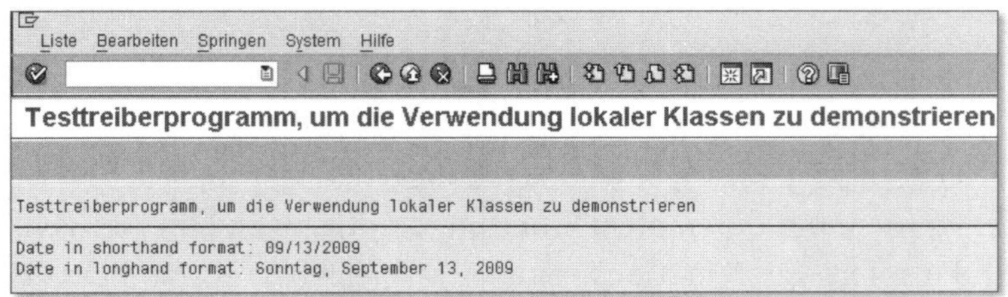

Abbildung 2.10 Ausgabe des Beispielprogramms YDATE_DEMO

Zu Demonstrationszwecken ist die Definition der Klasse lcl_date innerhalb des ausführbaren Hauptprogramms enthalten, das in Listing 2.22 gezeigt wird. In der Praxis würden Sie wahrscheinlich ein *Include-Programm* anlegen, um die Klasse wie für Deklarationen anderer Typen zu definieren. Sie sollten sich einerseits zu dieser Vorgehensweise entschließen, um Unübersichtlichkeit im Hauptprogramm zu vermeiden, der primäre Vorteil ist jedoch die bessere Möglichkeit der Wiederverwendung. Lokale Klassen sind lediglich in dem Kontext sichtbar, in dem sie definiert sind. Daher kann eine lokale Klasse, wenn Sie sie in einem Include-Programm definieren, auch in anderen ausführbaren Programmen, Modul-Pools etc. eingeschlossen werden. Möchten Sie in Ihren Programmen mit lokalen Klassen arbeiten, wird dringend empfohlen, diese in einem separaten Include-Programm zu definieren. Wenn zwei Hauptprogramme (zum Beispiel zwei Funktionsgruppen) das gleiche Include-Programm einbinden und eine darin definierte lokale Klasse verwenden, behandelt das Laufzeitsystem diese dennoch als zwei völlig unterschiedliche Klassen. Die Wiederverwendung von Klassen durch Include-Programme ist daher fehlerträchtig und nicht zu empfehlen. Selbstverständlich sollten Sie solche Klassen daher normalerweise als globale Repository-Objekte definieren. Die erforderlichen Schritte werden im folgenden Abschnitt beschrieben.

2.4 Erste Schritte mit dem Class Builder

Der Class Builder ist eine vollständig integrierte Entwicklungsumgebung in der ABAP Workbench, die zum Bearbeiten globaler Klassen innerhalb des ABAP Repositorys genutzt werden kann. In den meisten Fällen definieren Sie

Ihre Klassen global, sodass sie problemloser in anderen Programmen wiederverwendet werden können. Da Sie viel Zeit mit dieser Umgebung verbringen werden, ist es wichtig, sich mit dem Class Builder vertraut zu machen.

2.4.1 Class-Pools

Globale Klassen werden innerhalb des ABAP Repositorys in einem Class-Pool gespeichert. Ein Class-Pool ist ein spezieller ABAP-Programmtyp, der eine einzige globale Repository-Klasse sowie zugehörige lokale Typen definiert, die verwendet werden, um die Implementierung der Klasse zu unterstützen. Class-Pools sind insofern mit Funktionsgruppen vergleichbar, als sie nicht direkt ausgeführt werden können. Stattdessen werden Laufzeitobjektinstanzen mit Bezug auf den globalen Klassentyp mithilfe derselben `CREATE OBJECT`-Anweisung angelegt, die in Abschnitt 2.2.2, »Anlage von Objekten«, dargestellt ist.

2.4.2 Zugriff auf den Class Builder

Auf den Class Builder kann über Transaktion SE24 oder über den Menüpfad Werkzeuge • ABAP Workbench • Entwicklung • SE24 – Class Builder zugegriffen werden, wie Abbildung 2.11 zeigt.

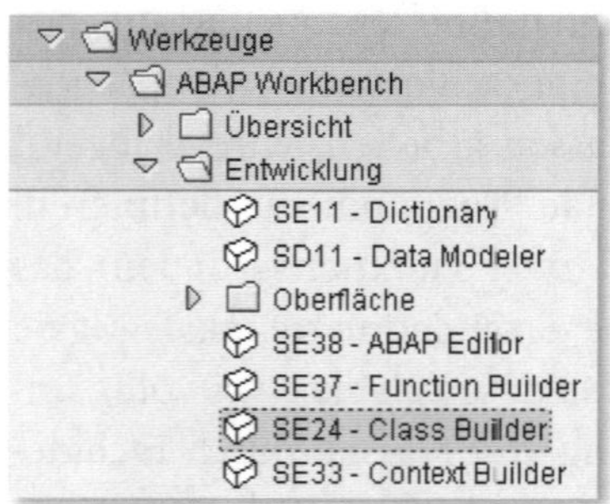

Abbildung 2.11 Auswahl des Class Builders in SAP Easy Access

Alternativ können Sie auch aus dem Object Navigator (Transaktion SE80) heraus auf den Class Builder zugreifen. Hier wählen Sie im Repository Browser in der Dropdown-Liste für die Objektlistenauswahl den Eintrag Klasse / Interface, geben den Namen der Klassen im entsprechenden Objekttypfeld ein und klicken auf den Button Anzeigen. Die Klasse wird innerhalb einer Instanz des Class Builders geladen, die in den Inhaltsbereich des Object Navigators eingebettet ist (siehe Abbildung 2.12).

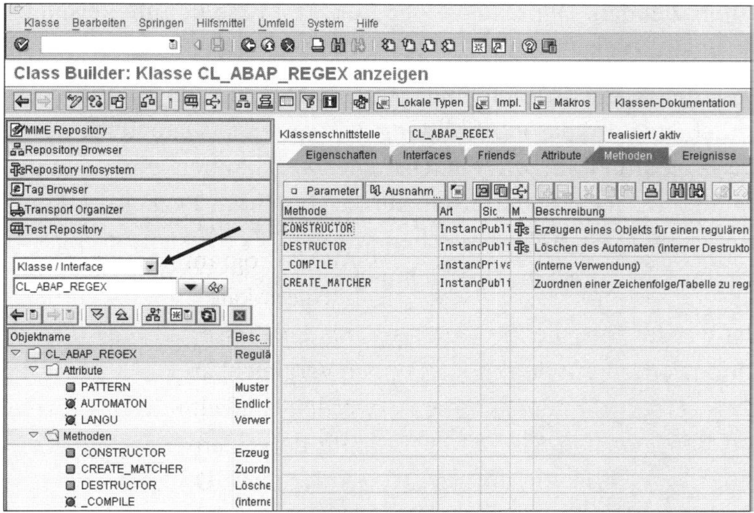

Abbildung 2.12 Zugriff auf den Class Builder aus dem Object Navigator

2.4.3 Anlage von Klassen

Nachdem Sie den Class Builder über Transaktion SE24 aufgerufen haben, wird das in Abbildung 2.13 dargestellte Übersichtsfenster angezeigt.

Abbildung 2.13 Class Builder – Einstieg

1. Um eine neue Klasse im ABAP Repository anzulegen, geben Sie den Namen der Klasse im Feld Objekttyp ein. Klassennamen können bis zu 30 Zeichen umfassen und sollten gemäß der in Listing 2.23 gezeigten Namenskonvention benannt werden.

   ```
   {Y|Z|Namespace}CL_<class_name>
   ```

   Listing 2.23 Allgemeine Syntax für die Definition globaler Klassen

   Da Klassen eine Art von realem Phänomen darstellen sollen, empfiehlt es sich, für den Abschnitt `class_name` der Namenskonvention *Substantive im*

Singular zu verwenden. Der Name einer Auftragsklasse könnte beispielsweise `ZCL_PURCHASE_ORDER` lauten.

2. Nachdem Sie den Klassennamen eingegeben haben, klicken Sie auf ANLEGEN. Anschließend wird das in Abbildung 2.14 gezeigte Dialogfenster ANLEGEN KLASSE geöffnet. In diesem Dialogfenster können eine Kurzbeschreibung (BESCHREIBUNG), der Instanzierungstyp (INST.-ERZEUGUNG) und der Klassentyp (KLASSENTYP) eingegeben werden. Der Instanzierungstyp wird in Kapitel 4 besprochen. Übernehmen Sie an dieser Stelle den Standardwert PUBLIC.

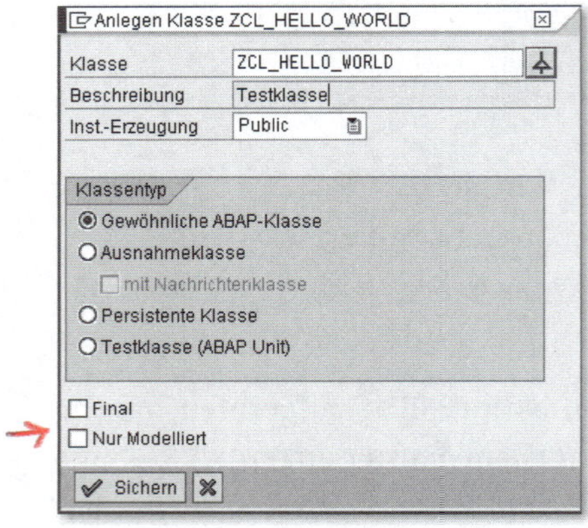

Abbildung 2.14 Dialogfenster zum Anlegen einer Klasse

3. Übernehmen Sie auch den Standardwert für den Klassentyp (zum Beispiel GEWÖHNLICHE ABAP-KLASSE). Die weiteren Klassentypen sind in Kapitel 8, »Fehlerbehandlung mit Ausnahmen«, in Kapitel 11, »Object Services in ABAP«, bzw. in Kapitel 9, »Modultests mit ABAP Unit«, beschrieben. Das Ankreuzfeld FINAL bezieht sich auf die Vererbung, die in Kapitel 5, »Vererbung«, behandelt wird. Lassen Sie das Ankreuzfeld für dieses Beispiel deaktiviert.

4. Das Ankreuzfeld NUR MODELLIERT wird aktiviert, um die Klasse aus dem Class-Pool auszuschließen, der im ABAP Repository gespeichert wird. Dieses Attribut kann verwendet werden, um sicherzustellen, dass Klassen in den frühen Entwicklungsphasen (das heißt modellierte Klassen) nicht in der Laufzeitumgebung verwendet werden. Diese Klassen können zu einem späteren Zeitpunkt implementiert werden, indem Sie in der Menüleiste des Class Editors KLASSE • REALISIEREN wählen.

5. Wenn Sie auf SICHERN klicken, wird das in Abbildung 2.9 gezeigte Dialogfenster OBJEKTKATALOGEINTRAG ANLEGEN geöffnet. In diesem Fenster kön-

nen Sie den relevanten Paketnamen (oder das lokale Paket `$TMP`) auswählen und die Klasse über den Button SICHERN speichern.

Nachdem Sie die neue Klasse gespeichert haben, wird sie in einem inaktiven Status im Class Editor angezeigt (siehe Abbildung 2.15).

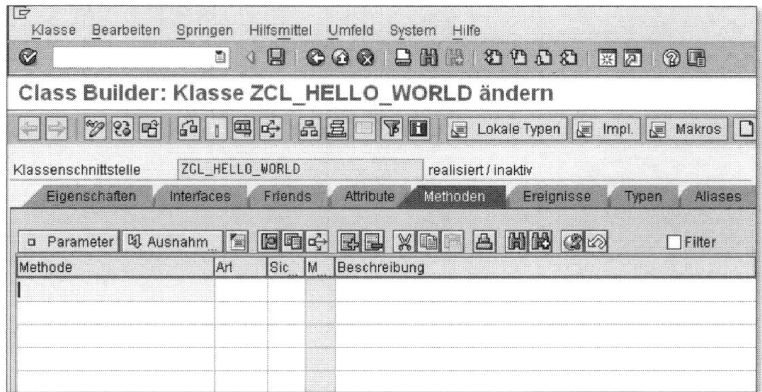

Abbildung 2.15 Class-Editor-Fenster

2.4.4 Definition von Klassenkomponenten

Die Komponenten einer globalen Klasse können im Class-Editor-Abschnitt des Class Builders definiert werden, wie in Abbildung 2.15 gezeigt. In den folgenden Abschnitten wird erläutert, wie im Class Editor verschiedene Komponententypen angelegt werden.

Attribute

Attribute werden im Class Editor auf der Registerkarte ATTRIBUTE definiert. Diese Registerkarte des Class Editors zeigt eine Eingabetabelle, in der Sie die verschiedenen Attribute für eine Klasse angeben können (siehe Abbildung 2.16).

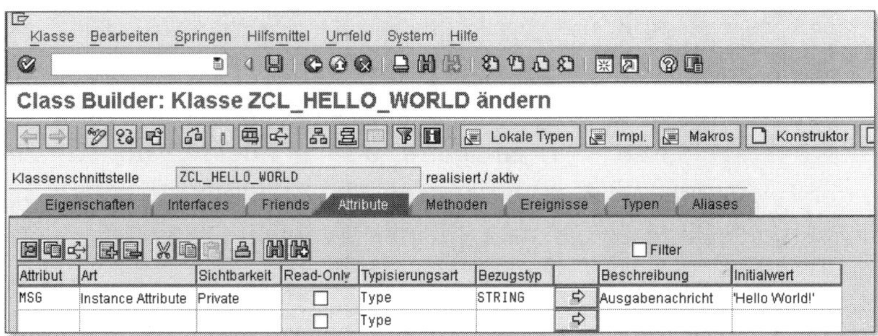

Abbildung 2.16 Definition von Attributen im Class Editor

Der Name eines Attributes wird in der Spalte ATTRIBUT angegeben. In der Spalte ART wird der Deklarationstyp des Attributes definiert. Abbildung 2.17 zeigt eine Liste der möglichen Deklarationstypen, die in der Eingabehilfe für diese Spalte verfügbar sind. Wie Sie sehen, können Attribute globaler Klassen als INSTANCE ATTRIBUTE, STATIC ATTRIBUTE oder CONSTANT deklariert werden.

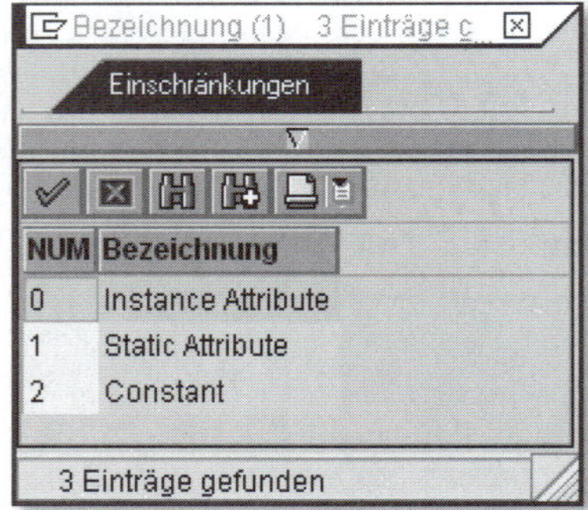

Abbildung 2.17 Festlegung des Deklarationstyps für ein Attribut

In der Spalte SICHTBARKEIT wird die Zuweisung des Sichtbarkeitsbereichs für ein Attribut festgelegt (eine Liste der möglichen Werte zeigt Abbildung 2.18).

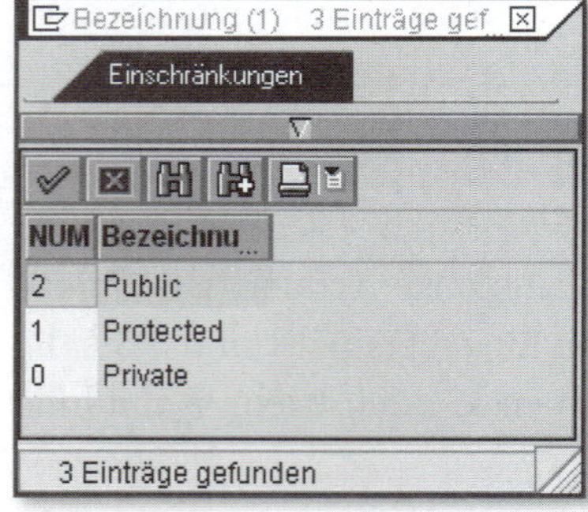

Abbildung 2.18 Festlegung des Sichtbarkeitsbereichs für eine Komponente

In den Spalten TYPISIERUNGSART und BEZUGSTYP wird der Datentyp für ein Attribut deklariert. Das Feld BEZUGSTYP gibt den Typ an, der dem Attribut durch die Angabe der *Typisierungsart* zugewiesen ist (siehe Abbildung 2.19). Diese Typisierungsmethoden sind in Tabelle 2.3 näher bezeichnet.

Abbildung 2.19 Festlegung der Typisierungsart für ein Attribut

Typisierungsart	Beschreibung
LIKE	Definiert den Typ eines Attributes, indem der mit einem Klassenattribut einer global definierten Klasse verknüpfte Typ referenziert wird.
TYPE	Definiert den Typ eines Attributes mithilfe eines nativen ABAP-Typs oder globalen Typs, der im ABAP Dictionary definiert ist.
TYPE REF TO	Definiert den Typ eines Attributes mit Bezug auf einen Objekttyp (das heißt eine andere globale Klasse) oder einen Datentyp (das heißt eine Datenreferenz).

Tabelle 2.3 ABAP-Objects-Typisierungsarten

Es ist zudem möglich, den Typ eines Attributes direkt zu definieren, indem Sie in der Spalte rechts neben BEZUGSTYP auf den Button DIREKTE TYPEINGABE klicken. Über diesen Button gelangen Sie in ein ABAP-Editor-Fenster, in dem Sie den Attributtyp über dieselbe Vorgehensweise angeben können, wie in Abschnitt 2.1.2, »Deklaration von Komponenten«, bei der Definition von Attributen für lokale Klassen beschrieben ist.

In der Spalte BESCHREIBUNG können Sie einen einfachen Text eingeben, der den Verwendungszweck des Attributes widerspiegelt. Die Spalte INITIALWERT kann verwendet werden, um einen Initialwert für elementare Attribute in einer Klasse zu definieren.

Methoden

Methoden werden im Class Editor auf der Registerkarte METHODEN definiert. Ähnlich wie auf der Registerkarte ATTRIBUTE bietet der Class Editor auch hier eine Eingabetabelle, um die Methoden einer Klasse zu definieren (siehe Abbildung 2.20).

Abbildung 2.20 Definition von Methoden im Class Editor

Der Methodenname wird in der Spalte METHODE eingegeben. Über die Spalte ART können Sie festlegen, ob es sich bei der Methode um eine *Instanzmethode* oder eine *statische Methode* handelt (siehe Abbildung 2.21). In der Spalte SICHTBARKEIT wird bestimmt, welchem Sichtbarkeitsbereich die Methode zugewiesen wird (eine Liste der möglichen Sichtbarkeitsbereiche finden Sie in Abbildung 2.18). Darüber hinaus können Sie in der Spalte BESCHREIBUNG optional einen erläuternden Text für die Methode eingeben.

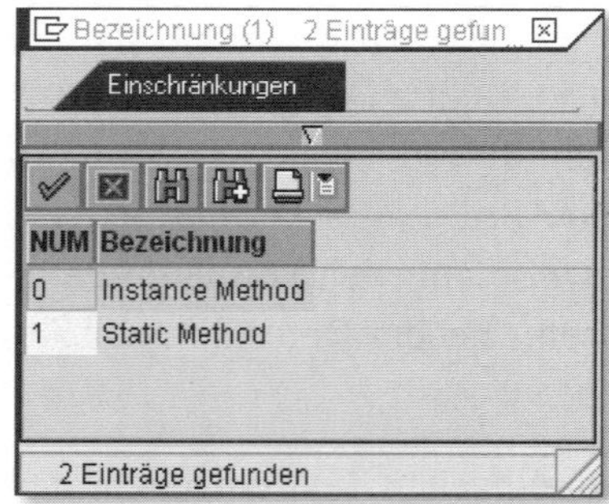

Abbildung 2.21 Festlegung des Deklarationstyps für eine Methode

Nachdem Sie die grundlegenden Attribute der Methode angegeben haben, können Sie deren Signaturdefinition vervollständigen, indem Sie die Parameterschnittstelle deklarieren.

1. Um die Parameter für eine Methode zu definieren, platzieren Sie den Cursor in der Spalte METHODE im Namen der Methode, die Sie bearbeiten möchten.

2. Klicken Sie in der Symbolleiste oberhalb der Eingabetabelle für die Methode auf den Button Parameter. Die Eingabemaske Parameter zu Methode wird für die ausgewählte Methode geöffnet (siehe Abbildung 2.22).

Abbildung 2.22 Definition von Methodenparametern

3. In der Eingabetabelle Parameter zu Methode können die folgenden Informationen angegeben werden:
   - Der Parametername wird in der Spalte Parameter angegeben; eine Liste mit Namenskonventionen finden Sie in Tabelle 2.1.
   - In der Spalte Art wird angegeben, ob es sich bei dem Parameter um einen `IMPORTING`-, `EXPORTING`-, `CHANGING`- oder `RETURNING`-Parameter handelt.
   - Die Spalte Wertübergabe enthält ein Ankreuzfeld, das angibt, ob der Parameter per Wert- oder Referenzübergabe übergeben werden soll.
   - Über das Ankreuzfeld in der Spalte Optional kann ein Parameter beim Methodenaufruf als optional gekennzeichnet werden. Bei Auswahl kann optional in der Spalte Defaultwert ein Standardwert für den Parameter angegeben werden.
   - Über die Spalten Typisierungsart und Bezugstyp wird der Parametertyp auf dieselbe Weise definiert wie Attributtypen auf der Registerkarte Attribute. Darüber hinaus können Sie in der Spalte Beschreibung optional einen erläuternden Text für den Parameter eingeben.
4. Nachdem Sie die Methodenparameter festgelegt haben, können Sie in der Symbolleiste oberhalb der Methodenparameter auf den Button Methoden klicken, um in die normale Ansicht des Methoden-Editors zurückzukehren.

5. Um die Implementierung der Methode zu bearbeiten, klicken Sie doppelt auf den Methodennamen, oder klicken Sie auf den Button QUELLTEXT (siehe Abbildung 2.23).

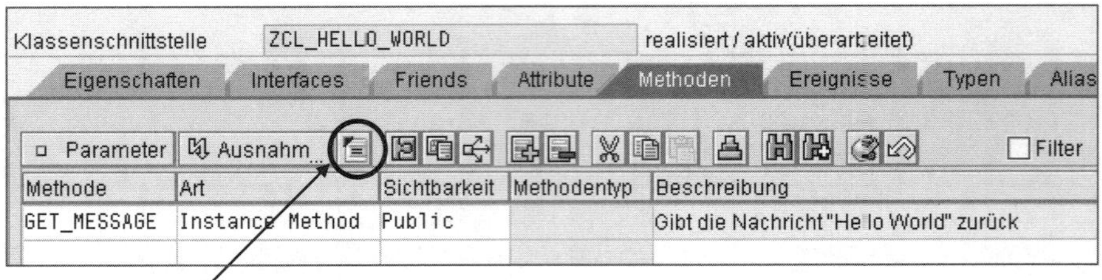

Abbildung 2.23 Navigation zum Quelltext-Editor für eine Methode

6. Im Quelltext-Editor kann die Methode wie gewöhnlich innerhalb eines `METHOD...ENDMETHOD`-Verarbeitungsblocks im ABAP Editor implementiert werden (siehe Abbildung 2.24).

Abbildung 2.24 Bearbeitung einer Methodenimplementierung im ABAP Editor

Ereignisse

Ereignisse werden im Class Editor auf der Registerkarte EREIGNISSE definiert. Die Eingabetabelle auf dieser Registerkarte ist mit den Tabellen auf den Registerkarten ATTRIBUTE und METHODEN vergleichbar, die zum Angeben von Komponenten verwendet werden (siehe Abbildung 2.25).

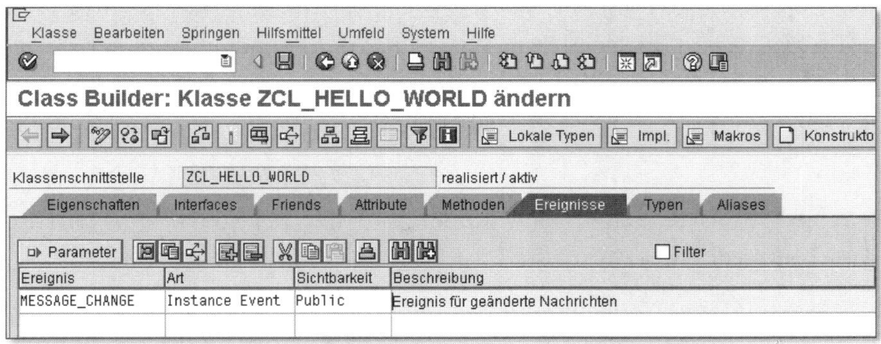

Abbildung 2.25 Definition von Ereignissen im Class Editor

1. In der Eingabetabelle für Ereignisse können die folgenden Informationen angegeben werden:
   - Der Name eines Ereignisses wird in der Spalte EREIGNIS angegeben.
   - Über die Spalte ART wird der Deklarationstyp für das Ereignis festgelegt (*Instanzereignis* oder *statisches Ereignis*).
   - In der Spalte SICHTBARKEIT kann das Ereignis einem Sichtbarkeitsbereich in der Klasse zugewiesen werden (eine Liste der möglichen Sichtbarkeitsbereiche finden Sie in Abbildung 2.18).
   - Über das optionale Feld BESCHREIBUNG kann ein erläuternder Text für das Ereignis eingegeben werden.
2. Um die Parameter für das Ereignis zu deklarieren, platzieren Sie den Cursor in der Spalte EREIGNIS im Namen des Zielereignisses und klicken in der Symbolleiste oberhalb der Eingabetabelle auf den Button PARAMETER. Die Eingabemaske PARAMETER ZU EREIGNIS in Abbildung 2.26 wird geöffnet.

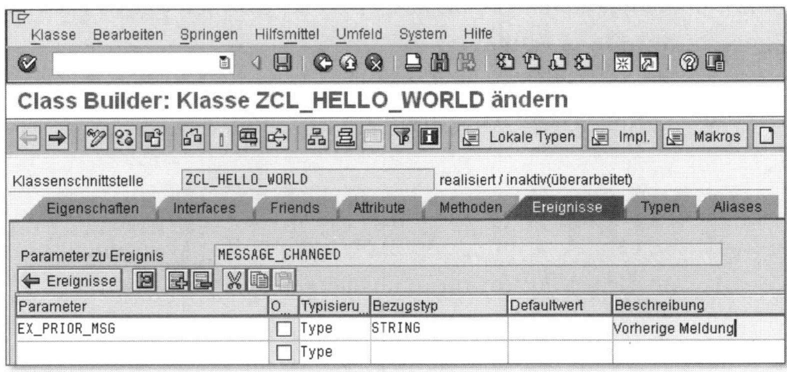

Abbildung 2.26 Definition von Ereignisparametern

3. In diesem Fenster können Sie die Ausgabeparameter des Ereignisses auf ähnliche Weise festlegen, wie zuvor für die Methodenparameter ausgeführt wurde.

Typen

Benutzerspezifische Datentypen können auf der Registerkarte Typen des Class Editors definiert werden.

1. Wie Abbildung 2.27 zeigt, umfasst die Registerkarte Typen eine Eingabetabelle, in der Sie die Details für die benutzerspezifischen Typen angeben können.

Abbildung 2.27 Definition von benutzerspezifischen Typen im Class Editor

- In der Spalte Typ können Sie Typnamen gemäß der Namenskonvention `TY_<type name>` eingeben.
- Über die Spalte Sichtbarkeit wird der benutzerspezifische Typ einem bestimmten Sichtbarkeitsbereich der Klasse zugewiesen (eine Liste der Optionen finden Sie in Abbildung 2.18).
- Über die Spalten Typisierungsart und Bezugstyp wird der Typ auf dieselbe Weise definiert wie Attributtypen auf der Registerkarte Attribute.

2. Wie bei Attributen können benutzerspezifische Typen über den Button Direkte Typeingabe (siehe Abbildung 2.27) auch sofort angegeben werden. Wenn Sie auf diesen Button klicken, gelangen Sie in ein ABAP-Editor-Fenster, in dem Sie den Deklarationsteil Ihrer Klasse für den verknüpften Sichtbarkeitsbereich (zum Beispiel `PUBLIC SECTION`, `PRIVATE SECTION` etc.) bearbeiten können.

3. In Abbildung 2.28 ist der Typ TY_NAME als Struktur mit drei Komponenten deklariert, die den ersten Vornamen, den Anfangsbuchstaben des zweiten Vornamens sowie den Nachnamen darstellen.

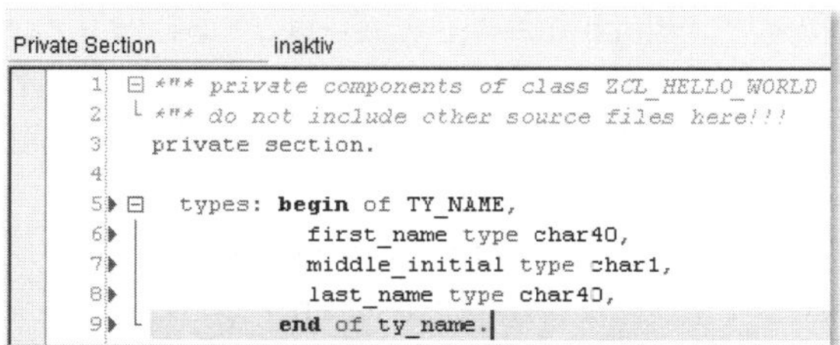

Abbildung 2.28 Definition benutzerspezifischer Typen über die direkte Typeingabe

4. Lokale Typen können auch außerhalb der Klasse im Class-Pool definiert werden. Diese Typen werden verwendet, um das Anlegen lokaler Variablen in Methodenimplementierungen etc. zu unterstützen. Um diese Typen zu definieren, klicken Sie in der obersten Symbolleiste des Class Editors auf den Button LOKALE TYPEN.

Definition lokaler innerer Klassen

Der Class Builder ermöglicht zudem das Anlegen lokaler Hilfsklassen innerhalb des Class-Pools. Diese Klassen sind nützlich, um interne Details der Klasse zu implementieren. Sie sollten eingesetzt werden, um die Schnittstelle der globalen Klasse zu vereinfachen, indem eine zu große Anzahl privater Hilfsmethoden entfernt wird. Zur Bearbeitung lokaler Klassen klicken Sie in der obersten Symbolleiste des Class Editors auf den Button IMPL. (LOKALE KLASSENIMPLEMENTIERUNGEN). Sie gelangen in ein ABAP-Editor-Fenster, in dem Sie lokale Klassen über dieselbe Syntax anlegen können, die in diesem Kapitel bereits beschrieben wurde.

2.4.5 Direkte Bearbeitung des Klassendefinitionsbereichs

Wie bereits erwähnt, erzeugt der Class Builder im Hintergrund den Code für die ABAP-Objects-Klassendefinition, wenn Sie globale Klassen bearbeiten. Sie können im Class Builder über die Menüoptionen SPRINGEN • PUBLIC SECTION, SPRINGEN • PROTECTED SECTION bzw. SPRINGEN • PRIVATE SECTION auf die Definitionsbereiche einer globalen Klasse zugreifen. Bei näherer Betrachtung des ABAP-Editor-Screenshots in Abbildung 2.28 sehen Sie, dass der benutzerspezifische Typ TY_NAME direkt im PRIVATE SECTION-Bereich der globalen Klassendefinition bearbeitet wird.

2.5 Fallbeispiel: Arbeiten mit regulären Ausdrücken

Die in diesem Kapitel bisher zur Veranschaulichung verwendeten Klassen waren äußerst einfach und unkompliziert. Einer der großen Vorteile der objektorientierten Programmierung ist jedoch die Tatsache, dass Sie komplexe Logik innerhalb einer Klasse kapseln können, die auch von Programmierern eingesetzt werden kann, die deren Funktionsweise möglicherweise gar nicht verstehen.

SAP bietet in der Standarddistribution eine Vielzahl nützlicher globaler Klassen, die umgehend verwendet werden können. Ein Beispiel ist die API für *reguläre Ausdrücke*, die in den Klassen `CL_ABAP_REGEX` und `CL_ABAP_MATCHER` bereitgestellt wird. Ein regulärer Ausdruck ist eine Textzeichenkette, die zur Beschreibung eines Suchmusters in Text eingesetzt wird, und besteht aus literalen Zeichen und *Metazeichen*. Sie können sich Metazeichen als eine Art Kurzform für die Beschreibung bestimmter Zeichenmuster vorstellen – vergleichbar mit der Verwendung des Sternchens zur Darstellung einzelner oder mehrerer Zeichen in einer Suchhilfe-Abfrage (siehe Abbildung 2.29). Reguläre Ausdrücke sind jedoch deutlich nützlicher: Sie bieten eine allgemeinere Syntax, die verwendet werden kann, um eine Vielzahl unterschiedlicher Typen von komplexen Textmustern auszudrücken.

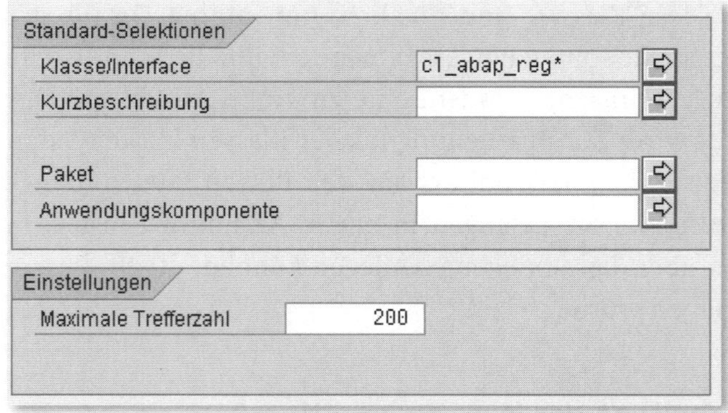

Abbildung 2.29 Verwendung von Metazeichen in einer Suchhilfe-Abfrage

Ein Beispiel für einen regulären Ausdruck, der zur Suche nach einer übereinstimmenden Telefonnummer im Format `(xxx)xxx-xxxx` verwendet werden könnte, zeigt Abbildung 2.30.

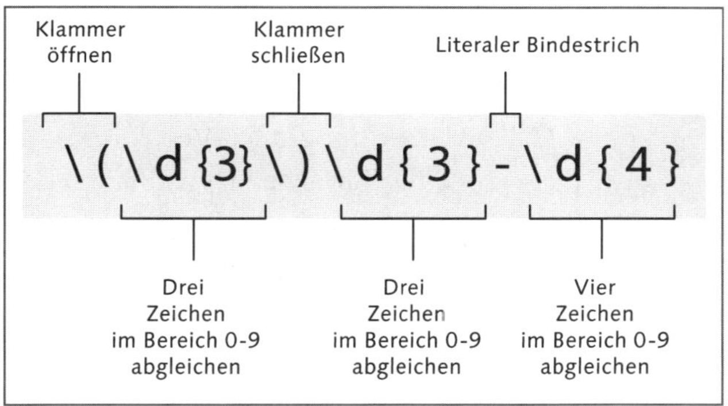

Abbildung 2.30 Regulärer Ausdruck für den Abgleich von Telefonnummern

Das Report-Programm `YREGEX_DEMO` in Listing 2.24 zeigt, wie die ABAP-Klassenbibliothek für reguläre Ausdrücke verwendet wird, um eine Telefonnummer zu validieren, die in einem Selektionsbild als Parameter eingegeben wurde.

```
REPORT yregex_demo.

SELECTION-SCREEN BEGIN OF BLOCK blk_main.
  PARAMETERS:
    p_phone TYPE ad_tlnmbr1.
SELECTION-SCREEN END OF BLOCK blk_main.

AT SELECTION-SCREEN ON p_phone.
  PERFORM check_phone_number.

START-OF-SELECTION.
  WRITE: / 'You entered: ', p_phone.

FORM check_phone_number.
*  Local Data Declarations:
   DATA: lr_regex   TYPE REF TO cl_abap_regex,
         lr_matcher TYPE REF TO cl_abap_matcher.

*  Create the regular expression:
   CREATE OBJECT lr_regex
     EXPORTING
       pattern = '\(\d{3}\)\d{3}-\d{4}'.

*  Check to see if the phone number matches the
*  regular expression:
   CREATE OBJECT lr_matcher
```

```
      EXPORTING
        regex = lr_regex
        text  = p_phone.

    IF lr_matcher->match( ) NE abap_true.
      MESSAGE 'Enter phone number in (xxx)xxx-xxxx format.'
        TYPE 'E'.
    ENDIF.
  ENDFORM.
```

Listing 2.24 Verwendung globaler Klassen in ABAP-Programmen

Wie Listing 2.24 zeigt, können Sie mit einer Handvoll Anweisungen eine recht komplexe Validierung durchführen – die Klassen übernehmen den Großteil der Arbeit. Selbst wenn Sie noch kein Experte beim Anlegen von Klassen sind, können Sie Klassen daher dennoch umgehend in Ihren Programmen nutzen.

2.6 UML-Tutorial: Objektdiagramme

In Abschnitt 1.6, »UML-Tutorial: Grundlagen zu Klassendiagrammen«, haben Sie erfahren, wie Klassendiagramme verwendet werden können, um die statische Architektur eines objektorientierten Systems festzulegen. Diese Diagramme sind meist unkompliziert und lassen sich einfach interpretieren. Manchmal ist die Beziehung zwischen bestimmten Klassen jedoch nicht ganz so intuitiv. In diesen Fällen können *Objektdiagramme* eingesetzt werden, um eine Übersicht oder Simulation der tatsächlichen Objekte darzustellen, die mit Bezug auf diese Klassen zur Laufzeit angelegt werden. Häufig ist schon ein Beispiel dazu, wie die tatsächlichen Objekte zur Laufzeit konfiguriert werden, hilfreich, um komplexe Klassenbeziehungen besser zu verstehen.

Abbildung 2.31 zeigt einen Ausschnitt eines Klassendiagramms, in dem die rekursive Aggregationsbeziehung zwischen einer Stückliste und den darin enthaltenen Positionen dargestellt ist. Das Diamantsymbol auf der `MaterialBOM`-Seite der Assoziation wird verwendet, um anzuzeigen, dass die Stückliste ein *Aggregat* ist, das null oder mehr Positionen enthält.

Eine Stückliste enthält eine Reihe von Positionen (oder Komponenten), die benutzt werden, um das fertige Produkt zusammenzusetzen. In komplexen Engineering-Szenarien ist es nicht ungewöhnlich, dass eine Stückliste Positionen beinhaltet, bei denen es sich wiederum selbst um komplexe Baugruppen handelt.

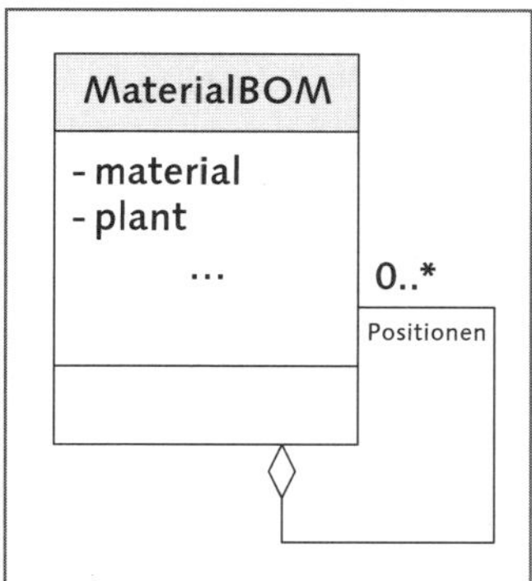

Abbildung 2.31 Klassendiagramm mit Materialstücklisten-Aggregation

Abbildung 2.32 zeigt ein Objektdiagramm zur Darstellung eines Stücklistenobjektes für einen Laptop, der von einem Computerhardware-Hersteller produziert wird. Das Objekt `laptop` umfasst mehrere Komponenten (zum Beispiel Festplattenlaufwerk, Motherboard, LCD-Display etc.). Das Objekt `motherboard` ist hier ebenfalls ein Aggregat und enthält eine CPU und einen Chipsatz.

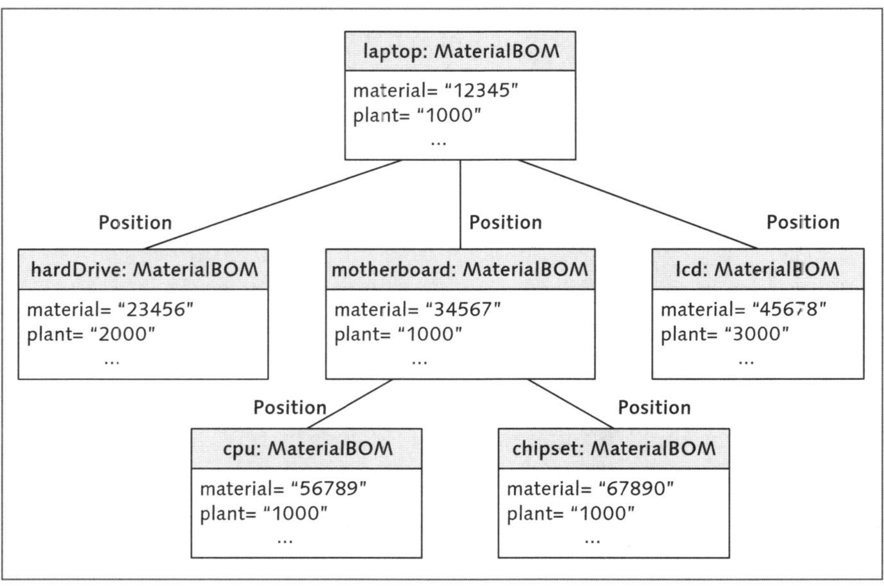

Abbildung 2.32 Objektdiagramm mit Stückliste für einen Laptop

Wie Sie in Abbildung 2.32 sehen, sind Objektdiagramme in vielerlei Hinsicht mit Klassendiagrammen vergleichbar. In einem Objektdiagramm stellen die Kästchen jedoch anstelle von Klassen Objektinstanzen dar. Abbildung 2.33

zeigt die grundlegende Notation, um Objekte in einem Objektdiagramm anzugeben. Im oberen Kästchen geben Sie den Namen des Objektes sowie den Klassentyp an, auf den sich das angelegte Objekt bezieht. Das untere Feld ist optional und ermöglicht es Ihnen, zusätzliche Laufzeitdetails zum Objekt (das heißt den aktuellen Status) anzugeben.

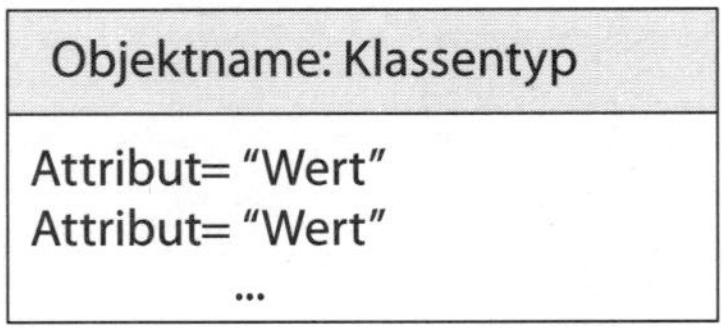

Objektname: Klassentyp
Attribut= "Wert" Attribut= "Wert" ...

Abbildung 2.33 Objektinstanznotation in Objektdiagrammen

In Objektdiagrammen können beliebig viele Objekte angezeigt werden, um die Klassen-/Objektbeziehungen zu veranschaulichen. Das Diagramm wird als »Guckloch« (Viewport) in das System zu einem bestimmten Zeitpunkt betrachtet. Objekte werden in Programmen ständig angelegt und zerstört. Daher ist es wichtig, nicht zu versuchen, jedes mögliche Objekt darzustellen, das zur Laufzeit im System angelegt wird. Kann die Beziehung in einem Diagramm nicht vollständig dargestellt werden, können zusätzliche Diagramme eingesetzt werden, um den Fortschritt der Objektkonfiguration bei der weiteren Programmausführung darzustellen.

2.7 Zusammenfassung

Sie sollten nun über ausreichend Informationen zur ABAP-Objects-Syntax verfügen, um mit dem Schreiben objektorientierter Programme in ABAP zu beginnen. Wenngleich die wichtigsten praktischen Grundlagen zu Klassen und Objekten in diesem Kapitel beschrieben wurden, konnte dennoch nur ansatzweise auf den potenziellen Nutzen eingegangen werden, den ein objektorientierter Ansatz für Ihre Programmdesigns bietet.

In Kapitel 3, »Kapselung und Ausblenden der Implementierung« werden einige dieser Merkmale untersucht.

Teil II
Wichtige Konzepte

Bei Klassen handelt es sich um Abstraktionen, mit deren Hilfe die Funktionalität einer Programmiersprache erweitert werden kann, indem benutzerspezifische Typen eingeführt werden. Die Techniken zur Kapselung und zum Ausblenden der Implementierung dienen dazu, die Interaktion des Entwicklers mit diesen Typen zu vereinfachen, um so die Verständlichkeit, Wartbarkeit und Erweiterbarkeit objektorientierter Programme zu verbessern. In diesem Kapitel erfahren Sie, wie Sie diese Techniken auf ABAP-Objects-Klassen anwenden.

3 Kapselung und Ausblenden der Implementierung

Eine der am nächsten liegenden Möglichkeiten, den Softwareentwicklungsprozess zu verkürzen, ist die Nutzung von bereits vorhandenem Code. Obgleich in den meisten Projekten das Ziel angestrebt wird, Bibliotheken mit wiederverwendbarem Code zu erstellen, gelingt es tatsächlich nur in wenigen Fällen, Module bereitzustellen, die außerhalb des Kontextes verwendet werden können, in dem sie ursprünglich konzipiert wurden. Dies liegt größtenteils daran, dass das Modul zu eng an seine zugehörige Umgebung gekoppelt ist. Selbstverständlich müsste ein Entwickler hellsehen können, um genau vorherzusagen, wie und wann ein bestimmtes Modul in anderen Kontexten wiederverwendet werden könnte. Anstatt zu versuchen, künftige Verwendungsarten vorherzusagen, suchen pragmatische Entwickler nach Möglichkeiten, um unabhängige Komponenten zu erzeugen, die innerhalb festgelegter Grenzen selbstständig *denken* und *handeln* können.

In diesem Kapitel werden Ihnen Möglichkeiten aufgezeigt, wie Sie Objekte mit Leben füllen können, indem Sie einige der potenziellen Vorteile nutzen, die die Kapselung von Daten und Verhalten in einer Klasse bieten. Dabei wird die Verwendung von Zugriffssteuerungsmechanismen erläutert, mit deren Hilfe die Schnittstellen dieser Klassen so gestaltet werden können, dass sich diese später einfacher modifizieren und in anderen Kontexten wiederverwenden lassen.

3.1 Gewonnene Erkenntnisse beim prozeduralen Ansatz

Entgegen der allgemeinen Vorstellung basieren zahlreiche wichtige objektorientierte Konzepte auf ähnlichen Ideen, die ihre Wurzeln im prozeduralen Programmierparadigma haben. Das Hauptziel beider Ansätze ist die Strukturierung und Zuverlässigkeit des Softwareentwicklungsprozesses. Sicherlich können Sie viel von den prozeduralen und strukturierten Programmiertechniken lernen. Wie Sie jedoch in diesem Abschnitt sehen werden, gibt es bestimmte Einschränkungen beim prozeduralen Ansatz, die Sie bewältigen müssen, um die Gesamtqualität Ihrer Softwaredesigns zu verbessern.

3.1.1 Funktionale Zerlegung und ihre Nachteile

Prozedurale Entwickler formulieren ihre Programmdesigns in der Regel unter Verwendung eines Prozesses, der als *funktionale Zerlegung* bezeichnet wird. Dieser Begriff stammt aus der Mathematik. Eine mathematische Funktion wird in eine Reihe kleinerer Funktionen zerlegt, die einfacher zu verstehen sind. Aus Entwicklungssicht bezieht sich die funktionale Zerlegung auf den Prozess der *Zerlegung* eines komplexen Programms in mehrere kleinere Module (oder Prozeduren). Eine gängige Methode, um diese Prozeduren zu ermitteln, ist das Durchsuchen der Verben, mit denen die *Aktionen* eines Programms innerhalb der funktionalen Anforderungen beschrieben sind. Diese Aktionen stehen für die *Schritte*, die ein Programm ausführen muss, um die Zielvorgaben zu erfüllen. Nachdem alle Schritte identifiziert wurden, müssen sie in einem Hauptprogramm *zusammengesetzt* werden, das unter anderem sicherstellt, dass die Prozeduren in der richtigen Reihenfolge aufgerufen werden. Das Organisieren und Verfeinern des Hauptprogramms wird auch als *schrittweise Verfeinerung* bezeichnet.

Für Programme kleinerer und mittlerer Größe ist diese Strategie durchaus geeignet. Sobald Programme jedoch umfangreicher und komplexer werden, wird das Design häufig unübersichtlich, da das Hauptprogramm mit zu vielen Verantwortlichkeiten belastet wird. Die Ursache für einen Großteil dieser Belastungen ist, dass das Hauptprogramm für alle Daten verantwortlich sein muss, die von den diversen Prozeduren verwendet werden.

Idealerweise ist es möglich, einige dieser Verwaltungspflichten an Prozeduren zu delegieren. Damit dies gelingt, müssen die Prozeduren jedoch intelligent genug sein, um einige Aufgaben selbst zu übernehmen – und das erfordert Daten. Selbstverständlich kann ein Hauptprogramm mithilfe von Parametern Anweisungen an eine Prozedur übergeben, doch diese Vorge-

hensweise hat den folgenden Nachteil: Das Überladen der Parameterschnittstelle einer Prozedur mit einer großen Datenmenge hat eine *enge Kopplung* an das aufrufende Programm zur Folge, das die Daten bereitstellt. Diese Arten von Abhängigkeiten verursachen im Hinblick auf die Pflege diverse Probleme und erschweren zudem die Wiederverwendbarkeit der Prozeduren in anderen Umgebungen. Allerdings ist auch eine unbedachte und freie Verwendung globaler Daten innerhalb von Prozeduren gefährlich. Gehen Sie beispielsweise von einem Programm mit einer Reihe von Prozeduren aus, die alle einen gemeinsamen Satz globaler Daten verwenden und manipulieren. Wenn Sie nun gebeten werden, die Reihenfolge der Prozeduraufrufe zu ändern, können Sie sicher sein, dass diese Änderung nicht zu einer unvorhersehbaren Datenbeschädigung führt?

Wie Sie sehen, kann auch eine funktionale Zerlegung, mit der ein Programm zum besseren Verständnis in kleinere Abschnitte (das heißt Prozeduren) unterteilt werden kann, nicht unbedingt garantieren, dass ein Programm mit den sich ändernden Anforderungen mithalten kann, die sich mit der Zeit unweigerlich ergeben. Offensichtlich wird eine bessere Methode zur Strukturierung von Software benötigt.

3.1.2 Fallbeispiel: Eine prozedurale Codebibliothek in ABAP

Im Folgenden werden einige Probleme, die im Zusammenhang mit der funktionalen Zerlegung auftreten können, anhand eines Beispiels veranschaulicht. Es zeigt, wie Sie eine Utility-Bibliothek *Datum* mit prozeduralen Funktionsgruppen erstellen können, die in ABAP geschrieben wurden. Vor SAP R/3-Release 4.0 wurden die meisten ABAP-Bibliotheken mit wiederverwendbarem Code mithilfe von Funktionsgruppen erstellt. In gewisser Hinsicht entsprechen Funktionsgruppen Klassen, da globale Daten (Attribute) und Funktionsbausteine (Methoden) zentral in einem Funktionspool innerhalb des ABAP Repositorys definiert werden können. Diese Analogie trifft jedoch nicht mehr zu, wenn Sie bedenken, dass es nicht möglich ist, mehrere *Instanzen* einer Funktionsgruppe in Ihrem Programm zu laden.[1] Diese Einschrän-

1 Wenn ein Programm einen Funktionsbaustein aus einer bestimmten Funktionsgruppe in Ihrem Programm ruft, werden die globalen Daten aus der Funktionsgruppe in den Speicher des internen Modus des Programms geladen. Alle nachfolgenden Aufrufe von Funktionsbausteinen in dieser Funktionsgruppe verwenden dieselben globalen Daten, die beim Aufruf des ersten Funktionsbausteins zugeordnet wurden.

kung erschwert Entwicklern von Funktionsbausteinen die Arbeit mit globalen Daten in der Funktionsgruppe, da zusätzliche Logik erforderlich ist, um die Daten in separate Arbeitsbereiche (das heißt Instanzen) zu partitionieren.

Für gewöhnlich wird dieses Manko umgangen, indem die Daten für ihre Bearbeitung innerhalb des aufrufenden Programms lokal gespeichert und eine Reihe von *zustandslosen* Funktionsbausteinen angelegt werden. Zustandslose Funktionsbausteine können sich nicht an vorhergehende Aufrufe »erinnern«. Bei jedem Aufruf müssen Sie alle Daten übergeben, die zum Ausführen der Aufgabe(n) erforderlich sind.

Listing 3.1 zeigt eine einfache Funktionsgruppe `ZDATE_API`, die die Bibliothek *Datum* definiert. Normalerweise würde diese Bibliothek eine Vielzahl anderer Funktionsbausteine enthalten, die beispielsweise die Datumskomponenten pflegen oder das Datum in verschiedenen, lokalisierten Formaten anzeigen. An dieser Stelle wird jedoch lediglich der Funktionsbaustein `Z_DATE_SET_DAY` beschrieben, der verwendet wird, um den Tageswert für das Datum zuzuweisen.

```
FUNCTION-POOL zdate_api.
FUNCTION z_date_set_month.
   ...
ENDFUNCTION.
FUNCTION z_date_set_day.
   * Local Interface IMPORTING VALUE (iv_day) TYPE I
   *                 CHANGING (cs_date) TYPE SCALS_DATE
   *                 EXCEPTIONS invalid_date
   DATA: lv_month_end TYPE i.       "Last Day of Month

   CASE cs_date-month.
      WHEN 1.
         lv_month_end = 31.
      WHEN 2.
         ...
   ENDCASE.
   IF iv_day LT 1 OR iv_day GT lv_month_end.
      RAISE invalid_date.
   ELSE.
      cs_date-day = iv_day.
   ENDIF.
ENDFUNCTION.
...
```

Listing 3.1 Einfache, mit Funktionsgruppen erstellte Datumsbibliothek

Die Logik innerhalb des Funktionsbausteins `Z_DATE_SET_DAY` ist recht unkompliziert. Zunächst wird der Wert des Eingabeparameters `IV_DAY` untersucht, um sicherzustellen, dass dem Feld `DAY` in der Struktur `CS_DATE` (siehe Abbildung 3.1), basierend auf der aktuellen Monatszuweisung, kein ungültiger Wert zugeordnet wird (Handhabung von Schaltjahren etc.). Sind alle Validierungen erfolgreich, wird das Feld `DAY` in der Struktur `CS_DATE` aktualisiert. Anderenfalls wird eine Ausnahme ausgegeben, und die Aktualisierung wird nicht durchgeführt.

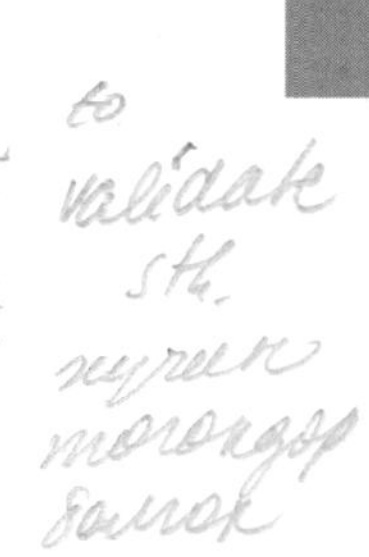

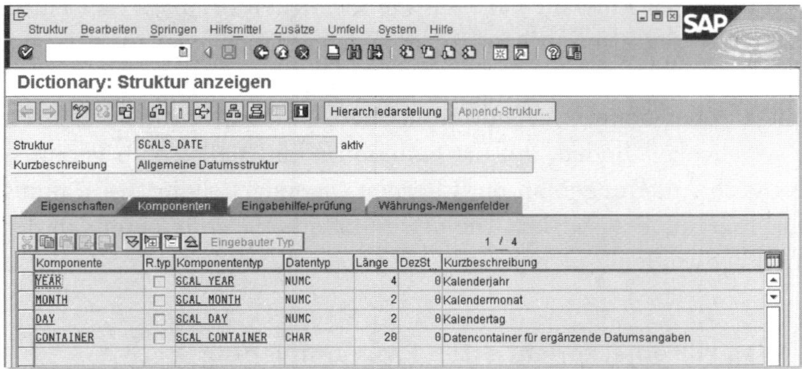

Komponente	R.typ	Komponententyp	Datentyp	Länge	DezSt	Kurzbeschreibung
YEAR		SCAL_YEAR	NUMC	4	0	Kalenderjahr
MONTH		SCAL_MONTH	NUMC	2	0	Kalendermonat
DAY		SCAL_DAY	NUMC	2	0	Kalendertag
CONTAINER		SCAL_CONTAINER	CHAR	20	0	Datencontainer für ergänzende Datumsangaben

Abbildung 3.1 ABAP-Dictionary-Struktur SCALS_DATE

Nachdem Sie diese einfache Bibliothek *Datum* angelegt haben, fahren Sie nun mit der Handhabung einiger Wartungsszenarien fort, die im Laufe der Zeit auftreten könnten:

- Stellen Sie sich zunächst vor, Sie werden gebeten, die Funktionalität der Bibliothek *Datum* so zu erweitern, dass auch Uhrzeiten erfasst werden. Nun stehen Sie vor einem Problem. Änderungen an der Darstellung des Datums (das heißt der Wechsel zu einer Struktur, die sowohl Datums- als auch Uhrzeitkomponenten enthält) erfordern nicht nur umfassende Änderungen an den Funktionsbausteinen, sondern auch an den Programmen, die diese aufrufen.
- Gehen Sie nun von einem Programm aus, das die Bibliothek *Datum* verwendet, um ein Datum in verschiedenen Formaten auszugeben. Ihnen wurde ein Fehler in diesem Programm gemeldet, da es ungültige Datumswerte (zum Beispiel 02/31/2009) anzeigt. Bei näherer Untersuchung entdecken Sie, dass der ungültige Tageswert nicht von der Funktion `Z_DATE_SET_DAY` gesetzt wurde, sondern von einer ungültigen Zuweisung für das Feld `DAY` in der lokalen Datenstruktur, die im aufrufenden Programm gepflegt wird.

Diese Wartungsszenarien veranschaulichen einige gravierende Schwachstellen in der Datumsbibliothek. Da das Datenobjekt mit den Datumsfeldern außerhalb der Funktionsgruppe (das heißt in den aufrufenden Programmen) verwaltet wird, können Sie nicht steuern, welche Werte extern zugewiesen werden. Innerhalb der Strukturdefinition `SCALS_DATE` ist das Feld `DAY` lediglich eine zweistellige Zahl mit einem gültigen Wertebereich von 00 bis 99. Die *semantische Bedeutung* der Komponente `DAY` ist in der Logik der Funktion `Z_DATE_SET_DAY` definiert.

Aufgrund des hohen Aufwands, der für die Richtigkeit der Logik der Funktion `Z_DATE_SET_DAY` erforderlich war, möchten Sie sicherstellen, dass alle Aktualisierungen des Feldes `DAY` diese Funktion durchlaufen, um so Datenbeschädigungen oder doppelten Code zu vermeiden. Darüber hinaus müssen Sie eine Möglichkeit finden, um die Funktionsschnittstelle so zu vereinfachen, dass sich Änderungen an der internen Datendarstellung des Datums nicht auf Programme auswirken, die diese Bibliothek *Datum* bereits in der Produktion verwenden.

3.1.3 Weg zur objektorientierten Programmierung

Die in Listing 3.1 gezeigte Funktionsgruppe `ZDATE_API` ist ein Beispiel für einen *abstrakten Datentyp*. Ein abstrakter Datentyp definiert einen Satz von Daten sowie die Operationen, die für diese Daten ausgeführt werden können. Für eine effektive Abstraktion müssen Sie die Daten und Operationen möglichst nah beieinander halten. In diesem Fallbeispiel war dies nicht der Fall, weil die Datumsinformationen von den Programmen lokal verwaltet wurden. Diese Trennung von Daten und Verhalten schränkte den Nutzen der Abstraktion ein und machte die Nutzung der Bibliothek schwierig und fehleranfällig. Je größer und komplexer eine Codebibliothek ist, desto deutlicher treten diese Probleme hervor.

Die in diesem Abschnitt besprochenen Schwachstellen lassen sich alle auf eine gemeinsame Problematik zurückführen: eine unzureichende Unterstützung von Daten. Und da Daten die Grundlage für den Code bilden, stellt dies ein erhebliches Problem dar. Aus diesem Grund degenerieren prozedurale Programme nach einer gewissen Zeit und fallen schließlich auseinander. In den folgenden Abschnitten werden verschiedene Möglichkeiten untersucht, wie das OOP-Paradigma verwendet werden kann, um diese Probleme zu lösen.

3.2 Datenabstraktion mit Klassen

Mit Blick auf die in Abschnitt 3.1, »Gewonnene Erkenntnisse beim prozeduralen Ansatz«, beschriebenen Einschränkungen legten Softwareprogrammierer bei der Entwicklung des OOP-Paradigmas von Anfang an den Schwerpunkt auf Daten *und* Verhalten. Wie bereits erwähnt, sind Daten (Attribute) und Verhalten (Methoden) innerhalb von Klassen in einem in sich geschlossenen Paket gekapselt. Diese Kapselung verbessert die Strukturierung des Codes, sodass objektorientierte Klassenbibliotheken wesentlich einfacher zu verstehen und zu verwenden sind als ihre prozeduralen Gegenstücke.

Denken Sie daran, wie unpraktisch die Bibliothek *Datum* in Listing 3.1 war. Bei jedem Aufruf des Funktionsbausteins `Z_DATE_SET_DAY` musste eine extern definierte Struktur mit allen erforderlichen Datumsinformationen an diesen Funktionsbaustein übergeben werden. Die Schnittstellen für Klassenbibliotheken (das heißt Methodensignaturen) sind weitaus eleganter, da die relevanten Datenobjekte, die Methoden zum Ausführen ihrer Aufgaben benötigen, von Objektinstanzen gehandhabt werden. Mit anderen Worten, es ist nicht erforderlich, für ein Objekt eine Vielzahl von Anweisungen zur Ausführung seiner Aufgaben bereitzustellen, denn es *weiß* einfach, wie diese ausgeführt werden.

Objekte, die in Bezug auf gekapselte Klassen angelegt werden, weisen eine eigene Identität auf. Dies ermöglicht es Entwicklern, ihre Designs konzeptioneller zu betrachten. Beispielsweise wäre ein `Date`-Objekt für die Verwaltung interner Attribute wie `month`, `day` und `year` verantwortlich. Innerhalb der Klassendefinition bestünde die Möglichkeit, diese Attribute in einer Struktur vom Typ `SCALS_DATE` oder als drei unterschiedliche ganzzahlige Variablen zu speichern. In jedem Fall muss sich über diesen Aspekt lediglich der Entwickler einer Klassenbibliothek Gedanken machen, für spätere Benutzer sollten diese Details keine Rolle spielen. Aus Anwendersicht ist das Objekt `Date` eine Blackbox, die für ein effizienteres Arbeiten mit Datumsinformationen genutzt werden kann.

Mithilfe von Sichtbarkeitsbereichen (die in Abschnitt 3.3, »Definition der Komponentensichtbarkeit«, erläutert werden) können Sie sicherstellen, dass Operationen für ein `Date`-Objekt (zum Beispiel das Ändern des Tages) nur *angefordert* werden können, indem eine *Nachricht* an das Objekt gesendet wird. Die Nachricht wird als Methodenaufruf für das Objekt umgesetzt. Innerhalb der Methodenimplementierung können Sie alle relevanten Geschäftsregeln anwenden, um zu gewährleisten, dass der interne Zustand des Objektes nicht beeinträchtigt wird. Diese Geschäftsregeln geben primitiven Datentypen eine Bedeutung und ermöglichen es Benutzern der Klassenbibliothek dadurch, sich auf die Abstraktion als solches zu konzentrieren, anstatt sich über die zugrunde liegenden Details Gedanken zu machen.

Natürlich können Objekte keine Wunder vollbringen: Das Coding gestaltet sich noch immer sehr aufwendig, um die Funktionsfähigkeit der Abstraktion zu gewährleisten. Der Unterschied besteht darin, dass diese Komplexität innerhalb eines Konzeptes isoliert ist, mit dem wesentlich einfacher gearbeitet werden kann.

3.3 Definition der Komponentensichtbarkeit

Der Begriff *Kapselung* bezieht sich auf die Vorstellung, etwas in einer *Kapsel* einzuschließen. Bei der objektorientierten Programmierung werden Attribute und Methoden in einem Objekt eingeschlossen. Das mit einem Wort wie *Kapsel* verbundene Bild impliziert, dass eine Art Grenze zwischen den internen Komponenten einer Klasse und der Außenwelt gezogen wird. Der Zweck dieser Grenze ist es, die inneren Mechanismen des Objektes zu schützen (oder auszublenden), die mitunter häufig geändert werden.

Die Elemente eines Objektes, die am anfälligsten für Änderungen sind, sind meist dessen Attribute (das heißt der Objektzustand). Dieses Buch zeigt jedoch Möglichkeiten auf, um *sämtliche* Designentscheidungen auszublenden, die überdacht und geändert werden können. In diesem Abschnitt werden die ABAP-Objects-Sprachkonstrukte vorgestellt, die Sie zum Festlegen von Grenzen innerhalb Ihrer Klassen verwenden können. In Abschnitt 3.4, »Ausblenden der Implementierung«, erfahren Sie, wie Sie mithilfe dieser Grenzen stabile Klassen erzeugen, die sich problemlos an immer neue funktionale Anforderungen anpassen lassen.

3.3.1 Sichtbarkeitsbereiche

ABAP Objects bietet drei Sichtbarkeitsbereiche, über die der Zugriff auf interne Komponenten einer Klasse gesteuert werden kann: Diese Bereiche lauten `PUBLIC SECTION`, `PROTECTED SECTION` und `PRIVATE SECTION`. Komponentendeklarationen (zum Beispiel Attribute, Methoden, Ereignisse, Typen etc.) müssen innerhalb einer Klassendefinition einem dieser drei Sichtbarkeitsbereiche zugewiesen sein. Listing 3.2 zeigt eine einfache Klasse `lcl_visible` mit Attributen, die in allen drei Sichtbarkeitsbereichen definiert sind.

```
CLASS lcl_visible DEFINITION.
   PUBLIC SECTION.
      DATA: x TYPE i.
   PROTECTED SECTION.
      DATA: y TYPE i.
   PRIVATE SECTION.
      DATA: z TYPE i.
ENDCLASS.
```

Listing 3.2 Definition von Klassenkomponenten in Sichtbarkeitsbereichen

Auf Komponenten, die im Sichtbarkeitsbereich `PUBLIC SECTION` einer Klasse definiert sind, kann aus jedem Kontext heraus zugegriffen werden, in dem die Klasse selbst sichtbar ist (das heißt überall dort, wo Sie den Klassentyp für die Deklaration einer Objektreferenzvariablen verwenden können). Diese Komponenten stellen die *öffentliche Schnittstelle* der Klasse dar. Über den Sichtbarkeitsbereich `PRIVATE SECTION` einer Klasse werden Komponenten definiert, auf die nur aus der Klasse selbst heraus zugegriffen werden kann. Würden Sie beispielsweise versuchen, den Code in Listing 3.3 zu kompilieren, würde ein Kompilierungsfehler ausgegeben, der darauf hinweist, dass der Zugriff auf ein privates Attribut nicht zulässig ist. Hier ist der Zugriff auf das private Attribut `z` ausschließlich innerhalb von Methoden der Klasse `lcl_visible` erlaubt.

```
DATA: lr_visible TYPE REF TO lcl_visible.
CREATE OBJECT lr_visible.
WRITE: lr_visible->z.
```

Listing 3.3 Versuch, auf private Komponenten einer Klasse zuzugreifen

Der Sichtbarkeitsbereich `PROTECTED SECTION` definiert Komponenten, auf die ausschließlich von innerhalb einer Klasse und deren Unterklassen zugegriffen werden kann. Weitere Informationen zu geschützten Komponenten finden Sie in Kapitel 5, »Vererbung«.

Über das Feld Sichtbarkeit im Class Editor (siehe Abbildung 3.2) können Sie den Komponenten globaler Klassen Sichtbarkeitsbereiche zuweisen.

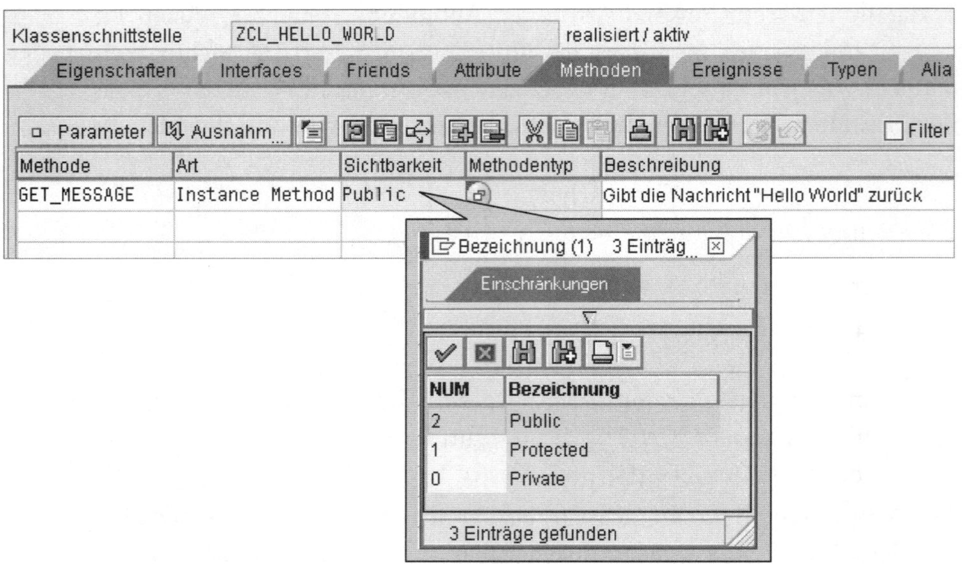

Abbildung 3.2 Festlegung der Sichtbarkeit von Komponenten in globalen Klassen

Beim Festlegen der Sichtbarkeit von Klassenkomponenten sollten Sie darauf achten, dass die öffentliche Schnittstelle »aufgeräumt« und übersichtlich bleibt. Benutzer Ihrer Klasse sollten nur wirklich relevante Informationen erhalten. Mit anderen Worten, wenn ein Benutzer keinen direkten Zugriff auf eine Komponente benötigt, sollte ihm diese Komponente zur Vereinfachung gar nicht erst angezeigt werden. Die Deklaration solcher Komponenten mit privatem Sichtbarkeitsbereich erleichtert die Handhabung für alle Beteiligten: Andere Programmierer, die Ihre Klassen verwenden, können sich auf die Arbeit mit einer vereinfachten öffentlichen Schnittstelle konzentrieren, und Sie als Entwickler können Ihren Schwerpunkt auf die Verbesserung der internen Implementierung einer Klasse legen, ohne befürchten zu müssen, dass vorhandener Code des externen Benutzers beschädigt wird.

In der Regel sollten Attribute im Sichtbarkeitsbereich `PRIVATE SECTION` einer Klasse definiert werden. Datenattribute werden hauptsächlich deshalb ausgeblendet, weil der Zustand des Objektes so nicht versehentlich manipuliert werden kann. Muss ein Benutzer den Zustand des Objektes aktualisieren, kann er dies über eine in der öffentlichen Schnittstelle definierte Methode tun. Diese indirekte Vorgehensweise hat den Vorteil, dass die Zuweisung des Attributes mithilfe von Geschäftsregeln kontrolliert und gesteuert werden kann, die in der Methode definiert sind. Auf diese Weise müssen bei der Behebung datenbezogener Fehler nicht viele Vermutungen angestellt werden, da bekanntermaßen alle Änderungen an einem Attribut über eine einzige Methode erfolgt sind. Methoden, die den Wert privater Attribute aktualisieren, werden auch als *Setter-* oder *Mutator-Methoden* bezeichnet. Die in Listing 3.4 gezeigte Syntax veranschaulicht die allgemeine Konvention für die Benennung von Mutator-Methoden.

```
SET_<attribute name>
```

Listing 3.4 Namenskonvention für Mutator-Methoden

Wird ein schreibgeschützter Zugriff auf ein Attribut benötigt, können Sie auch eine *Getter-* oder *Accessor-Methode* für dieses Attribut angeben. Accessor-Methoden sollten entsprechend der in Listing 3.5 gezeigten Syntax benannt werden.

```
GET_<attribute name>
```

Listing 3.5 Namenskonvention für Accessor-Methoden

Darüber hinaus ermöglicht ABAP Objects die Definition schreibgeschützter Attribute über den Zusatz `READ-ONLY` für das Schlüsselwort `DATA`. Listing 3.6 zeigt, wie mit diesem Zusatz drei öffentliche, schreibgeschützte Attribute für eine Klasse mit dem Namen `lcl_time` angelegt werden. Diese Option sollte selbstverständlich nur selten eingesetzt werden, da hierdurch die internen Implementierungsdetails Ihrer Klasse nach außen sichtbar werden.

```
CLASS lcl_time DEFINITION.
  PUBLIC SECTION.
    DATA: hour   TYPE i READ-ONLY,
          minute TYPE i READ-ONLY,
          second TYPE i READ-ONLY.
ENDCLASS.
```

Listing 3.6 Definition von schreibgeschützten Attributen in Klassen

Schreibgeschützte Attribute in globalen Klassen können Sie definieren, indem Sie auf der Registerkarte Attribute im Class Builder das Ankreuzfeld Read-Only für das Attribut aktivieren (siehe Abbildung 3.3).

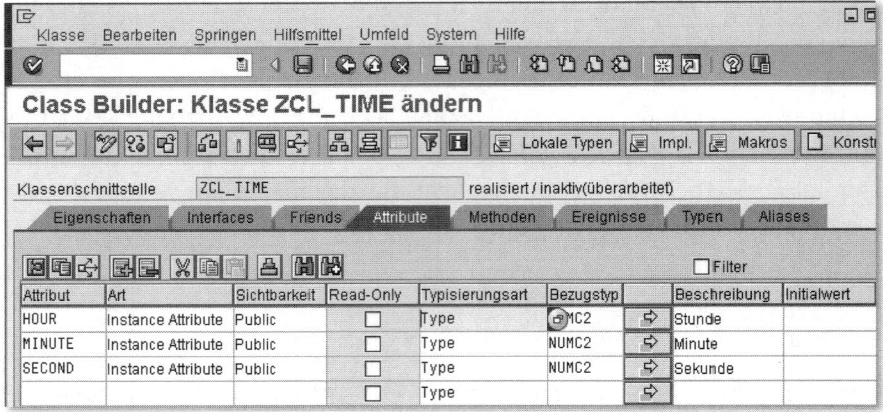

Abbildung 3.3 Anlegen von schreibgeschützten Attributen in Klassen

3.3.2 Freunde

In Abschnitt 3.3.1, »Sichtbarkeitsbereiche«, haben Sie erfahren, dass Komponenten, die innerhalb der privaten und geschützten Sichtbarkeitsbereiche einer Klasse definiert werden, außerhalb der Klasse (oder Unterklasse im Fall von geschützten Komponenten) nicht sichtbar sind. Manchmal ist es jedoch von Vorteil, einen Sonderzugriff auf bestimmte benannte Klassen zu gewähren. Solche Klassen werden als *Freunde* der Klasse bezeichnet, die den Zugriff gewährt. Freundschaftsbeziehungen in der Klassendefinition lassen sich unter Verwendung der Syntax in Listing 3.7 festlegen.

```
CLASS some_class DEFINITION FRIENDS c1 c2 i3 i4.
```

Listing 3.7 Definition von Freundschaftsbeziehungen in Klassen

Im Zusatz `FRIENDS` können Sie mehrere Klassen (durch Leerzeichen getrennt) und Interfaces (siehe Kapitel 6, »Polymorphie«) angeben. Listing 3.8 zeigt ein Beispiel, das die Freundschaftsbeziehung zwischen zwei Klassen `lcl_parent` und `lcl_child` darstellt. Dabei ist die Klasse `lcl_child` als Freund der Klasse `lcl_parent` deklariert. In der Methode `buy_toys` nutzt die Klasse `lcl_child` diese Freundschaftsbeziehung, indem sie auf das private Attribut `credit_card_no` in der Klasse `lcl_parent` zugreift, um neue Spielzeuge zu kaufen.

```
CLASS lcl_child DEFINITION DEFERRED.
CLASS lcl_parent DEFINITION FRIENDS lcl_child.
  PRIVATE SECTION.
    DATA: credit_card_no TYPE string.
ENDCLASS.
CLASS lcl_child DEFINITION.
```

```
    PUBLIC SECTION.
      METHODS buy_toys.
ENDCLASS.
CLASS lcl_child IMPLEMENTATION.
  METHOD buy_toys.
    DATA: lr_parent TYPE REF TO lcl_parent.
    CREATE OBJECT lr_parent.
    WRITE: lr_parent->credit_card_no.
  ENDMETHOD.
ENDCLASS.
```

Listing 3.8 Umgehen der Zugriffssteuerung mithilfe von Freunden

Im Hinblick auf Freundschaftsbeziehungen müssen einige Aspekte beachtet werden:

- Zunächst ist es wichtig, die Richtung und Art der Freundschaftsbeziehung zu betrachten. In Listing 3.8 wird der Klasse `lcl_parent` explizit ein Freundschaftszugriff auf die Klasse `lcl_child` gestattet. Diese Beziehungsdefinition ist nicht reflexiv. Beispielsweise kann die Klasse `lcl_parent` erst auf die privaten Komponenten der Klasse `lcl_child` zugreifen, wenn die Klasse `lcl_child` der Klasse `lcl_parent` den Freundschaftszugriff gewährt hat.
- Darüber hinaus sollten Sie beachten, dass Klassen sich nicht beliebig als Freunde anderer Klassen deklarieren können. Zum Beispiel kann sich die Klasse `lcl_child` nicht selbst als Freund der Klasse `lcl_parent` deklarieren. Wäre dies der Fall, dann wäre die Zugriffssteuerung reine Zeitverschwendung, da jede Klasse diese Einschränkung umgehen könnte, indem sie sich als Freund einer anderen Klasse deklariert, um auf diese zuzugreifen.

Im Beispiel in Listing 3.8 wird außerdem ein neuer Zusatz für die `CLASS`-Anweisung eingeführt, der noch nicht erläutert wurde: die `DEFINITION DEFERRED`-Klausel in der `CLASS DEFINITION`-Anweisung für die Klasse `lcl_child`. Dieser Zusatz ist erforderlich, um den Compiler über die Existenz einer Klasse `lcl_child` zu informieren, die später im Programm definiert wird. Ohne diese Klausel würde der Compiler die Meldung ausgeben, dass die Klasse `lcl_child` unbekannt ist, sobald Sie versuchen, die Freundschaftsbeziehung in der Definition der Klasse `lcl_parent` festzulegen.

Freundschaftsbeziehungen für eine globale Klasse können Sie im Class Editor auf der Registerkarte FRIENDS festlegen (siehe Abbildung 3.4). Hierzu müssen beide Klassen der Freundschaftsbeziehung als globale Klassen im ABAP Repository definiert und implementiert sein. Ist das Ankreuzfeld NUR MODEL-

LIERT ausgewählt, kann die Freundschaftsbeziehung zur Laufzeit nicht genutzt werden.

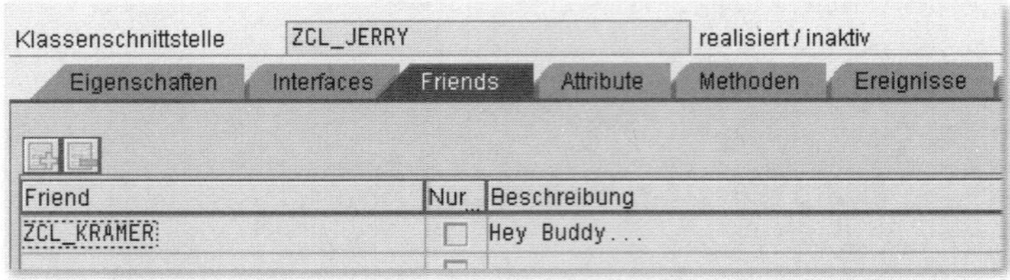

Abbildung 3.4 Definition von Freundschaftsbeziehungen zwischen globalen Klassen

Viele Verfechter einer »sauberen Programmiersprache« sind der Meinung, dass die Verwendung von Freunden in objektorientierten Sprachen nicht zulässig sein sollte, da diese die traditionellen Zugriffssteuerungsmechanismen umgehen. Wie bei anderen diskutierten Themen dieser Art liegt auch hier die Wahrheit irgendwo in der Mitte. Die beste Lösung ist, Freundschaftsbeziehungen in Ihren Designs nur sparsam zu verwenden. Insbesondere sollten Sie Freundschaftsbeziehungen nur dann entwickeln, wenn sie unbedingt erforderlich sind, um eine Anforderung zu erfüllen. In der Regel gibt es Designalternativen, durch die dieselben Ergebnisse mit mehr Flexibilität erreicht werden können.

3.4 Ausblenden der Implementierung

Nachdem Sie nun über die praktischen Grundlagen der Kapselungstechniken verfügen, soll im Folgenden versucht werden, die Bibliothek *Datum* aus Listing 3.1 unter Verwendung eines objektorientierten Ansatzes erneut zu implementieren. Dabei wird die Funktionsgruppe `ZDATE_API` durch die Klasse `lcl_date` und die Funktion `Z_DATE_SET_DAY` durch die Methode `set_day` ersetzt (siehe Listing 3.9).

```
CLASS lcl_date DEFINITION.
  PUBLIC SECTION.
    METHODS set_day IMPORTING VALUE(iv_day) TYPE i
                    EXCEPTIONS invalid_date.
  PRIVATE SECTION.
    DATA: date TYPE scals_date.
ENDCLASS.

CLASS lcl_date IMPLEMENTATION.
  METHOD set_day.
```

```
      DATA: lv_month_end TYPE i.        "Last Day of Month
      CASE date-month.
        WHEN 1.
          lv_month_end = 31.
        WHEN 2.
          ...
      ENDCASE.
      IF iv_day LT 1 OR iv_day GT lv_month_end.
        RAISE invalid_date.
      ELSE.
        date-day = iv_day.
      ENDIF.
    ENDMETHOD.
ENDCLASS.
```

Listing 3.9 Erneute Implementierung der Datumsbibliothek unter Verwendung von Klassen

Wie Sie in Listing 3.9 sehen, ist der Code in Klasse `lcl_date` nahezu identisch mit dem Code des Funktionsbausteins `Z_DATE_SET_DAY` aus Listing 3.1. Ein wesentlicher Unterschied zwischen den beiden Ansätzen ist jedoch die Tatsache, dass die Methode `set_day` ein internes Datumsdatenobjekt verwendet (das private Attribut `date`), und nicht ein externes Objekt, das über die zugehörige Methodenschnittstelle bereitgestellt wird. Durch die Kapselung dieses Datenelementes in der Klasse ist es nicht mehr notwendig, eine lokale Datumsdatenstruktur innerhalb des aufrufenden Programms zu pflegen.

Programme können nun einfach mit Objektreferenzen vom Typ `lcl_date` arbeiten, ohne von anderen verbundenen Datenobjekten (das heißt Strukturen, die den Datenwert enthalten) abhängig zu sein. Darüber hinaus wird so die Schnittstelle für die Methode `set_day` vereinfacht, da keine Referenz auf eine Datenstruktur *Datum* mehr übergeben werden muss, damit die Methode über die benötigten Daten verfügt.

Mit der neuen klassenbasierten Bibliothek *Datum* im Hinterkopf betrachten Sie nun noch einmal die Pflegeszenarien, die in Abschnitt 3.1.2, »Fallbeispiel: Eine prozedurale Codebibliothek in ABAP«, beschrieben wurden. Angenommen, Sie werden nun gebeten, die Klasse `lcl_date` so zu erweitern, dass sie Zeitstempel unterstützt. Sie können entweder den Typ des Attributes `date` ändern oder ein zusätzliches Attribut hinzufügen, um den Überblick über die Zeitkomponente des Zeitstempels zu behalten. Offensichtlich wird durch diese Änderung die *Implementierung* der Klasse `lcl_date` geändert, die vorhandene *Schnittstelle* wird davon jedoch nicht beeinträchtigt.

Da keine Datenstrukturen *Datum* mehr übergeben werden, bedeutet dies, dass Methodenaufrufe aus Programmen anderer Benutzer von dieser Änderung nicht betroffen sind. Stattdessen kann die öffentliche Schnittstelle für die Klasse einfach um zusätzliche Methoden erweitert werden, mit denen sich das Zeitelement des Datums manipulieren lässt. Außerdem wurden Probleme mit beschädigten Daten vermieden, indem die Daten innerhalb der Grenzen des Objektes gekapselt wurden. Die Verwendung des privaten Sichtbarkeitsbereichs stellt sicher, dass diese Grenzen beibehalten werden. Indem Sie die Struktur *Datum* aus der Methodenschnittstelle entfernt und intern als privates Attribut gekapselt haben, wird dieses Implementierungsdetail effektiv vor den Benutzern *verborgen*. Die Trennung der Schnittstelle einer Klasse von der zugehörigen Implementierung ist eine äußerst effektive Designtechnik, mit deren Hilfe Sie Klassen entwickeln können, die sich wesentlich leichter an Änderungen anpassen lassen.

3.5 Design by Contract

Mithilfe der Techniken für die Kapselung und das Ausblenden der Implementierung lassen sich öffentliche Schnittstellen für eine Klasse sehr präzise definieren. Diese Schnittstellen sind hilfreich, um einen *Vertrag* zwischen dem Entwickler einer Klasse und den Benutzern dieser Klasse zu formulieren. Der Ausdruck »Vertrag« wurde aus der Geschäftswelt übernommen, in der Kunden vertragliche Vereinbarungen mit Lieferanten von Gütern oder Dienstleistungen eingehen.

In seinem Buch *Objektorientierte Softwareentwicklung* (Prentice-Hall, 2000) erläutert Bertrand Meyer, wie dieses Konzept für objektorientierte Softwaredesigns übernommen werden kann, um die Zuverlässigkeit von Softwarekomponenten zu verbessern. Diese Softwarekomponenten beschreibt er als »... Implementierungen, die klar verständliche Spezifikationen erfüllen sollen« (Übersetzung des englischen Zitats). In diesem Zusammenhang gilt für Objekte eine Reihe von *Invarianten* (oder Einschränkungen), die die gültigen Zustände für das Objekt festlegen. Um diese Invarianten zu pflegen, werden Methoden mit *Vorbedingungen* (die vor der Ausführung der Methode wahr sein müssen) und *Nachbedingungen* (die nach der Ausführung der Methode wahr sein müssen) definiert. In Kapitel 8, »Fehlerbehandlung mit Ausnahmen«, wird erläutert, wie Ausnahmen dieser Regeln behandelt werden.

Das primäre Ziel bei der Verwendung des Ansatzes *Design by Contract* in Ihren Softwaredesigns ist die Erzeugung von Komponenten, die *vorhersehbare* Ergebnisse liefern. Die durch die Sichtbarkeitsbereiche gesetzten Grenzen stellen sicher, dass der Vertrag keine *Schlupflöcher* aufweist. Zum Beispiel wies die Bibliothek *Datum* in Listing 3.1 zahlreiche Schlupflöcher auf, die eine Umgehung der in den Funktionsbausteinen implementierten Geschäftsregeln ermöglichten. Die Kapselungstechniken, die in der klassenbasierten Implementierung der Bibliothek *Datum* in Listing 3.9 angewendet wurden, eliminierten diese Schlupflöcher, indem die Datenobjekte für das Datum als private Attribute innerhalb der Grenzen der Klasse gekapselt wurden.

Andere Programmierer, die Klassen entsprechend diesen Prinzipien verwenden, wissen, was sie von der Klasse erwarten können, die auf der bereitgestellten öffentlichen Schnittstelle basiert. Gleichermaßen können die Entwickler der Klasse die zugrunde liegende Implementierung beliebig ändern, solange sie den in der öffentlichen Schnittstelle festgelegten Vertrag einhalten.

3.6 UML-Tutorial: Sequenzdiagramme

Bisher lag der Schwerpunkt der Betrachtung der UML auf Diagrammen, die eingesetzt werden, um die statische Architektur eines objektorientierten Systems zu beschreiben. In diesem Kapitel wird das erste von mehreren *Verhaltensdiagrammen* eingeführt, die das Verhalten von Objekten zur Laufzeit darstellen. Das *Sequenzdiagramm* stellt ein Message Sequence Chart (Nachrichtenreihenfolge-Diagramm) mit Objekten dar, die innerhalb eines Softwaresystems interagieren. Einige der erweiterten Funktionen von Sequenzdiagrammen werden in Abschnitt 11.5, »UML-Tutorial: Erweiterte Sequenzdiagramme«, erläutert.

Abbildung 3.5 zeigt ein einfaches Sequenzdiagramm, das eine Transaktion zur Bargeldauszahlung an einem Geldautomaten veranschaulicht. Ein Sequenzdiagramm ist im Wesentlichen eine Darstellung mit zwei Dimensionen:

- Die an der Interaktion beteiligten Objekte werden entlang der horizontalen Achse angeordnet.
- Die vertikale Achse stellt die Zeit dar.

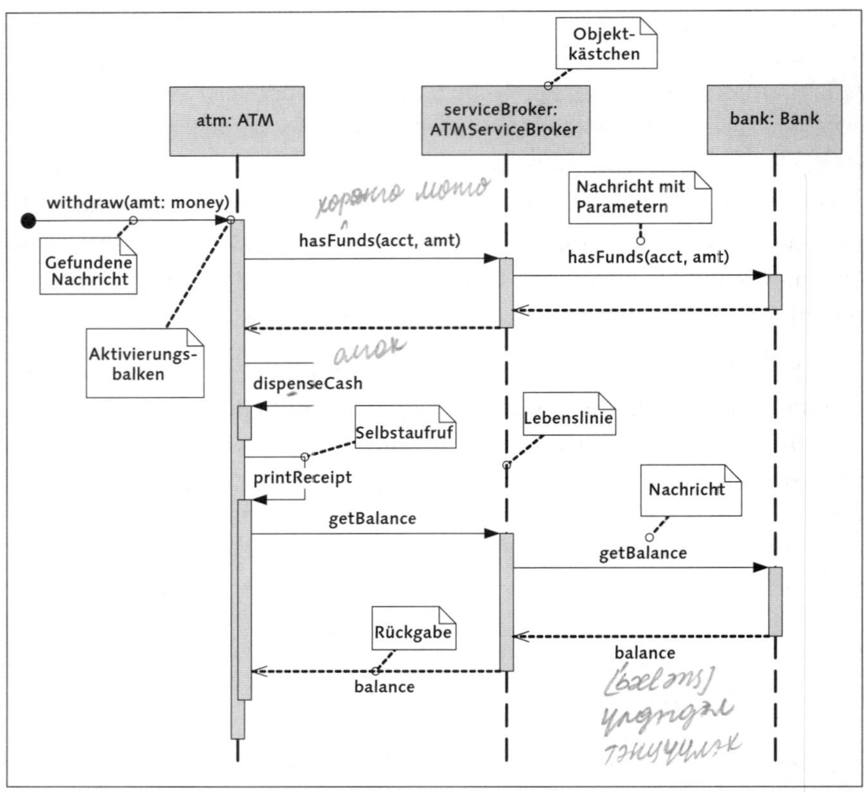

Abbildung 3.5 Sequenzdiagramm für die Bargeldauszahlung an einem Geldautomaten

Sequenzdiagramme werden durch eine Anforderungsnachricht einer externen Quelle initiiert. Im Beispiel in Abbildung 3.5 ist die externe Quelle ein Benutzer des Geldautomaten. Diese erste Nachricht wird als *gefundene Nachricht* bezeichnet. Im Hinblick auf die objektorientierte Programmierung entspricht eine Nachricht einem Methodenaufruf. Nachrichten werden an Objekte gesendet (die in den Objektkästchen dargestellt werden, die Sie bereits in den Objektdiagrammen in Abschnitt 2.6, »UML-Tutorial: Objektdiagramme«, gesehen haben). Die gestrichelte Linie, die von diesen Objektkästchen ausgeht, stellt die *Lebenslinie* des Objektes dar. In Kapitel 11, »Objects Services in ABAP«, werden Situationen erläutert, in denen Objekte während dieser Interaktion angelegt und zerstört werden. An dieser Stelle werden lediglich Sequenzen betrachtet, in denen die Objekte während der gesamten Interaktion bestehen bleiben.

Die Überschneidung einer Nachricht und einer Objektlebenslinie ist als schmales Rechteck dargestellt, dies ist der *Aktivierungsbalken*. Der Aktivierungsbalken zeigt, wann ein Objekt während der Interaktion aktiv ist. Die Objektaktivierung erfolgt über Nachrichten (das heißt Methodenaufrufe). Nachrichten können Parameter enthalten, um zu verdeutlichen, welche Operation das Objekt ausführen soll. Es wird jedoch davon abgeraten, die vollständige Methodenschnittstelle in einem Sequenzdiagramm anzugeben. Hierfür sind Klassendiagramme wesentlich besser geeignet. In diesem Beispiel dienen Parameter lediglich zur Hervorhebung bzw. Verdeutlichung. Synchrone Methodenaufrufe können über eine *Rückgabenachricht* verfügen, die ebenfalls optionale Parameter enthalten kann.

In manchen Fällen muss eine Methode möglicherweise andere, lokale Hilfsmethoden aufrufen, um ihre Aufgabe abzuschließen. In diesem Fall kann ein *Selbstaufruf* durch einen Pfeil dargestellt werden, der auf einen weiteren Aktivierungsbalken zurückzeigt, der wiederum auf dem aktuellen Aktivierungsbalken platziert ist. In Abbildung 3.5 sind beispielsweise die beiden Nachrichten `dispenseCash` und `printReceipt` als Selbstaufrufe für das Objekt `atm` in der Methode `withdraw` dargestellt.

Sequenzdiagramme sind sehr nützlich, um komplexe Interaktionen zu erklären, in denen die Reihenfolge der Operationen nur schwer nachzuvollziehen ist. Ein Grund für die Beliebtheit von Sequenzdiagrammen ist die äußerst intuitive und leicht lesbare Notation. Damit diese Lesbarkeit erhalten bleibt, sollte ein Sequenzdiagramm nicht zu viele Interaktionen enthalten. In den folgenden Kapiteln lernen Sie weitere Arten von Interaktionsdiagrammen kennen, die zur Darstellung von detaillierten Verhaltensinformationen in einem Objekt oder von komplexeren Interaktionen verwendet werden können, die sich auf mehrere Verwendungszwecke erstrecken.

3.7 Zusammenfassung

In diesem Kapitel haben Sie die zahlreichen Vorteile der Techniken für die Kapselung und das Ausblenden der Implementierung kennengelernt, die Sie für Ihre Klassendesigns nutzen können. Durch das Kapseln von Daten und Verhalten in Klassen wird die Arbeit mit diesen Klassen für die Benutzer vereinfacht. Und durch das Ausblenden der Implementierungsdetails dieser Klassen wird das Design noch effizienter, da Klassen besser gegen Datenbeschädigungen geschützt werden. Wenn Sie diese beiden Designtechniken kombinieren, können Sie intelligente Klassen entwickeln, die in sich abgeschlossene Einheiten darstellen und in hohem Maße unabhängig arbeiten.

Diese Klassen lassen sich problemlos in anderen Kontexten wiederverwenden, da sie nur lose an die Außenwelt gekoppelt sind.

Kapitel 4, »Objektinitialisierung und Bereinigung«, behandelt den grundlegenden Lebenszyklus eines Objektes. Darüber hinaus werden spezielle Methoden, sogenannte *Konstruktoren*, erläutert, über die sichergestellt werden kann, dass Objektinstanzen immer in einem gültigen Zustand angelegt werden.

Einige der Fehler, die in einem Programm nur äußerst schwierig ermittelt werden können, sind auf fehlende oder ungültige Variableninitialisierungen zurückzuführen. Dieses Kapitel erläutert, wie Klassen erweitert werden können, um sicherzustellen, dass Objekte vor ihrer Verwendung in Programmen ordnungsgemäß initialisiert werden.

4 Objektinitialisierung und Bereinigung

In Kapitel 3, »Kapselung und Ausblenden der Implementierung«, wurde erklärt, wie die Techniken für die Kapselung und das Ausblenden der Implementierung eingesetzt werden können, um die Integrität eines Objektes zu schützen. Da solche Objekte zu konsistenten und zuverlässigen Ergebnissen führen, müssen sich Entwickler nicht mehr ständig Gedanken darüber machen, ob die Daten in ihren Programmen korrekt sind. Diese Maßnahmen sind jedoch alle vergebens, wenn das Objekt nicht ordnungsgemäß initialisiert wird.

In diesem Kapitel erfahren Sie, wie mit speziellen Methoden, *Konstruktoren* genannt, sichergestellt werden kann, dass ein Objekt immer in einem gültigen Zustand angelegt wird. Darüber hinaus wird der gesamte Objektlebenszyklus untersucht, wobei insbesondere auf die Verwaltung von Objektressourcen durch die automatische Speicherverwaltungsfunktion in der ABAP-Laufzeitumgebung einzugehen sein wird.

4.1 Anlage von Objekten

Eines der Hauptziele des objektorientierten Designprozesses ist es, Möglichkeiten zu finden, um Verantwortlichkeiten an Objekte zu delegieren. Bei diesem Ansatz wird die Komplexität aus dem Hauptprogramm in die Objekte übertragen, die »intelligent genug« sind, um die ihnen zugewiesenen Aufgaben auszuführen. Um diesen Aufwand zu koordinieren, muss das Hauptprogramm in der Lage sein, Objekte nach Bedarf anzulegen oder zu zerstören. Sie können sich sicherlich vorstellen, dass dieser dynamische Zuordnungsprozess für komplexe Objekttypen ziemlich umfangreich werden kann. Doch glücklicherweise werden die meisten Details von der ABAP-Laufzeitumgebung automatisch umgesetzt, sodass Entwickler Objekte in ihren Programmen relativ einfach anlegen und mit diesen arbeiten können.

Natürlich sind mit dem dynamischen Anlegen von Objekten auch gewisse Auswirkungen und Einbußen verbunden. Um die Auswirkungen dieser Vorgänge auf die Performance Ihres Programms begreifen zu können, müssen Sie zunächst die Prozesse verstehen, die im Hintergrund stattfinden, wenn Sie die Erzeugung eines Objektes über die `CREATE OBJECT`-Anweisung anfordern.

Um diese Zusammenhänge zu veranschaulichen, wird im Folgenden ein Report-Beispielprogramm betrachtet, das in einem SAP GUI-Fenster ausgeführt wird und zur Laufzeit ein Objekt erzeugen muss. Vor der eingehenden Untersuchung dieses Szenarios wird jedoch zunächst erläutert, wie ein Speicher in einer AS ABAP-Instanz (SAP NetWeaver Application Server ABAP) organisiert und verwendet wird.

Abbildung 4.1 bietet einen allgemeinen Überblick über die Speicherarchitektur des AS ABAP, in der der lokale, von den einzelnen Workprozessen verwendete Speicher gezeigt wird, sowie das Shared Memory, das vom gesamten Applikationsserver verwendet wird. Sobald Sie sich am SAP-System anmelden, wird eine Benutzersitzung (oder ein Benutzerkontext) im Rollpufferbereich des Shared Memorys angelegt. In dieser Benutzersitzung werden administrative Informationen wie Ihre zugewiesenen Berechtigungen etc. erfasst. Darüber hinaus werden Informationen zu Programmen und den zugehörigen Datenobjekten registriert, die von diesen Programmen verwendet werden.

Für jedes geöffnete SAP GUI-Fenster wird ein separater Speicherbereich in der Benutzersitzung allokiert, der als *Hauptmodus* bezeichnet wird. Sobald ein Programm in diesem Fenster ausgeführt wird, legt das System einen weiteren Speicherbereich an, den *internen Modus* in diesem Hauptmodus. Im internen Modus werden die Datenobjekte des Programms verwaltet, das gegenwärtig ausgeführt wird, sowie die Datenobjekte anderer Programme (zum Beispiel Funktionsgruppen, Class-Pools etc.), die von diesem Programm verwendet werden. Wie Sie in Abbildung 4.2 sehen, kann ein Hauptmodus mehrere interne Modi umfassen. Wenn ein Programm ein anderes Programm aufruft, wird ein weiterer interner Modus erzeugt, sodass im Hauptmodus eine Art Programmaufrufstapel entsteht.

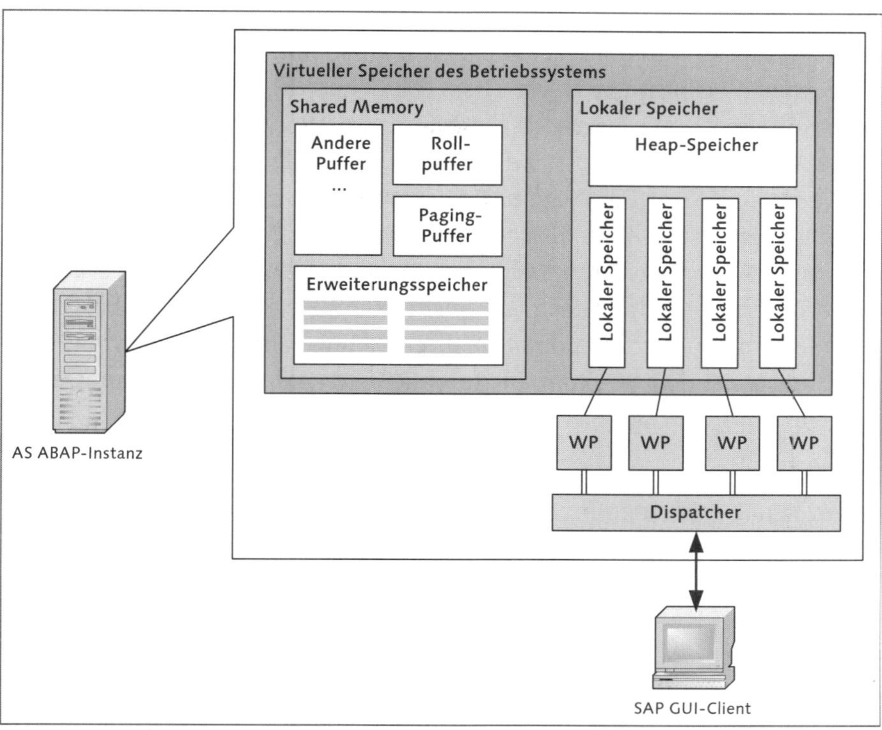

Abbildung 4.1 Grundlegende Speicherarchitektur des AS ABAP

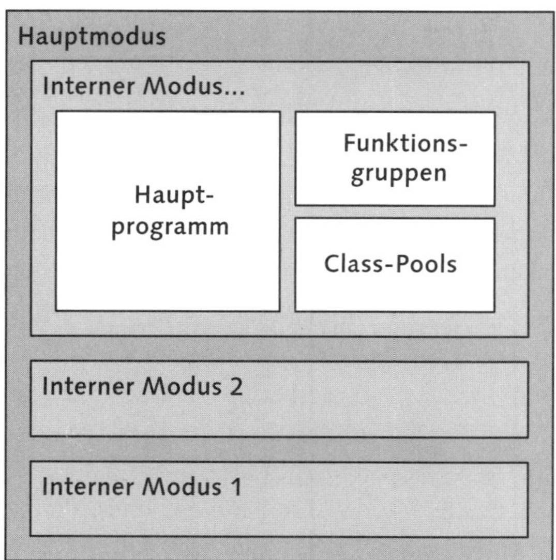

Abbildung 4.2 Logische Speicherbereiche in einem Hauptmodus

Zur Optimierung der Systemressourcen wurde von SAP entschieden, die Last der ausgeführten Programme auf einem Applikationsserver durch das *Multiplexing* der Workprozesse zu verteilen. Die Grundidee hierbei ist die gemeinsame Nutzung einer begrenzten Anzahl von Workprozessen durch eine große Anzahl von Benutzern, die nur zeitweise mit dem System interagieren. Angenommen, Sie öffnen eine SAP-Sitzung, führen eine Report-Transaktion aus und betrachten diese anschließend für einige Minuten. Anstatt einen Workprozess zu blockieren, während Sie keine weiteren Aktionen ausführen, erfasst das System einfach, an welcher Stelle Sie sich in Ihrem Programm befinden (indem Informationen in Ihrer Benutzersitzung gespeichert werden), und weist den Workprozess anschließend einem anderen Benutzer zu, der eine Anforderung gesendet hat.

Das Zuweisen und das Aufheben der Zuweisung von Workprozessen zu einem Benutzer werden im Allgemeinen als *Roll-in* bzw. *Roll-out* bezeichnet. Bei einem Roll-in wird die Benutzersitzung aus dem Rollpuffer in den lokalen Speicher eines Workprozesses geladen (siehe Abbildung 4.1). Gleichermaßen werden beim Roll-out Informationen über den Zustand des gegenwärtig ausgeführten Programms zurück in den Rollpuffer kopiert. Eine Möglichkeit, den Roll-in- bzw. Roll-out-Prozess zu beschleunigen, ist der Einsatz von *Zeigern*, um den Umfang der Benutzersitzung gering zu halten. Bei Zeigern handelt es sich, wie der Name vermuten lässt, um spezielle einfache Variablen mit einer Speicheradresse, über die auf Datenobjekte *gezeigt* wird, die an anderer Stelle gespeichert sind. Im Fall des AS ABAP weisen Zeiger üblicherweise auf Datenobjekte, die im Erweiterungsspeicherbereich des Shared Memorys aufbewahrt werden.

Da Sie nun über ein besseres Verständnis darüber verfügen, wie die verschiedenen Speicherbereiche einer AS ABAP-Instanz verwendet werden, kehren die Ausführungen nun zum Report-Beispielprogramm zurück. Innerhalb eines Verarbeitungsblocks im Report-Programm würden Sie das Anlegen eines Objektes mit der `CREATE OBJECT`-Anweisung anfordern (siehe Listing 4.1).

```
DATA: oref TYPE REF TO lcl_some_class.
CREATE OBJECT oref.
```

Listing 4.1 Anlegen eines Objektes mit der CREATE OBJECT-Anweisung

An dieser Stelle verwendet die ABAP-Laufzeitumgebung die Definitionsinformationen der Klasse `lcl_some_class`, um zu ermitteln, wie viel Speicherplatz für eine Instanz dieses Klassentyps allokiert werden muss. Ist der

Speicherbedarf bekannt, durchsucht die Laufzeitumgebung den Erweiterungsspeicher nach einem Speicherbereich, der groß genug ist, um das Objekt und die zugehörigen Daten zu speichern. Außerdem muss zusätzlicher Speicher allokiert werden, um eine *Header-Datenstruktur* aufzunehmen, über die verschiedene administrative Informationen zum Objekt erfasst werden. Nach der Speicherallokation wird die Adresse der Header-Struktur an die Objektreferenzvariable `oref` zurückgegeben (siehe Abbildung 4.3).

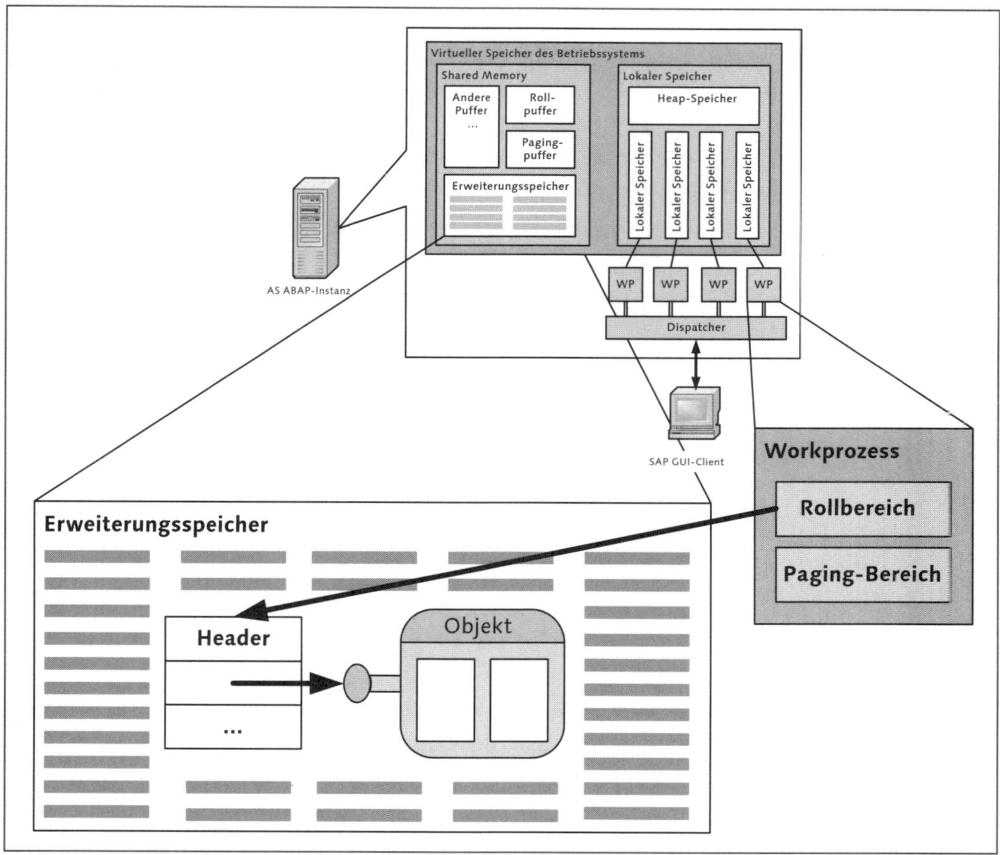

Abbildung 4.3 Speicherallokation für Objekte

Dieser Ansatz für die dynamische Erzeugung von Objekten führt in erster Linie dazu, dass für die Allokation der richtigen Speichermenge eines Objektes zusätzliche Zeit benötigt wird. Wenn mehrere Programme Objekte erzeugen und zerstören, kann dies mit der Zeit zu einem fragmentierten Erweiterungsspeicherbereich führen. Daher wird es immer schwieriger, einen zusammenhängenden Speicherbereich zu finden, der groß genug ist, um ein

Objekt zu speichern. Skeptiker geben diese Performanceeinbußen manchmal als Grund an, weshalb sie keine Objekte in ihren Programmen verwenden. Sie argumentieren, dass der zusätzliche Overhead zur Laufzeit nicht akzeptabel sei. Wenn Sie Ihre bestehenden Programme jedoch genau betrachten, werden Sie wahrscheinlich feststellen, dass Sie bereits zahlreiche Arten von dynamischen Datenobjekten verwenden.[1]

Beispielsweise handelt es sich bei internen Tabellen um dynamische Datenobjekte, die eine dynamische Allokation von zusätzlichem Speicherplatz erfordern, wenn weitere Zeilen angefügt werden. Die meisten Designentscheidungen erfordern einen Kompromiss. Bei der Verwendung von Objekten müssen Sie möglicherweise geringe Performanceeinbußen in Kauf nehmen, um die vielen Vorteile der objektorientierten Programmierung nutzen zu können. Erfreulicherweise konnte SAP die Performance der ABAP-Laufzeitumgebung so optimieren, dass derartige Performanceeinbußen nur selten ein Problem darstellen. Einige grundlegende Richtlinien für die Performanceoptimierung finden Sie in Abschnitt 4.5, »Optimierung der Performance«.

4.2 Steuerung der Objektinitialisierung mit Konstruktoren

Um auf intelligente Weise auf Methodenanforderungen reagieren zu können, sind gekapselte Objekte von Daten abhängig, die in ausgeblendeten Attributen gespeichert sind und den internen Zustand der Objekte erfassen. Deshalb muss unbedingt ein Weg gefunden werden, über den die Attribute des Objektes zuverlässig mit Daten versorgt werden können. Anderenfalls ist das Resultat erneut ein prozeduraler Modus, in dem jede Methode Daten über Parameter empfangen oder diese aus einer externen Datenquelle ableiten muss (zum Beispiel einer Datenbanksuche etc.). In jedem Fall werden diese Methoden wesentlich komplexer, da Sie Daten validieren und vielleicht sogar ableiten müssen, bevor Sie effektiv arbeiten können.

Und selbstverständlich möchten Sie eine solche Situation vermeiden. Dazu müssen Sie jedoch eine Möglichkeit ermitteln, um zu *garantieren*, dass die Attribute einer Klasse ordnungsgemäß initialisiert werden, bevor Methoden aufgerufen werden, die von diesen Attributen abhängen. Sie könnten natür-

1 Eine hervorragende Beschreibung dynamischer Datenobjekte finden Sie im englischsprachigen Blog von Horst Keller mit dem Titel *ABAP Geek 12 – The Deep* (*https://www.sdn.sap.com/irj/sdn/weblogs?blog=/pub/wlg/2016*).

lich versuchen, diszipliniert vorzugehen und sicherzustellen, dass Sie vor der Verwendung des Objektes alle zugehörigen Setter-Methoden aufrufen. Dann müssten Sie diesen Schritt jedoch bei jeder Objektinstanzierung wiederholen. Im besten Fall führt dies zu einer großen Menge an redundantem Code. Im schlimmsten Fall vergessen Sie hier und da, eine Methode aufzurufen, sodass Sie vor dem erheblich größeren Problem stehen, herauszufinden, an welcher Stelle ein Fehler aufgetreten ist. Es ist eindeutig eine bessere Methode für die Initialisierung von Objekten erforderlich.

Deklarieren Sie eine Variable in einem ABAP-Programm, ist es normalerweise nicht nötig, diese zur Laufzeit *anzulegen*, da die ABAP-Laufzeitumgebung diesen Vorgang automatisch ausführt. Wenn Sie beispielsweise eine globale Variable in einem Programm unter Verwendung eines strukturierten Datentyps deklarieren, können Sie den Komponenten dieser Struktur umgehend Werte zuweisen, ohne eine `CREATE`-Anweisung auszuführen etc. Wie Sie gesehen haben, ist dies bei anonymen Datenobjekten, wie zum Beispiel Objektinstanzen, nicht der Fall. Hier muss die `CREATE OBJECT`-Anweisung benutzt werden, um *anzufordern*, dass ein Objekt durch die ABAP-Laufzeitumgebung dynamisch angelegt wird. Vor dieser Anforderung können im vorliegenden Programm keine Objektreferenzvariablen verwendet werden, da diese nicht auf eine gültige Objektinstanz zeigen.

Ein Vorteil dieser Vorgehensweise ist, dass die ABAP-Laufzeitumgebung den Erzeugungsprozess vollständig steuern kann. Klassenentwickler haben die Möglichkeit, mit diesem Prozess zu interagieren, indem sie eine spezielle Methode, einen sogenannten *Konstruktor*, anlegen. Konstruktoren werden von der ABAP-Laufzeitumgebung automatisch aufgerufen, *nachdem* das Objekt angelegt, aber *bevor* die Steuerung an das Programm zurückgegeben wurde. Innerhalb des Konstruktors können Sie sämtliche Attribute in Ihrer Klasse initialisieren, um sicherzustellen, dass das Objekt in einem gültigen Zustand angelegt wird.

Zur Definition von Konstruktoren wird eine ähnliche Syntax verwendet wie bei der Definition von normalen Methoden in einer Klasse (siehe Listing 4.2). Die einzige Einschränkung ist, dass in der Methodensignatur ausschließlich Eingabeparameter definiert werden können. Dies ist durchaus sinnvoll, da der Konstruktor von der ABAP-Laufzeitumgebung und nicht von der normalen `CALL METHOD`-Anweisung aufgerufen wird. Tatsächlich können Sie Konstruktoren nicht direkt in Ihren Programmen aufrufen.

```
METHODS constructor
          IMPORTING [VALUE(]i1  i2 ...[)]
               TYPE type [OPTIONAL]...
         EXCEPTIONS ex1 ex2.
```

Listing 4.2 Syntax für die Definition eines Instanzkonstruktors

Sie können Konstruktoren in globalen Klassen anlegen, indem Sie im Class Editor auf den Button KONSTRUKTOR klicken (siehe Abbildung 4.4).

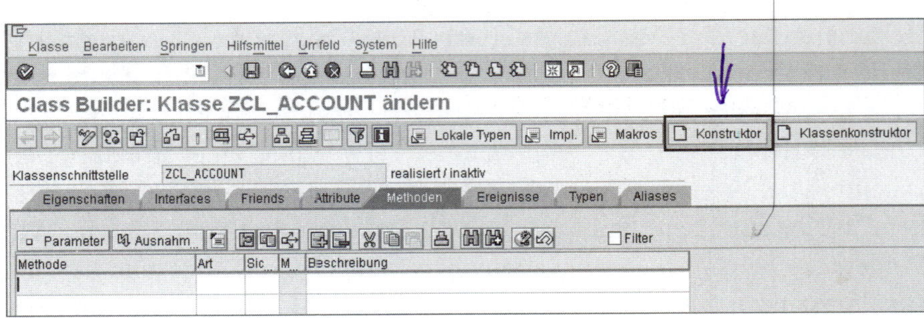

Abbildung 4.4 Erzeugung von Konstruktoren für globale Klassen

Wie hilfreich Konstruktoren sein können, zeigt das folgende Beispiel. Es basiert auf einer `Account`-Klasse, die zur Darstellung diverser Kontoarten bei einer Bank verwendet wird. In Listing 4.3 wurde die Klasse `lcl_account` angelegt, die einige grundlegende Methoden bereitstellt, mit denen der aktuelle Kontostand angezeigt und eine bestimmte Geldsumme ein- oder ausgezahlt werden kann. Die Kontodetails werden in privaten Attributen gespeichert, die nicht mit Setter-Methoden verknüpft sind. Stattdessen erfolgt die Initialisierung dieser Attribute über eine Datenbanksuche in der `constructor`-Methode. Wenn ein Benutzer ein Objekt vom Typ `lcl_account` instanziert, muss er eine gültige Kontonummer angeben, anhand der nach den zugehörigen Kontoinformationen gesucht wird. In Kapitel 8, »Fehlerbehandlung mit Ausnahmen«, erfahren Sie, wie diese Regel mithilfe von *Ausnahmen* erzwungen werden kann. An dieser Stelle können Sie sich einfach auf diese Aussage verlassen.

```
CLASS lcl_account DEFINITION.
  TYPE-POOLS: abap.
  PUBLIC SECTION.
    METHODS:
      constructor IMPORTING im_account_no
                         TYPE string,
      get_balance RETURNING VALUE(re_balance)
```

```
                          TYPE bapicurr_d,
      deposit         IMPORTING im_amount
                          TYPE bapicurr_d,
      withdrawal  IMPORTING im_amount
                          TYPE bapicurr_d
                    RETURNING VALUE(re_result)
                          TYPE abap_bool.
  PRIVATE SECTION.
    DATA: account_no TYPE string,
          balance    TYPE bapicurr_d.
ENDCLASS.

CLASS lcl_account IMPLEMENTATION.
  METHOD constructor.
*    Query database tables to retrieve account details:
*    SELECT FROM ...
*     WHERE account_no = im_account_no.
  ENDMETHOD.

  METHOD get_balance.
    re_balance = balance.
  ENDMETHOD.

  METHOD deposit.
    balance = balance + im_amount.
  ENDMETHOD.

  METHOD withdrawal.
    IF im_amount LE balance.
      balance = balance - im_amount.
      re_result = abap_true.
    ELSE.
      "Exception handling code...
    ENDIF.
  ENDMETHOD.
ENDCLASS.
```

Listing 4.3 Initialisierung einer Kontoklasse mithilfe eines Konstruktors

Der Code in Listing 4.3 zeigt, wie die Klasse `lcl_account` durch das Hinzufügen der `constructor`-Methode effektiv geschützt wird. Benutzer, die Objekte mit Bezug auf diese Klasse anfordern, müssen eine gültige Kontonummer angeben. Daher müssen Sie sich keine Gedanken darüber machen, welches Konto innerhalb der verschiedenen Methoden in der öffentlichen Schnittstelle bearbeitet wird.

Beachten Sie beispielsweise, dass die Methoden `deposit` und `withdraw` keine Logik enthalten, um zu ermitteln, für welches Konto die Transaktionen ausgeführt werden sollen. Dies ist in diesem Beispiel nicht erforderlich, da die ordnungsgemäße Initialisierung des Objektes sichergestellt und der Zugriff auf die sensiblen Attribute der Klasse eingeschränkt ist.

Der Objektlebenszyklus beginnt damit, dass die aktuellen Kontoinformationen aus der Datenbank abgerufen werden. Diese können anschließend nur noch durch öffentliche Methoden mit Geschäftslogik geändert werden, sodass Benutzer die Integrität des Objektes nicht gefährden können.

Ist von Konstruktoren die Rede, handelt es sich üblicherweise um *Instanzkonstruktoren*, die zur Initialisierung einer Instanz eines Objektes verwendet werden, das gerade angelegt wird. Es besteht jedoch auch die Möglichkeit, einen *Klassenkonstruktor* für eine Klasse bereitzustellen.

Klassenkonstruktoren bieten einen Mechanismus, um die Klassenattribute (oder die statischen Attribute) einer Klasse zu initialisieren. Ein Klassenkonstruktor wird implizit vom System aufgerufen, bevor auf die Klasse innerhalb Ihres Programms zugegriffen wird. Klassenkonstruktoren werden unter Verwendung der in Listing 4.4 gezeigten Syntax definiert.

```
CLASS-METHODS class_constructor.
```

Listing 4.4 Syntax für die Definition eines Klassenkonstruktors

Wie in Listing 4.4 gezeigt, können für einen Klassenkonstruktor keine Parameter angegeben werden, da er vom System implizit aufgerufen wird. An dieser Stelle sollte auch erwähnt werden, dass kein Zugriff auf Instanzkomponenten innerhalb des Klassenkonstruktors möglich ist, da beim Aufruf keine Instanzen der Klasse vorhanden sind. Selbstverständlich *ist* es zu diesem Zeitpunkt jedoch möglich, ein Objekt der Klasse zu instanzieren. Dabei erfolgt der Zugriff auf die Instanzkomponenten des Objektes wie bei einer normalen Methodenimplementierung über eine lokale Objektreferenzvariable.

Sie können Klassenkonstruktoren für globale Klassen anlegen, indem Sie im Class Editor auf den Button KLASSENKONSTRUKTOR klicken (siehe Abbildung 4.5).

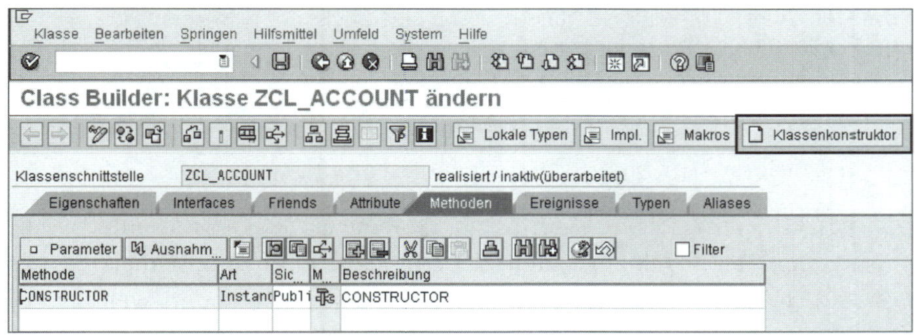

Abbildung 4.5 Anlegen von Klassenkonstruktoren für globale Klassen

Das Report-Programm `ZCOUNTER_DEMO` in Listing 4.5 zeigt, wie Klassenattribute mithilfe von Klassenkonstruktoren initialisiert werden können.

```
REPORT zcounter_demo.

CLASS lcl_counter DEFINITION.
  PUBLIC SECTION.
    CLASS-METHODS: class_constructor.
    METHODS: increment,
             get_count RETURNING VALUE(re_count)
                                 TYPE i.
  PRIVATE SECTION.
    CLASS-DATA: count TYPE i.
ENDCLASS.

CLASS lcl_counter IMPLEMENTATION.
  METHOD class_constructor.
    count = 10.
  ENDMETHOD.

  METHOD increment.
    count = count + 5.
  ENDMETHOD.

  METHOD get_count.
    re_count = count.
  ENDMETHOD.
ENDCLASS.

DATA: lr_counter1 TYPE REF TO lcl_counter,
      lr_counter2 TYPE REF TO lcl_counter,
      lv_count    TYPE i.
```

```
START-OF-SELECTION.
  CREATE OBJECT lr_counter1.
  lv_count = lr_counter1->get_count( ).
  WRITE: / lv_count.

  DO 10 TIMES.
    lr_counter1->increment( ).
  ENDDO.

  lv_count = lr_counter1->get_count( ).
  WRITE: / lv_count.

  CREATE OBJECT lr_counter2.
  lr_counter2->increment( ).
  lv_count = lr_counter2->get_count( ).
  WRITE: / lv_count.
```

Listing 4.5 Beispielprogramm mit einem Klassenkonstruktor

Wenn Sie den Report ZCOUNTER_DEMO ausführen, sehen Sie, dass der Klassenkonstruktor die Initialisierung des count-Klassenattributes mit dem Wert 10 durchgeführt hat, bevor das Objekt lr_counter1 angelegt wurde. Nach der Initialisierung des Objektes lr_counter1 wird die Instanzmethode increment zehnmal aufgerufen, wobei der Wert des Zählers jedes Mal um den Wert 5 erhöht wird. Im Anschluss an diese Schleife lautet der Wert des Attributes count 60. Als Nächstes wird ein Objekt mit dem Namen lr_counter2 angelegt. Da der Klassenkonstruktor nicht erneut aufgerufen wird, hat dieser Vorgang keine Auswirkungen auf das Attribut count. Dementsprechend wird bei jedem Aufruf von increment für das Objekt lr_counter2 das Attribut count auf 65 erhöht.

Wie im Beispiel veranschaulicht, bieten Klassenkonstruktoren eine praktische Methode, um Klassenattribute vor dem Anlegen von Objektinstanzen zu initialisieren. Häufig werden mit Klassenkonstruktoren allgemeine Ressourcen initialisiert, die in Instanzkonstruktoren verwendet werden.

4.3 Steuerung des Instanzierungsprozesses

Bisher war es möglich, mithilfe der Anweisung CREATE OBJECT überall dort Instanzen der entwickelten Klassen anzulegen, wo die Klassen selbst sichtbar sind. Dies ist das Standardverhalten für lokale und globale Klassen. In manchen Fällen ist es jedoch sinnvoll, die Instanzierung von Objekten innerhalb der Klasse selbst zu steuern. Diese Art von Verhalten lässt sich mithilfe des Zusatzes `CREATE` der Anweisung `CLASS DEFINITION` festlegen. Die entsprechende Syntax ist in Listing 4.6 dargestellt.

```
CLASS lcl_some_class DEFINITION
                     CREATE {PUBLIC | PROTECTED | PRIVATE}.
  ...
ENDCLASS.
```

Listing 4.6 Festlegung des Instanzierungskontextes einer Klasse

Der Instanzierungskontext für globale Klassen kann im Class Editor auf der Registerkarte EIGENSCHAFTEN festgelegt werden (siehe Abbildung 4.6).

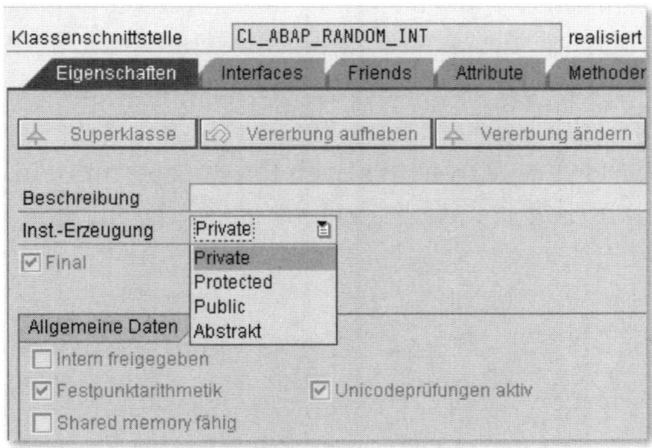

Abbildung 4.6 Festlegung des Instanzierungskontextes für globale Klassen

In Tabelle 4.1 werden die möglichen Instanzierungskontexte beschrieben, die für Klassen definiert werden können.

Instanzierungskontext	Sichtbarkeit
`PUBLIC`	Diese Klassen können ohne Einschränkungen überall dort instanziert werden, wo die Klassen selbst sichtbar sind.
`PROTECTED`	Diese Klassen sind nur in Methoden der Klasse selbst und deren Unterklassen instanzierbar.
`PRIVATE`	Diese Klassen sind nur in Methoden der Klasse selbst instanzierbar.

Tabelle 4.1 Instanzierungskontexte für Klassen

Am besten lassen sich die Vorteile einer gesteuerten Instanzierung an einem praktischen Beispiel veranschaulichen. Angenommen, Sie möchten eine

Klassenbibliothek erzeugen, die zur Verarbeitung von XML-Dokumenten verwendet werden kann. Um den Nutzen Ihrer `XMLDocument`-Klasse zu maximieren, sollen die XML-Dokumente aus mehreren, unterschiedlichen Datenquelltypen geladen werden können. Beispielsweise möchten Sie das XML-Dokument unter Verwendung einer Datei, eines Byte-Streams oder einer baumartigen Datenstruktur erzeugen.

In vielen objektorientierten Sprachen lässt sich dieses Problem lösen, indem die `constructor`-Methode *überladen* wird, sodass sie verschiedene Methodensignaturen unterstützt. Dabei weist jede überladene Konstruktormethode denselben Namen auf, verfügt jedoch über einen individuellen Satz an Parametern. In ABAP Objects wird dieses Feature nicht unterstützt. Eine gängige Umgehung für diese Einschränkung ist die Erstellung mehrerer optionaler Parameter in der Methodensignatur des Konstruktors. Anschließend wird mithilfe von konditionaler Logik in der Implementierung des Konstruktors ermittelt, um welches Szenario es sich gegenwärtig handelt. Listing 4.7 zeigt eine `IF`-Anweisung, die die `IS SUPPLIED`-Option verwendet, um zu ermitteln, ob der Parameter `im_param1` während des Methodenaufrufs für die Methode bereitgestellt wurde.

```
IF im_param1 IS SUPPLIED.
  ...
ENDIF.
```

Listing 4.7 Ermitteln, ob Parameter in einem Methodenaufruf übergeben wurden

Der Nachteil dieser Methode ist, dass die Signatur der `constructor`-Methode sehr umfangreich wird und schwierig zu handhaben ist. Zudem wird die Logik im Konstruktorcode durch die vielen verschiedenen Eingabepermutationen unübersichtlich.

Wie Sie sehen konnten, ist der typische Ansatz für die Handhabung von Komplexität die Suche nach einer Möglichkeit, um Elemente oder Prozesse zu kapseln (oder auszublenden). In diesem Fall soll der Instanzierungsprozess gekapselt werden, damit dieser einfacher und intuitiver wird. Eine Möglichkeit, diesen Prozess zu kapseln, ist die Konfiguration der XML-Dokumentenklasse mit einem geschützten/privaten Instanzierungskontext. Dies bedeutet, dass Benutzer XML-Dokumentenobjekte nicht mehr direkt instanzieren können. Stattdessen müssen sie mit öffentlichen *Erzeugungsklassenmethoden* arbeiten, die auf die Erstellung von XML-Dokumenten mit verschiedenen Eingabetypen zugeschnitten sind (siehe Listing 4.8). Diese Methoden verhalten sich wie ein Konstruktor und steuern den Initialisierungsprozess.

Dies ist wichtig, da das primäre Ziel an dieser Stelle die Vereinfachung des Initialisierungsprozesses ist. Auf diese Weise muss ein einzelner Konstruktor nicht all die verschiedenen Initialisierungsvarianten unterstützen, die bereitgestellt werden sollen.

```
CLASS lcl_xml_document DEFINITION
                       CREATE PRIVATE.
  PUBLIC SECTION.
    CLASS-METHODS:
      create_from_scratch RETURNING VALUE(re_xml_doc)
                            TYPE REF TO lcl_xml_document,
      create_from_file    IMPORTING im_filename
                                TYPE string
                          RETURNING VALUE(re_xml_doc)
                            TYPE REF TO lcl_xml_document,
      create_from_stream  IMPORTING im_stream
                                TYPE xstring
                          RETURNING VALUE(re_xml_doc)
                            TYPE REF TO lcl_xml_document,
      "Other Creational Methods...
      "Utility Methods...
      as_string           RETURNING value(re_string)
                                TYPE string.
  PRIVATE SECTION.
    METHODS: constructor.
ENDCLASS.

CLASS lcl_xml_document IMPLEMENTATION.
  METHOD constructor.
*   Default initialization code goes here...
  ENDMETHOD.

  METHOD create_from_scratch.
*   Use the basic constructor logic to create
*   an empty XML document:
    CREATE OBJECT re_xml_doc.
  ENDMETHOD.

  METHOD create_from_file.
*   Use the private constructor to build a
*   basic XML document:
    CREATE OBJECT re_xml_doc.

*   Read the given file and load the XML
*   document using utility/setter methods:
```

```
*     OPEN DATASET im_filename...
   ENDMETHOD.

   METHOD create_from_stream.
*     Use the private constructor to build a
*     basic XML document:
      CREATE OBJECT re_xml_doc.

*     Load the byte stream into the XML document:
*     ...
   ENDMETHOD.

   METHOD as_string.
*     re_string = ...
   ENDMETHOD.
ENDCLASS.
```

Listing 4.8 Steuerung der Instanzierung über Erzeugungsmethoden

Beachten Sie, dass jede der in Listing 4.8 gezeigten Erzeugungsmethoden zum Anlegen eines XML-Basisdokumentenobjektes die Anweisung `CREATE OBJECT` verwendet. Wie bereits erwähnt, schränkt der private Instanzierungskontext den Zugriff lediglich derart ein, dass keine externen Benutzer der Klasse auf den Konstruktor zugreifen können. Interne Methoden können ihn auch weiterhin verwenden, und im Fall der Klasse `lcl_xml_document` kann sich die grundlegende Initialisierungslogik weiter im privaten Konstruktor befinden. Die Erzeugungsmethoden benutzen dieses Basisobjekt, um das XML-Dokument unter Verwendung der gewünschten Datenquelle zu initialisieren.

4.4 Garbage Collection

Haben Sie die Verwendung eines Objektes in Ihrem Programm abgeschlossen, müssen Sie sicherstellen, dass dessen Ressourcen im System wieder freigegeben werden. In einigen Sprachen ist der Programmierer dafür verantwortlich, dass die Objekte ordnungsgemäß zerstört werden. Bei ABAP Objects ist dies jedoch nicht erforderlich, da Objektressourcen automatisch von einer speziellen Speicherverwaltungsfunktion der ABAP-Laufzeitumgebung bereinigt werden, dem sogenannten *Garbage Collector*. Die Aufgabe des Garbage Collectors ist es, den Speicher zu durchsuchen und Objekte zu löschen, die nicht mehr mit Referenzen verknüpft und damit »verwaist« sind.

Diese Referenzen werden häufig automatisch zerstört, wenn eine Objektreferenzvariable den Gültigkeitsbereich verlässt (das heißt, wenn ein Unterprogramm oder eine Methode beendet wird). Wenn Sie ein Objekt nicht mehr benötigen, ist es trotzdem ratsam, die Referenz mithilfe der `CLEAR oref`-Anweisung explizit zu entfernen (siehe Abbildung 4.7).

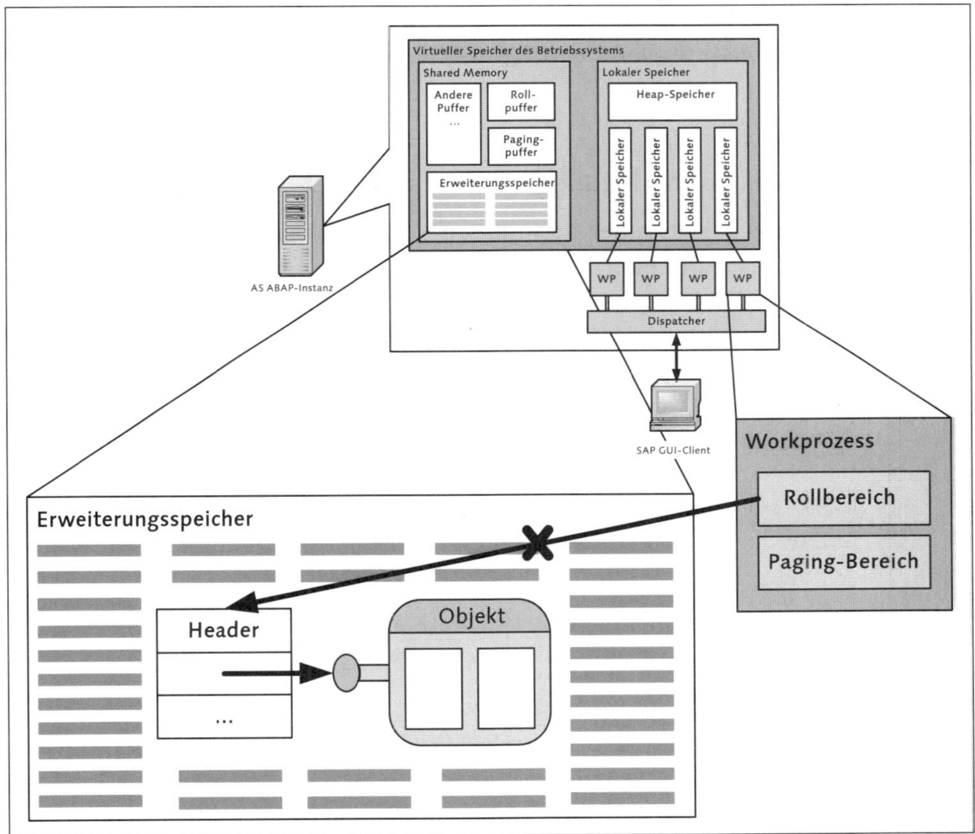

Abbildung 4.7 Entfernung von Referenzen auf Objekte mithilfe der CLEAR-Anweisung

Manche Programmiersprachen bieten die Möglichkeit, vor der Zerstörung eines Objektes eine spezielle Lebenszyklusmethode anzulegen, die als *Destruktor* bezeichnet und aufgerufen wird. Diese Methode kann zur Verwaltung von internen Ressourcen für das Objekt verwendet werden, die ordnungsgemäß freigegeben werden müssen (zum Beispiel offene Datei-Handles etc.). In ABAP Objects wird diese Methode nicht eingesetzt. Daher ist es wichtig, all diese Arten von internen Objektressourcen über einen expliziten Methodenaufruf zu bereinigen, bevor Sie die Zerstörung des Objektes zulassen.

4.5 Optimierung der Performance

Die erweiterten Speicherverwaltungsfunktionen der ABAP-Laufzeitumgebung bieten eine sichere Umgebung für das Anlegen und Zerstören von Objekten. Sie sollten jedoch unbedingt daran denken, dass diese Funktionen keine unbedachten Designentscheidungen verhindern, durch die übermäßig viel Speicherplatz in Anspruch genommen wird. In diesem Abschnitt erhalten Sie einige grundlegenden Tipps, die Ihnen dabei helfen, solche Performancefallen zu umgehen.

4.5.1 Designüberlegungen

Selbst wenn Sie bei einer bestimmten Klasse nicht mit Performanceproblemen rechnen, ist es immer ratsam, die Initialisierungslogik der Klasse zu modularisieren. So können Sie die Maßnahmen zur Performanceoptimierung zu einem späteren Zeitpunkt implementieren, ohne zum Beispiel die Basisfunktionalität zu beeinträchtigen. Die folgende Liste enthält einige grundlegende Modularisierungstipps, die Sie bei der Entwicklung von Klassen berücksichtigen sollten:

- Beschränken Sie die Logik in der `constructor`-Methode auf ein Minimum, indem Sie Initialisierungsaufgaben an modularisierte, private *Hilfsmethoden* delegieren.
- Stellen Sie eine öffentliche `reset`-Methode bereit, die Sie zum Löschen der Werte von Klassenattributen verwenden können.
- Vermeiden Sie, zu viele Parameter zur Schnittstelle der `constructor`-Methode hinzuzufügen. Kapseln Sie stattdessen den Initialisierungsprozess in einer Reihe von Erzeugungsmethoden, wie in Abschnitt 4.3, »Steuerung des Instanzierungsprozesses«, gezeigt wurde.

4.5.2 Späte Initialisierung

Es kann vorkommen, dass Sie über große zusammengesetzte Objekte verfügen, die untergeordnete Details enthalten, die nur selten gebraucht werden. Gehen Sie beispielsweise davon aus, dass Sie mit der Entwicklung eines Einkaufsystems beauftragt wurden. Eine der Hauptklassen für dieses System ist eine `PurchaseOrder`-Klasse, die ein internes Tabellenattribut mit `PurchaseOrderItem`-Objekten enthält, die wiederum eine Tabelle mit `ScheduleLine`-Objekten beinhalten. Anhand der funktionalen Anforderungen stellen Sie fest, dass diese Klasse hauptsächlich zur Abfrage von Informationen auf Header-Ebene, wie zum Beispiel Bestellstatus oder Partnerinformationen, verwendet wird.

In einer solchen Situation kann es von Vorteil sein, die Initialisierung der untergeordneten Details zu verschieben, bis diese benötigt werden. Auch hier bietet die Kapselung eine Schutzfunktion, da Sie den Zugriff auf diese Attribute der unteren Ebenen über Getter-Methoden steuern können, die die Attribute bei Bedarf initialisieren, sobald sie das erste Mal angefordert werden. Diese Technik wird auch als *späte Initialisierung* bezeichnet. Die Grundidee ist, das Anlegen (und damit letztendlich die Garbage Collection) von Objekten zu vermeiden, die möglicherweise nie verwendet werden.

Beispielsweise könnten Sie die Konstruktormethode in der `PurchaseOrder`-Klassenanalogie so implementieren, dass die Auftragsinformationen auf Header-Ebene nur dann geladen werden, wenn ein Objekt angelegt wird. Möchte ein Benutzer auf die Details zu den Positionen des Auftrages zugreifen, ist dies jederzeit unter Verwendung einer Instanzmethode, zum Beispiel `get_items( )`, möglich. Zu diesem Zeitpunkt werden die Positionsdaten nach Bedarf in den Kontext eingebunden. Selbstverständlich gehen mit dem ersten Aufruf dieser Instanzmethode gewisse Performanceeinbußen einher. Bedenken Sie jedoch, dass diese Aufgabe ohnehin ausgeführt werden muss, wenn Sie sich entscheiden, sämtliche Elemente im Konstruktor zu initialisieren. Bei der späten Initialisierung können Sie diesen Verarbeitungs-Overhead jedoch gänzlich vermeiden, wenn der Benutzer nie auf die Details der unteren Ebenen zugreift. Dadurch wird die Performance des Konstruktors verbessert, und der Umfang der Auftragsobjekte bleibt übersichtlich.

4.5.3 Wiederverwendung von Objekten

Performanceeinbußen, die durch das Anlegen bzw. Zerstören von Objekten auftreten, lassen sich am einfachsten umgehen, indem dieser Prozess insgesamt durch die Wiederverwendung von Objekten vermieden wird. Zu den typischen Kandidaten für die Wiederverwendung zählen temporäre Objekte, die in Schleifen angelegt werden, sowie in Utility-Methoden angelegte Objekte. Möglicherweise stellen Sie zum Beispiel fest, dass Sie ein Objekt in einem größeren Gültigkeitsbereich hätten einrichten können, das in der Schleife oder in Methodenaufrufen wiederverwendet werden könnte. Oder Sie arbeiten mit einem einfachen Objekt in einer Schleife, das lediglich, basierend auf dem Schleifenindex, neu initialisiert werden muss etc. Anstatt jedes Mal ein neues Objekt anzulegen, könnte es möglich sein, eine `reset`-Methode aufzurufen, um das Objekt erneut zu benutzen.

4.5.4 Verwendung von Klassenattributen

Bei der Entwicklung Ihrer Klassen sollten Sie darüber nachdenken, ob für jede Objektinstanz eine eigene lokale Kopie eines Attributes erforderlich ist oder nicht. Ist für eine Objektinstanz keine lokale Kopie eines Objektes notwendig, können Sie verhindern, dass zahlreiche redundante Objekte angelegt werden, indem Sie das Attribut als Klassenattribut definieren. Wie Sie wissen, wird dabei von der ABAP-Laufzeitumgebung nur eine durch ein Klassenattribut dargestellte Kopie des Datenobjektes erstellt, die von allen Objektinstanzen gemeinsam verwendet wird. Folglich kann die potenzielle Verringerung der Speichernutzung im schlimmsten Fall exponentiell sein, wenn Sie zur Laufzeit eine Vielzahl an Objekten anlegen.

4.6 UML-Tutorial: Zustandsdiagramme

Die in Kapitel 3, »Kapselung und Ausblenden der Implementierung«, eingeführten Sequenzdiagramme sind geeignet, um das Verhalten mehrerer Objekte darzustellen, die in einem bestimmten Anwendungsfall miteinander interagieren. Eine andere Art von UML-Verhaltensdiagramm ist das *Zustandsdiagramm*, mit dem das Verhalten eines einzelnen Objektes während dessen Lebenszyklus veranschaulicht werden kann.

Abbildung 4.8 zeigt ein Zustandsdiagramm für eine Klasse, die zur Darstellung eines Hintergrundjobs verwendet werden könnte, der mit dem Job Scheduler von SAP erstellt wird. Wird ein neues Jobobjekt angelegt, wird es im Zustand `Scheduled` initialisiert. Dies wird im Diagramm durch den Knoten *Pseudozustand »Startzustand«* dargestellt, der auf das Zustandskästchen `Scheduled` zeigt. Jeder mögliche Zustand eines Jobs wird in einem Kästchen mit abgerundeten Ecken (*Zustände*) dargestellt. Zustandsänderungen werden durch Richtungspfeile abgebildet (*Transition*). Transitionen können optional unter Verwendung der in Listing 4.9 gezeigten Syntax mit speziellen Transitionsbeschriftungen versehen werden.

```
event(s) [guard conditions]/activity
```

Listing 4.9 Syntax für die Definition von Transitionsbeschriftungen

Der Abschnitt `event(s)` der Transitionsbeschriftung schildert die Ereignisse, die eine Zustandsänderung für das Objekt auslösen würden. Sind Wächterbedingungen (`guard conditions`) in der Transitionsbeschriftung enthalten, müssen diese Bedingungen wahr sein, damit die Transition erfolgt. Über die

Option `activity` kann ein Verhalten angegeben werden, das während der Transition stattfindet.

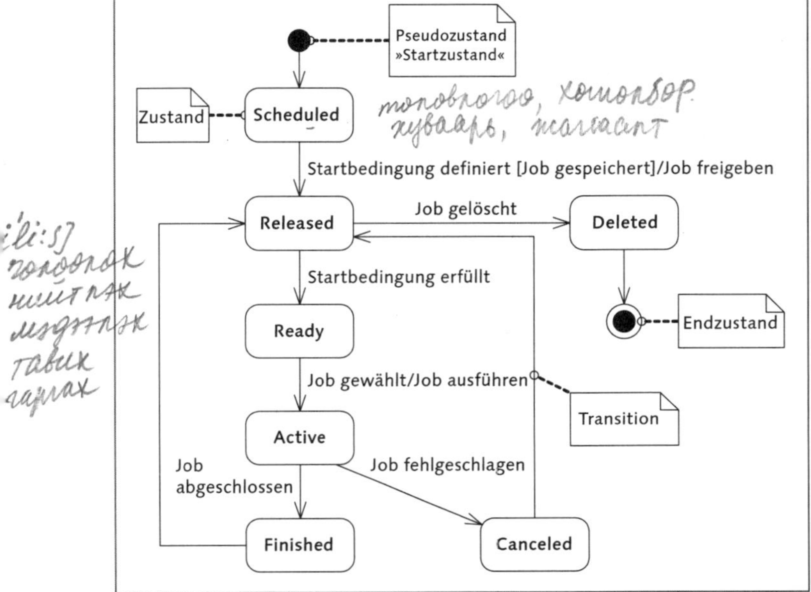

Abbildung 4.8 UML-Zustandsdiagramm für einen SAP-Hintergrundjob

Abbildung 4.8. verdeutlicht exemplarisch die Transition zwischen den Zuständen `Scheduled` und `Released`. In diesem Fall erfolgt das auslösende Ereignis, wenn ein Benutzer eine Startbedingung für den Job in Transaktion SM36 definiert. Damit der Job jedoch im System freigegeben werden kann, muss er zunächst gespeichert werden.

Wird ein Job im System gelöscht, erreicht der Zustandsautomat, das heißt das Objekt, seinen *Endzustand*. In Abbildung 4.8 wird dies durch den Pfeil dargestellt, der auf den Kreisknoten mit einem Punkt darin zeigt.

Wie die anderen Diagramme in diesem Buch erfüllt das Zustandsdiagramm einen bestimmten Zweck. In diesem Kapitel wurden verschiedene Möglichkeiten aufgezeigt, um Objekte im System anzulegen. In der Regel ist der Lebenszyklus eines Objektes recht unkompliziert. Für Objekte mit komplexen Lebenszyklen können Zustandsdiagramme jedoch sehr hilfreich sein, um die Interaktion eines Objektes mit dessen Umgebung zu veranschaulichen.

4.7 Zusammenfassung

In diesem Kapitel haben Sie erfahren, wie mithilfe von Konstruktoren sichergestellt wird, dass Objekte vor ihrer Verwendung in einem Programm stets ordnungsgemäß initialisiert werden. Wenn Sie Konstruktoren in Kombination mit den Kapselungstechniken einsetzen, die in Kapitel 3, »Kapselung und Ausblenden der Implementierung«, beschrieben werden, können Sie zuverlässige und stabile Klassenbibliotheken erzeugen.

In Kapitel 5, »Vererbung«, wird die Wiederverwendung dieser Klassenbibliotheken in anderen Kontexten untersucht.

Je besser Sie einen Problemraum verstehen, desto eher begreifen Sie auch die Beziehungen und Verantwortlichkeiten der Klassen, die eingesetzt werden, um Softwaresysteme zu modellieren, die auf diesem Problemraum basieren. Dieses Kapitel hat die Vererbung zum Thema. Hierbei handelt es sich um eines der wichtigsten objektorientierten Konzepte, mit dem Sie Ihr Objektmodell so erweitern und verfeinern können, dass es an sich ständig ändernde Anforderungen angepasst werden kann.

5 Vererbung

In Kapitel 3, »Kapselung und Ausblenden der Implementierung«, wurde erläutert, wie eine wiederverwendbare Codebibliothek mithilfe von prozeduralen Designtechniken erstellt werden kann. Dabei kamen einige Probleme zum Vorschein, aufgrund derer es problematisch sein kann, diese Bibliotheken in anderen Umgebungen wiederzuverwenden. Wenn Entwickler früher auf derartige Herausforderungen trafen, versuchten sie üblicherweise entweder, die Bibliothek zu verbessern bzw. zu überarbeiten, um die neuen Anforderungen zu erfüllen, oder aber den Schaden zu begrenzen und möglichst viel Code zu retten, indem sie diesen in neue Entwicklungsobjekte kopierten. In der Praxis funktioniert leider keiner dieser beiden Ansätze besonders gut:

- Änderungen an der Codebibliothek, um neue Anforderungen zu erfüllen, gefährden die Integrität bereits vorhandener Programme, die die Bibliothek verwenden, da mit den Änderungen auch Fehler in das System eingeführt werden können.
- Der Ansatz, den Code zu kopieren und in ein neues Objekt einzufügen, ist anfangs zwar weniger riskant, erhöht letztendlich jedoch den langfristigen Pflegeaufwand. Der Grund dafür ist, dass redundante Codezeilen den Gesamtumfang des Codes erhöhen und so häufig Verbesserungen bzw. Bugfixes an mehreren Stellen implementiert werden müssen, die nur schwer zu ermitteln sind.

Die hier beschriebenen Schwierigkeiten bei der Wiederverwendbarkeit beschränken sich nicht auf die prozedurale Programmierung. Denn nur weil eine Klasse ordnungsgemäß gekapselt wurde, bedeutet dies nicht, dass sie vor den Fehlern geschützt ist, die sich beim Ändern von Code einschleichen können. Es gibt jedoch Maßnahmen, die Sie in Ihren objektorientierten Designs ergreifen können, um diese Probleme zu vermeiden.

In diesem Kapitel wird dargestellt, wie Sie das Konzept der *Vererbung* nutzen können, um Kopien einer Klasse zu erstellen, ohne die Quellklasse zu beeinträchtigen oder redundanten Code einzufügen. Darüber hinaus lernen Sie eine weitere Technik kennen, die sogenannte *Komposition*, mit der Sie Klassen in Fällen wiederverwenden können, in denen eine Vererbung nicht sinnvoll ist.

5.1 Generalisierung und Spezialisierung

Eine der schwierigsten Aufgaben bei der Erstellung eines objektorientierten Designs ist es, zu identifizieren, welche Klassen zur Modellierung eines Raums erforderlich sind, welche Beziehungen zwischen diesen Klassen vorhanden sein müssen und wie Objekte dieser Klassen zur Laufzeit interagieren werden. Selbst erfahrenen objektorientierten Entwicklern gelingt selten auf Anhieb ein völlig fehlerfreies Design. Entwickler, die noch über wenig Erfahrung in der objektorientierten Programmierung verfügen, reagieren auf diese Tatsache mit Besorgnis, da sie langfristige Konsequenzen von anfänglichen Designfehlern fürchten. Diese »Welleneffekte«, die normalerweise mit dem Ändern von modularisiertem Code einhergehen, lassen sich jedoch minimieren, wenn Sie die bewährten Techniken für die Kapselung und das Ausblenden der Implementierung sorgfältig einsetzen.

Trotzdem sind Sie bei bestimmten Änderungen gezwungen, den Problemraum aus einem völlig neuen Blickwinkel zu betrachten. Möglicherweise stellen Sie zum Beispiel fest, dass Ihr ursprüngliches Design für die Handhabung spezieller Fälle nicht ausgereift genug ist. Häufig wird bei einer Lückenanalyse klar, dass Sie entweder bestimmte Klassen im Problemraum nicht identifiziert oder bestimmte Klassen zu allgemein definiert haben.

Angenommen, Sie gehen erstmalig die Anforderungen an ein Personalwirtschaftssystem durch. Bei dieser Analyse ermitteln Sie unter anderem, dass eine Klasse `Employee` benötigt wird. Während des Implementierungszyklus des Projektes ergeben sich jedoch weitere Anforderungen, die spezifische Funktionalitäten beschreiben, die für bestimmte Mitarbeitertypen relevant sind. An diesem Punkt könnten Sie versuchen, die ursprüngliche `Employee`-

Klasse so zu erweitern, dass sie diese zusätzlichen Funktionen umfasst. Dies scheint jedoch nicht sinnvoll zu sein, weil der Klasse dadurch zu viele Verantwortlichkeiten aufgeladen werden. Wenn Sie die Klasse `Employee` allerdings zugunsten einer Reihe spezialisierter Klassen (zum Beispiel `HourlyEmployee`) völlig weglassen, würde dies zu den Problemen mit redundantem Code führen, die Sie vermeiden möchten. Doch objektorientierte Sprachen wie ABAP Objects bieten eine bessere und einfachere Möglichkeit, um diese Art von Problemen zu lösen.

Das Konzept der Vererbung kann eingesetzt werden, um eine Klasse so zu *erweitern*, dass bereits entwickelter (und hoffentlich getesteter) Code wiederverwendet und die Klasse an speziellere Fälle angepasst werden kann. Die neu angelegte Klasse wird als *Unterklasse* der ursprünglichen Klasse bezeichnet, die ursprüngliche Klasse ist die *Oberklasse* der neu angelegten Klasse. Wie der Name vermuten lässt, *erben* Unterklassen Komponenten von ihrer Oberklasse. Durch diese Beziehungen haben Sie die Möglichkeit, einen hierarchischen Vererbungsbaum mit Oberklassen als übergeordneten Knoten und Unterklassen als untergeordneten Knoten zu erzeugen (siehe Abbildung 5.1). In Kapitel 6, »Polymorphie«, erfahren Sie, wie Elemente des Vererbungsbaums untereinander ausgetauscht werden können. Durch diese Möglichkeit ergeben sich einige interessante Optionen zur generischen Programmierung.

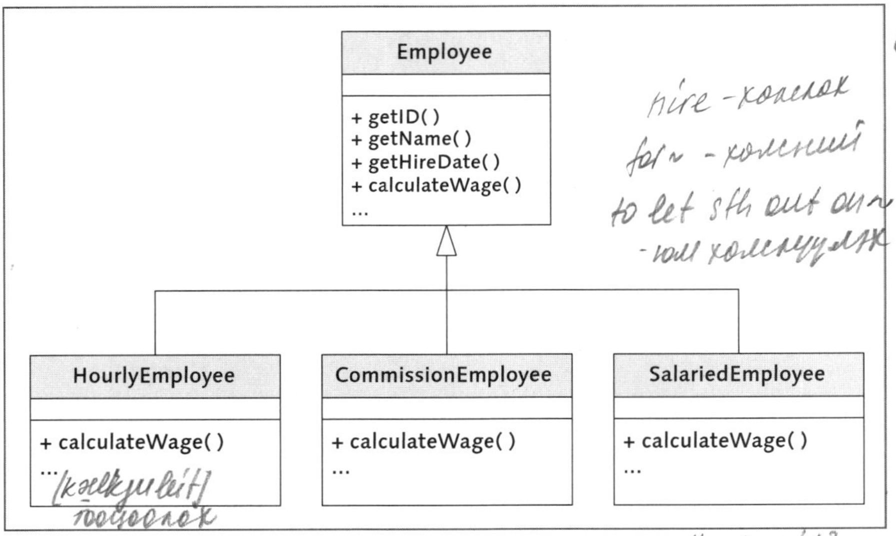

Employee
+ getID( )
+ getName( )
+ getHireDate( )
+ calculateWage( )
...

HourlyEmployee
+ calculateWage( )
...

CommissionEmployee
+ calculateWage( )
...

SalariedEmployee
+ calculateWage( )
...

Abbildung 5.1 Vererbungshierarchie für Mitarbeiter

Die Wurzel jedes Vererbungsbaums ist die vordefinierte leere Klasse `OBJECT`. Folglich hat jede bisher angelegte Klasse implizit von dieser Klasse geerbt. Der Beispielcode in Listing 5.1 veranschaulicht, wie explizite Vererbungszuordnungen eingerichtet werden.

```
REPORT zemployee_test.

CLASS lcl_employee DEFINITION.
  PUBLIC SECTION.
    DATA: id TYPE numc10 READ-ONLY. "Demo Purposes Only!!
ENDCLASS.

CLASS lcl_hourly_employee DEFINITION
    INHERITING FROM lcl_employee.
  PUBLIC SECTION.
    METHODS:
      constructor IMPORTING im_id   TYPE numc10
                            im_wage TYPE bapicurr_d,
      calculate_wage.
  PRIVATE SECTION.
    CONSTANTS: CO_WORKWEEK TYPE i VALUE 40.
    DATA: hourly_wage TYPE bapicurr_d.
ENDCLASS.

CLASS lcl_hourly_employee IMPLEMENTATION.
  METHOD constructor.
*   Must call the constructor of the superclass first:
    CALL METHOD super->constructor( ).

*   Initialize the instance attributes:
    id = im_id.
    hourly_wage = im_wage.
  ENDMETHOD.                  "constructor

  METHOD calculate_wage.
*   Method-Local Data Declarations:
    DATA: lv_wages TYPE bapicurr_d.  "Calculated Wages

*   Calculate the weekly wages for the employee:
    lv_wages = CO_WORKWEEK * hourly_wage.

    WRITE: / 'Employee #', id.
    WRITE: / 'Weekly Wage:', lv_wages.
  ENDMETHOD.                  "calculate_wage
ENDCLASS.
```

```
START-OF-SELECTION.
*  Create an instance of class lcl_salaried_employee
*  and call method "calculate_wage":
   DATA: gr_employee TYPE REF
                        TO lcl_hourly_employee.

   CREATE OBJECT gr_employee
      EXPORTING
         im_id   = '1'
         im_wage = '10.00'.

   CALL METHOD gr_employee->calculate_wage( ).
```

Listing 5.1 Beispiel-Report zur Darstellung der Vererbungssyntax

Das Report-Programm ZEMPLOYEE_TEST in Listing 5.1 umfasst zwei einfache Klassen: lcl_employee und lcl_hourly_employee. In diesem Beispiel ist die Klasse lcl_hourly_employee eine Unterklasse der Klasse lcl_employee und erbt daher deren öffentliches id-Attribut. Beachten Sie, dass das id-Attribut nur zu Demonstrationszwecken für dieses Beispiel im Sichtbarkeitsbereich PUBLIC SECTION der Klasse lcl_employee definiert ist. Eine bessere Alternative, um Zugriff auf die sensiblen Oberklassenkomponenten zu gewähren, wird in Abschnitt 5.2.1, »Definition der Vererbungsschnittstelle« beschrieben.

Die Vererbungsbeziehung wird mithilfe des INHERITING FROM-Zusatzes zur CLASS DEFINITION-Anweisung festgelegt, die zur Definition der Klasse lcl_hourly_employee verwendet wurde. Innerhalb der Klasse lcl_hourly_employee zeigen mehrere Referenzen auf das id-Attribut aus der Oberklasse lcl_employee. Beachten Sie hierbei, dass für den Zugriff auf diese Komponente in der Unterklasse keine gesonderte Aktion erforderlich ist, da sie automatisch von der Oberklasse geerbt wurde.

Sie können Vererbungsbeziehungen in globalen Klassen definieren, indem Sie im Dialogfenster Anlegen Klasse auf den Button Vererbung anlegen klicken (siehe Abbildung 5.2). Dadurch wird das Eingabefeld Erbt von hinzugefügt, in dem die Oberklasse eingegeben werden kann (siehe Abbildung 5.3).

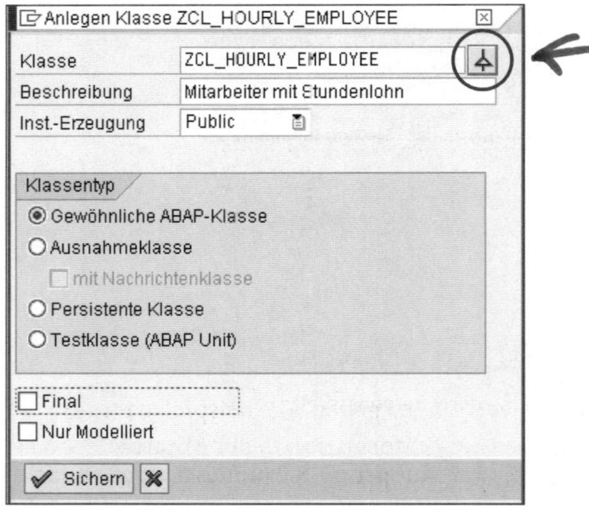

Abbildung 5.2 Definition der Vererbung für globale Klassen – Teil I

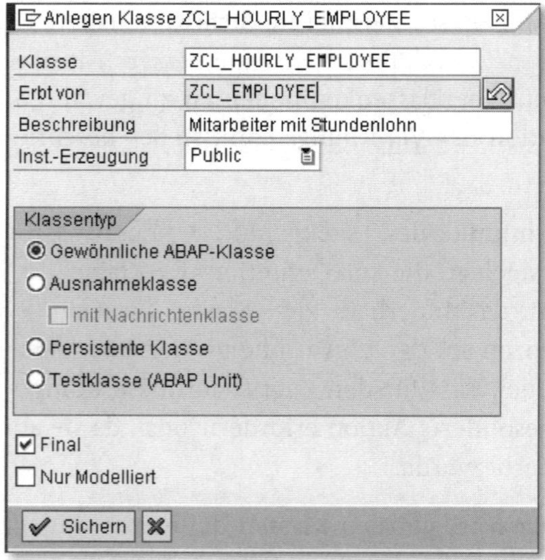

Abbildung 5.3 Definition der Vererbung für globale Klassen – Teil II

Die Vererbungsbeziehung kann zudem im Class Editor auf der Registerkarte EIGENSCHAFTEN gepflegt werden (siehe Abbildung 5.4). Hier können Sie die Beziehung auch entfernen oder eine neue Oberklasse definieren.

Die Vererbung ist mehr als nur ein origineller Weg, um Klassen in neue Klassen zu kopieren. Sie definiert ein natürliches Verhältnis, das mit der Zeit wahrscheinlich erweitert wird.

Abbildung 5.4 Bearbeitung der Vererbungsbeziehungen für globale Klassen

Um diese Beziehung besser zu verstehen, gehen Sie beispielsweise davon aus, dass Sie gebeten werden, die Adressinformationen der Mitarbeiter zu erfassen. Zudem haben Sie die Klassenhierarchie aus Listing 5.1 um diverse andere Unterklassentypen erweitert. In diesem Beispiel sollen Sie nun die Adressen aller Mitarbeiter pflegen. Sie könnten ein Attribut `address` zu jeder Unterklasse hinzufügen, dies wäre jedoch redundant, da wohl jeder Mitarbeitertyp über eine Adresse verfügen sollte. Die logische Stelle, an der das `address`-Attribut angelegt werden sollte, ist daher die Oberklasse `lcl_employee`. Aufgrund der Vererbungsbeziehung zwischen den Unterklassen und der Oberklasse wird durch diese Änderung der Oberklasse `lcl_employee` sichergestellt, dass das `address`-Attribut automatisch von jeder Unterklasse geerbt wird. Wenn Sie jedoch in den Unterklassen (zum Beispiel in `lcl_hourly_employee`) Änderungen vornehmen, spiegeln sich diese *nicht* in der Oberklasse wider. Mit dieser Funktionalität können Sie Ihre Codebibliotheken mit Unterklassen erweitern, die weder die Integrität der zugehörigen Oberklassen noch die des Produktionscodes gefährden, der von diesen abhängt.

5.2 Vererbung von Komponenten

Bisher konzentrierten sich die Ausführungen zur Komponentensichtbarkeit auf das Design der öffentlichen und privaten Schnittstelle einer Klasse aus der Sicht eines externen Benutzers. Die Vererbung bringt einen weiteren, neuen Aspekt mit sich, da nun ebenfalls überlegt werden muss, wie die Schnittstelle zwischen einer Oberklasse und deren Unterklassen definiert wird. In einigen Fällen möchten Sie möglicherweise den Zugriff auf eine Komponente in Unterklassen gewähren, ohne die Komponente in der öffentlichen Schnittstelle zu deklarieren.

Wäre beispielsweise in Listing 5.1 das id-Attribut der Klasse lcl_employee im Sichtbarkeitsbereich PRIVATE SECTION der Klasse platziert, könnte das Attribut in der Unterklasse lcl_hourly_employee nicht adressiert werden. Deshalb wurde id als öffentliches, schreibgeschütztes Attribut definiert. Selbstverständlich würde der Zugriff auf dieses private Attribut bei Verwendung ausgereifter Techniken zum Ausblenden der Implementierung über eine Getter-Methode erfolgen müssen, an dieser Stelle soll diese Vorgehensweise jedoch ausreichen.

5.2.1 Definition der Vererbungsschnittstelle

Als Mittelweg bietet ABAP Objects eine weitere Alternative, indem Komponenten im Sichtbarkeitsbereich PROTECTED SECTION einer Klassendefinition definiert werden können.

Die im Sichtbarkeitsbereich PROTECTED SECTION einer Klasse definierten Komponenten bilden die Schnittstelle zwischen einer Oberklasse und deren Unterklassen. Unterklassen können genauso auf Komponenten zugreifen, die im Sichtbarkeitsbereich PROTECTED SECTION einer Oberklasse definiert sind, wie sie auch auf Komponenten zugreifen können, die im Sichtbarkeitsbereich PUBLIC SECTION dieser Oberklasse festgelegt sind. Für die Außenwelt verhalten sich Komponenten, die im Sichtbarkeitsbereich PROTECTED SECTION einer Klasse definiert sind, jedoch wie Komponenten im Sichtbarkeitsbereich PRIVATE SECTION der Klasse.

In Listing 5.2 wird die Definition der Klasse lcl_employee aus Listing 5.1 zwecks Verwendung des Sichtbarkeitsbereichs PROTECTED SECTION verändert.

```
CLASS lcl_employee DEFINITION.
  PROTECTED SECTION.
    DATA: id        TYPE numc10,
          hire_date TYPE sydatum.
ENDCLASS.

CLASS lcl_hourly_employee DEFINITION
    INHERITING FROM lcl_employee.
  PUBLIC SECTION.
    METHODS:
      constructor IMPORTING im_id        TYPE numc10
                            im_hire_date TYPE sydatum,
      display.
ENDCLASS.
```

```
CLASS lcl_hourly_employee IMPLEMENTATION.
  METHOD constructor.
*   Must call the constructor of the superclass first:
    CALL METHOD super->constructor( ).

*   Initialize the instance attributes;
*   Notice that we can access these attributes directly:
    id = im_id.
    hire_date = im_hire_date.
  ENDMETHOD.                    "constructor

  METHOD display.
    WRITE: / 'Employee #', id,
             'was hired on', hire_date.
  ENDMETHOD.                    "display
ENDCLASS.
```

Listing 5.2 Definition von geschützten Komponenten und Zugriff auf diese

Wenn Sie mit dem Design der Vererbungsschnittstellen beginnen, sollten Sie sich nicht in der Definition von Komponenten im Sichtbarkeitsbereich PROTECTED SECTION der Klasse verrennen. Zuweilen wird angenommen, dass Unterklassen über spezielle Rechte verfügen, die ihnen den uneingeschränkten Zugriff auf eine Oberklasse erlauben. Beim Anlegen Ihrer Unterklassen ist es daher entscheidend, das Kapselungskonzept der *geringsten Rechte* anzuwenden.

Das Konzept der geringsten Rechte besagt, dass einer Unterklasse kein Zugriff auf eine Komponente gewährt werden sollte, wenn dies nicht unbedingt erforderlich ist. Angenommen, Sie haben eine Oberklasse definiert, die bestimmte Komponenten enthält, die Sie ändern möchten. Sind diese Komponenten im geschützten Sichtbarkeitsbereich der Oberklasse definiert, ist es gut möglich, dass Ihre Änderungen nicht ausgeführt werden können, ohne sich auch auf alle Unterklassen auszuwirken, die diese Komponenten möglicherweise verwenden. Als Faustregel gilt, dass Attribute immer im privaten Sichtbarkeitsbereich definiert werden sollten. Muss eine Unterklasse auf diese Komponenten zugreifen, sollte der Zugriff über Getter- bzw. Setter-Methoden ermöglicht werden, die im Sichtbarkeitsbereich PROTECTED SECTION der Klasse definiert sind. Durch diese geringe Mehrarbeit wird sichergestellt, dass eine Oberklasse vollständig gekapselt ist.

5.2.2 Sichtbarkeit von Instanzkomponenten in Unterklassen

Unterklassen erben die Instanzkomponenten *aller* Oberklassen, die in ihrem Vererbungsbaum definiert sind. Auf Unterklassenebene sind jedoch nicht alle dieser Komponenten *sichtbar*. Um besser zu verstehen, wie diese Sichtbarkeitsregeln funktionieren, stellen Sie sich ein spezielles Instanzattribut vor, das auf eine Instanz der Oberklasse innerhalb Ihrer Unterklasse zeigt. Über dieses Referenzattribut können Sie auf öffentliche Komponenten der Oberklasse zugreifen, der Zugriff auf private Komponenten ist jedoch wie bei einer normalen Objektreferenzvariablen eingeschränkt.

Dieser Objektreferenzvergleich entspricht in der Tat in etwa dem, was »hinter den Kulissen« in Unterklassen tatsächlich implementiert ist. Unterklassen enthalten die spezielle *Pseudoreferenzvariable* `super`, die eine Referenz auf eine Instanz eines Objektes des Oberklassentyps beinhaltet. Diese Referenz wird innerhalb einer Unterklasse für den Zugriff auf Komponenten einer Oberklasse verwendet. Der Hauptunterschied zwischen der Pseudoreferenzvariablen `super` und einer normalen Referenzvariablen ist der, dass die Pseudoreferenz `super` auch für den Zugriff auf Komponenten benutzt werden kann, die im Sichtbarkeitsbereich `PROTECTED SECTION` der Oberklasse definiert sind, auf die sie zeigt.

Die Verwendung der Pseudoreferenzvariablen `super` ist optional (wie im Fall der Selbstreferenzvariablen `me` in Kapitel 2, »Arbeiten mit Objekten«), aber insbesondere in Situationen, in denen eine explizite Referenz auf Oberklassenkomponenten erforderlich ist, nützlich. Normalerweise greifen Sie einfach direkt auf die Komponenten der Oberklasse zu. Es ist jedoch wichtig, daran zu denken, dass der Compiler die Pseudoreferenz `super` im Hintergrund implizit bereitstellt, um diese Komponenten ordnungsgemäß zu adressieren. Wenn Sie dies bei Ihrer Vorgehensweise berücksichtigen, sollten die Sichtbarkeitsregeln für den Zugriff auf Oberklassenkomponenten weitgehend intuitiv sein.

Die öffentlichen und geschützten Komponenten von Klassen in einem Vererbungsbaum liegen alle im selben internen Namensraum. Das bedeutet, dass Sie in einer Unterklasse keine Komponente mit demselben Namen anlegen können, der bereits bei der Definition einer Komponente in einer Oberklasse verwendet wurde. Für die Benennung privater Komponenten gilt diese Einschränkung jedoch nicht. Wenn Sie zum Beispiel eine private Komponente mit dem Namen `comp` in einer Oberklasse definieren, können Sie diesen Namen uneingeschränkt für die Definition von Komponenten in Unterklassen verwenden.

5.2.3 Sichtbarkeit von Klassenkomponenten in Unterklassen

Unterklassen erben ebenfalls alle Klassenkomponenten der zugehörigen Oberklassen. Selbstverständlich sind wie bei den Instanzkomponenten auf Unterklassenebene nur die Komponenten sichtbar, die in den öffentlichen oder geschützten Sichtbarkeitsbereichen einer Oberklasse definiert sind. Im Hinblick auf die Vererbung sind Klassenattribute jedoch nicht nur mit einer einzigen Klasse verknüpft, sondern mit dem gesamten Vererbungsbaum. Die Änderung des Gültigkeitsbereichs ermöglicht es, diese Klassenkomponenten zu adressieren, indem der Klassenkomponentenselektor-Operator an eine beliebige Klasse innerhalb des Vererbungsbaums gebunden wird.

Dies kann verwirrend sein, da Klassenkomponenten in Bezug auf eine bestimmte Klasse definiert werden und wahrscheinlich außerhalb des Kontextes der definierenden Klasse kaum eine Bedeutung haben. Um diese Art von Verwirrung zu vermeiden, wird empfohlen, Klassenkomponenten zu adressieren, indem Sie den Klassenkomponentenselektor stets auf den Namen der definierenden Klasse (zum Beispiel `lcl_superclass=>component`) anwenden. So ist stets eindeutig, auf welche Elemente Sie sich beziehen.

5.2.4 Redefinition von Methoden

Die Implementierung einer geerbten Methode muss auf Unterklassenebene häufig geändert werden, um spezialisierte Funktionen zu unterstützen. Sie können die Implementierung einer Methode redefinieren, indem Sie den Zusatz `REDEFINITION` in der Methodendefinition Ihrer Unterklasse verwenden.

Das Codebeispiel in Listing 5.3 zeigt, wie die Klasse `lcl_hourly_employee` die Standardimplementierung (Dummy) der Methode `calculate_wage` aus der Oberklasse `lcl_employee` redefiniert. In Abschnitt 5.3.1, »Abstrakte Klassen und Methoden«, wird ein besserer Ansatz gezeigt, um Methoden wie `calculate_wage` auf Ebene einer generischen Oberklasse zu definieren.

```
CLASS lcl_employee DEFINITION.
  PROTECTED SECTION.
    METHODS:
      calculate_wage RETURNING VALUE(re_wage)
                              TYPE bapicurr_d.
ENDCLASS.

CLASS lcl_employee IMPLEMENTATION.
  METHOD calculate_wage.
*     Empty for now...
```

```
  ENDMETHOD.
ENDCLASS.

CLASS lcl_hourly_employee DEFINITION
    INHERITING FROM lcl_employee.
  PUBLIC SECTION.
    METHODS:
      calculate_wage REDEFINITION.
ENDCLASS.

CLASS lcl_hourly_employee IMPLEMENTATION.
  METHOD calculate_wage.
*    re_wage = hours worked * hourly rate...
  ENDMETHOD.
ENDCLASS.
```

Listing 5.3 Redefinition von Methoden in Unterklassen

Für die Redefiniton einer Methode in einer globalen Klasse platzieren Sie den Cursor in der Spalte METHODE auf der Methode, die Sie redefinieren möchten. Klicken Sie anschließend auf den Button REDEFINIEREN (siehe Abbildung 5.5).

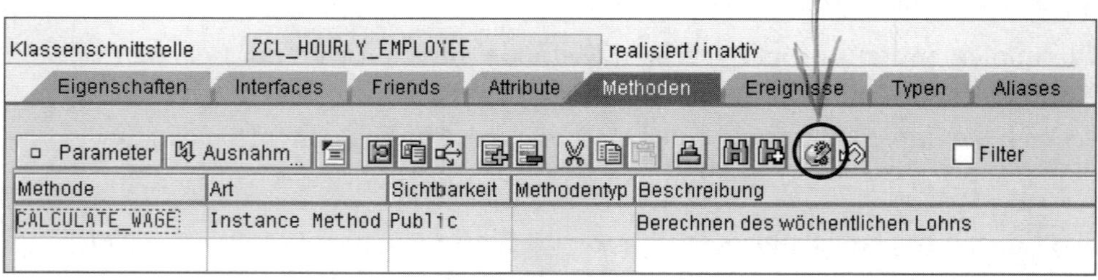

Abbildung 5.5 Redefinition von Methoden in globalen Klassen

Wenn Sie eine Methode redefinieren, dürfen Sie ausschließlich ihre Implementierung redefinieren, die Methodenschnittstelle (oder deren Signatur) muss unverändert bleiben. Die Redefinition überlagert die Implementierung der Oberklasse in der Unterklasse. Dies bedeutet, dass bei jedem Aufruf der Methode für ein Objekt des Unterklassentyps stattdessen die redefinierte Implementierung verwendet wird. Manchmal muss bei der Redefinition lediglich die vorhandene Implementierung in der Oberklasse erweitert werden. In diesem Fall können Sie die Pseudoreferenz `super` benutzen, um die Methodenimplementierung der Oberklasse aufzurufen, damit Sie das Rad nicht neu erfinden müssen.

5.2.5 Instanzkonstruktoren

Im Gegensatz zu normalen Instanzkomponenten werden Konstruktoren *nicht* geerbt. Dies ist durchaus sinnvoll, da eine Klasse lediglich weiß, wie sie Objekte ihres eigenen Typs initialisiert. Obwohl die Konstruktormethoden in den verschiedenen Klassen einer Vererbungshierarchie unabhängig voneinander sind, darf die Signatur eines Konstruktors in Unterklassen nicht redefiniert werden. Wenngleich es derzeit möglich ist, diese Einschränkung in lokalen Klassen zu umgehen, wird diese Regel für globale Klassen, die im Class Builder definiert werden, strikt erzwungen.

Um sicherzustellen, dass die Instanzattribute der zugehörigen Oberklassen ebenfalls ordnungsgemäß initialisiert werden, muss eine Unterklasse den Konstruktor der Oberklasse explizit aufrufen, bevor sie mit der Initialisierung ihrer eigenen Instanzattribute beginnt. Dies wird mit der Syntax in Listing 5.4 erreicht. Dabei ist die Verwendung von Parametern optional und davon abhängig, ob der Konstruktor der unmittelbaren Oberklasse diese erfordert.

```
CALL METHOD super->constructor
   [EXPORTING
       im_param1 = value1
       im_param2 = value2
       ...].
```

Listing 5.4 Syntax für den Aufruf des Konstruktors einer Oberklasse

Instanzieren Sie eine Unterklasse über die `CREATE OBJECT`-Anweisung, wird der Vererbungsbaum von der ABAP-Laufzeitumgebung rekursiv durchlaufen, um sicherzustellen, dass der Konstruktor jeder Oberklasse aufgerufen wird. Auf jeder Ebene der Vererbungshierarchie sind für den Konstruktor einer Oberklasse ausschließlich die eigenen und die in den zugehörigen Oberklassen definierten Komponenten sichtbar. Das bedeutet, dass ein Methodenaufruf innerhalb des Oberklassenkonstruktors an die für diese Oberklasse definierte Implementierung und nicht an eine redefinierte Version auf Unterklassenebene gebunden ist.

Diese komplexe Abfolge der Ereignisse lässt sich am besten an einem Beispiel veranschaulichen. In Listing 5.5 redefiniert die Unterklasse `lcl_child` die `message`-Methode, die von der Klasse `lcl_parent` geerbt wurde. Wie Sie sehen, wird die `message`-Methode in den Konstruktoren für beide Klassen aufgerufen. Wenn Sie jedoch ein Objekt vom Typ `lcl_child` instanzieren, ruft der Konstruktor der Klasse `lcl_parent` anstelle der redefinierten Version in Klasse `lcl_child` seine eigene Implementierung auf.

```
CLASS lcl_parent DEFINITION.
  PUBLIC SECTION.
    METHODS: constructor,
             message.
ENDCLASS.

CLASS lcl_parent IMPLEMENTATION.
  METHOD constructor.
    CALL METHOD me->message.
  ENDMETHOD.                    "constructor

  METHOD message.
    WRITE: / 'In parent...'.
  ENDMETHOD.                    "message
ENDCLASS.

CLASS lcl_child DEFINITION
    INHERITING FROM lcl_parent.
  PUBLIC SECTION.
    METHODS: constructor,
             message REDEFINITION.
ENDCLASS.

CLASS lcl_child IMPLEMENTATION.
  METHOD constructor.
    CALL METHOD super->constructor.
    CALL METHOD me->message.
  ENDMETHOD.                    "constructor

  METHOD message.
    WRITE: / 'In child...'.
  ENDMETHOD.                    "message
ENDCLASS.
```

Listing 5.5 Beispiel für eine Konstruktoraufrufkette und den Gültigkeitsbereich

5.2.6 Klassenkonstruktoren

In jeder Unterklasse kann auch ein eigener, eindeutiger Klassenkonstruktor definiert werden. Dieser Konstruktor wird aufgerufen, unmittelbar bevor die Klasse in einem Programm erstmalig adressiert wird. Bevor er jedoch ausgeführt wird, durchläuft die ABAP-Laufzeitumgebung den Vererbungsbaum bis zur Wurzel, um sicherzustellen, dass der Klassenkonstruktor für jede Oberklasse in der Vererbungshierarchie aufgerufen wurde. Diese Klassenkonstruktoraufrufe erfolgen in der richtigen Reihenfolge.

Gehen Sie beispielsweise davon aus, dass eine Klassenhierarchie über die vier Klassen `A`, `B`, `C` und `D` verfügt. Versucht ein Programm nun erstmalig, auf die Klasse `D` zuzugreifen, prüft die Laufzeitumgebung zunächst, ob die Klassenkonstruktoren für die Klassen `A`, `B` und `C` aufgerufen wurden. Wenn der Klassenkonstruktor bereits für Klasse `A`, aber noch nicht für Klasse `B` und Klasse `C` gerufen wurde, werden die Klassenkonstruktoren in der Reihenfolge `B`, `C` und `D` aktiviert. Auf diese Weise wird gewährleistet, dass die Klassenattribute einer Oberklasse immer ordnungsgemäß initialisiert werden, bevor eine Unterklasse geladen wird.

5.3 Schlüsselwörter Abstract und Final

Gelegentlich kann es vorkommen, dass Sie eine Klasse definieren müssen, deren Funktionalität nicht vollständig durch die Klasse selbst implementiert werden kann. Solche Klassen müssen mithilfe von Unterklassen vervollständigt werden, die diese Lücken schließen.

5.3.1 Abstrakte Klassen und Methoden

Eine undurchdachte Möglichkeit, diese Lücken zu schließen, ist das Anlegen von Dummy-Methoden, um die Klasse vollständig zu definieren. Dies kann jedoch riskant sein, da diese Methoden im Kontext einer generischen Oberklasse oft nicht wirklich einen Sinn ergeben. In diesen Fällen wird empfohlen, eine *abstrakte Klasse* zu entwickeln, die unbekannte Funktionen explizit an Unterklassen delegiert. Aufgrund ihrer unvollständigen Implementierung können abstrakte Klassen nicht eigenständig instanziert werden. Sie dienen dazu, eine gemeinsame *Vorlage* bereitzustellen, die die Implementierung spezialisierter Unterklassen vereinfacht.

Um dies im Zusammenhang zu erläutern, kehren die Ausführungen zum *Mitarbeiterbeispiel* aus Listing 5.1 zurück. In diesem Beispiel wurde die Methode `calculate_wage` nicht auf Oberklassenebene, sondern auf Unterklassenebene angelegt (das heißt in der Klasse `lcl_hourly_employee`). Genau betrachtet, ist diese Methode jedoch eigentlich auf alle Mitarbeitertypen anwendbar. Selbstverständlich wissen Sie auf Ebene der generischen Oberklasse (in der Klasse `lcl_employee`) nicht, wie der Lohn eines Mitarbeiters berechnet wird. Wie Sie in Kapitel 6, »Polymorphie«, sehen werden, ist es dennoch von Vorteil, dieses Verhalten auf der entsprechenden Ebene in der Vererbungshierarchie zu definieren.

Der Code in Listing 5.6 zeigt die Überarbeitung der Klassenhierarchie (bzw. die Durchführung eines *Refactorings*), indem `lcl_employee` als abstrakte Klasse definiert wurde. Zudem wurde die Methode `calculate_wage` innerhalb der Klasse `lcl_employee` als abstrakte Methode entwickelt. Durch diese Änderungen wird erzwungen, dass alle Unterklassen von `lcl_employee` entweder eine Implementierung für die Methode `calculate_wage` bereitstellen oder als abstrakte Klassen definiert werden (wodurch die Funktionalität innerhalb der Vererbungshierarchie an untergeordnete Elemente propagiert wird). In diesem Fall wurde die Methode `calculate_wage` vollständig in der Klasse `lcl_hourly_employee` implementiert.

```
CLASS lcl_employee DEFINITION ABSTRACT.
  PUBLIC SECTION.
    METHODS:
      constructor IMPORTING im_id TYPE numc10,
      calculate_wage abstract.
  PROTECTED SECTION.
    DATA: id TYPE numc10.
ENDCLASS.

CLASS lcl_employee IMPLEMENTATION.
  METHOD constructor.
    id = im_id.
  ENDMETHOD.
ENDCLASS.

CLASS lcl_hourly_employee DEFINITION
    INHERITING FROM lcl_employee.
  PUBLIC SECTION.
    METHODS:
      constructor IMPORTING im_id   TYPE numc10
                            im_wage TYPE bapicurr_d,
      calculate_wage REDEFINITION.

  PRIVATE SECTION.
    CONSTANTS: CO_WORKWEEK TYPE i VALUE 40.
    DATA: hourly_wage TYPE bapicurr_d.
ENDCLASS.

CLASS lcl_hourly_employee IMPLEMENTATION.
  METHOD constructor.
*   Must call the corstructor of the superclass first:
    CALL METHOD super->constructor( im_id ).
```

```
*     Initialize the instance attributes:
      hourly_wage = im_wage.
   ENDMETHOD.                    "constructor

   METHOD calculate_wage.
*     Local Data Declarations:
      DATA: lv_wages TYPE bapicurr_d.  "Calculated Wages

*     Calculate the weekly wages for the employee:
      lv_wages = CO_WORKWEEK * hourly_wage.

      WRITE: / 'Employee #', id.
      WRITE: / 'Weekly Wage:', lv_wages.
   ENDMETHOD.                    "calculate_wage
ENDCLASS.
```

Listing 5.6 Definition von abstrakten Klassen und Methoden

Sie können abstrakte globale Klassen anlegen, indem Sie im Class Editor auf der Registerkarte EIGENSCHAFTEN den Instanzierungstyp auf ABSTRAKT setzen (siehe Abbildung 5.6).

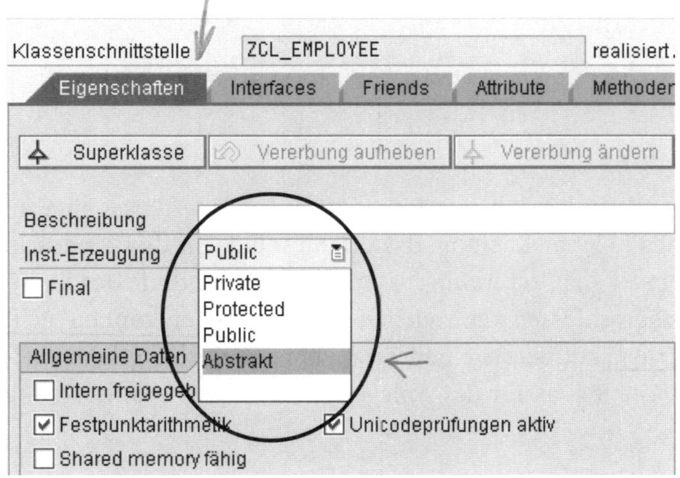

Abbildung 5.6 Anlegen von abstrakten globalen Klassen

Um abstrakte Methoden für globale Klassen im Class Editor anzulegen, platzieren Sie den Cursor in der Spalte METHODE und klicken auf den Button DETAILSICHT. Dadurch wird ein Dialogfenster geöffnet, in dem Sie verschiedene Attribute für die Methode ändern können. Für dieses Beispiel wählen Sie das Ankreuzfeld ABSTRAKT aus. Sie werden in einer Meldung informiert, dass die Implementierung der Methode gelöscht wird (siehe Abbildung 5.7).

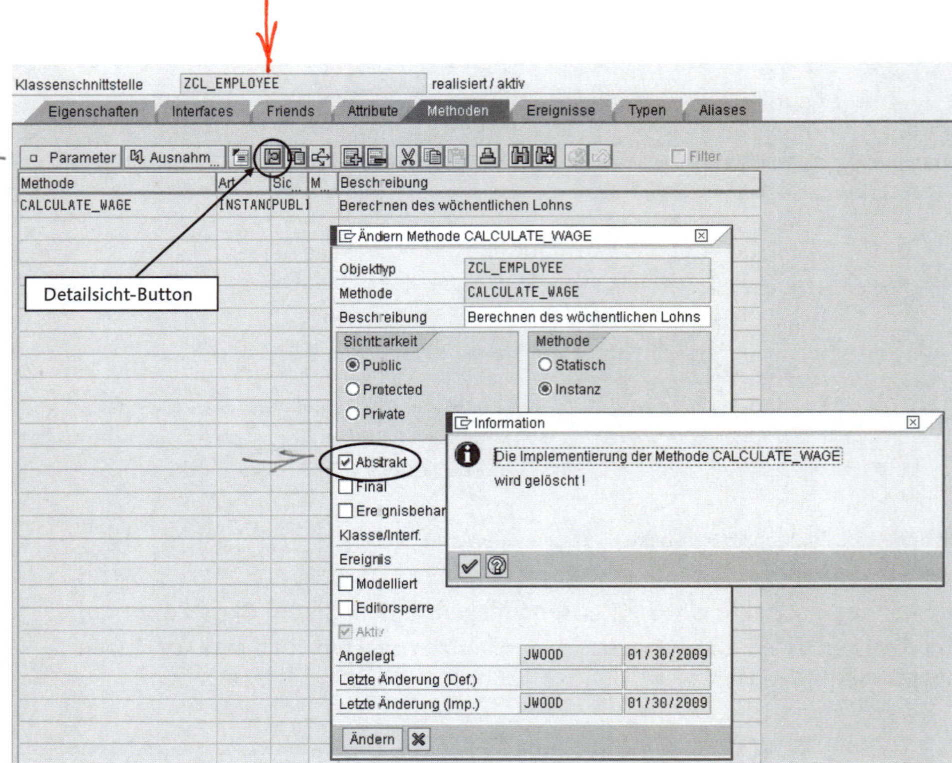

Abbildung 5.7 Definition von abstrakten Methoden für globale Klassen

5.3.2 Finale Klassen

In einigen Fällen werden Klassenhierarchien so weit verfeinert, dass eine zusätzliche Erweiterung nicht mehr sinnvoll ist. Dann sollten Sie dies ausdrücklich anzeigen, indem Sie den Vererbungsbaum der Klasse mithilfe des Modifizierers `FINAL` als abgeschlossen kennzeichnen. Finale Klassen können nicht mehr erweitert werden, sodass sie einen Zweig eines Vererbungsbaums effektiv abschließen. Die Syntax für das Anlegen finaler Klassen ist in Listing 5.7 zu sehen.

```
CLASS lcl_ender DEFINITION FINAL.
  ...
ENDCLASS.
```

Listing 5.7 Syntax für die Definition von finalen Klassen

Globale Klassen werden als final gekennzeichnet, indem Sie im Class Editor auf der Registerkarte Eigenschaften das Ankreuzfeld Final aktivieren (siehe Abbildung 5.8).

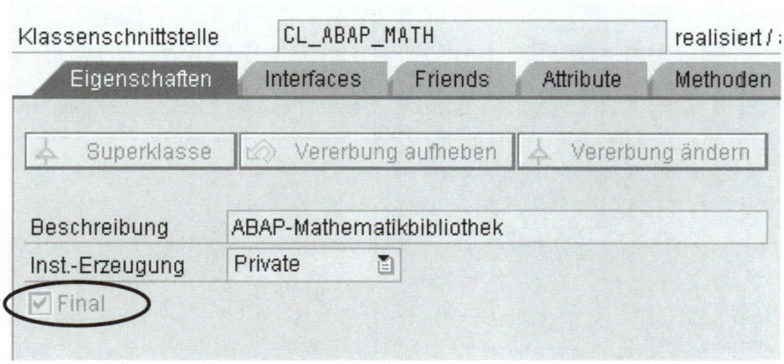

Abbildung 5.8 Kennzeichnung globaler Klassen als final

Gehen Sie mit Bedacht vor, wenn Sie eine Klasse als final kennzeichnen möchten. Obwohl Sie vielleicht der Meinung sind, dass Sie das Ende der Klassenhierarchie erreicht haben, können Sie sich dessen nicht immer absolut sicher sein; und wenn Sie sich nicht völlig sicher sind, sollten Sie sich daher eher gegen diesen Schritt entscheiden.

5.3.3 Finale Methoden

Der weniger riskante Ansatz zum Abschließen einer Klasse ist die Kennzeichnung einzelner Methoden als final. Auf diese Weise halten Sie sich die Möglichkeit offen, die Klasse zu erweitern, ohne dass Benutzer dieser Klasse spezifische Methoden erweitern können, die Sie als abgeschlossen betrachten. Die Syntax für die Definition von finalen Methoden wird in Listing 5.8 gezeigt.

```
CLASS lcl_ender DEFINITION.
  PUBLIC SECTION.
    METHODS: complete FINAL.
ENDCLASS.
```

Listing 5.8 Definition von finalen Methoden

Sie können Methoden in globalen Klassen im selben Detailsichtfenster wie für Methoden als final kennzeichnen, das in Abbildung 5.7 zu sehen ist. Klicken Sie hier einfach auf das Ankreuzfeld FINAL, um die Methode als abgeschlossen zu kennzeichnen (siehe Abbildung 5.9).

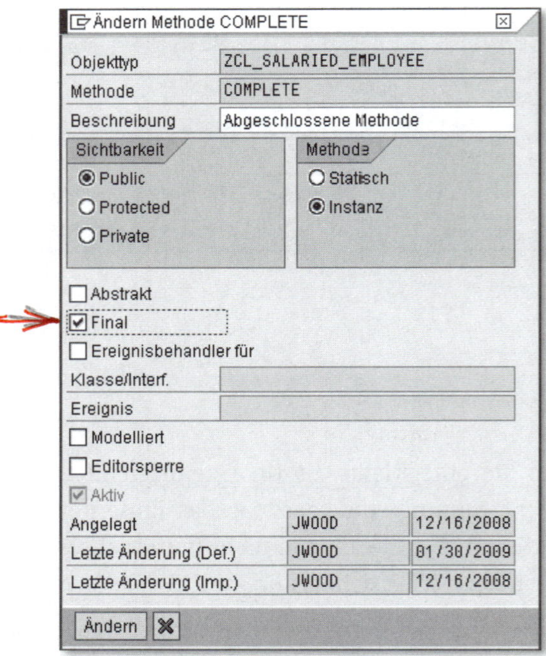

Abbildung 5.9 Definition von finalen Methoden für globale Klassen

5.4 Vererbung im Vergleich zu Komposition

Oft wird so viel Wirbel um die Vererbung gemacht, dass Entwickler manchmal verwirrt sind und annehmen, dass sie diese möglichst häufig in ihren Designs umsetzen müssen, um *richtige* objektorientierte Programmierer zu sein. Beachten Sie jedoch, dass die Vererbung zwar eine leistungsfähige Technik ist, aber nicht immer die beste Lösung für die Wiederverwendung von Code aus vorhandenen Klassen bietet. Im Gegenteil, einer der größten Fehler, den Sie begehen können, ist, Klassen so zu *dehnen*, dass sie in eine lose definierte Vererbungsbeziehung passen.

Möchten Sie eine neue Klasse anhand einer vorhandenen Klasse definieren, sollten Sie sich zunächst fragen, ob die Beziehung zwischen der Unterklasse und der Oberklasse in das Schema einer Ist-ein-Beziehung passt. Zum besseren Verständnis betrachten Sie einen Vererbungsbaum für verschiedene Typen von Auftragsobjekten (siehe Abbildung 5.10). Auf jeder Ebene des Baums sollten Sie die Ist-ein-Beziehung zwischen einer Unterklasse und der zugehörigen Oberklasse anwenden können – und diese sollte einen Sinn ergeben. Beispielsweise gilt: *Ein Kundenauftrag ist ein Auftrag* etc.

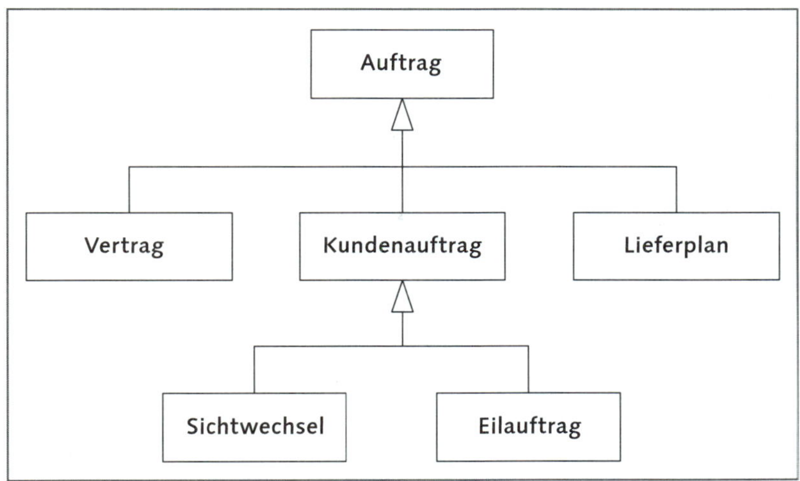

Abbildung 5.10 Vererbungsbaum für Auftragstypen

In der Regel werden Vererbungsbeziehungen zwischen Klassen durch den Ist-ein-Test relativ leicht erkennbar. Versuchen Sie beispielsweise, die Klasse *Auftrag* in Abbildung 5.10 zu erweitern, um eine Unterklasse *Lieferung* anzulegen, ergibt die Ist-ein-Beziehung keinen Sinn, denn *eine Lieferung ist kein Auftrag*.

Obwohl dies selbst für einen unerfahrenen Entwickler verständlich sein sollte, kommt es immer wieder vor, dass Entwickler versuchen, Vererbungsbeziehungen wie diese anzulegen, um Klassen nutzen zu können, die nützliche Funktionen oder Gemeinsamkeiten mit den zu implementierenden Klassen aufweisen. Wissen Sie bei der Definition einer Vererbungsbeziehung zwischen zwei Klassen einmal nicht mehr weiter, sollten Sie wieder einen Schritt zurückgehen und die Beziehung zwischen den Klassen zunächst aus einer logischen Perspektive betrachten. Wenn Sie darüber nachdenken, kommen Sie zu folgendem Schluss: *Eine Lieferung ist kein Auftrag, aber ein Auftrag hat mindestens eine Lieferung*. Diese Hat-ein-Verbindung wird üblicherweise als *Kompositionsbeziehung* bezeichnet.

Der Begriff *Komposition* beschreibt im Wesentlichen die Wiederverwendung von vorhandener Funktionalität in Klassen, indem Objekte dieser Klassen als Attribute in Ihren neuen Klassen integriert werden. Sie können diese Attribute genauso verwenden wie gewöhnliche Attribute, die auf elementaren Typen, Strukturen etc. basieren. Listing 5.9 zeigt, wie Sie eine Kompositionsbeziehung zwischen einem Objekt *Order* und einem Objekt *Delivery* definieren können.

```
CLASS lcl_delivery DEFINITION.
  PUBLIC SECTION.
    METHODS: constructor,
             get_delivery_date RETURNING value(re_date)
                                         TYPE sydatum.

  PRIVATE SECTION.
    DATA: delivery_date TYPE sydatum.
ENDCLASS.

CLASS lcl_delivery IMPLEMENTATION.
  METHOD constructor.
    delivery_date = sy-datum.
  ENDMETHOD.

  METHOD get_delivery_date.
    re_date = delivery_date.
  ENDMETHOD.
ENDCLASS.

CLASS lcl_order DEFINITION.
  PUBLIC SECTION.
    METHODS: constructor IMPORTING im_id TYPE i,
             release,
             track.
  PRIVATE SECTION.
    DATA: id       TYPE i,
          delivery TYPE REF
                     TO lcl_delivery.
ENDCLASS.

CLASS lcl_order IMPLEMENTATION.
  METHOD constructor.
    id = im_id.
  ENDMETHOD.                 "constructor

  METHOD release.
*   Arbitrarily create a delivery for the order...
    CREATE OBJECT delivery.
  ENDMETHOD.                 "release

  METHOD track.
*   Local Data Declarations:
    DATA: lv_delivery_date TYPE sydatum.
```

```
      lv_delivery_date = delivery->get_delivery_date( ).
      WRITE: / 'Order #', id, 'was shipped on',
               lv_delivery_date.
    ENDMETHOD.                  "track
ENDCLASS.
```

Listing 5.9 Wiederverwendung von Klassen mit Komposition

Sind die Vererbungsbeziehungen zwischen Klassen nicht offensichtlich, sollten Sie die Komposition der Vererbung vorziehen. In Kapitel 6 erfahren Sie, wie durch die Vererbung möglicherweise unerwünschte Komplexität eingeführt wird, die zu unflexiblen Designs führen kann, wenn Sie nicht mit Bedacht vorgehen.

5.5 Verwendung des Refactoring-Assistenten

Die Vererbung bietet eine einfache Möglichkeit zur Erweiterung von Klassen, um diese an neue funktionale Anforderungen anzupassen. Manchmal erkennen Sie Vererbungsbeziehungen jedoch erst zu einem späteren Zeitpunkt im Software-Entwicklungslebenszyklus. Zu diesem Zeitpunkt ist es jedoch wahrscheinlich, dass Sie Klassen nicht mit der richtigen Granularität definiert haben.

Kehren Sie noch einmal zu dem Beispiel der `Employee`-Klassenhierarchie zurück, das innerhalb dieses Kapitels bereits häufiger betrachtet wurde. Gehen Sie nun davon aus, dass die anfänglichen Anforderungen ausschließlich Funktionalität mit Bezug auf Mitarbeiter betrafen, die einen Stundenlohn erhalten. Anhand der Informationen, die Ihnen zum damaligen Zeitpunkt zur Verfügung standen, haben Sie möglicherweise entschieden, dass Sie lediglich eine einzige Klasse `HourlyEmployee` anlegen müssen. Zu einem späteren Zeitpunkt werden Sie jedoch mit neuen Anforderungen konfrontiert, die sich unter anderem auf Gehaltsempfänger beziehen. Folglich stellen Sie fest, dass Sie wahrscheinlich eine generischere `Employee`-Klasse als Wurzel des Vererbungsbaums benötigen. Derartige Änderungen wirken sich natürlich auf die interne Struktur der Klasse `HourlyEmployee` aus (wobei diese Änderungen hoffentlich durch die Verwendung von Kapselungstechniken für die Außenwelt transparent sind). Auf jeden Fall ist mit solchen Änderungen stets das Risiko verbunden, Fehler in das System einzuführen. Ignorieren Sie diese architekturbezogenen Erkenntnisse jedoch, wird die Effektivität Ihres Designs im Laufe der Zeit schließlich beeinträchtigt.

In seinem Buch *Refactoring. Oder wie Sie das Design vorhandener Software verbessern* (Addison-Wesley, 2005) beschreibt Martin Fowler einen als *Refactoring* bezeichneten Prozess, durch den sich derartige strukturelle Änderungen in einem Design implementieren lassen. Die Grundidee hierbei ist, die zugrunde liegende Struktur eines Systems zu verbessern, ohne dessen externes Verhalten zu beeinträchtigen. In diesem Buch zum Thema Refactoring werden eine Reihe von Refactorings (oder Muster) beschrieben, die Ihnen dabei helfen können, stets gute Designentscheidungen zu treffen, wenn Sie die Struktur Ihrer Klassen ändern müssen. Da diese Refactorings in vielen Fällen manuell durchgeführt werden müssen, ist eine sorgfältige und genaue Beachtung aller Details erforderlich, um sicherzustellen, dass Änderungen innerhalb des gesamten Systems konsistent propagiert werden.

Erfreulicherweise hat SAP im Class Builder ein hilfreiches Werkzeug integriert, das Sie beim Refactoring für globale Klassen unterstützt. Der *Refactoring-Assistent* hilft Ihnen dabei, einige der gängigsten Refactorings automatisch durchzuführen. Mithilfe dieser Automatisierung wird sichergestellt, dass Sie nicht versehentlich einige der Schritte vergessen, die zum Beispiel beim Verschieben von Komponenten zwischen Klassen manuell ausgeführt werden müssen.

Um die Funktionalität des Refactoring-Assistenten zu veranschaulichen, wird ein *Move-Method-Refactoring* durchgeführt, um die Methode `CALCULATE_WAGE` aus der Klasse `ZCL_HOURLY_EMPLOYEE` in eine neu abgeleitete Oberklasse `ZCL_EMPLOYEE` zu verschieben.

1. Öffnen Sie den Refactoring-Assistenten, indem Sie im Class Editor in der obersten Menüleiste HILFSMITTEL • REFACTORING ASSISTENT wählen (siehe Abbildung 5.11).

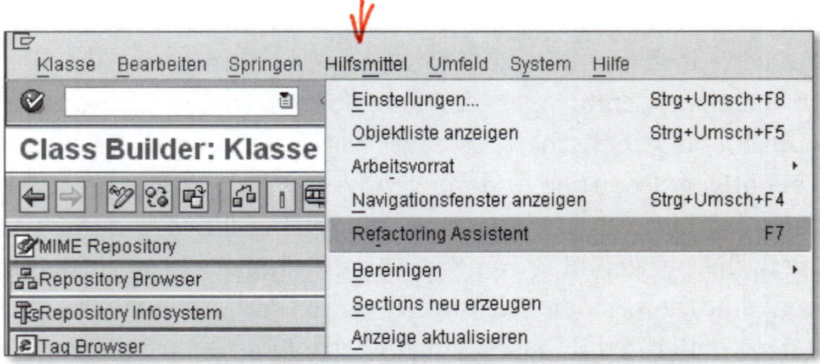

Abbildung 5.11 Öffnen des Refactoring-Assistenten

2. Im Refactoring-Assistenten wird ein Tree Control angezeigt, das die Unterklasse (ZCL_HOURLY_EMPLOYEE), ihre Komponenten (zum Beispiel CALCULATE_WAGE) sowie ihre Oberklasse (ZCL_EMPLOYEE) enthält, wie in Abbildung 5.12 zu sehen ist.

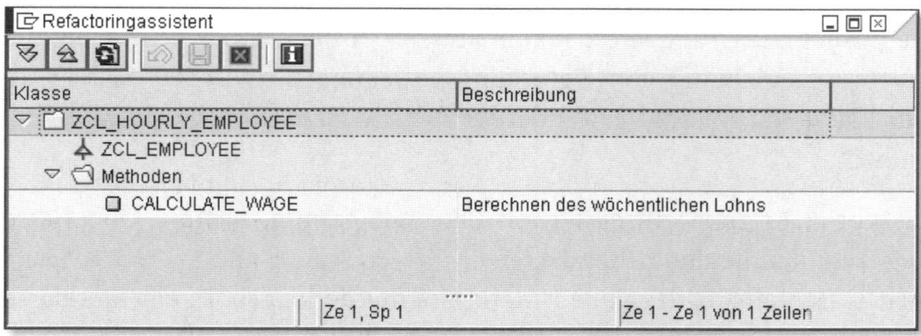

Abbildung 5.12 Refactoring-Assistenten-Editor

3. Um die Methode CALCULATE_WAGE auf die Basisklassenebene zu verschieben, wählen Sie den Methodennamen aus und versetzen die Methode per Drag & Drop auf den Knoten ZCL_EMPLOYEE. Klicken Sie in der Symbolleiste des Refactoring-Assistenten auf den Button SICHERN, um die Änderungen zu speichern. An dieser Stelle müssen beide Klassen aktiviert werden, um die Änderungen vollständig zu übernehmen.

SAP plant, die Funktionalität des Refactoring-Assistenten in zukünftigen Releases zu erweitern, um eine nahtlose Integration in den neuen ABAP Editor zu bieten. Dadurch wird der Refactoring-Prozess noch zuverlässiger und effizienter, sodass die Bedenken von Kritikern zerstreut werden können, für die kein Grund erkennbar ist, um »etwas zu reparieren, das gar nicht beschädigt ist«.

5.6 UML-Tutorial: Erweiterte Klassendiagramme – Teil I

In Abschnitt 1.6, »UML-Tutorial: Grundlagen zu Klassendiagrammen«, wurden einige grundlegende Elemente eines Klassendiagramms eingeführt, anhand deren gezeigt wurde, wie rudimentäre Klassen mit den zugehörigen Attributen und dem adäquaten Verhalten definiert werden. In diesem und in Kapitel 6 wird das Thema Klassendiagramme intensiviert, und einige erweiterte Konzepte werden erläutert, die in den letzten Kapiteln beschrieben wurden.

5.6.1 Generalisierung

Die Ausführungen zur Vererbung konzentrieren sich meist auf Spezialisierungen auf Unterklassenebene. Wenn Sie jedoch die höheren Ebenen des Vererbungsbaums betrachten, sehen Sie, dass Oberklassen immer allgemeiner werden, je näher sie sich an der Wurzel des Baums befinden. Möglicherweise ist dies der Grund, weshalb die Entwickler der UML die Notation, die zur Veranschaulichung von Vererbungsbeziehungen zwischen Klassen in einem Klassendiagramm verwendet wird, als *Generalisierungsbeziehung* beschreiben.

Abbildung 5.13 zeigt ein einfaches Klassendiagramm, das die Oberklasse `Account` mit den beiden Unterklassen `CheckingAccount` und `SavingsAccount` enthält. Beachten Sie, dass jede Unterklasse mit der zugehörigen Oberklasse verbunden ist. Der Pfeil am oberen Ende der Assoziation weist darauf hin, dass zwischen den beiden Klassen eine Generalisierungsbeziehung besteht.

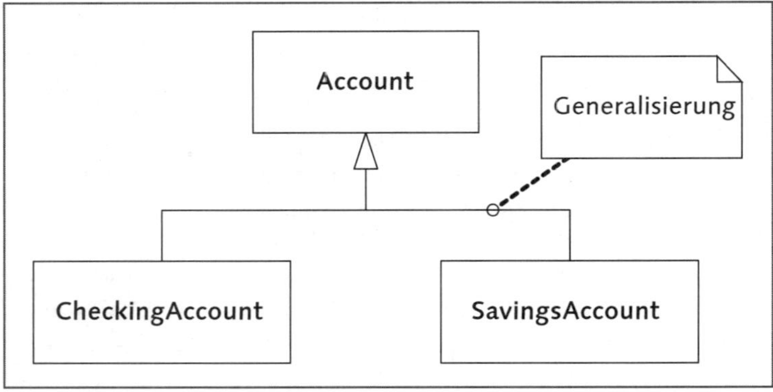

Abbildung 5.13 UML-Klassendiagrammnotation für Generalisierungen

5.6.2 Abhängigkeiten und Komposition

In Abschnitt 5.4, »Vererbung im Vergleich zu Komposition«, wurde das Konzept der Vererbung anhand einer Ist-ein-Beziehung zwischen zwei Klassen vorgestellt. In Kapitel 1, »Einführung in die objektorientierte Programmierung«, haben Sie erfahren, wie Assoziationen verwendet werden können, um eine Kompositionsbeziehung zwischen Klassen darzustellen. Eine Assoziation stellt jedoch eine ziemlich lose Beziehung zwischen zwei Klassen dar. Im manchen Fällen ist es allerdings sinnvoll, eine Kompositionsbeziehung detaillierter zu definieren.

Beispielsweise ist eine zusammensetzende Klasse häufig in hohem Maße von einer zusammengesetzten, das heißt als Baustein in einer Zusammensetzung verwendeten Klasse abhängig. In diesem Fall ist es sinnvoll, diese enge Verbindung darzustellen, indem eine *Abhängigkeitsbeziehung* zwischen diesen beiden Klassen angelegt wird. Abbildung 5.14 zeigt die Abhängigkeitsbeziehung zwischen einer Klasse `Order` und einer Klasse `Delivery`, die in Abschnitt 5.4, »Vererbung im Vergleich zu Komposition«, beschrieben wurden.

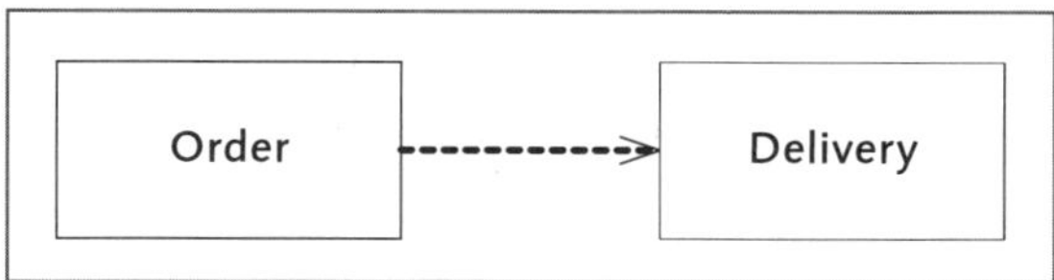

Abbildung 5.14 Definition einer Abhängigkeitsbeziehung zwischen Klassen

UML bietet auch eine spezifische Notation für die Darstellung von Kompositionsbeziehungen. In Abbildung 5.15 wird anhand dieser Notation veranschaulicht, dass eine Instanz der Klasse `Address` entweder in der Klasse `Customer` oder in der Klasse `Vendor`, jedoch nicht in beiden Klassen, eingebettet sein kann. Diese Notation bedeutet ebenfalls, dass alle Instanzen der Klasse `Address` gelöscht werden, wenn die Instanz der zusammensetzenden Klasse `Customer` bzw. `Vendor` gelöscht wird.

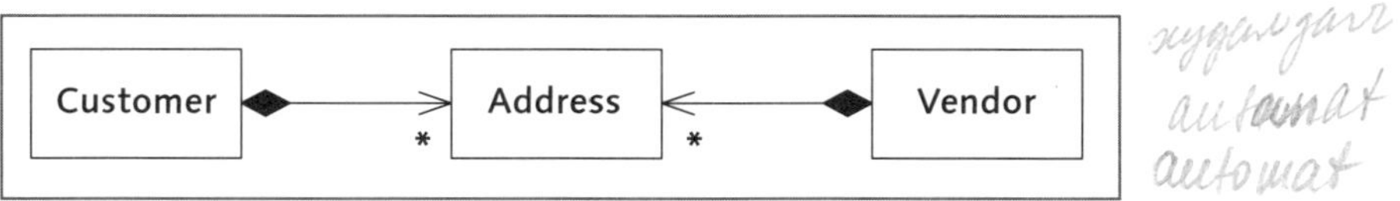

Abbildung 5.15 Definition von Kompositionsbeziehungen in Klassendiagrammen

Wie Abbildung 5.15 zeigt, ist das ausgefüllte Diamantsymbol am Ende der Assoziationslinie zwischen den beiden Klassen in einer Kompositionsbeziehung stets mit der zusammensetzenden Klasse verbunden. Die Richtung und die Kardinalität der Assoziationslinien beschreiben ferner die Art der Kompositionsbeziehung. Beispielsweise können die Klassen `Customer` und `Vendor` in Abbildung 5.15 keine oder mehrere Instanzen der Klasse `Address` referenzieren.

Wenn Sie auf Abschnitt 5.4, »Vererbung im Vergleich zu Komposition«, zurückblicken, stellen Sie fest, dass die UML-Interpretation für Kompositionsbeziehungen wesentlich spezifischer ist als die allgemeinere Darstellung einer Komposition, die in normalen Entwicklungsszenarien verwendet wird. Daher sollten Sie die UML-Kompositionsnotation nur dann verwenden, wenn zusammengesetzte Objekte vollständig von ihren zusammensetzenden Objekten verwaltet werden sollen.

5.6.3 Abstrakte Klassen und Methoden

Abbildung 5.16 zeigt die UML-Notation für die Darstellung von abstrakten Klassen und Methoden. Die einzige Anforderung ist, den Klassen- oder Methodennamen kursiv zu formatieren, um anzuzeigen, dass die Klasse oder Methode als abstrakt definiert werden muss.

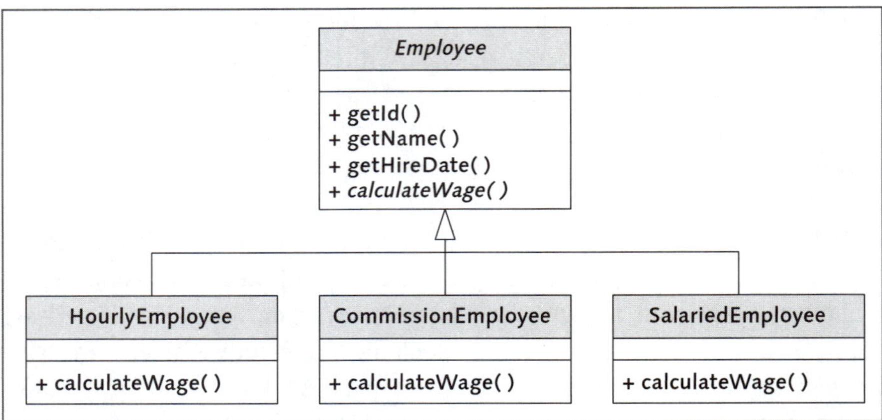

Abbildung 5.16 Definition von abstrakten Klassen und Methoden

Da Kursivschrift manchmal nicht gut lesbar ist, kennzeichnen Entwickler abstrakte Klassen häufig durch das Schlüsselwort `<< abstract >>` (siehe Abbildung 5.17).

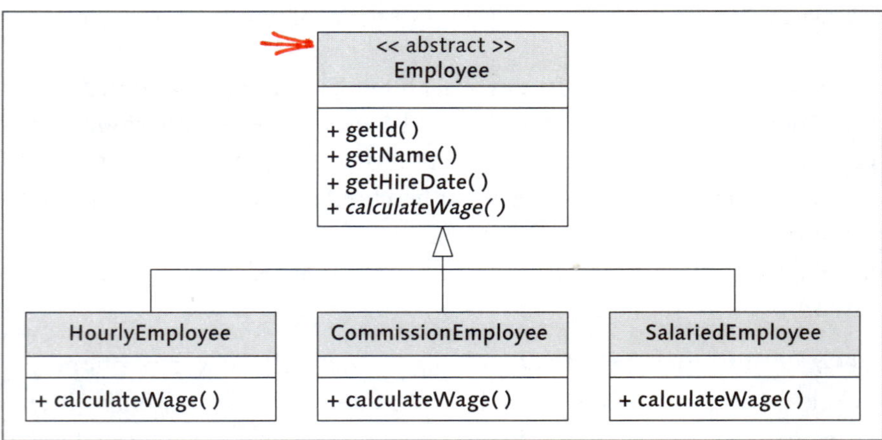

Abbildung 5.17 Alternatives Format für die Definition von abstrakten Klassen

5.7 Zusammenfassung

In diesem Kapitel wurde erläutert, wie Sie Vererbungs- und Kompositionstechniken einsetzen können, um die Implementierungen vorhandener Klassen schnell und sicher wiederzuverwenden. Der Schwerpunkt dieses Kapitels lag auf der Vererbung der Implementierung einer Klasse.

Es gibt allerdings einen weiteren Aspekt einer Vererbungsbeziehung, der noch nicht in Betracht gezogen wurde. In Kapitel 6, »Polymorphie«, erfahren Sie, wie Sie Vererbungsbeziehungen, durch den Einsatz der Typvererbung erweitert, einsetzen können, um Ihre Designs flexibler zu gestalten.

Der Begriff Polymorphie bedeutet wörtlich übersetzt »viele Formen«. Aus objektorientierter Sicht werden Polymorphie und Vererbung gemeinsam eingesetzt, um unterschiedliche Typen innerhalb eines Vererbungsbaums austauschen zu können. In diesem Kapitel erfahren Sie, wie Sie mithilfe von Polymorphie flexible Designs in Ihren ABAP-Objects-Programmen implementieren.

6 Polymorphie

In Kapitel 5, »Vererbung«, haben Sie gelernt, wie Vererbungsbeziehungen zwischen verbundenen Klassen angelegt werden. Wie Sie wissen, müssen Sie sich, um diese Beziehungen zu ermitteln, fragen, ob eine Unterklasse eine *Art* einer Oberklasse ist. Beispielsweise *ist ein Hund eine Art Säugetier* und weist daher gemeinsame Merkmale und Verhaltensweisen mit anderen Säugetieren auf. Unterklassen können diese Gemeinsamkeit nutzen, indem sie die Implementierung ihrer Oberklassen wiederverwenden. Es gibt jedoch einen weiteren wichtigen Aspekt im Hinblick auf Ist-ein-Beziehungen, der bisher noch nicht betrachtet wurde.

Klassen in einem Vererbungsbaum verwenden eine gemeinsame öffentliche Schnittstelle, sodass eine Unterklasse auf jede Anforderung (einen Methodenaufruf) reagieren kann, die an ihre Oberklasse übermittelt wird. Dieser Aspekt einer Vererbungsbeziehung wird als *Schnittstellenvererbung* bezeichnet. Die Möglichkeit einer Unterklasse, die Implementierung ihrer geerbten Methoden zu redefinieren, macht diese Funktionalität äußerst interessant, da Unterklassen auf eine spezifische Art auf Anforderungen reagieren können. In diesem Kapitel wird untersucht, wie diese Funktionen genutzt werden können, um höchst flexible Designs zu entwickeln.

6.1 Objektreferenzzuweisungen – Wiederholung

In Kapitel 2, »Arbeiten mit Objekten«, haben Sie erfahren, wie Sie die `MOVE`-Anweisung und den Zuweisungsoperator (=) einsetzen, um die Inhalte einer Objektreferenzvariablen einer anderen Variablen zuzuweisen. Wie bereits erwähnt, kopieren Objektreferenzzuweisungen den in der Quellreferenzvariablen gespeicherten Zeiger in die Inhalte der Zielreferenzvariablen. Im Anschluss an eine Zuweisung zeigt die Zielreferenzvariable auf dasselbe Objekt, auf das auch die Quellreferenzvariable zeigt. Selbstverständlich ist eine solche Zuweisung nur dann sinnvoll, wenn die Typen der beiden Referenzvariablen *kompatibel* sind.

Streng genommen, sind zwei Variablen kompatibel, wenn sie denselben Typ aufweisen. Dennoch werden häufig Zuweisungen zwischen Variablen festgelegt, deren Typen inkompatibel sind (zum Beispiel zwischen integrierten Typen wie Integer und Gleitpunktzahl etc.). Diese Typen werden insofern als *konvertibel* betrachtet, als eine Art Konvertierungsregel für die ABAP-Laufzeitumgebung existiert, die festlegt, wie die Inhalte der Quellvariablen in ein Format konvertiert werden, das mit der Zielvariablen kompatibel ist.

Im Fall von Objektreferenzzuweisungen ist eine Konvertierung jedoch nicht sinnvoll, da eine Objektreferenz nicht das Objekt selbst, sondern einen Zeiger speichert. Stattdessen muss eine Objektreferenzvariable um zusätzliche Typinformationen *erweitert* werden, über die die Komponenten des tatsächlichen Objektes, auf das diese Variable zeigt, sichtbar werden. In diesem Abschnitt erfahren Sie, wie Objektreferenzzuweisungen zwischen Familien verbundener Typen vorgenommen werden. Um generische Designs mithilfe von Polymorphie zu implementieren, müssen Sie verstehen, wie diese Zuweisungen funktionieren.

6.1.1 Statische und dynamische Typen

Bisher wurden lediglich Zuweisungen zwischen Objektreferenzvariablen definiert, die denselben *statischen Typ* aufweisen. Der statische Typ einer Objektreferenzvariablen ist der Klassentyp (oder Schnittstellentyp, wie Sie in Abschnitt 6.3, »Schnittstellen«, sehen werden), der für die Definition der Objektreferenzvariablen verwendet wird. In Listing 6.1 ist der statische Typ der Objektreferenzvariablen `lr_oref` beispielsweise der Klassentyp `lcl_class`.

```
DATA: lr_oref TYPE REF TO lcl_class.
```

Listing 6.1 Festlegung des statischen Typs einer Objektreferenz

Manchmal ist es jedoch erforderlich, Zuweisungen zwischen Objektreferenzvariablen zu definieren, die nicht denselben statischen Typ aufweisen. Da die Instanzen einer Oberklasse und die zugehörigen Unterklassen austauschbar sind, sollte es zum Beispiel möglich sein, eine Zuweisung zwischen Objektreferenzvariablen festzulegen, die diese unterschiedlichen statischen Typen aufweisen. Der Codeausschnitt in Listing 6.2 zeigt ein Beispiel für eine solche Zuweisung mit der `lr_parent = lr_child`-Anweisung.

```
CLASS lcl_parent DEFINITION.
  PUBLIC SECTION.
    METHODS: a,
             b.
ENDCLASS.

CLASS lcl_parent IMPLEMENTATION.
  METHOD a.
    WRITE: / 'In method a.'.
  ENDMETHOD.

  METHOD b.
    WRITE: / 'In method b.'.
  ENDMETHOD.
ENDCLASS.

CLASS lcl_child DEFINITION
             INHERITING FROM lcl_parent.
  PUBLIC SECTION.
    METHODS: c.
ENDCLASS.

CLASS lcl_child IMPLEMENTATION.
  METHOD c.
    WRITE: / 'In method c.'.
  ENDMETHOD.
ENDCLASS.

DATA: lr_parent TYPE REF TO lcl_parent,
      lr_child  TYPE REF TO lcl_child.

CREATE OBJECT lr_parent.
CREATE OBJECT lr_child.
lr_parent = lr_child.
```

Listing 6.2 Durchführung eines Casts mit einer Objektreferenzzuweisung

Um die Funktionsweise dieser Art von Zuweisung »hinter den Kulissen« zu verstehen, gehen Sie einen Schritt zurück und überlegen Sie, was aus logischer Perspektive geschieht. In Kapitel 2, »Arbeiten mit Objekten«, wurde die Beziehung zwischen einer Fernbedienung und einem Fernsehgerät als Vergleich verwendet, um die Beziehung zwischen einer Objektreferenzvariablen und dem Objekt zu erläutern, auf das diese zeigt. Beim Kauf eines neuen Fernsehgeräts ist im Lieferumfang normalerweise eine Fernbedienung enthalten, über die Sie umgehend mit dem Fernsehgerät interagieren können. Mit anderen Worten, der *statische Typ* dieser Fernbedienung ist mit Bezug auf das Fernsehgerät definiert.

Angenommen, Sie entscheiden sich zum Kauf einer universellen Fernbedienung, um die standardmäßige Fernbedienung zu ersetzen, die mit dem Fernsehgerät geliefert wurde. Obwohl der *statische Typ* der universellen Fernbedienung in diesem Fall generischer ist als der Typ der Fernbedienung des Herstellers, ist diese dennoch mit der öffentlichen Schnittstelle des Fernsehgeräts *kompatibel* (das heißt Operationen wie Einschalten, Lautstärkeregelung etc. sind einheitlich). Bevor Sie die universelle Fernbedienung jedoch für das Fernsehgerät verwenden können, muss sie mit Informationen zum tatsächlichen Modell dieses Fernsehgeräts *neu programmiert* werden. Auf ähnliche Weise müssen Objektreferenzvariablen, die neu zugewiesen werden, um auf Objekte eines anderen statischen Typs zu zeigen, zur Laufzeit mit Informationen zum *dynamischen Typ* neu programmiert werden.

Der dynamische Typ einer Objektreferenzvariablen bezieht sich auf den Klassentyp des Objektes, auf das die Referenzvariable zeigt. Im Beispiel in Listing 6.2 instanziert die Anweisung `CREATE OBJECT lr_parent` ein Objekt vom Typ `lcl_parent` und weist der Objektreferenzvariablen `lr_parent` einen Zeiger auf dieses Objekt zu. An dieser Stelle sind der statische und der dynamische Typ der Referenz `lr_parent` identisch. Wenn Sie jedoch die Zuweisungsanordnung `lr_parent = lr_child` ausführen, wird der dynamische Typ der Referenz `lr_parent` durch die ABAP-Laufzeitumgebung so geändert, dass er sich auf den Klassentyp `lcl_child` bezieht. Diese Information ist für die ABAP-Laufzeitumgebung entscheidend, um mit den kompatiblen Komponenten des Objektes `lcl_child` zu interagieren, auf das nun über die Referenzvariable `lr_parent` gezeigt wird.

An dieser Stelle soll erwähnt werden, dass der dynamische Typ einer Objektreferenz nicht beliebig auf einen inkompatiblen Typ festgelegt werden kann. Mit anderen Worten, diese Arten von Zuweisungen sind ohne eine Art von Vererbungsbeziehung zwischen den Quell- und Ziel-Objektreferenzvariablen nicht sinnvoll. Im folgenden Abschnitt werden die für diese Zuweisungen geltenden Regeln besprochen.

6.1.2 Casting

Ist der statische Typ der Quell- und Ziel-Objektreferenzvariablen in einer Zuweisungsoperation nicht identisch, muss eine spezielle *Cast-Operation* ausgeführt werden, damit die Zuweisung funktioniert. Eine Cast-Operation ist immer dann zulässig, wenn der statische Typ der Zielobjektreferenz mit dem dynamischen Typ der Quellobjektreferenz identisch oder allgemeiner ist als dieser. Es gibt zwei Arten von Cast-Operationen: einen *Narrowing Cast* und einen *Widening Cast*.

Narrowing Casts

Ein Narrowing Cast findet in einer Anweisung zur Objektreferenzzuweisung statt, wenn der statische Typ einer Ziel-Objektreferenzvariablen generischer ist als der statische Typ der Quell-Objektreferenzvariablen. Die Zuweisungsanordnung in Listing 6.3 zeigt ein Beispiel für einen Narrowing Cast zwischen den Referenzvariablen `lr_parent` und `lr_child`. Diese Art der Zuweisung wird als Narrowing Cast bezeichnet, da der Klassentyp `lcl_parent` allgemeiner ist als `lcl_child`. Folglich wird der Gültigkeitsbereich der Komponenten, auf die im Objekt `lcl_child` zugegriffen werden kann, auf die Komponenten *reduziert* (Englisch: narrowed), die in der Oberklasse `lcl_parent` definiert sind.

```
DATA: lr_parent TYPE REF TO lcl_parent,
      lr_child  TYPE REF TO lcl_child.
CREATE OBJECT lr_parent.
CREATE OBJECT lr_child.
lr_parent = lr_child.
* CALL METHOD lr_parent->c.    "Syntax Error!
```

Listing 6.3 Versuch, eine Methode außerhalb des zulässigen Bereichs aufzurufen

Diese Verkleinerung des Gültigkeitsbereichs verhindert, dass die Ziel-Objektreferenzvariable (`lr_parent`) auf Komponenten zugreift, die nicht in ihrer Definition des statischen Typs beschrieben sind. Der in Listing 6.3 auskommentierte Methodenaufruf würde beispielsweise einen Syntaxfehler verursachen, da die Methode `c` nicht für den Typ `lcl_parent` definiert ist. Diese Verkleinerung des Gültigkeitsbereichs bedeutet jedoch selbstverständlich nicht, dass das Objekt selbst geändert oder abgeschnitten wird; das Objekt `lcl_child` in Listing 6.3 ist zum Beispiel weiterhin ein vollständiges Objekt vom Typ `lcl_child`.

Darüber hinaus kann auch der Zusatz `TYPE` der Anweisung `CREATE OBJECT` verwendet werden, um während der Instanzierung einen impliziten Narrowing Cast durchzuführen. Über die Anweisung `CREATE OBJECT` in Listing 6.4 wird beispielsweise ein Objekt vom Typ `lcl_child` angelegt und ein Zeiger auf dieses Objekt der Objektreferenz `lr_parent` zugewiesen. Dabei wird implizit ein Narrowing Cast durchgeführt.

```
DATA: lr_parent TYPE REF TO lcl_parent.
CREATE OBJECT lr_parent TYPE lcl_child.
```

Listing 6.4 Durchführung eines Narrowing Casts beim Anlegen eines Objektes

Widening Casts

Ist der statische Typ der Zielobjektreferenz spezifischer als der statische Typ der Quellobjektreferenz, muss ein *Widening Cast* angewendet werden, damit eine Zuweisungsanordnung vom ABAP Compiler akzeptiert wird. Mithilfe von Widening Casts können Sie den Zuweisungsvorgang steuern, indem Sie den Compiler informieren, dass Sie wissen, was Sie tun, wenn Sie Ihre Zuweisung durchführen.

Diese Delegierung bedeutet selbstverständlich nicht, dass keine Gültigkeitsüberprüfung durchgeführt wird. Sie bedeutet lediglich, dass diese Prüfung bis zur Laufzeit verschoben wird, wenn der dynamische Typ der Quellobjektreferenz bekannt ist. Wie bereits erwähnt, muss der statische Typ der Zielobjektreferenz mit dem dynamischen Typ der Quellobjektreferenz identisch oder allgemeiner sein als dieser. Anderenfalls wird eine Ausnahme ausgegeben. In Kapitel 8, »Fehlerbehandlung mit Ausnahmen«, werden die erforderlichen Maßnahmen und Vorgehensweisen beschrieben, wenn diese Arten von Ausnahmen in Ihren Programmen auftreten. Da Widening Casts mitunter verwirrend (und sogar riskant) sein können, sollten Sie sie jedoch mit Bedacht einsetzen.

Für Widening Casts muss ein spezieller Zuweisungsoperator, der sogenannte Casting-Operator (?=) verwendet werden. Zudem können Widening Casts über die Option `?TO` der Anweisung `MOVE` umgesetzt werden. Über diese Syntax wird der Compiler angewiesen, die Überprüfung der statischen Syntax zu umgehen. Listing 6.5 zeigt, wie ein Widening Cast mit beiden Syntaxtypen ausgeführt wird.

```
DATA: lr_parent TYPE REF TO lcl_parent,
      lr_child  TYPE REF TO lcl_child.
CREATE OBJECT lr_parent TYPE lcl_child.
CREATE OBJECT lr_child.
lr_child ?= lr_parent.
MOVE lr_parent ?TO lr_child.
```

Listing 6.5 Durchführung von Widening Casts

6.2 Dynamische Bindung von Methodenaufrufen

Nachdem Sie nun wissen, wie Casts für Zuweisungen zwischen verbundenen Typen eingesetzt werden, können Sie mit der Implementierung von Designs unter Verwendung von Polymorphie beginnen. Das Report-Programm `ZPOLYTEST` in Listing 6.6 enthält eine abstrakte Klasse `lcl_animal`, zwei Unterklassen (`lcl_cat` und `lcl_dog`) sowie eine Testtreiberklasse `lcl_see_and_say`. Die Klasse `lcl_see_and_say` ist frei nach den See-n-Say®-Lernspielen des US-amerikanischen Unternehmens Mattel, Inc. modelliert.

```
REPORT zpolytest.

CLASS lcl_animal DEFINITION ABSTRACT.
  PUBLIC SECTION.
    METHODS: get_type ABSTRACT,
             speak ABSTRACT.
ENDCLASS.

CLASS lcl_cat DEFINITION
              INHERITING FROM lcl_animal.
  PUBLIC SECTION.
    METHODS: get_type REDEFINITION,
             speak REDEFINITION.
ENDCLASS.

CLASS lcl_cat IMPLEMENTATION.
  METHOD get_type.
   WRITE: 'Cat'.
  ENDMETHOD.

  METHOD speak.
    WRITE: 'Meow'.
  ENDMETHOD.
ENDCLASS.

CLASS lcl_dog DEFINITION
              INHERITING FROM lcl_animal.
  PUBLIC SECTION.
    METHODS: get_type REDEFINITION,
             speak REDEFINITION.
ENDCLASS.

CLASS lcl_dog IMPLEMENTATION.
  METHOD get_type.
    WRITE: 'Dog'.
  ENDMETHOD.
```

```
   METHOD speak.
      WRITE: 'Bark'.
   ENDMETHOD.
ENDCLASS.

CLASS lcl_see_and_say DEFINITION.
   PUBLIC SECTION.
      CLASS-METHODS:
         play IMPORTING im_animal
                   TYPE REF TO lcl_animal.
ENDCLASS.

CLASS lcl_see_and_say IMPLEMENTATION.
   METHOD play.
      WRITE: 'The'.
      CALL METHOD im_animal->get_type.
      WRITE: 'says'.
      CALL METHOD im_animal->speak.
   ENDMETHOD.
ENDCLASS.

START-OF-SELECTION.
   DATA: lr_cat TYPE REF TO lcl_cat,
         lr_dog TYPE REF TO lcl_dog.

   CREATE OBJECT lr_cat.
   CREATE OBJECT lr_dog.

   CALL METHOD lcl_see_and_say=>play
      EXPORTING
         im_animal = lr_cat.
   NEW-LINE.
   CALL METHOD lcl_see_and_say=>play
      EXPORTING
         im_animal = lr_dog.
```

Listing 6.6 Dynamische Bindung mit Methodenaufrufen

In dieser Implementierung ermöglicht die Klassenmethode `play` die Wiedergabe verschiedener Tiergeräusche. Bei genauer Betrachtung der Signatur der Methode `play` sehen Sie, dass diese einen Eingabeparameter des Typs `lcl_animal` empfängt. Im Ereignis `START-OF-SELECTION` des Programms `ZPOLYTEST` ist jedoch zu erkennen, dass diese Methode zur Laufzeit mit Objekten vom Typ `lcl_cat` und `lcl_dog` aufgerufen wird. In diesem Fall führt die ABAP-Laufzeitumgebung während der Zuweisung des Eingabeparameters `im_animal` einen impliziten Narrowing Cast aus. Dadurch ist es möglich, den Code in der Methode `play` generisch zu implementieren.

Die Informationen zum dynamischen Typ, die mit einer Objektreferenzvariablen verknüpft sind, ermöglichen es der ABAP-Laufzeitumgebung, einen Methodenaufruf dynamisch an die Implementierung zu binden, die in dem Objekt definiert ist, auf das die Objektreferenzvariable zeigt. Der Eingabeparameter `im_animal` für die Methode `play` in der Klasse `lcl_see_and_say` in Listing 6.6 bezieht sich beispielsweise auf einen abstrakten Typ, der eigenständig nie instanziert werden könnte. Wird die Methode jedoch mit einer konkreten Unterklassenimplementierung wie `lcl_cat` oder `lcl_dog` aufgerufen, wird der dynamische Typ des Referenzparameters `im_animal` an einen dieser konkreten Typen gebunden. Daher beziehen sich die Aufrufe der Methoden `get_type` und `speak` auf die Implementierungen in den Unterklassen `lcl_cat` oder `lcl_dog`, nicht auf die undefinierten abstrakten Implementierungen in der Klasse `lcl_animal`.

Dynamische Bindungen bieten eine äußerst große Flexibilität für Ihre Designs. Für das einfache Beispiel in Listing 6.6 wurden lediglich eine Katze und ein Hund implementiert. Der Entwickler könnte sich jedoch zu einem späteren Zeitpunkt entscheiden, Unterklassen für verschiedene andere Tiere, zum Beispiel ein Pferd, eine Kuh, ein Schwein etc., zu implementieren. Und da die Klasse `lcl_see_and_say` den generischen Typ `lcl_animal` verwendet, lassen sich diese neuen Tierarten nahtlos in das See-n-Say-Gerät integrieren. Diese Designs werden als *erweiterbar* betrachtet, da problemlos neue Funktionalität eingebunden werden kann, indem einfach neue Unterklassen angelegt und mit dem Design verbunden werden.

6.3 Schnittstellen

Innerhalb dieses Buches wurde der Begriff *Schnittstelle* verwendet, um die verschiedenen Interaktionspunkte zwischen Klassen und ihren Benutzern zu beschreiben. Die Signatur einer Methode definiert beispielsweise eine Schnittstelle, die von Anwendern genutzt wird, die diese Methode aufrufen möchten. Aus objektorientierter Sicht können Sie sich eine Schnittstelle als eine Art *Protokoll* vorstellen, das Regeln für die Kommunikation mit Objekten definiert.

Diese Analogie sollte bekannt sein, da Sie täglich mit einer Vielzahl von Protokolltypen interagieren. Im *Hypertext Transfer Protocol (HTTP)* sind zum Beispiel die Regeln definiert, die Clients (das heißt Webbrowser wie der Microsoft Internet Explorer) und Webserver befolgen müssen, um Inhalte zuverlässig im World Wide Web zu veröffentlichen oder abzurufen. Diese

Regeln ermöglichen es Ihrem Webbrowser, Webseiten von einer Vielzahl unterschiedlicher Webserver-Implementierungen (zum Beispiel Microsoft, Apache, SAP etc.) abzurufen, ohne dass es eine Rolle spielt, wie diese Server implementiert sind. Und wie Sie bereits gesehen haben, kann mit Polymorphie auf ähnliche Weise gearbeitet werden, um eine Vielzahl verschiedener Implementierungstypen dynamisch an eine einzige Schnittstelle zu binden.

In einigen Fällen kann es nützlich sein, eine Schnittstelle unabhängig von einer bestimmten Klasse zu definieren. Diese Schnittstellen sind nicht mit einer Implementierung verknüpft und können folglich nicht eigenständig instanziert werden. In diesem Abschnitt wird untersucht, wie Schnittstellen verwendet werden können, um den Gültigkeitsbereich einer Klasse auf mehrere Dimensionen zu erweitern.

6.3.1 Schnittstellenvererbung im Vergleich zu Implementierungsvererbung

Einige objektorientierte Sprachen unterstützen ein *Mehrfachvererbungsmodell*, sodass innerhalb einer Klasse mehrere Vererbungsbeziehungen definiert werden können. Wie Sie möglicherweise bereits vermuten, unterstützt ABAP Objects lediglich ein *Einfachvererbungsmodell*. Diese Designentscheidung wurde für viele moderne objektorientierte Sprachen getroffen, um die Mehrdeutigkeit zu vermeiden, die in komplexen Vererbungshierarchien entstehen kann.

Um einige der potenziellen Probleme aufzuzeigen, die bei einem Mehrfachvererbungsmodell auftreten können, wird das folgende Beispiel betrachtet. Das Klassendiagramm in Abbildung 6.1 zeigt eine diamantförmige Klassenhierarchie. Gehen Sie in diesem Fall davon aus, dass die Klassen `B` und `C` die Methode `someMethod` aus Klasse `A` redefiniert haben. Wenn die Klasse `D` die Methode `someMethod` nicht redefiniert, von welcher Implementierung erbt sie dann: von `B` oder von `C`? Dieses Problem wird auch als das *Diamantproblem* bezeichnet.

Bei einem Einfachvererbungsmodell werden diese Unsicherheiten vermieden, da eine Unterklasse immer von einer einzigen Oberklasse erbt. Mithilfe von Schnittstellen lässt sich dieses Modell jedoch erweitern: Die Schnittstellen bieten eine Option, den *Typ* einer Klasse ohne die große Menge an Implementierungsinformationen zu erweitern, die mit der Mehrfachvererbung verbunden ist.

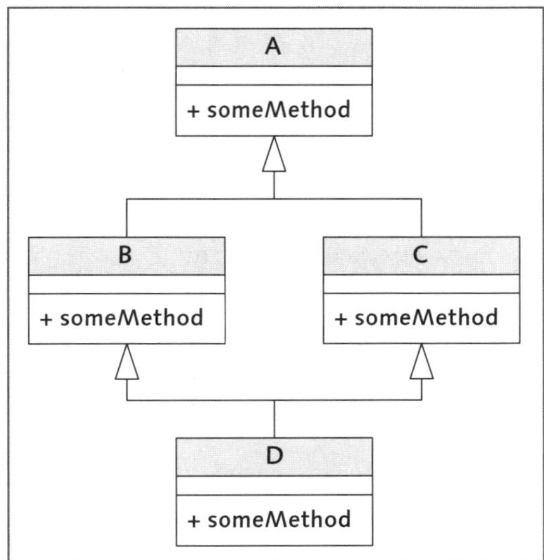

Abbildung 6.1 Klassendiagramm für eine diamantförmige Vererbungshierarchie

In Abschnitt 6.3.4, »Arbeiten mit Interfaces«, erfahren Sie, wie es über die Implementierung einer Schnittstelle möglich ist, eine Klasse polymorph zu verwenden, wenn eine Referenz dieses Schnittstellentyps eingesetzt wird.

6.3.2 Definition von Interfaces

Die Syntax zur Definition eines Interface ähnelt stark der Syntax, die im Deklarationsteil einer Klassendefinition verwendet wird. Listing 6.7 zeigt ein Beispiel für die Definition eines lokalen Interface `lif_iface`. Beachten Sie, dass keine der Interface-Komponenten innerhalb eines Sichtbarkeitsbereichs definiert wurde, da alle Komponenten eines Interface implizit innerhalb des öffentlichen Sichtbarkeitsbereichs definiert werden. Dies ist sinnvoll, da der Zweck eines Interface die Erweiterung der öffentlichen Schnittstelle bei der Implementierung von Klassen ist.

```
INTERFACE lif_iface.
  DATA: a TYPE string.
  METHODS: m.
  EVENTS: e.
ENDINTERFACE.
```

Listing 6.7 Syntax zur Definition eines lokalen Interface

In den meisten Fällen werden Interfaces verwendet, um zusätzliche Methoden zur öffentlichen Schnittstelle einer Klasse hinzuzufügen. In einem Interface lassen sich jedoch auch dieselben Komponententypen definieren, die Sie für Klassen in einem Interface festlegen können (weitere Informationen zu den Komponententypen, die für Klassen definiert werden können, finden Sie in Kapitel 2, »Arbeiten mit Objekten«).

Darüber hinaus lassen sich Interfaces im Class Builder als globale Repository-Objekte bestimmen. Um dies zu veranschaulichen, wird ein neues globales Interface ZIF_COMPARABLE angelegt, über das eine Sortierreihenfolge für die Instanzen implementierender Klassen vorgegeben werden kann. Ein Beispiel für die Implementierung und Verwendung dieses Interface ist in den Abschnitten 6.3.3, »Implementierung von Interfaces«, und 6.3.4, »Arbeiten mit Interfaces«, beschrieben.

1. Um im Class Builder ein globales Interface anzulegen, geben Sie den Namen des Interface im Feld OBJEKTTYP ein und klicken auf den Button ANLEGEN (siehe Abbildung 6.2).

Abbildung 6.2 Anlegen eines globalen Interface – Teil I

2. Durch die Verwendung der Präfixkonvention IF_ öffnet der Class Builder das Dialogfenster INTERFACE ANLEGEN, in dem Sie den Namen des Interface bestätigen und eine kurze Beschreibung seines Verwendungszwecks eingeben können. Klicken Sie auf SICHERN, um Ihre Änderungen im ABAP Repository zu speichern (siehe Abbildung 6.3).

Abbildung 6.3 Anlegen eines globalen Interface – Teil II

3. Nachdem Sie die Repository-Details im Fenster Objektkatalogeintrag anlegen bestätigt haben, gelangen Sie in das Class-Editor-Fenster, in dem Sie die Komponenten des Interface auf dieselbe Weise bearbeiten können wie im Fall von Klassenkomponenten (siehe Abbildung 6.4).

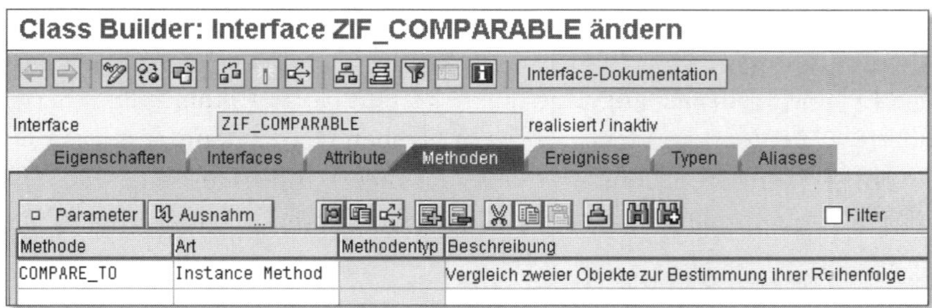

Abbildung 6.4 Bearbeitung eines globalen Interface im Class Editor

4. Das Interface `ZIF_COMPARABLE` enthält eine einzige Instanzmethode `COMPARE_TO`, mit deren Hilfe Sie zwei Objekte vergleichen können, um zu ermitteln, ob das Quellobjekt größer oder kleiner als das Zielobjekt bzw. gleich groß ist. Definieren Sie den Parameter `IM_OBJECT` an dieser Stelle mit dem generischen Typ `OBJECT` (siehe Abbildung 6.5). Da jede ABAP-Objects-Klasse implizit von dieser Klasse abgeleitet ist, kann dieses Interface für jeden Klassentyp implementiert werden.

Abbildung 6.5 Definition einer Instanzmethode in einem Interface

6.3.3 Implementierung von Interfaces

Interfaces werden erst wirklich interessant, wenn Sie mit ihrer Implementierung in Klassen beginnen. Ein Interface kann in einer lokalen Klasse mithilfe des Schlüsselwortes `INTERFACES` implementiert werden. Listing 6.8 zeigt, wie eine lokale Klasse `lcl_implementer` das Interface `lif_iface` einbaut.

```
INTERFACE lif_iface.
  METHODS: m1,
           m2.
ENDINTERFACE.

CLASS lcl_implementer DEFINITION.
  PUBLIC SECTION.
    INTERFACES: lif_iface.
ENDCLASS.

CLASS lcl_implementer IMPLEMENTATION.
  METHOD lif_iface~m1.
    WRITE: 'In method lif_iface~m1'.
  ENDMETHOD.

  METHOD lif_iface~m2.
    WRITE: 'In method lif_iface~m2'.
  ENDMETHOD.
ENDCLASS.
```

Listing 6.8 Implementierung eines Interface in einer lokalen Klasse

Die Implementierung von Interfaces in einer globalen Klasse kann deklariert werden, indem Sie den Namen des Interface im Class Editor auf der Registerkarte INTERFACES in der Spalte INTERFACE eingeben (siehe Abbildung 6.6).

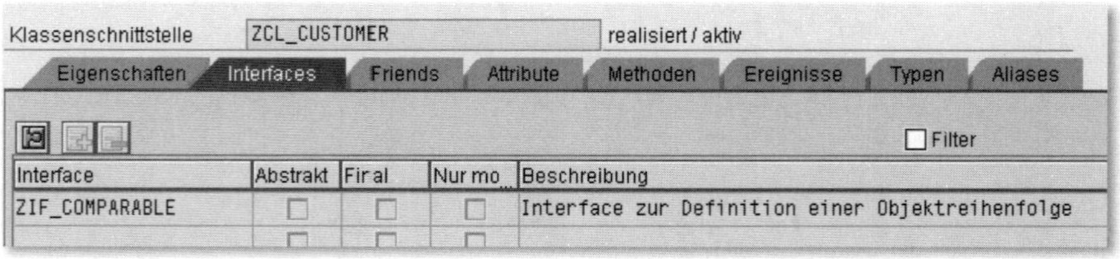

Klassenschnittstelle ZCL_CUSTOMER realisiert / aktiv

Eigenschaften | Interfaces | Friends | Attribute | Methoden | Ereignisse | Typen | Aliases

Filter

Interface	Abstrakt	Final	Nur mo...	Beschreibung
ZIF_COMPARABLE	☐	☐	☐	Interface zur Definition einer Objektreihenfolge
	☐	☐	☐	

Abbildung 6.6 Implementierung eines Interface in einer globalen Klasse

Nach der Implementierung eines Interface in eine Klasse werden die Komponenten dieses Interface als Komponenten für die implementierende Klasse angezeigt. In Abbildung 6.7 wurde die Klasse `ZCL_CUSTOMER` definiert, die das Interface `ZIF_COMPARABLE` implementiert. Auf der Registerkarte METHODEN des Class Editors sehen Sie, dass die Methode `ZIF_COMPARABLE~COMPARE_TO` zur Liste der Methoden hinzugefügt wurde, die für die Klasse `ZCL_CUSTOMER` definiert sind (siehe Abbildung 6.7).

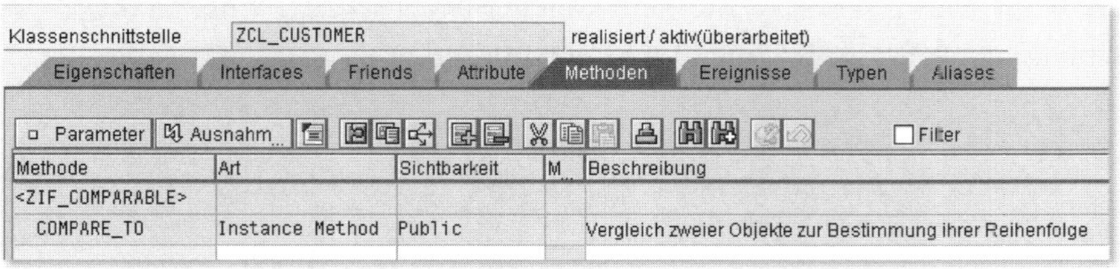

Klassenschnittstelle ZCL_CUSTOMER realisiert / aktiv(überarbeitet)

Eigenschaften | Interfaces | Friends | Attribute | Methoden | Ereignisse | Typen | Aliases

Parameter | Ausnahm... | Filter

Methode	Art	Sichtbarkeit	M...	Beschreibung
<ZIF_COMPARABLE>				
COMPARE_TO	Instance Method	Public		Vergleich zweier Objekte zur Bestimmung ihrer Reihenfolge

Abbildung 6.7 Vererbung von Interface-Komponenten in einer globalen Klasse

Die Implementierung des Interface ZIF_COMPARABLE erweitert den Gültigkeitsbereich von Kundenobjekten, indem Kunden über eine Option nach der internen Kundennummer sortiert werden können. Diese Erweiterung kann selbstverständlich erst vorgenommen werden, wenn eine Implementierung für die Methode COMPARE_TO bereitgestellt wurde. Der Code in Listing 6.9 bietet eine Implementierung für die Methode COMPARE_TO der Klasse ZCL_CUSTOMER. Diese Methode muss über den voll qualifizierten Namen der Interface-Komponente ZIF_COMPARABLE~COMPARE_TO, nicht lediglich über den Namen COMPARE_TO, adressiert werden. Die Tilde (~) zwischen Interface-Name und Interface-Komponentenname wird als *Interface-Komponentenselektor-Operator* bezeichnet.

```
METHOD zif_comparable~compare_to.
*  Method-Local Data Declarations:
   DATA: lr_object TYPE REF TO zcl_customer.

*  Perform a widening cast on the comparison object:
   lr_object ?= im_object.

*  Compare the two customers based on their ID number:
   IF me->id GT lr_object->id.
      re_result = 1.
   ELSEIF me->id LT lr_object->id.
      re_result = -1.
   ELSE.
      re_result = 0.
   ENDIF.
ENDMETHOD.
```

Listing 6.9 Implementierung einer Interface-Methode in einer globalen Klasse

Der Vergleich für die Klasse ZCL_CUSTOMER basiert auf dem Attribut id für die interne Kundennummer (siehe Abbildung 6.8). Beachten Sie, dass ein Widening Cast für den Vergleichsobjektparameter IM_OBJECT erforderlich ist, um auf das Attribut `id` für das Kundenvergleichsobjekt zuzugreifen, da dieses für Objekte vom Typ `OBJECT` nicht definiert ist.

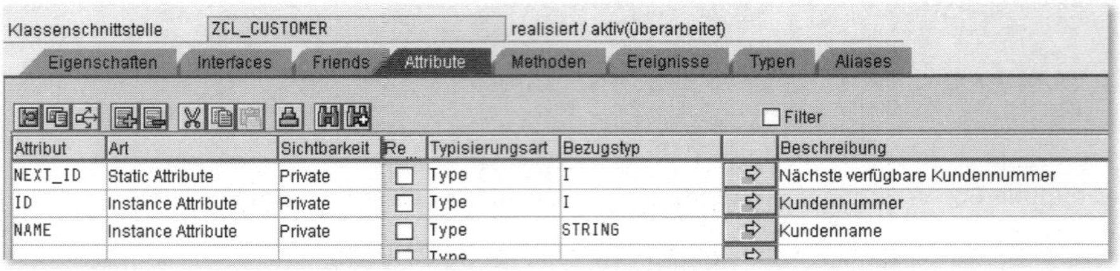

Klassenschnittstelle ZCL_CUSTOMER realisiert / aktiv(überarbeitet)

Eigenschaften | Interfaces | Friends | Attribute | Methoden | Ereignisse | Typen | Aliases

Attribut	Art	Sichtbarkeit	Re...	Typisierungsart	Bezugstyp		Beschreibung
NEXT_ID	Static Attribute	Private	☐	Type	I	⇨	Nächste verfügbare Kundennummer
ID	Instance Attribute	Private	☐	Type	I	⇨	Kundennummer
NAME	Instance Attribute	Private	☐	Type	STRING	⇨	Kundenname

Abbildung 6.8 Attributdefinitionen für die Klasse ZCL_CUSTOMER

Die Kundennummer wird in der Methode `CONSTRUCTOR` für die Klasse `ZCL_CUSTOMER` initialisiert. Die Definition und die Implementierung dieser Methode sind in Abbildung 6.9 bzw. Listing 6.10 dargestellt.

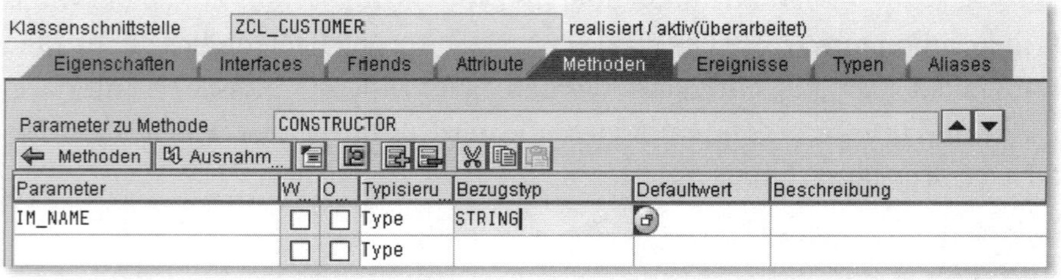

Klassenschnittstelle ZCL_CUSTOMER realisiert / aktiv(überarbeitet)

Eigenschaften | Interfaces | Friends | Attribute | Methoden | Ereignisse | Typen | Aliases

Parameter zu Methode CONSTRUCTOR

Parameter	W...	O...	Typisieru...	Bezugstyp	Defaultwert	Beschreibung
IM_NAME	☐	☐	Type	STRING		
	☐	☐	Type			

Abbildung 6.9 Definition der Signatur für die Methode CONSTRUCTOR

```
METHOD constructor.
  next_id = next_id + 1.
  id = next_id.
  name = im_name.
ENDMETHOD.
```

Listing 6.10 Implementierung der Methode CONSTRUCTOR

6.3.4 Arbeiten mit Interfaces

An dieser Stelle fragen Sie sich vielleicht, weshalb Sie sich die Mühe machen sollten, ein Interface zu definieren und in einer Klasse zu implementieren. Um den Nutzen von Interfaces zu veranschaulichen, wird im Folgenden betrachtet, wie das in Abschnitt 6.3.2, »Definition von Interfaces«, definierte Interface `ZIF_COMPARABLE` in der Praxis eingesetzt werden könnte.

Mit ABAP Objects kann der Zeilentyp einer internen Tabelle mithilfe von Referenztypen festgelegt werden. Unter Verwendung der in Listing 6.11 gezeigten Syntax können Sie beispielsweise eine interne Tabelle für Kundenobjekte vom Typ ZCL_CUSTOMER definieren.

```
DATA: lt_customers TYPE STANDARD TABLE
                   OF REF TO zcl_customer.
```

Listing 6.11 Definition von internen Tabellen mithilfe von Referenztypen

Interne Tabellen, wie die in Listing 6.11 gezeigte, sind geeignet, um Objektreferenzen zu speichern und zu durchlaufen. Allerdings lässt sich diese Art von Tabelle nicht problemlos sortieren. Daher muss nach einer Möglichkeit gesucht werden, um beispielsweise Objekte vom Typ ZCL_CUSTOMER anzuordnen. Und hier kommt das Interface ZIF_COMPARABLE ins Spiel. Klassen, die die Methode COMPARE_TO des Interface ZIF_COMPARABLE implementieren, verfügen über einen Mechanismus, um die Sortierreihenfolge zu bestimmen. Es fehlt lediglich die Logik, um die Sortieroperation tatsächlich auszuführen. Und wenn Sie sich die Mühe machen, diese Sortieroperation zu schreiben, möchten Sie diese selbstverständlich für andere Klassen wiederverwenden können. Daher ist es sinnvoll, diese Logik in einen generischen Container einzuschließen, in dem Objekte unter anderem gespeichert und sortiert werden können. In vielen Implementierungen objektorientierter Sprachen wird diese Art von Container als *Vektor* bezeichnet.

Die in Abbildung 6.10 gezeigte globale Klasse ZCL_VECTOR ist ein Beispiel für eine einfache Vektorimplementierung in ABAP Objects. Bisher bietet die Implementierung lediglich einige Methoden, um Elemente zum Vektor hinzuzufügen, aus diesem zu entfernen, die Elemente zu sortieren etc.

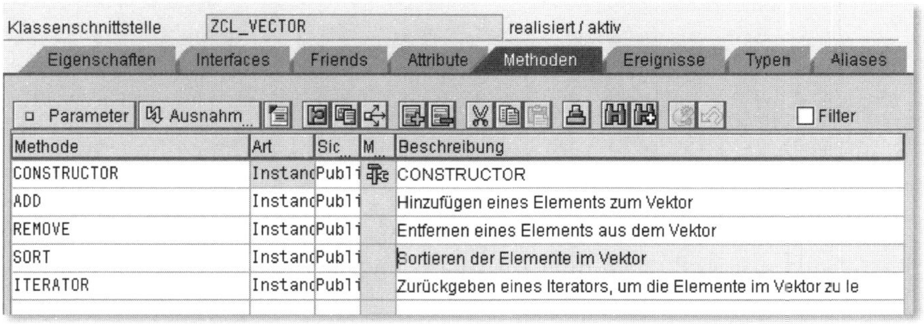

Klassenschnittstelle ZCL_VECTOR realisiert / aktiv

Eigenschaften | Interfaces | Friends | Attribute | Methoden | Ereignisse | Typen | Aliases

Parameter | Ausnahm... | Filter

Methode	Art	Sic...	M...	Beschreibung
CONSTRUCTOR	Instanc	Publi		CONSTRUCTOR
ADD	Instanc	Publi		Hinzufügen eines Elements zum Vektor
REMOVE	Instanc	Publi		Entfernen eines Elements aus dem Vektor
SORT	Instanc	Publi		Sortieren der Elemente im Vektor
ITERATOR	Instanc	Publi		Zurückgeben eines Iterators, um die Elemente im Vektor zu le

Abbildung 6.10 Utility-Klasse ZCL_VECTOR

Die eigentlichen Vektorelemente werden in einem privaten Attribut ELEMENTS vom Typ SWF_UTL_OBJECT_TAB gespeichert (siehe Abbildung 6.11).

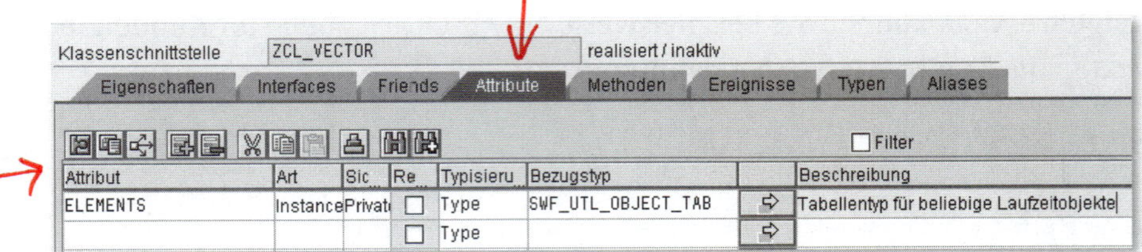

Abbildung 6.11 Definition des Attributes ELEMENTS in Klasse ZCL_VECTOR

Der Tabellentyp SWF_UTL_OBJECT_TAB verfügt über einen Referenzzeilentyp, der auf Objekte vom Typ OBJECT zeigt (siehe Abbildung 6.12). Da jede ABAP-Objects-Klasse implizit vom Typ OBJECT erbt, kann innerhalb des Vektor-Containers jeder Objekttyp gespeichert werden.

Tabellentyp SWF_UTL_OBJECT_TAB aktiv
Kurzbeschreibung Tabellentyp für beliebige Laufzeitobjekte
Eigenschaften | Zeilentyp | Initialisierung und Zugriff | Schlüssel
Zeilentyp
Eingebauter Typ
Datentyp
Zahl der Stellen 0 Dezimalstellen 0
Referenztyp
Referierter Typ OBJECT
Referenz auf eingebauten Typ
Datentyp
Länge 0 Dezimalstellen 0

Abbildung 6.12 Standardtabellentyp SWF_UTL_OBJECT_TAB

Um ein Objekt zum Vektor hinzuzufügen, wird die Methode ADD verwendet, die in Listing 6.12 und Abbildung 6.13 dargestellt ist. Über diese Methode wird der Parameter IM_OBJECT einfach an das private Attribut ELEMENTS angefügt. Beachten Sie, dass der Parameter IM_OBJECT den generischen Typ OBJECT aufweist. Daher können Aufrufer einen beliebigen Objekttyp innerhalb des Vektors speichern.

```
METHOD add.
*  Add an object to the vector:
   APPEND im_object TO elements.
ENDMETHOD.
```

Listing 6.12 Implementierung der Methode ADD

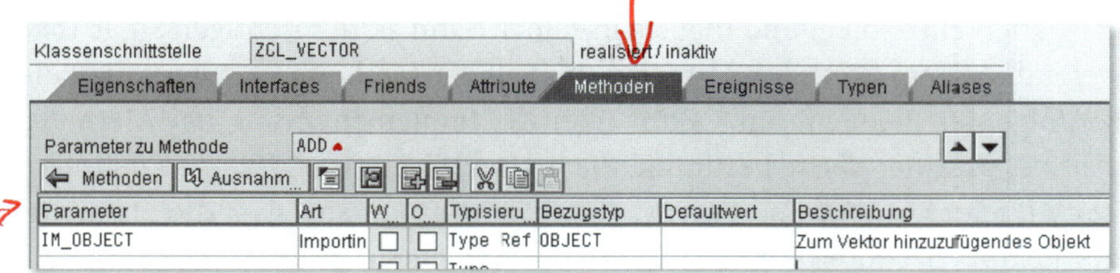

Abbildung 6.13 Definition der Signatur für die Methode ADD

Über die in Abbildung 6.14 und Listing 6.13 gezeigte Methode REMOVE können Elemente aus dem Vektor entfernt werden. Hier ist lediglich sicherzustellen, dass der angegebene Index innerhalb der Grenzen der internen Tabelle liegt. Trifft dies zu, kann das Element entfernt werden. Die Sortierreihenfolge des Vektors bleibt unverändert (sofern dieser zuvor sortiert wurde).

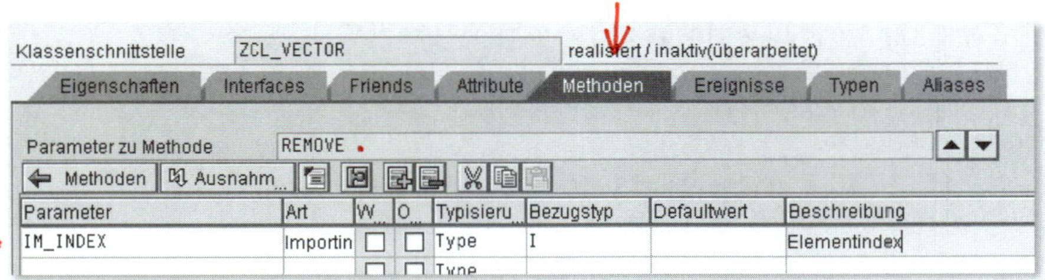

Abbildung 6.14 Definition der Signatur für die Methode REMOVE

```
METHOD remove.
*  Remove the element at the provided index,
*  assuming it is in bounds:
   IF im_index GE 1 AND im_index LE lines( elements ).
      DELETE elements INDEX im_index.
   ENDIF.
ENDMETHOD.
```

Listing 6.13 Implementierung der Methode REMOVE

Nachdem der Vektor gefüllt wurde, können die enthaltenen Elemente über die in Listing 6.14 gezeigte Methode SORT sortiert werden. Zur Veranschaulichung wird der einfache (aber ineffiziente) *Insertion-Sort-Algorithmus* verwendet, um die Sortieroperation auszuführen. Die Funktionsweise dieses Algorithmus lässt sich mit dem Vorgehen eines Kartenspielers vergleichen, der eine Reihe von Spielkarten in seiner Hand sortiert. Der Geber verteilt die Karten, die mit der Bildseite nach unten auf dem Tisch liegen. Der Spieler nimmt die Karten einzeln auf und fügt sie in seiner Hand an der richtigen Stelle (basierend auf dem Wert der Karte) ein. Im Fall der Methode SORT wird die Reihenfolge der Elemente im Vektor über die Implementierung der Methode COMPARE_TO einer Klasse bestimmt, die im Interface ZIF_COMPARABLE definiert ist. Mit anderen Worten, diese Methode geht davon aus, dass die Elemente des Vektors das Interface ZIF_COMPARABLE implementieren.

```
METHOD sort.
*  Method-Local Data Declarations:
   DATA: lr_key     TYPE REF TO object,
         lr_element TYPE REF TO object,
         lr_compare TYPE REF TO zif_comparable,
         lr_temp    TYPE REF TO object,
         lv_i       TYPE i,
         lv_j       TYPE i VALUE 2,
         lv_index   TYPE i.

*  Sort the vector elements using the Insertion Sort
*  algorithm:
   LOOP AT elements INTO lr_key FROM 2.
      lv_i = lv_j - 1.
      READ TABLE elements INDEX lv_i INTO lr_element.
      lr_compare ?= lr_element.

      WHILE lv_i GT 0 AND
            lr_compare->compare_to( lr_key ) EQ 1.
         READ TABLE elements INDEX lv_i INTO lr_temp.
         lv_index = lv_i + 1.
         MODIFY elements FROM lr_temp INDEX lv_index.

         lv_i = lv_i - 1.
         READ TABLE elements INDEX lv_i INTO lr_element.
         lr_compare ?= lr_element.
      ENDWHILE.

      lv_index = lv_i + 1.
      MODIFY elements FROM lr_key INDEX lv_index.
      lv_j = lv_j + 1.
   ENDLOOP.
ENDMETHOD.
```

Listing 6.14 Implementierung der Methode SORT

Um die Funktionalität des Interface ZIF_COMPARABLE zu nutzen, ist ein Widening Cast für die Elemente auszuführen, die verglichen werden. Der Grund dafür ist, dass jedes Element im Vektor den generischen Typ OBJECT aufweist. Der Cast soll jedoch nicht für jede der verschiedenen Klassen durchgeführt werden, da die Methode SORT durch dieses Vorgehen zu spezifisch würde. Stattdessen wird ein Widening Cast mithilfe der Referenzvariablen lr_compare ausgeführt. Beachten Sie dabei, dass der statische Typ der Referenzvariablen lr_compare der Interface-Typ ZIF_COMPARABLE ist. Referenzvariablen wie lr_compare werden als *Interface-Referenzen* bezeichnet. Interface-Referenzvariablen können zugewiesen werden, um auf Objekte von Klassen zu zeigen, die den Interface-Typ (den statischen Typ) der Interface-Referenz implementieren.

Da angenommen wird, dass der dynamische Typ des Objektes, auf das lr_element zeigt, eine Implementierung des Interface ZIF_COMPARABLE bereitstellt, ist die Zuweisungsanordnung lr_compare ?= lr_element gültig. Interface-Referenzvariablen können direkt auf die Komponenten zugreifen, die das Interface definiert. Wie Sie in Listing 6.14 sehen können, ist es für den Aufruf der Methode COMPARE_TO folglich nicht erforderlich, den Interface-Komponentenselektor-Operator (zum Beispiel ZIF_COMPARABLE~COMPARE_TO etc.) zu verwenden, der immer dann benötigt wird, wenn Interface-Komponenten über eine normale Objektreferenzvariable adressiert werden.

Die Klasse ZCL_VECTOR verwendet einen *Iterator* für den Zugriff auf ihre Elemente. Sie können sich einen Iterator als eine Art Cursor vorstellen, mit dem Sie die Elemente einer Sammlung durchlaufen können. Die in Abbildung 6.15 und Listing 6.15 gezeigte Methode ITERATOR gibt ein Iteratorobjekt vom Typ CL_SWF_UTL_ITERATOR zurück. Die Klasse CL_SWF_UTL_ITERATOR bietet eine Reihe von Methoden, über die Sie Elemente aus dem Vektor lesen können, ohne über einen direkten Zugriff auf das private Attribut elements zu verfügen, das in der Klasse ZCL_VECTOR verborgen ist.

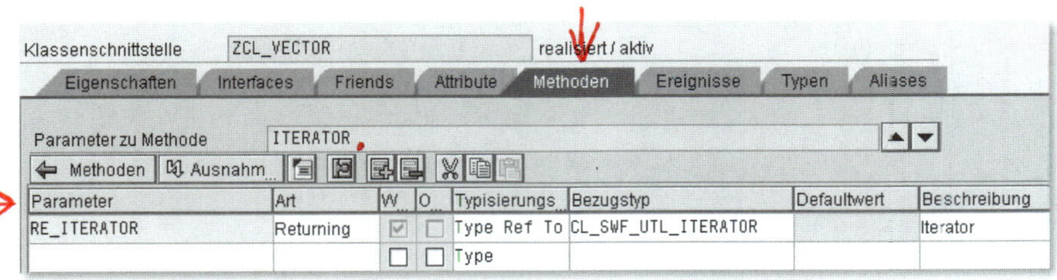

Abbildung 6.15 Definition der Signatur für die Methode ITERATOR

```
METHOD iterator.
*  Create an iterator object to provide access to the
*  vector elements:
```

```
  CREATE OBJECT re_iterator
    EXPORTING
      im_object_list = elements.
ENDMETHOD.
```

Listing 6.15 Implementierung der Methode ITERATOR

Wie bereits erwähnt, erweitert die Implementierung eines Interface den Gültigkeitsbereich einer Klasse. Die Klasse ZCL_CUSTOMER ist beispielsweise ein Kunde, gleichzeitig jedoch auch *vergleichbar*. Obwohl die Vererbung nur von einer einzigen Oberklasse möglich ist, bedeutet dies nicht, dass die öffentliche Schnittstelle einer Klasse nicht mithilfe von Interfaces auf zusätzliche Dimensionen erweitert werden kann. Im Gegenteil, Sie können in einer Klasse beliebig viele Interfaces implementieren.

Häufig kann eine Designtechnik verwendet werden, die als *Weiterleitung* bezeichnet wird, um ein Interface rasch über Kompositionstechniken zu implementieren. In diesem Fall werden die Methoden des Interface in einer Klasse mithilfe von Funktionalität implementiert, die über zusammengesetzte Objekte bereitgestellt wird. Das einfache Report-Programm ZVECTORTEST in Listing 6.16 zeigt, wie die in diesem Abschnitt entwickelte generische Vektorklasse verwendet wird.

```
REPORT zvectortest.

DATA: gr_customer1 TYPE REF TO zcl_customer,
      gr_customer2 TYPE REF TO zcl_customer,
      gr_customer3 TYPE REF TO zcl_customer,
      gr_vector    TYPE REF TO zcl_vector.

START-OF-SELECTION.
*  Create three sample customers:
   CREATE OBJECT gr_customer1
      EXPORTING
         im_name = 'Andrea'.

   CREATE OBJECT gr_customer2
      EXPORTING
         im_name = 'Andersen'.

   CREATE OBJECT gr_customer3
      EXPORTING
         im_name = 'Paige'.
```

```
*  Add the customers to the vector container in
*  random order:
   CREATE OBJECT gr_vector.

   CALL METHOD gr_vector->add
     EXPORTING
       im_object = gr_customer2.

   CALL METHOD gr_vector->add
     EXPORTING
       im_object = gr_customer3.

   CALL METHOD gr_vector->add
     EXPORTING
       im_object = gr_customer1.

*  Show the customers before the sort operation:
   PERFORM show_customers USING gr_vector.

*  Now, sort the customers:
   CALL METHOD gr_vector->sort( ).

*  Show the customers after the sort operation:
   PERFORM show_customers USING gr_vector.

FORM show_customers USING im_vector TYPE REF TO zcl_vector.
*  Local Data Declarations:
   DATA: lr_iterator TYPE REF TO cl_swf_utl_iterator,
         lv_count    TYPE i,
         lr_object   TYPE REF TO object,
         lr_customer TYPE REF TO zcl_customer.

   lr_iterator = im_vector->iterator( ).
   lv_count = lr_iterator->get_count( ).
   DO lv_count TIMES.
      lr_object = lr_iterator->get_current( ).
      lr_customer ?= lr_object.
      lr_customer->display( ).

      lr_iterator->get_next( ).
   ENDDO.
ENDFORM.
```

Listing 6.16 Beispielprogramm zur Veranschaulichung der Klasse ZCL_VECTOR

Da sich Interfaces äußerst flexibel einsetzen lassen, wird empfohlen, diese in Ihren Designs frei und umfassend zu verwenden. In *Java Programming Language* (Addison-Wesley, 2006) empfiehlt James Gosling, Erfinder der Java-Programmiersprache, »dass jede wichtige Klasse in einer Anwendung eine Implementierung eines Interface sein sollte, das den Vertrag dieser Klasse erhält« (Übersetzung des englischen Zitats).

Es lässt sich darüber streiten, ob diese Einstellung für das praktische Arbeiten zu extrem ist, die Entwicklung von auf Interfaces basierender Logik bietet jedoch in der Tat eine Reihe von Vorteilen, da Sie jede Klasse, die dieses Interface implementiert, nahtlos in Ihr Design integrieren können.

6.3.5 Schachtelung von Interfaces

Bisher wurden nur einfache, elementare Interfaces betrachtet. Es ist jedoch möglich, Interfaces innerhalb eines zusammengesetzten oder *geschachtelten Interface* zu schachteln. Interfaces, die in ein geschachteltes Interface eingebettet sind, werden als *Komponenten-Interfaces* bezeichnet. Listing 6.17 zeigt ein Beispiel der Syntax, die für die Schachtelung des Komponenten-Interface `lif_component` innerhalb des geschachtelten Interface `lif_nested` verwendet wird. Wie Sie sehen, werden Interfaces mithilfe der Anweisung `INTERFACES` geschachtelt.

```
INTERFACE lif_component.
  METHODS: c1,
           c2.
ENDINTERFACE.

INTERFACE lif_nested.
  INTERFACES: lif_component.
  METHODS: n1,
           n2.
ENDINTERFACE.
```

Listing 6.17 Beispiel für die Schachtelung von Interfaces

Sie können einem globalen geschachtelten Interface Komponenten-Interfaces zuweisen, indem Sie den Namen des Komponenten-Interface im Class Editor auf der Registerkarte INTERFACES in der Spalte UMFASST eingeben (siehe Abbildung 6.16).

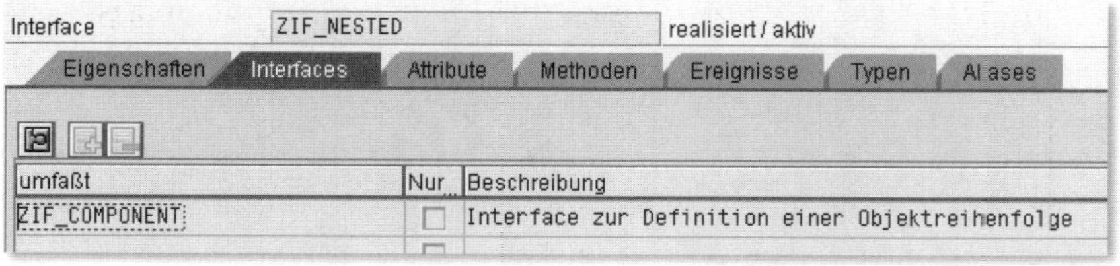

Abbildung 6.16 Schachtelung von Interfaces in globalen Interfaces

Alle Komponenten in einem geschachtelten Interface befinden sich auf derselben Ebene. Ist ein Komponenten-Interface mehrmals geschachtelt, befindet sich nur eine einzige Instanz der Komponenten in diesem Komponenten-Interface innerhalb des geschachtelten Interface.

Die Komponenten von Komponenten-Interfaces sind im geschachtelten Interface nicht direkt sichtbar. Um diese Komponenten in einem geschachtelten Interface sichtbar zu machen, können Sie *Aliasnamen* für die Komponenten definieren. Listing 6.18 zeigt, wie die Anweisung `ALIASES` verwendet wird, um Aliasnamen für die Methoden `c1` und `c2` des Komponenten-Interface `lif_component` im geschachtelten Interface `lif_nested` zu definieren. Die Klasse `lcl_nested_impl` kann die im Komponenten-Interface `lif_component` definierten geschachtelten Methoden nun implementieren.

```
INTERFACE lif_component.
  METHODS: c1,
           c2.
ENDINTERFACE.

INTERFACE lif_nested.
  INTERFACES: lif_component.
  ALIASES: c1 FOR lif_component~c1,
           c2 FOR lif_component~c2.
  METHODS: n1,
           n2.
ENDINTERFACE.

CLASS lcl_nested_impl DEFINITION.
  PUBLIC SECTION.
    INTERFACES: lif_nested.
ENDCLASS.

CLASS lcl_nested_impl IMPLEMENTATION.
  METHOD lif_nested~n1.
  ENDMETHOD.
```

```
    METHOD lif_nested~n2.
    ENDMETHOD.

    METHOD lif_component~c1.
    ENDMETHOD.

    METHOD lif_component~c2.
    ENDMETHOD.
ENDCLASS.
```

Listing 6.18 Arbeiten mit Aliasnamen

Ähnlich, wie bereits in Abschnitt 6.1.2, »Casting«, dargestellt, können auch in Zuweisungen zwischen Interface-Referenzvariablen Casts durchgeführt werden. Listing 6.19 zeigt ein Beispiel, wie ein Narrowing Cast zwischen Interface-Referenzvariablen durchgeführt werden kann, die mit den statischen Typen `lif_component` und `lif_nested` aus Listing 6.18 definiert wurden. In diesem Fall ist der Narrowing Cast zulässig, da `lif_component` ein Komponenten-Interface von `lif_nested` ist.

```
DATA: lr_component TYPE REF TO lif_component,
      lr_nested    TYPE REF TO lif_nested.
CREATE OBJECT lr_nested TYPE lcl_nested_impl.
lr_component = lr_nested.
CALL METHOD lr_component->c1.
```

Listing 6.19 Durchführung von Narrowing Casts mithilfe von Interface-Referenzen

6.4 UML-Tutorial: Erweiterte Klassendiagramme – Teil II

In diesem Abschnitt kommt die Erläuterung des UML-Klassendiagramms mit der Einführung der Notation zum Abschluss, um mit Interfaces und ihren Komponenten arbeiten zu können.

6.4.1 Interfaces

Die Notation zur Definition von Interfaces in einem UML-Klassendiagramm ist praktisch mit der Notation zur Definition von Klassen identisch. Der einzige Unterschied ist, dass das Tag << `interface` >> im oberen Namensbereich der Interface-Notation hinzugefügt wird (siehe Abbildung 6.17).

Die Beziehung zwischen einem geschachtelten Interface und seinen Komponenten-Interfaces wird über dieselbe Generalisierungsnotation dargestellt wie Vererbungsbeziehungen. In Abbildung 6.18 erbt das Interface `Nested` beispielsweise die Komponenten des Interface `Component`.

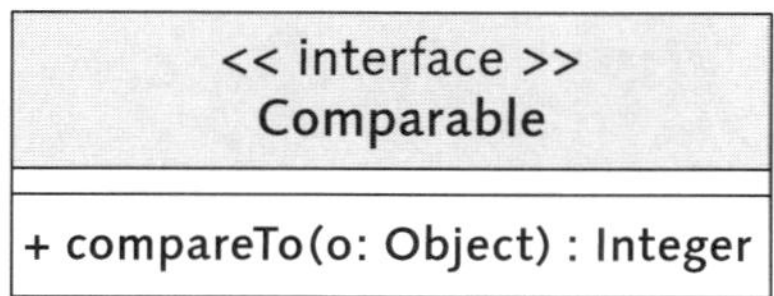

Abbildung 6.17 Notation zur Definition von Interfaces

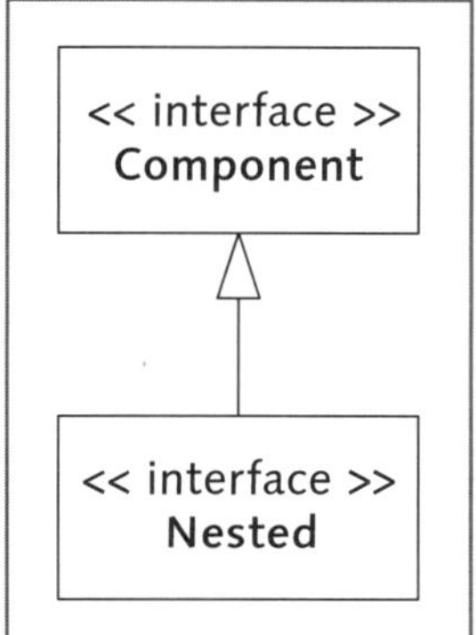

Abbildung 6.18 Notation zur Definition geschachtelter Interfaces

6.4.2 Angebotene und benötigte Interfaces bei Klassen

Abbildung 6.19 zeigt zwei Arten von Beziehungen, die eine Klasse mit einem Interface haben kann. Die gestrichelte Linie zwischen der Klasse `Customer` und dem Interface `Comparable` zeigt an, dass `Customer` das Interface `Comparable` *anbietet* (oder implementiert). Beachten Sie, dass die Notation für diese Beziehung der Notation ähnelt, die Sie bereits für Generalisierungsbeziehungen gesehen haben. In diesem Fall stellt das Interface `Comparable` eine Art Generalisierung für die Klasse `Customer` dar. Implizit gibt dies an, dass Sie Instanzen der Klasse `Customer` an Stellen ersetzen können, an denen das Interface `Comparable` verwendet wird. Der gestrichelte Pfeil zwischen der Klasse `Vector` und dem Interface `Comparable` stellt eine Abhängigkeit dar und zeigt an, dass die Klasse `Vector` das Interface `Comparable` *benötigt*. Wie bereits in Abschnitt 6.3.4, »Arbeiten mit Interfaces«, gezeigt, existiert diese Abhängigkeit in der Methode `sort`, die Vergleiche zwischen Vektorelementen mithilfe der im Interface `Comparable` definierten Methode `compareTo` durchführt.

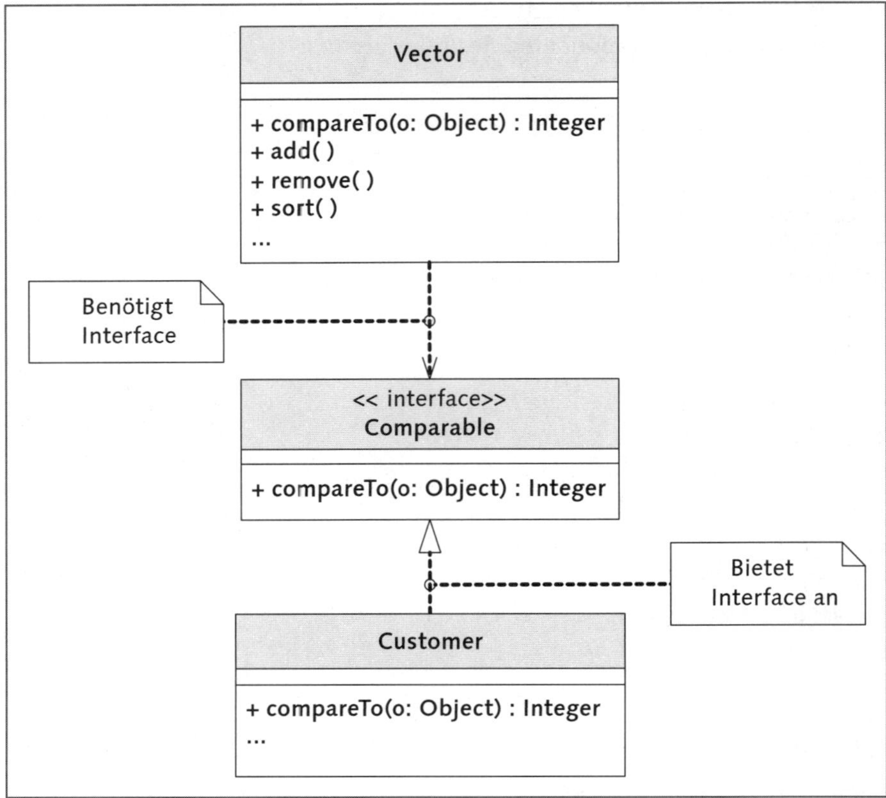

Abbildung 6.19 Definition von angebotenen und benötigten Interfaces bei Klassen

6.4.3 Statische Attribute und Methoden

Sie können statische (Klassen-)Attribute und Methoden definieren, indem Sie diese in einem Klassen- oder Interface-Symbol einfach unterstreichen. In Abbildung 6.20 weist die Klasse `Point` vier statische Attribute `QUADRANT1`, `QUADRANT2`, `QUADRANT3` und `QUADRANT4` sowie eine statische Methode `getDistance` auf.

Point
+QUADRANT1 : Integer +QUADRANT2 : Integer +QUADRANT3 : Integer +QUADRANT4 : Integer
+getDistance( ) ...

Abbildung 6.20 Definition von statischen Attributen und Methoden

6.5 Zusammenfassung

Dieses Kapitel schließt die Einführung in die objektorientierte Programmierung ab. Durch die leistungsfähigen Designs, die Sie mithilfe von Polymorphie implementieren können, werden Sie auf verschiedene Weise für all die harte Arbeit entlohnt, die der Entwurf von Familien abstrakter Datentypen mit sich bringt. In Abschnitt 6.3, »Schnittstellen«, wurde Ihre Sicht abstrakter Datentypen durch die Einführung des Konzeptes eines Interface erweitert. Interfaces bieten eine sehr große Flexibilität, um komplexe Typenhierarchien zu definieren, und sind damit ein äußerst nützlicher Zusatz für den Werkzeugkasten jedes Entwicklers.

In Kapitel 7, »Komponentenbasierte Designkonzepte«, werden verschiedene Möglichkeiten aufgezeigt, um die Klassenbibliotheken mithilfe des SAP-Paketkonzeptes in allgemeinen Softwarekomponenten zu organisieren und zu partitionieren.

Bei einem Ansatz für Software-Engineering, der auf Komponenten basiert, wird ein System in mehrere logische Komponenten unterteilt, die über klar definierte Schnittstellen kommunizieren. Werden diese Komponenten ordnungsgemäß entworfen, können sie als wiederverwendbare Software-Assets auch in anderen Projekten oder Systemen genutzt werden. In diesem Kapitel wird die Implementierung komponentenbasierter Designs in ABAP Objects näher erläutert.

7 Komponentenbasierte Designkonzepte

Nachdem Sie nun mit den grundlegenden Prinzipien der objektorientierten Softwareentwicklung in ABAP Objects vertraut sind, gehen die Ausführungen nun einen Schritt weiter, und es werden im Folgenden Möglichkeiten untersucht, um Klassenbibliotheken und ihre zugehörigen Ressourcen in wiederverwendbaren Softwarekomponenten zu organisieren. Dieser Prozess beginnt mit der Zuweisung eines ABAP-Entwicklungsobjektes zu einer modularen Softwareeinheit, die als *Paket* bezeichnet wird. Pakete dienen der Strukturierung von ABAP-Entwicklungsobjekten, indem Codebibliotheken mit feiner Granularität in Entwicklungskomponenten mit grober Granularität umgewandelt werden.

In diesem Kapitel erfahren Sie, wie Sie Pakete anlegen und mit diesen arbeiten. Zudem wird gezeigt, wie sich Pakete in das allgemeine komponentenbasierte Softwarelogistikmodell von SAP einfügen. Diese Konzepte unterstützen Sie dabei, Ihren Softwarekatalog zu organisieren, während Ihre Klassenbibliotheken im Laufe der Zeit erweitert werden.

7.1 Grundlegendes zum SAP-Komponentenmodell

Um zu verstehen, wie komponentenbasierte Softwaredesigns in einer ABAP-Entwicklungsumgebung effektiv implementiert werden, ist es sinnvoll, sich mit dem Komponentenmodell vertraut zu machen, das SAP zur Verwaltung der eigenen internen Softwarelogistik einsetzt. Wie in Abbildung 7.1 gezeigt wird, setzt SAP die eigenen Softwareprodukte aus allgemeinen Softwareeinheiten, sogenannten *Softwarekomponenten*, als Aggregate zusammen. Softwarekomponenten bestehen aus einer Reihe von *Paketen*, die die Entwicklungsobjekte organisieren, die den eigentlichen Implementierungsteil des Systems bereitstellen (zum Beispiel Klassen, Funktionsgruppen, ABAP-Dictionary-Objekte etc.). Weitere Informationen zu Paketen erhalten Sie in Abschnitt 7.2, »Paketkonzept«.

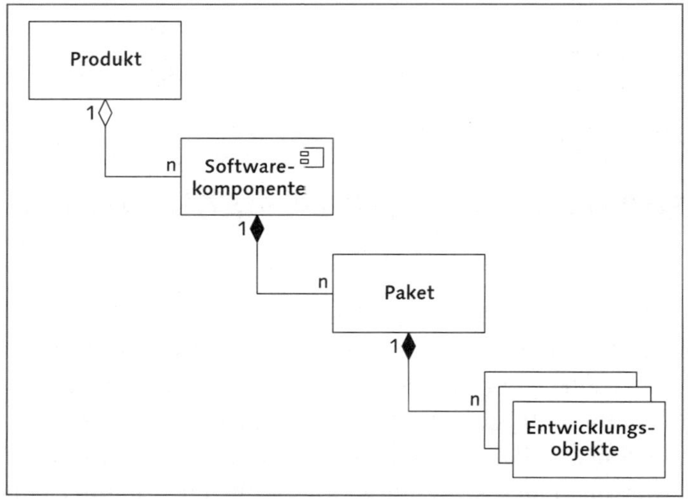

Abbildung 7.1 SAP-Komponentenmodell für die ABAP-Softwarelogistik

Alle in Abbildung 7.1 gezeigten Objekte liegen in Versionen vor. In der IT-Landschaft zahlreicher Kunden ist beispielsweise SAP ERP 6.0 installiert. Dieses Produkt ist aus bestimmten Versionen[1] der Softwarekomponenten `SAP_HR`, `SAP_APPL` etc. zusammengesetzt. Jede Softwarekomponentenversion besteht aus einer Reihe von Paketen, die Entwicklungsobjekte enthalten, deren Versionen im ABAP Repository verwaltet werden.

Um eine Liste der auf Ihrem SAP NetWeaver Application Server installierten Softwarekomponenten anzuzeigen, wählen Sie in der Menüleiste SYSTEM • STATUS und klicken auf den Button KOMPONENTENINFORMATIONEN (siehe Abbildung 7.2).

Neben den in Abbildung 7.2 aufgeführten Komponenten enthält jedes ABAP-System auch die beiden Softwarekomponenten `HOME` und `LOCAL`, die für Kundenentwicklungen bzw. lokale Entwicklungen verwendet werden.

---

1 Softwarekomponenten verfügen über eine Release-Version sowie einen Support Package Level. Die Softwarekomponente `SAP_ABA` in Abbildung 7.2 weist zum Beispiel die Release-Version 700 (7.0) und den Support Package Level 15 (SP15) auf.

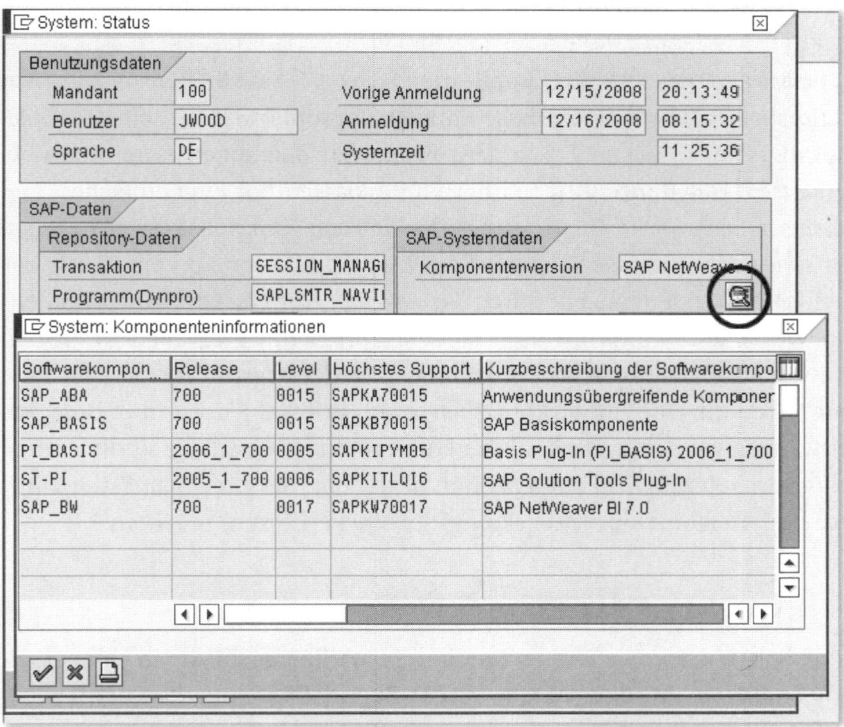

Abbildung 7.2 Anzeige der installierten Softwarekomponenten in einem System

Die Verwendung eines mehrschichtigen Ansatzes für das Systemdesign bietet viele Vorteile. In erster Linie unterstützt er die Organisation der Software in logischen Bestandteilen, die einfacher zu handhaben sind. Dies ist insbesondere für ein so großes Unternehmen wie SAP wichtig, da die Entwickler des Unternehmens weltweit an den Softwareprodukten arbeiten. Außerdem fördert er die Wiederverwendung allgemeiner Komponenten in anderen Systemen. Beispielsweise werden die Komponenten SAP_BASIS und SAP_ABA in anderen SAP Business Suite-Lösungen wie SAP Customer Relationship Management (SAP CRM), SAP Supply Chain Management (SAP SCM) etc. wiederverwendet. Und schließlich wird die Software durch diesen Ansatz erweiterbarer, da sich mithilfe der zwischen Komponenten definierten Abhängigkeiten einfacher ermitteln lässt, wie neue oder überarbeitete Komponenten in das System integriert werden können.

7.2 Paketkonzept

Bis Release 6.10 des SAP Web Application Servers (heute SAP NetWeaver Application Server) wurden sämtliche Entwicklungsobjekte innerhalb des ABAP Repositorys in logischen Containern gruppiert, den sogenannten *Entwicklungsklassen*. Das Konzept der Entwicklungsklassen bot eine einfache Möglichkeit, um verwandte Entwicklungsobjekte nach Funktionsbereichen zu kategorisieren. Mit Release 6.10 des SAP Web Application Servers wurde das Entwicklungsklassenkonzept durch das *Paketkonzept* ersetzt. Zu diesem Zeitpunkt wurde der Einführung des Paketkonzeptes keine große Bedeutung beigemessen, da viele Entwickler annahmen, dass der Begriff Paket lediglich ein neuer Name für eine Entwicklungsklasse sei. Wie Sie jedoch in diesem Abschnitt sehen werden, stellt das Paketkonzept eine wesentliche Verbesserung der logistischen Möglichkeiten für Entwickler dar, die die Organisation ihrer ABAP-basierten Softwareentwicklungsobjekte verbessern möchten.

7.2.1 Was ist ein Paket?

Pakete dienen der *Kapselung* verwandter Entwicklungsobjekte in einem logischen Container. An dieser Stelle ist der Begriff Kapselung hervorzuheben, da Pakete nicht nur beliebige Kategorien zu Entwicklungsobjekten zuweisen, sondern darüber hinaus die Definition von Grenzen ermöglichen, über die die Verwendung der Entwicklungsobjekte außerhalb ihres Paketes festgelegt werden kann. Die Kapselungskonzepte für Klassen, die Sie in Kapitel 3, »Kapselung und Ausblenden der Implementierung«, kennengelernt haben, werden durch diese Grenzen auf größere, abstrakte Entwicklungskomponenten erweitert, die sich einfacher wiederverwenden und in andere Systeme integrieren lassen.

Es gibt drei Pakettypen, die für die Organisation von ABAP-Entwicklungsobjekten verwendet werden können: *Strukturpakete*, *Hauptpakete* und *Teilpakete*. Diese Pakettypen werden in der hierarchischen Struktur organisiert, die in Abbildung 7.3 zu sehen ist. In den folgenden Abschnitten erfahren Sie mehr über die Funktion und den Zweck dieser drei Pakettypen.

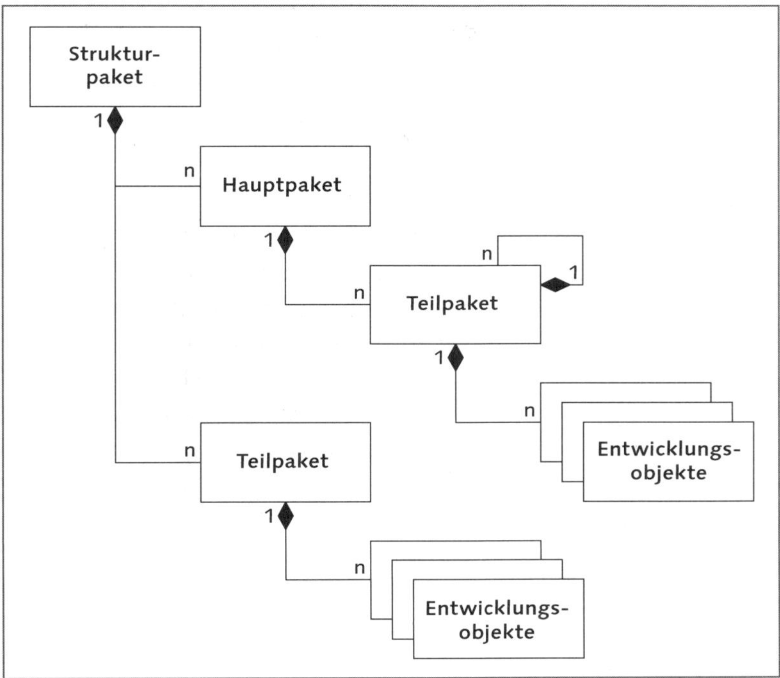

Abbildung 7.3 Struktur der ABAP-Pakethierarchie

Strukturpakete

Strukturpakete werden, wie der Name vermuten lässt, verwendet, um eine *Struktur* für die untergeordneten Pakete bereitzustellen, die die verschiedenen Module für die Implementierung von Funktionalität im System definieren. Daher sind Strukturpakete insofern nicht *erweiterbar*, als Sie auf der Ebene unmittelbar unterhalb des Strukturpaketes keine Entwicklungsobjekte hinzufügen können. Stattdessen können Strukturpakete lediglich andere Pakete einbetten. Da Strukturpakete den obersten Knoten der Pakethierarchie darstellen, sind sie meist sehr allgemein. Bei SAP sind beispielsweise alle basisbezogenen Entwicklungsobjekte unter dem Strukturpaket `BASIS` angeordnet.

In der Kundenumgebung werden Strukturpakete häufig zur Organisation aller Entwicklungsobjekte in einem bestimmten Projekt verwendet. Obwohl dies ein sinnvoller Ansatz ist, sollten Sie vermeiden, diese Beziehung zu wörtlich zu nehmen, wenn Sie tatsächlich damit beginnen, Ihre eigenen Strukturpakete zu definieren. Zahlreiche Projekte tragen beispielsweise häufig strategische Namen, die auf einprägsamen Akronymen, Release-Plänen etc. basieren. Es wird jedoch empfohlen, das Strukturpaket entsprechend der Funktionalität zu benennen, die durch das jeweilige Projekt implementiert wird, da dies langfristig eine größere semantische Bedeutung hat als der kurzlebige Projektname.

Hauptpakete

Unterhalb eines Strukturpaketes können Sie Ihre Entwicklungsobjekte in allgemeinen Modulen organisieren, die als *Hauptpakete* bezeichnet werden. Hauptpakete werden üblicherweise verwendet, um Entwicklungsobjekte nach *Funktionen* zu gruppieren. In ein Hauptpaket eingebettete Entwicklungsobjekte stehen in einer logischen Beziehung zueinander. Häufig werden in einem Hauptpaket Module gruppiert, die mit der Entwicklung einer komplexen Anwendung etc. verbunden sind. Wie es auch bei Strukturpaketen der Fall ist, können Hauptpakete jedoch nicht über Entwicklungsobjekte verfügen, die direkt unterhalb dieser Pakete eingebettet sind (siehe Abbildung 7.3).

Teilpakete

ABAP-Entwicklungsobjekte können Teilpaketen nur direkt zugewiesen werden. Diese Zuweisung erfolgt, wenn das Dialogfenster OBJEKTKATALOGEINTRAG ANLEGEN angezeigt wird (siehe Abbildung 7.4). In diesem Beispiel wird dem Teilpaket ZSUBPKG die Klasse ZCL_SOME_CLASS zugewiesen.

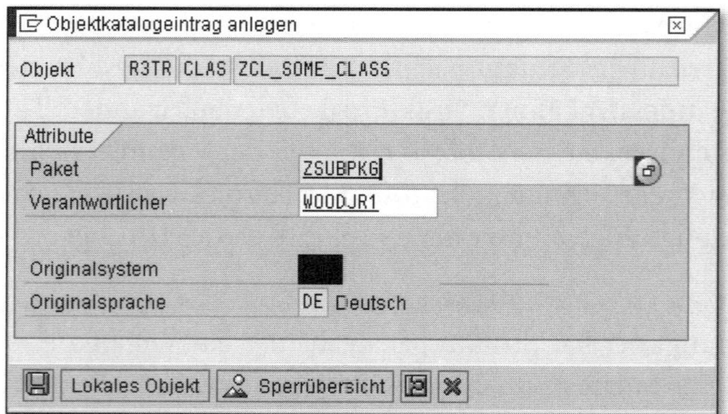

Abbildung 7.4 Zuweisung von ABAP-Repository-Objekten zu Paketen

Mithilfe von Teilpaketen lassen sich eng miteinander verbundene Objekte organisieren. In einigen Fällen kann zum Beispiel eine ganze Anwendung wie ein einfacher ALV-Report in einem Teilpaket gruppiert werden, das direkt unter einem Strukturpaket geschachtelt ist.

Die meisten Anwendungen sind jedoch weitaus komplexer. Nehmen Sie zum Beispiel an, Sie richten eine neue WDA-Anwendung (Web Dynpro ABAP) ein. Web Dynpro ABAP verwendet das MVC-Entwurfsmuster (Model View Controller) für die Trennung der Benutzeroberfläche vom zugrunde liegenden Geschäfts- bzw. Datenmodell, das geändert werden soll. Hierbei ist denkbar, dass Sie über ein separates Teilpaket für die WDA-Anwendung, die Klassenbibliothek, die das Geschäftsmodell implementiert, und die ABAP-Dictionary-Elemente, die die Persistenzschicht für die Anwendung bereitstellen, verfügen. Eine solche Partitionierung der Anwendungselemente ermöglicht eine langfristige, übersichtliche Strukturierung. Zudem können mehrere Entwickler einer Anwendung auf diese Weise einfacher in einem definierten softwarelogistischen Bereich arbeiten.

7.2.2 Anlage und Organisation von Paketen mit dem Package Builder

Über die Package-Builder-Transaktion (Transaktion SE21) können Sie Pakete pflegen. Abbildung 7.5 zeigt das Einstiegsbild des Package Builders.

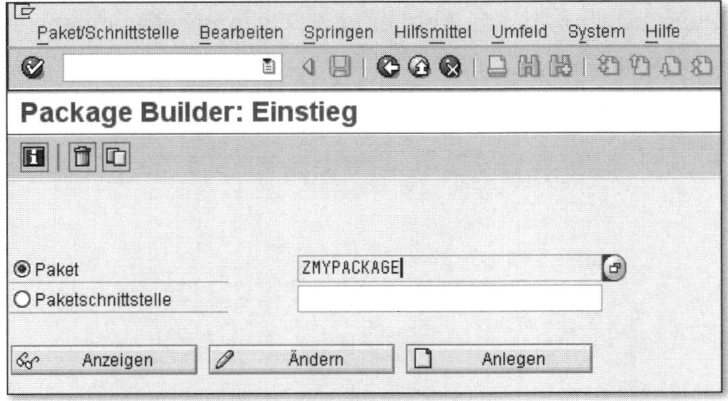

Abbildung 7.5 Package Builder – Einstiegsbild

Die Package-Builder-Anwendung ist ebenfalls im Object Navigator (Transaktion SE80) integriert (siehe Abbildung 7.6). In den meisten Fällen empfiehlt es sich, im Object Navigator mit Paketen zu arbeiten, da dessen kontextabhängige Funktionen eine einfachere Handhabung ermöglichen.

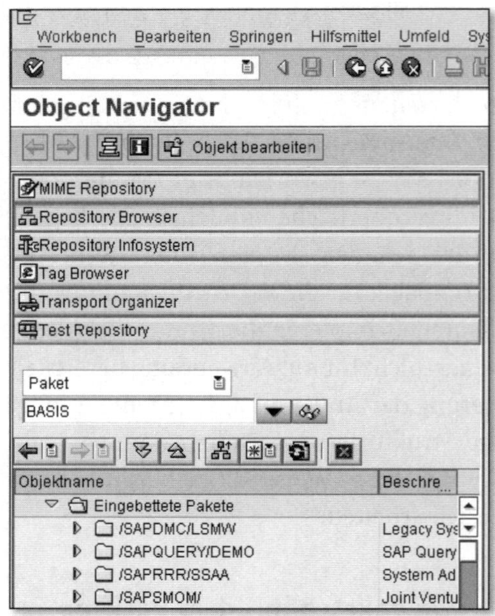

Abbildung 7.6 Integration des Package Builders im Object Navigator

1. Um ein neues Paket zu erstellen,[2] navigieren Sie zu Transaktion SE21.
2. Geben Sie einen Paketnamen ein, und klicken Sie auf den Button Anlegen (siehe Abbildung 7.5), um das in Abbildung 7.7 gezeigte Dialogfenster Paket anlegen zu öffnen.

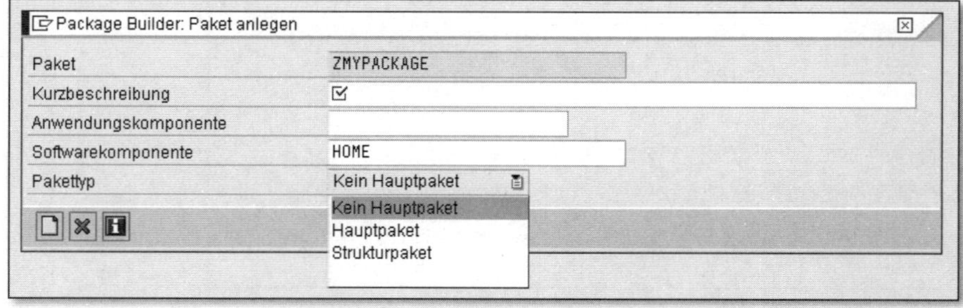

Abbildung 7.7 Dialogfenster »Package Builder: Paket anlegen«

2 Pakete werden normalerweise von Basisadministratoren gepflegt. Selbst wenn Sie über die entsprechenden Berechtigungen für den Zugriff auf diese Transaktionen verfügen, sollten Sie daher zunächst mit diesen Rücksprache halten, bevor Sie versuchen, ein Paket anzulegen. Insbesondere sollten Sie gemeinsam mit diesen Administratoren eine Strategie für die Integration Ihrer Pakete mit dem Change and Transport System (das heißt über die Einstellung Transportschicht) entwickeln.

3. Geben Sie im Dialogfenster PAKET ANLEGEN eine KURZBESCHREIBUNG für das PAKET, den PAKETTYP und die SOFTWAREKOMPONENTE an, zu der es gehört (für die Kundenentwicklung in der Regel `HOME`).

   Beachten Sie, dass Pakete zudem einer Anwendungskomponente in der SAP-Anwendungshierarchie zugewiesen werden können. Die SAP-Anwendungshierarchie (Transaktion SE81) wird verwendet, um SAP-Software aus einer logischen oder betriebswirtschaftlichen Sicht zu strukturieren.

   In Abbildung 7.8 sehen Sie, dass das Strukturpaket `BASIS` dem Anwendungsknoten `BC` (für Basis Components) der SAP-Anwendungshierarchie zugewiesen ist.

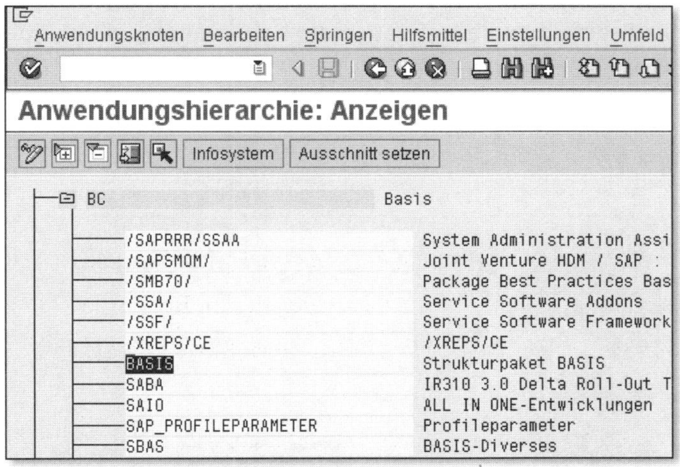

Abbildung 7.8 Integration von Paketen in die SAP-Anwendungshierarchie

Es wird dringend empfohlen, Pakete an der SAP-Anwendungshierarchie auszurichten, da es so für neue Teammitglieder wesentlich einfacher ist, benutzerspezifische Entwicklungsobjekte zu finden. Angenommen, ein neues Teammitglied sucht nach einer Klassenbibliothek, die mit Aufträgen arbeitet. Ohne eine ordnungsgemäße Organisation (und oftmals Dokumentation) muss ein Entwickler eine `ZCL*`-Suche durchführen, um alle im ABAP Repository definierten benutzerspezifischen Klassen zu durchsuchen. Wurde die Klassenbibliothek für Aufträge jedoch zu einem Paket hinzugefügt, das dem entsprechenden Knoten in der SAP-Anwendungshierarchie zugewiesen ist, kann ein Entwickler seine Suche auf Klassen eingrenzen, die in benutzerspezifischen Paketen unter dem Knoten `MM-PUR` in der SAP-Anwendungshierarchie definiert sind.

Ein weiterer Vorteil beim Ausrichten von Paketen an der SAP-Anwendungshierarchie ist, dass Sie auf diese Weise Ihre Entwicklungsobjekte nach denselben Kriterien organisieren müssen, die von SAP verwendet werden. Im Zuge dieses Kategorisierungsprozesses kommt es häufig vor, dass Sie vorhandene SAP-Entwicklungsobjekte entdecken, die Ihre Anforderungen möglicherweise bereits erfüllen. Und selbst wenn Sie keine genau zu Ihren Anforderungen passenden Objekte finden, stoßen Sie vielleicht zufällig auf Funktionalität, die Ihren Entwicklungsaufwand verringern kann (zum Beispiel mithilfe einer Komposition).

7.2.3 Einbettung von Paketen

Um die in Abbildung 7.3 gezeigte Art von Pakethierarchie anzulegen, ist es erforderlich, dass Sie Pakete in andere Pakete einbetten können, wie im Folgenden gezeigt wird:

1. Klicken Sie im Package Builder auf die Registerkarte ENTHALTENE PAKETE (siehe Abbildung 7.9).

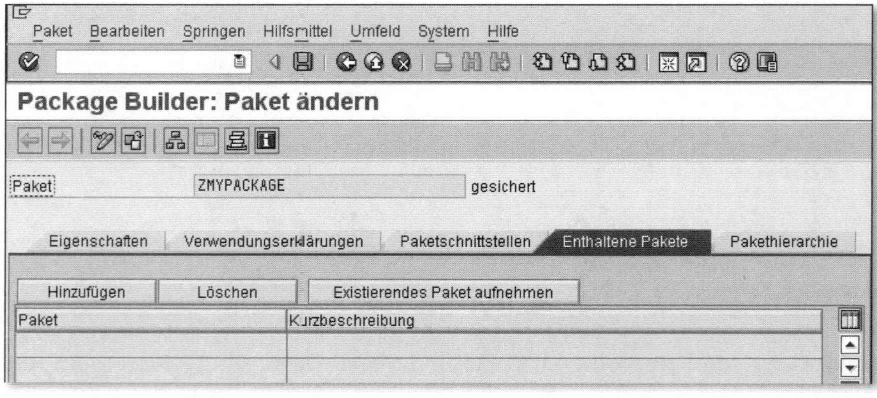

Abbildung 7.9 Einbettung von Paketen in ein anderes Paket

2. Klicken Sie auf den Button HINZUFÜGEN, um ein neues Paket unter dem aktuellen Paket anzulegen, oder klicken Sie auf den Button EXISTIERENDES PAKET AUFNEHMEN, um ein vorhandenes Paket unter dem aktuellen Paket hinzuzufügen.
3. Klicken Sie in beiden Fällen im Package Builder auf den Button SICHERN, um die Änderungen an dem einbettenden Paket zu speichern.

7.2.4 Definition von Paketschnittstellen

Im Allgemeinen sollen Komponenten (Pakete) als Blackbox erzeugt werden. Mit anderen Worten, Sie möchten den Zugriff auf die zugrunde liegenden Entwicklungsobjekte in einem Paket einschränken können, sodass nur bestimmte, von Ihnen festgelegte Entwicklungsobjekte sichtbar sind. Diese sichtbaren Entwicklungsobjekte bilden die *Schnittstelle* des Paketes. Um eine Paketschnittstelle anzulegen, führen Sie die folgenden Schritte aus:

1. Wählen Sie im Package Builder die Registerkarte PAKETSCHNITTSTELLEN, und klicken Sie auf den Button HINZUFÜGEN.
2. Geben Sie im Dialogfenster PAKETSCHNITTSTELLE ANLEGEN, das in Abbildung 7.10 zu sehen ist, den Namen der Paketschnittstelle und eine Kurzbeschreibung ein, und klicken Sie auf den Button WERTE ÜBERNEHMEN, um die Paketschnittstelle zum Paket hinzuzufügen. Denken Sie daran, im Package Builder auf den Button SICHERN zu klicken, um das Paket zu speichern.

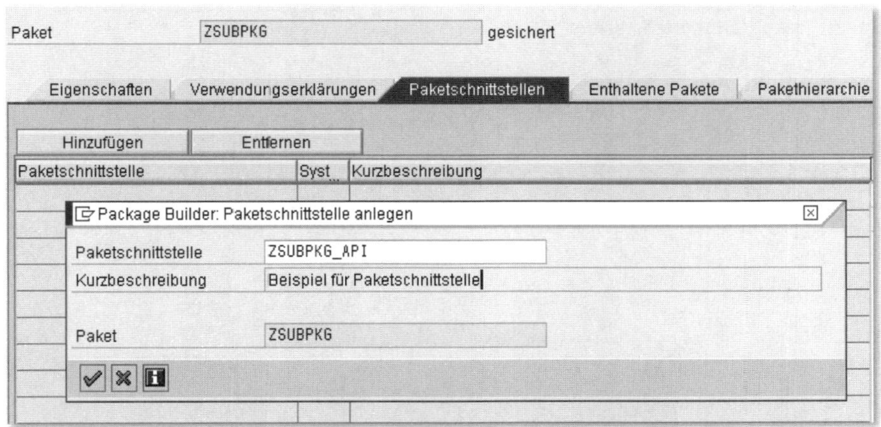

Abbildung 7.10 Anlegen einer neuen Paketschnittstelle

3. Doppelklicken Sie auf die Paketschnittstelle, nachdem Sie diese angelegt haben, um das Package-Builder-Fenster PAKETSCHNITTSTELLE ÄNDERN zu öffnen (siehe Abbildung 7.11). Klicken Sie auf den Button HINZUFÜGEN, um Entwicklungsobjekte aus dem Paket zur Paketschnittstelle hinzuzufügen.

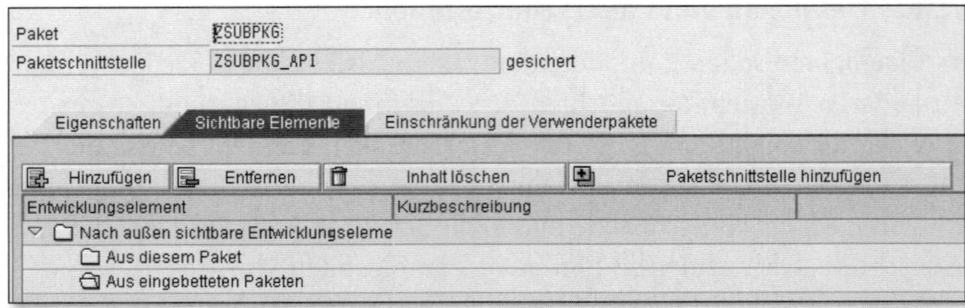

Abbildung 7.11 Bearbeitung der Paketschnittstelle

4. Normalerweise würden Sie Elemente jedoch hinzufügen, indem Sie Entwicklungsobjekte per Drag & Drop aus der Objektliste im linken Bereich des Object Navigators auf die Ordnerknoten AUS DIESEM PAKET und AUS EINGEBETTETEN PAKETEN[3] verschieben (siehe Abbildung 7.12).

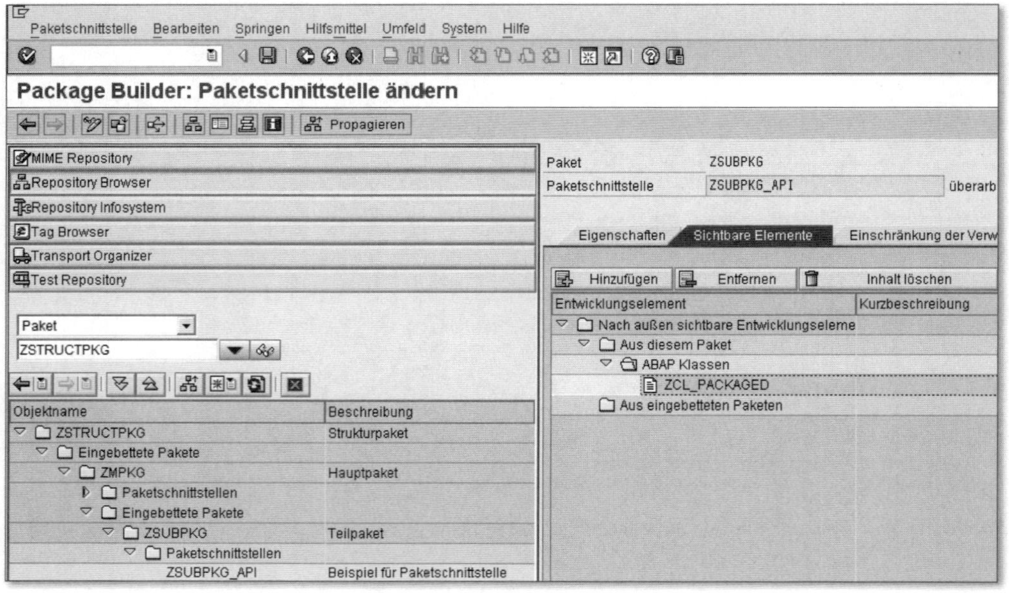

Abbildung 7.12 Hinzufügen von Elementen zu einer Paketschnittstelle

---

3 Beachten Sie, dass Entwicklungsobjekte aus eingebetteten Paketen zunächst zu einer Paketschnittstelle ihres einschließenden Paketes hinzugefügt werden müssen, bevor sie in ein übergeordnetes Paket eingebettet werden können. Sie können zudem die gesamte Paketschnittstelle eines Teilpaketes hinzufügen, indem Sie auf den Button PAKETSCHNITTSTELLE HINZUFÜGEN klicken (siehe Abbildung 7.11).

Bei der Gestaltung Ihrer Paketschnittstellen sollten Sie nach dem Prinzip der *geringsten Rechte* vorgehen, das in Kapitel 5, »Vererbung«, beschrieben wird. Das bedeutet, dass Sie nur die Entwicklungsobjekte hinzufügen, die externe Pakete benötigen, um ihre Aufgaben auszuführen. Auf diese Weise können Sie die *Verwendungserklärungsfunktion* (siehe folgenden Abschnitt) verwenden, um sicherzustellen, dass Entwicklungsobjekte, die innerhalb eines Paketes verborgen sind, nicht von anderen Benutzern verwendet werden können. So können Sie Entwicklungsobjekte innerhalb eines Paketes flexibel ändern oder entfernen, ohne sich über mögliche Auswirkungen auf andere Programme Gedanken machen zu müssen.

7.2.5 Anlage von Verwendungserklärungen

Häufig sind Entwicklungsobjekte in einem Paket von Entwicklungsobjekten abhängig, die in einem anderen Paket definiert sind. Vor der Einführung des Paketkonzeptes konnten Entwickler Abhängigkeiten zwischen Entwicklungsobjekten beliebig ohne jegliche Einschränkungen festlegen. Vom softwarelogistischen Standpunkt aus war dies äußerst problematisch, da es nahezu unmöglich war, Entwickler an der Verwendung von Entwicklungsobjekten zu hindern, die aus bestimmten Gründen nicht genutzt werden sollten. So konnten Entwickler zum Beispiel eine Hilfsklasse oder -funktion benutzen, die nicht für die öffentliche Verwendung gedacht war. Sobald diese Abhängigkeit vorhanden ist, lässt sich solch ein Helfermodul nur noch schwer ändern (oder entfernen), ohne Probleme innerhalb des gesamten Systems zu verursachen.

Dieses Logistikproblem lässt sich lösen, indem explizit *Verwendungserklärungen* zwischen Paketen angelegt werden. Diese Abhängigkeitsprüfungen werden technisch nur dann erzwungen, wenn bestimmte Systemeinstellungen aktiviert sind (weitere Informationen hierzu finden Sie in Abschnitt 7.2.6, »Durchführung von Paketprüfungen«). Mit einer Verwendungserklärung wird ausdrücklich deklariert, dass ein Client-Paket (oder Verwenderpaket) Entwicklungsobjekte verwenden möchte, die in der Paketschnittstelle eines Serverpaketes (oder Anbieterpaketes) definiert sind. Um eine Verwendungserklärung zu definieren, führen Sie die folgenden Schritte aus:

1. Öffnen Sie im Package Builder das Verwenderpaket, und klicken Sie auf die Registerkarte VERWENDUNGSERKLÄRUNGEN.
2. Klicken Sie auf den Button ANLEGEN, um das Dialogfenster VERWENDUNGSERKLÄRUNG ANLEGEN zu öffnen (siehe Abbildung 7.13). Wählen Sie eine im Anbieterpaket definierte Paketschnittstelle aus. Abgesehen von seltenen

Ausnahmefällen sollten Sie im Listenfeld FEHLERSCHWERE immer die Option KEINE REAKTION auswählen (nähere Informationen zu den weiteren Optionen finden Sie in der SAP-Online-Hilfe). Diese Option stellt sicher, dass im Werkzeug für die erweiterte Programmprüfung (Transaktion SLIN) keine Meldungen angezeigt werden, wenn eine *tatsächliche Berechtigung* vorhanden ist. Über die anderen Optionen können Sie die Meldungsart für die Fehlerschwere einstellen, sofern dies erforderlich ist.

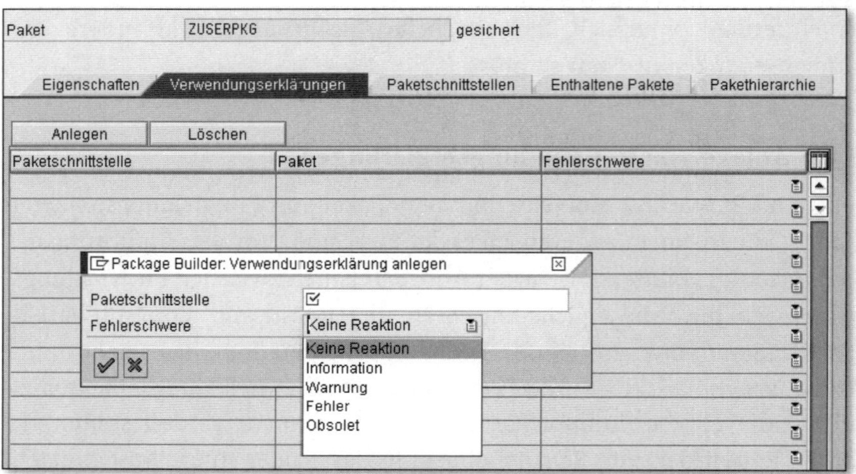

Abbildung 7.13 Anlegen von Verwendungserklärungen in Paketen

3. Klicken Sie auf den Button WERTE ÜBERNEHMEN, um die Verwendungserklärung anzulegen. Denken Sie auch daran, im Package Builder auf den Button SICHERN zu klicken, um die Änderungen am Verwenderpaket zu speichern.

Auch wenn Ihre Entwicklungsorganisation noch nicht für die Umsetzung der komponentenbasierten Softwareentwicklung bereit ist, ist es sinnvoll, explizite Verwendungserklärungen anzulegen, um die Abhängigkeiten zwischen den verschiedenen Paketen nachvollziehen zu können. Um den Nutzen dieser Vorgehensweise besser zu verstehen, betrachten Sie ein Beispiel, in dem es hilfreich wäre, diese Abhängigkeiten zu kennen.

Gehen Sie von einer Organisation aus, die ihre aktuellen SAP-Implementierungen um weitere Produkte der SAP Business Suite erweitern möchte, zum Beispiel SAP CRM oder SAP SRM. Da diese Produkte alle auf dem SAP NetWeaver Application Server ausgeführt werden, sind höchstwahrscheinlich allgemeine Entwicklungsobjekte vorhanden, die Sie innerhalb der gesamten Landschaft einsetzen wollen. Ohne Verwendungserklärungen kann es jedoch schwierig sein, diese gemeinsamen Objekte zu transportieren, da es nahezu unmöglich ist, alle eventuellen Abhängigkeiten physisch nachzuvollziehen, die zwischen den einzelnen Objekten bestehen können. In diesem Fall können schon wenige vorbereitende Schritte entscheidend dazu beitragen, dass sich eine Vielzahl unangenehmer Logistikprobleme, die später auftreten könnte, bereits im Vorfeld vermeiden lässt.

7.2.6 Durchführung von Paketprüfungen

Das Anlegen von Verwendungserklärungen zwischen Paketen erfordert zusätzliche Maßnahmen und Disziplin im Softwareentwicklungsprozess. Denn schließlich ist es wesentlich leichter, einfach mit der Nutzung eines Entwicklungsobjektes zu beginnen, ohne dessen Verwendung im Voraus zu registrieren. Um Entwickler vor sich selbst zu schützen, hat SAP daher ein Werkzeug für die *Paketprüfung* bereitgestellt, das in die Funktion zur erweiterten Syntaxprüfung der ABAP Workbench integriert ist.

Das Werkzeug für die Paketprüfung unterstützt Sie bei der Suche nach Codestellen, an denen Sie Entwicklungsobjekte in anderen Paketen verwenden, ohne zunächst eine Verwendungserklärung zu deklarieren. Das Werkzeug für die Paketprüfung ist in Kundensystemen standardmäßig deaktiviert. Wenden Sie sich daher an Ihren Basisadministrator vor Ort, um diese Einstellung zu aktivieren (Details zur Konfiguration dieser Einstellung in Ihrem System finden Sie in SAP-Hinweis 648898). In der SAP-Online-Hilfe werden verschiedene Szenarien beschrieben, die die Funktionsweise der Paketprüfung je nach Konfiguration der Systemeinstellungen veranschaulichen.

7.2.7 Paketdesignkonzepte

Es gibt keine feste Regel, wie Pakete und Paketschnittstellen entworfen werden sollten. Beispielsweise ist nicht vorgeschrieben, dass Sie Struktur- oder Hauptpakete verwenden müssen, um Entwicklungsobjekte zu organisieren. Sie können für die Organisation Ihrer Entwicklungsobjekte auch einfach Teilpakete verwenden. Tatsächlich wird für viele Projekte lediglich ein großes Teilpaket angelegt, in dem sämtliche Elemente gespeichert werden. Zugleich können Pakethierarchien allerdings auch so umfangreich gestaltet werden, dass sie zu granular sind, um in der Praxis einen wirklichen Nutzen zu bieten.

In seinem Buch *UML konzentriert* (Addison-Wesley, 2003) beschreibt Martin Fowler drei grundlegende Prinzipien, die beim Design von Paketarchitekturen nützlich sein können:[4]

- Das *Common Closure Principle* besagt, dass Entwicklungsobjekte innerhalb desselben Paketes aus denselben Gründen geändert werden sollten.
- Das *Common Reuse Principle* empfiehlt, alle Entwicklungsobjekte innerhalb eines Paketes gemeinsam wiederzuverwenden.
- Nach dem *Static Dependencies Principle* sollten Sie prüfen, wie *stabil* Ihr Paket ist, wenn hierfür mehrere Abhängigkeiten vorhanden sind.

  Wenn beispielsweise zehn Pakete von einem einzigen Paket abhängen, muss die Schnittstelle dieses Paketes unbedingt stabil sein, damit bei Änderungen weitreichende Welleneffekte vermieden werden. Dabei ist es häufig hilfreich, die Schnittstelle des Paketes in Form von Interfaces und abstrakten Klassen zu definieren, da diese die erforderliche Flexibilität bieten, um an Änderungen angepasst werden zu können.

Die Anwendung dieser Prinzipien auf Ihre Paketdesigns sollte Ihnen dabei helfen, den Überblick über Abhängigkeiten zu behalten und Ihre Entwicklungsziele zu erreichen. Bedenken Sie zudem, dass Sie nicht an ein bestimmtes Design gebunden sind, wenn Sie letztendlich herausfinden, dass es für Ihr Projekt nicht geeignet ist. Wie Klassen erfordern auch Paketbeziehungen in manchen Fällen ein Refactoring. Glücklicherweise bietet die ABAP Workbench eine einfache Möglichkeit, um Entwicklungsobjekte anderen Paketen zuzuweisen.

7.3 UML-Tutorial: Paketdiagramme

Der komponentenbasierte Designprozess kann recht komplex werden, da er stark von den subjektiven Einfällen der Entwickler beeinflusst wird, die nicht selten widersprüchliche Designziele verfolgen. Für gewöhnlich umfasst dieser Prozess mehrere Iterationen, während denen das Modell schrittweise umgestaltet wird, bis es das zu implementierende System widerspiegelt. UML unterstützt die Dokumentation dieses Designprozesses durch das *Paketdiagramm*. In einem Paketdiagramm lassen sich verwandte Klassen und

---

4 Bei der Beschreibung dieser Prinzipien bezieht sich Martin Fowler auf das Buch *The Principles, Patterns, and Practices of Agile Software Development* (Prentice-Hall, 2003) von Robert Cecil Martin.

Schnittstellen (und andere Entwicklungsobjekte) in allgemeineren Einheiten gruppieren, die als *Pakete* bezeichnet werden.

Beachten Sie, dass die Überschneidung des Begriffs Paket in UML und in den ABAP-Paketen, die Sie in Abschnitt 7.2, »Paketkonzept«, kennengelernt haben, zufällig ist. Ein UML-Paket ist ein logisches Konzept, das auf viele Arten von verschiedenen Programmiersprachen implementiert werden kann. Wie Sie jedoch sehen werden, ist das ABAP-Paketkonzept sehr nah am UML-Paketkonstrukt ausgerichtet.

Abbildung 7.14 zeigt ein Beispiel eines Paketdiagramms für eine einfache Anwendung zur Online-Buchung von Reisen, die mit dem Web-Dynpro-ABAP-Framework erstellt wurde. Jedes Ordnersymbol innerhalb des Diagramms repräsentiert ein Paket. Die gestrichelten Linien zwischen den Paketen stellen *Abhängigkeiten* dar. Die Richtungen der Linien geben dabei die Richtungen der Abhängigkeiten an. Zum Beispiel hängen die Pakete `Customer UI` und `Travel Agent UI` von den Paketen `WDA Framework` und `Travel Reservation Model` ab. Gleichermaßen sind Objekte im Paket `Travel Reservation Model` von ABAP-Dictionary-Objekten abhängig, die im Paket `Travel Reservation Dictionary` definiert sind.

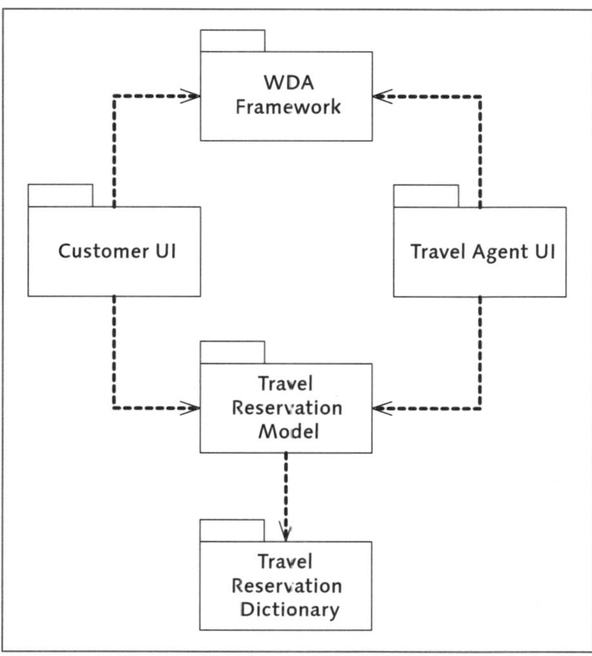

Abbildung 7.14 Paketdiagramm für Web-Dynpro-Anwendung

Auch die formellen ABAP-Paketnamen hätten in diesem Diagramm verwendet werden können. Wie Sie aber in Abbildung 7.14 sehen, ist dies in der UML-Notation optional. Wie bei zahlreichen anderen Diagrammen in UML gibt es nicht viele Einschränkungen im Hinblick auf die Notation für ein Paketdiagramm. Im Paketdiagramm in Abbildung 7.15 sind einige der Klassen in den Paketen `P1` und `P2` dargestellt. Die bekannten Sichtbarkeits-Tokens Plus (+) und Minus (-) zeigen, ob die Klassen zur öffentlichen oder privaten Schnittstelle des Paketes gehören. In diesem Beispiel wurde die Klasse `B` zur Paketschnittstelle von Paket `P1` hinzugefügt. Die Abhängigkeitslinie zwischen dem Paket `P2` und `P1` könnte dazu verwendet werden, um eine Verwendungserklärung darzustellen (Klasse `C` verwendet die Klasse `B` etc.).

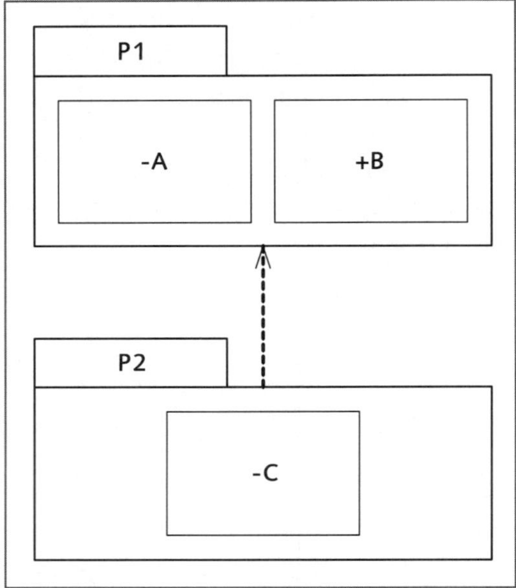

Abbildung 7.15 Einfügen von Objekten in ein Paketdiagramm

Paketdiagramme sind äußerst nützlich, um ein Systemdesign im Hinblick auf die enthaltenen Komponenten darzustellen. Wenn Ihr Paketdiagramm einem Wirrwarr gleichkommt, haben Sie Ihre Pakete wahrscheinlich nicht sorgfältig gekapselt. Daher empfiehlt es sich, Ihre Paketdiagramme regelmäßig zu aktualisieren, um die Effektivität Ihrer Komponentendesigns im Laufe der Zeit zu beurteilen.

7.4 Zusammenfassung

In diesem Kapitel wurde beschrieben, wie die komponentenbasierte Softwareentwicklung in ABAP durchgeführt wird. Sie haben erfahren, dass die komponentenbasierte Softwareentwicklung in ABAP auf dem Paketkonzept basiert, das über die Sichtbarkeitskonzepte von Klassen hinausgeht, um Entwicklungsobjekte innerhalb einer logischen Softwareeinheit zu kapseln.

In Kapitel 8, »Fehlerbehandlung mit Ausnahmen«, wird das klassenbasierte Ausnahmebehandlungskonzept in ABAP erläutert. Mit diesem Konzept lässt sich auf übersichtliche Weise Logik implementieren, um den normalen Zustand bei Ausnahmesituationen wiederherzustellen, die in Programmen auftreten können.

Softwareprogramme werden in einer auf Regeln basierenden Umgebung ausgeführt. Doch jeder kennt die Redensart »Ausnahmen bestätigen die Regel«. In diesem Kapitel werden Möglichkeiten untersucht, um Ausnahmesituationen zu behandeln, die in ABAP-Objects-Programmen auftreten können.

8 Fehlerbehandlung mit Ausnahmen

Wie groß die Anstrengungen auch sind, die Qualität der Codes zu verbessern, es ist schlichtweg nicht möglich, sämtliche Arten von Fehlern zu vermeiden, die während der Ausführung einer Anwendung auftreten können. Tatsächlich werden einige Fehler sogar versehentlich von Programmierern eingeführt, die sich zu sehr bemühen, ihre Anwendungen *fehlerresistent* zu gestalten. Das kann soweit gehen, dass die Fehlerbehandlungslogik beispielsweise den Hauptzweck des Programmablaufs verbirgt, sodass der Code schwerer zu verstehen und zu pflegen und damit anfälliger für Fehler ist.

Die Fehlerbehandlungslogik ist ein *Cross-Cutting Concern*, das heißt eine übergreifende Anforderung, die in den normalen Fluss der Hauptanwendungslogik eingebunden ist. Idealerweise trennen Sie die Fehlerbehandlungslogik vom Hauptprogrammablauf, sodass diese beiden orthogonalen Aspekte separat gehandhabt werden können. In diesem Kapitel lernen Sie, wie Sie das *klassenbasierte Ausnahmebehandlungskonzept* in ABAP anwenden, um eine derartige Trennung der Anforderungen umzusetzen.

8.1 Gewonnene Erkenntnisse aus vorhergehenden Ansätzen

Vor Release 6.10 des SAP Web Application Servers gab es keine umfassende Strategie für die Behandlung von Ausnahmen innerhalb von ABAP Objects. Folglich mussten Entwickler improvisieren und benutzerspezifischen Ausnahmebehandlungscode in ihren normalen Programmablauf einbinden. Der Codeausschnitt in Listing 8.1 zeigt ein Beispiel für eine Fehlerbehandlungslogik. Diese wurde zu einem Programm hinzugefügt, über das eine Reihe von

Unterprogrammen zum Ausführen verschiedener Aufgaben aufgerufen wurde.

```
DATA: lv_retcode TYPE sy-subrc.
PERFORM sub_routine1 CHANGING lv_retcode.
IF lv_retcode NE 0.
   "Error Handling Logic
ENDIF.
PERFORM sub_routine2 CHANGING lv_retcode.
CASE lv_retcode.
   WHEN 0.
      ...
   WHEN 1.
      ...
   WHEN 2.
      ...
   WHEN OTHERS.
      ...
ENDIF.
PERFORM sub_routine3 CHANGING lv_retcode.
IF lv_retcode NE 0.
   "Redundant Error Handling Logic???
ENDIF.
```

Listing 8.1 Beispiel für einen manuellen Ansatz der Ausnahmebehandlung

In einem erfundenen Beispiel wie diesem kann dem Programmablauf problemlos gefolgt werden. Beachten Sie jedoch, dass prozentual gesehen mehr Codezeilen für die Behandlung von Ausnahmen als für die tatsächliche Programmlogik enthalten sind. In größeren Produktivprogrammen zeigt sich dieses Problem noch deutlicher.

Der Kürze halber wurden die Details der Ausnahmebehandlungslogik in diesem Beispielcode in Listing 8.1 ausgelassen. Dennoch ist offensichtlich, dass die Korrektur des Problems eine Logik erfordert, um einen Workaround zu ermitteln oder den Fehler (zum Beispiel über eine Art von Nachricht) an einen anderen Ausnahmebehandler oder Benutzer weiterzuleiten. Zu diesem Zweck werden detaillierte Informationen über die Art des Fehlers benötigt. Häufig enthält ein Rückgabewert wie der aus Listing 8.1 (`lv_retcode`) nicht alle Informationen, die erforderlich sind. In diesem Fall müssen möglicherweise die Schnittstellen der Unterprogramme etc. um zusätzliche Datenobjekte erweitert werden, die mehr Details zu Fehlern erfassen, die innerhalb des Moduls auftreten können.

Dadurch wird der Prozess jedoch umso aufwendiger, insbesondere für Module, die andere Module mit einer anderen Schnittstelle aufrufen. Beispielsweise geben die meisten BAPI-Funktionsbausteine einen Tabellenparameter für die Fehlermeldung mit dem Zeilentyp `BAPIRET2` zurück. Intern rufen diese BAPIs häufig andere Standardfunktionsbausteine oder -unterprogramme auf, die keinen solchen Nachrichtentabellenparameter pflegen. Folglich muss in der BAPI-Funktion zusätzlicher Code geschrieben werden, um zwischen den verschiedenen Nachrichtentabellentypen zu übersetzen. In Abschnitt 8.5, »Anlage von Ausnahmeklassen«, erfahren Sie, wie Ausnahmeklassen entwickelt werden, die diese Details auf effizientere Weise kapseln.

Ein weiteres Problem mit Ad-hoc-Ausnahmebehandlungsstrategien ist, dass es äußerst schwierig sein kann, die Arten von Fehlern zu identifizieren, die innerhalb eines Moduls auftreten können, ohne dazu zunächst den Code zu durchstöbern. Wie würden Sie zum Beispiel in Listing 8.1 potenzielle Probleme ermitteln, die bei einem Aufruf von `sub_routine1` berücksichtigt werden müssten? Aus Designsicht sollte die Schnittstelle Ihrer Module expliziter Auskunft über die Fehlertypen geben, die innerhalb dieser Module auftreten können.

Denn schließlich sind Ausnahmen auch ein Teil des API-Vertrages für ein Modul. Ältere Konzepte boten in gewissem Maße Unterstützung für diese Anforderung. Beispielsweise können Sie über den Zusatz `EXCEPTIONS` benannte Ausnahmen für Funktionsbausteine erzeugen. Bei diesen Ausnahmen handelt es sich jedoch im Wesentlichen um statische Fehlercodes, denen innerhalb des Funktionsbausteins eine semantische Bedeutung zugewiesen wurde. Die Bedeutung dieser Ausnahmen ist jedoch außerhalb des Gültigkeitsbereichs eines Funktionsbausteins meist nicht mehr erkennbar; dies gilt insbesondere, wenn neue Ausnahmen hinzugefügt werden.

Aufgrund dieser Erkenntnis entschied sich SAP, ein neues klassenbasiertes Konzept für die Behandlung von Ausnahmen zu implementieren, das in sämtlichen ABAP-Kontexten (Programmen, Verarbeitungsblöcken etc.) einheitlich verwendet werden kann. Weitere Informationen zu diesem Konzept finden Sie im folgenden Abschnitt.

8.2 Klassenbasiertes Ausnahmebehandlungskonzept

Wie der Name bereits vermuten lässt, verwendet das klassenbasierte Ausnahmebehandlungskonzept spezielle Klassen, sogenannte *Ausnahmeklassen*, um Ausnahmesituationen zu kapseln, die innerhalb eines Programms auftreten können. Diese Klassen sind in ein Framework integriert, das die Trennung der Ausnahmebehandlungsaspekte eines Programms von dessen wichtigsten funktionalen Aspekten vereinfacht. Dieses Framework wird über die TRY-Kontrollstruktur organisiert, deren Form in Listing 8.2 gezeigt ist.

```
TRY.
   "Application coding block
CATCH cx_exception_type
   "Exception handler block
CATCH cx_...
   "Exception handler block
CLEANUP.
   "Cleanup block
ENDTRY.
```

Listing 8.2 Grundlegende Form der TRY...ENDTRY-Kontrollstruktur

Die TRY-Anweisung trennt den normalen Anwendungsfluss vom Ausnahmebehandlungsfluss, indem separate Ausführungsblöcke angelegt werden. Der TRY-Block enthält den normalen Anwendungscode, der verschiedene Typen von Ausnahmen auslösen kann. Diese Ausnahmen werden von speziellen Ausnahmebehandler-Blöcken gehandhabt, den sogenannten CATCH-Blöcken. Diese Blöcke enthalten Code, mit dem eine bestimmte Ausnahmesituation über eine anwendungsspezifische Methode behandelt werden kann. Darüber hinaus kann ein spezieller CLEANUP-Block für eine Bereinigung hinzugefügt werden, die möglicherweise erforderlich ist, bevor die TRY-Anweisung die Kontrolle erneut an den normalen Programmablauf übergibt. Der grundlegende Prozessfluss einer TRY-Anweisung wird in Abbildung 8.1 gezeigt.

Entwickler betrachten manchmal den *klassenbasierten* Teil dieses Ansatzes und gehen davon aus, dass diese Funktionen nur in ABAP-Objects-Klassen verwendet werden können. Klassenbasierte Ausnahmen wurden jedoch für die Verwendung in sämtlichen ABAP-Kontexten konzipiert und sollten in prozeduralen Unterprogrammen, Ereignisblöcken etc. genutzt werden.

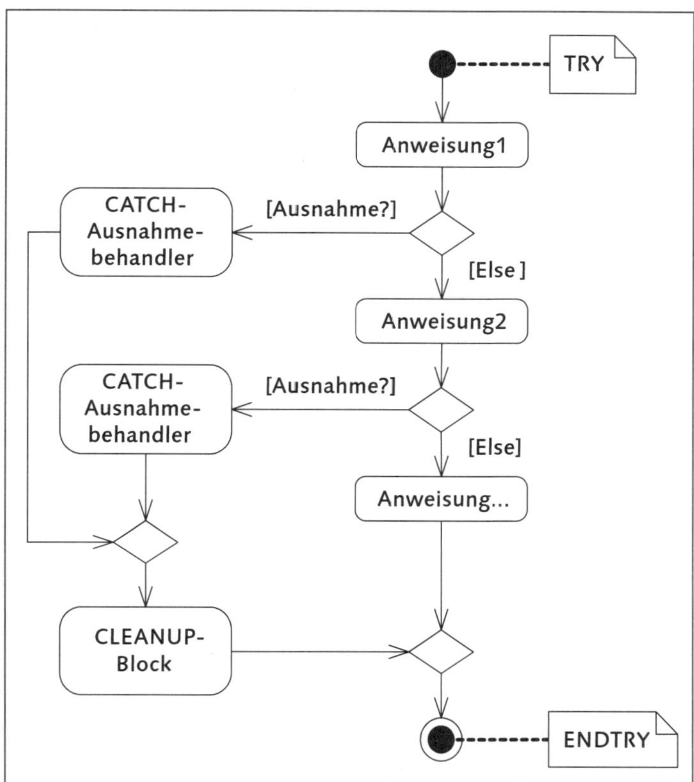

Abbildung 8.1 Aktivitätsdiagramm für die TRY...ENDTRY-Kontrollanweisung

8.3 Ausnahmebehandlung

Innerhalb eines ABAP-Programms können zwei Arten von Ausnahmen auftreten: einerseits solche, die programmatisch über die `RAISE EXCEPTION`-Anweisung ausgelöst werden, und andererseits Ausnahmen, die automatisch von der ABAP-Laufzeitumgebung aktiviert werden. Ausnahmen, die von der ABAP-Laufzeitumgebung ausgelöst werden, können nicht immer innerhalb des Kontextes eines ausgeführten Programms behandelt werden. In diesem Fall tritt ein Laufzeitfehler (ein *Kurzdump*) auf, und das Programm wird abgebrochen, das heißt nicht ordnungsgemäß beendet. Tatsächlich führen alle nicht behandelten Ausnahmen zu einem Laufzeitfehler, da die Problembedingung innerhalb des Programms nie formal adressiert wurde. In diesem Abschnitt wird erläutert, wie Sie die Anweisungen `CATCH` und `CLEANUP` einsetzen, um den normalen Zustand bei Ausnahmesituationen wiederherzustellen, die programmatisch behandelt werden können.

8.3.1 Behandlung von Ausnahmen

Wie Sie gesehen haben, werden Ausnahmen innerhalb eines CATCH-Blocks behandelt. CATCH-Blöcke wurden entwickelt, um Ausnahmen eines bestimmten Typs (oder, wie Sie sehen werden, einer Familie verbundener Typen) zu handhaben. Der Ausnahmetyp wird als Ausnahmeklasse definiert, die Teil einer auf der gemeinsamen Oberklasse CX_ROOT basierenden Vererbungshierarchie ist. In einer AS ABAP-Installation ist eine Vielzahl vordefinierter Ausnahmeklassen verfügbar, die umgehend eingesetzt werden können. Darüber hinaus können Sie eigene benutzerspezifische Ausnahmetypen definieren (weitere Einzelheiten finden Sie in Abschnitt 8.5, »Anlage von Ausnahmeklassen«).

Wird eine Ausnahme eines bestimmten Typs ausgelöst, sucht das System nach einem entsprechenden CATCH-Block, um diese Ausnahme zu behandeln. Um diesen Vorgang zu veranschaulichen, ist im Folgenden ein Beispielcode abgebildet, über den eine Klassen-Cast-Ausnahme gehandhabt wird.

Der TRY-Block in Listing 8.3 enthält Codezeilen, die einen unzulässigen Widening Cast zwischen den Objektreferenzvariablen lr_parent und lr_child durchführen. Zur Laufzeit ermittelt die ABAP-Laufzeitumgebung den unzulässigen Cast und löst eine Ausnahme vom Typ CX_SY_MOVE_CAST_ERROR aus, die innerhalb des jeweiligen CATCH-Blocks behandelt wird. Die Ausnahmetypen, die bei der Ausführung einer ABAP-Anweisung auftreten können, sind in der ABAP-Schlüsselwortdokumentation beschrieben. Um herauszufinden, welche Ausnahmeklasse verwendet werden muss, wurde eine Suche für das Schlüsselwort MOVE durchgeführt. Diese Suche ergab, dass eine Ausnahme vom Typ CX_SY_MOVE_CAST_ERROR in einer Zuweisungsanordnung auftreten kann, die Objektreferenzvariablen verwendet. Die relevante Logik, die zum Behandeln des Fehlers benötigt wird, kann innerhalb des CATCH-Blocks implementiert werden. Der Code in Listing 8.3 erzeugt einen einfachen Fehlerbericht, der auf dem Bildschirm angezeigt wird (siehe Abbildung 8.2).

```
CLASS lcl_parent DEFINITION.
  PUBLIC SECTION.
    METHODS: a, b.
ENDCLASS.

CLASS lcl_parent IMPLEMENTATION.
  METHOD a.
  ENDMETHOD.

  METHOD b.
  ENDMETHOD.
```

```
ENDCLASS.

CLASS lcl_child DEFINITION
      INHERITING FROM lcl_parent.
   PUBLIC SECTION.
      METHODS: c.
ENDCLASS.

CLASS lcl_child IMPLEMENTATION.
   METHOD c.
   ENDMETHOD.
ENDCLASS.

DATA: lr_parent   TYPE REF TO lcl_parent,
      lr_child    TYPE REF TO lcl_child,
      lr_ex       TYPE REF TO cx_sy_move_cast_error,
      lv_progname TYPE syrepid,
      lv_inclname TYPE syrepid,
      lv_line     TYPE i,
      lv_text     TYPE string,
      lv_longtext TYPE string.

* Attempt a widening cast where the dynamic type of the
* source object reference is not compatible with
* the static type of the target object reference:
TRY.
   CREATE OBJECT lr_parent.
   CREATE OBJECT lr_child.
   MOVE lr_parent ?TO lr_child.
CATCH cx_sy_move_cast_error INTO lr_ex.
*  Read information about the exception:
   CALL METHOD lr_ex->get_source_position
      IMPORTING
         program_name = lv_progname
         include_name = lv_inclname
         source_line  = lv_line.

   lv_text = lr_ex->get_text( ).
   lv_longtext = lr_ex->get_longtext( ).
   CONDENSE lv_longtext.

*  Output an error report about the exception:
   WRITE: / 'Error Report'.
   ULINE.
   WRITE: / 'Program Name:', lv_progname.
```

```
    WRITE: / 'Include Name:', lv_inclname.
    WRITE: / 'Line Number:', lv_line.
    WRITE: / 'Short Text:', lv_text.
    WRITE: / 'Long Text:', lv_longtext.
ENDTRY.
```

Listing 8.3 Behandlung einer Klassen-Cast-Ausnahme mithilfe der TRY-Anweisung

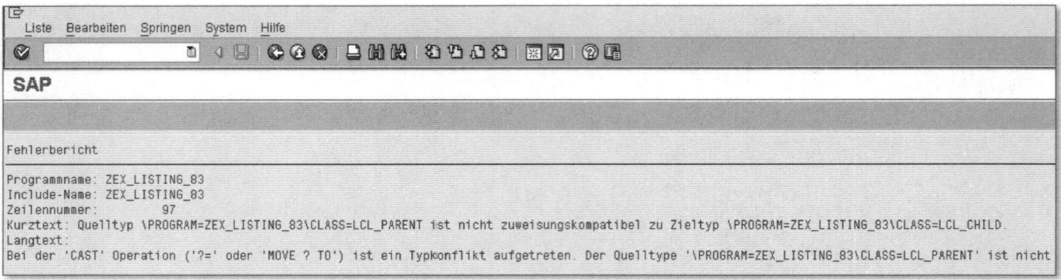

Abbildung 8.2 Erzeugung eines Ausnahmeberichts mithilfe von Ausnahmeobjekten

Die Details des Fehlerberichts, der im `CATCH`-Block in Listing 8.3 erzeugt wird, wurden über Methodenaufrufe unter Verwendung der `lr_ex`-Objektreferenzvariablen abgerufen. Die Objektreferenzvariable `lr_ex` wird über den optionalen Zusatz `INTO` der `CATCH`-Anweisung[1] initialisiert. Beachten Sie dabei, dass der statische Typ der Objektreferenz `lr_ex` mit dem Ausnahmetyp `CX_SY_MOVE_CAST_ERROR` kompatibel ist. Wie Sie sehen, kann ein Ausnahmeobjekt eingesetzt werden, um eine ganze Menge an nützlichen Informationen zu einer Ausnahme zu erhalten, unter anderem eine Kurztext- und eine Langtextbeschreibung des Problems, die Zeilennummer innerhalb des Programms, in der die Ausnahme ausgelöst wurde etc.

Sie können eine beliebige Anzahl von `CATCH`-Blöcken innerhalb einer `TRY`-Anweisung einschließen. Beispielsweise könnte es bestimmte Ausnahmetypen geben, die aus Methoden der Klasse `lcl_parent` oder `lcl_child` ausgelöst werden. Wenn eine Ausnahme in einer `TRY`-Anweisung mit mehreren `CATCH`-Blöcken ausgelöst wird, durchsucht das System die `CATCH`-Blöcke nach einem geeigneten Behandler, der eine Ausnahme des jeweiligen Typs bearbeiten kann. In einigen Fällen kann es sinnvoller sein, einen generischen Ausnahmetyp in einem Ausnahmebehandler-Block zu verwenden, um Familien ähnlicher Ausnahmen zu behandeln. Beispielsweise können Sie anstelle eines Ausnahmebehandler-Blocks zur Behandlung von Ausnahmetypen, wie zum

---

1 Wird der Zusatz `INTO` der `CATCH`-Anweisung nicht verwendet, wird kein Ausnahmeobjekt erzeugt, um Systemressourcen zu sparen.

Beispiel der Division durch null und des arithmetischen Überlaufs (die in den Ausnahmeklassen CX_SY_ZERODIVIDE bzw. CX_SY_ARITHMETIC_OVERFLOW definiert sind), einen CATCH-Block unter Verwendung der Oberklasse CX_SY_ARITHMETIC_ERROR definieren. Verwenden Sie generische Ausnahmetypen in Ihren CATCH-Blöcken, müssen diese jedoch *nach* CATCH-Blöcken deklariert werden, die Ausnahmebehandler für untergeordnete Klassen definieren. Anderenfalls würden die spezifischeren Ausnahmebehandler nie erreicht, da das System bereits vorher einen geeigneten Ausnahmebehandler für die übergeordnete Klasse finden würde. Wenn Sie all diese Informationen verwirrend finden, seien Sie unbesorgt, der Compiler informiert Sie, an welcher Stelle ein Fehler aufgetreten ist.

Einige in der Arbeit mit dem klassenbasierten Ausnahmebehandlungskonzept eher unerfahrene Entwickler tendieren dazu, äußerst große TRY-Anweisungen anzulegen, die die gesamte Programmlogik einschließen. Von diesem Designansatz wird jedoch abgeraten, da er die Effektivität der Ausnahmebehandler minimiert. Als Faustregel gilt, dass TRY-Anweisungen erstellt werden sollten, die eine einzige Logical Unit of Work (LUW) kapseln. Wenn Sie daher feststellen, dass Sie eine Vielzahl verschiedener Typen von Ausnahmeklassen in CATCH-Blöcken kombinieren, dann ist Ihre TRY-Anweisung vermutlich zu groß. Kleinere TRY-Anweisungen lassen sich deutlich leichter nachverfolgen.

Gleichermaßen ist es wichtig, bei der Definition von CATCH-Blöcken nicht den einfachsten Weg zu gehen und Ausnahmebehandler zu generisch zu definieren. Wie Sie beispielsweise in Abschnitt 8.5, »Anlage von Ausnahmeklassen«, sehen werden, ist die Wurzel der Ausnahmetyphierarchie die Klasse CX_ROOT. Sie könnten unter Verwendung dieses Ausnahmetyps einen allumfassenden CATCH-Block anlegen, um alle möglichen Ausnahmen zu bearbeiten, die in einem ABAP-Programm behandelt werden können (siehe Listing 8.4). Problematisch ist bei diesem Ansatz jedoch, dass es äußerst schwierig ist, benutzerspezifische Logik zur Ausnahmebehandlung für spezifische Fehlertypen zu implementieren. Daher lohnt sich der zusätzliche Aufwand, spezifische Ausnahmebehandler vorzusehen, um die Überarbeitung der Ausnahmebehandlungslogik zu einem späteren Zeitpunkt und die damit verbundenen Schwierigkeiten zu vermeiden.

```
TRY.
   Statements...
CATCH cx_root INTO lr_ex.
   ...
ENDTRY.
```

Listing 8.4 Beispiel eines einfachen Designs mit generischen Ausnahmetypen

8.3.2 Bereinigung von Ressourcen

Nachdem eine Ausnahmesituation in einem CATCH-Block erfolgreich behandelt wurde, müssen wahrscheinlich zusätzliche Bereinigungsaufgaben ausgeführt werden, bevor die Kontrolle erneut an den normalen Programmablauf übergeben werden kann. Gehen Sie beispielsweise davon aus, dass Sie einen Code schreiben, um Daten in eine Datei auszugeben. Sie öffnen eine Datei innerhalb des TRY-Blocks und beginnen, Datensätze in diese zu schreiben. Nach einer Weile tritt jedoch eine Ausnahme auf, und die Verarbeitung im TRY-Block wird angehalten, bevor Sie die Datei schließen können. In diesem Fall können Sie die Datei mithilfe des optionalen Blocks CLEANUP schließen, da die ABAP-Laufzeitumgebung diesen Block immer aufruft, bevor die TRY-Anweisung beendet wird. Ein vereinfachtes Beispiel dieses Szenarios ist in Listing 8.5 gezeigt.

```
TRY.
*  Open the extract file for output:
   OPEN DATASET lv_file FOR OUTPUT IN TEXT MODE
                        ENCODING DEFAULT.

*  Transfer the extract records to the file:
   LOOP AT lt_extract INTO ls_record.
      PERFORM sub_format_record CHANGING ls_record.
      TRANSFER ls_record TO lv_file.
   ENDLOOP.

*  Close the output file:
   CLOSE DATASET lv_file.
CATCH cx_sy_file_access_error INTO lr_file_ex.
*  Process I/O errors...
CATCH lcx_format_error INTO lr_format_ex.
*  Process custom formatting errors...
CLEANUP.
*  Clean up any used external resources:
   CLOSE DATASET lv_file.
ENDTRY.

FORM sub_format_record CHANGING ps_record TYPE ...
                       RAISING lcx_format_error.
   ...
   RAISE EXCEPTION TYPE lcx_format_error...
ENDFORM.
```

Listing 8.5 Freigabe externer Ressourcen über den CLEANUP-Block

Beachten Sie, dass der Block CLEANUP in einer TRY-Anweisung immer aufgerufen wird, wenn eine Ausnahme auftritt. Dieser Vorgang findet unabhängig davon statt, ob das System tatsächlich einen geeigneten Ausnahmebehandler in dieser TRY-Anweisung ermitteln kann oder nicht. Wenn kein Ausnahmebehandler gefunden wird, wird die Ausnahme innerhalb des Aufrufstapels propagiert, während das System weiterhin nach einem gültigen Ausnahmebehandler sucht. Auf diesen Vorgang wird im nächsten Abschnitt 8.4 erneut eingegangen. Vor dem Beenden wird der CLEANUP-Block ausgeführt, um lokale Ressourcen zu bereinigen, die innerhalb des Kontextes der aktuellen TRY-Anweisung verwendet wurden.

Der CLEANUP-Block kann ausschließlich für seinen vorgesehenen Verwendungszweck eingesetzt werden, da er keine Anweisungen unterstützt, die zum Ändern des Kontrollflusses eines Programms eingesetzt werden (zum Beispiel RETURN, STOP etc.).

8.4 Auslösung und Weiterleitung von Ausnahmen

Ausnahmen können von Anweisungen in verschiedenen Teilen eines Programms ausgelöst werden. Manchmal ist es die beste Lösung, diese Ausnahmen möglichst dort zu behandeln, wo sie aufgetreten sind; in anderen Fällen ist es sinnvoll, die Ausnahmen an einen anderen Teil des Programms weiterzuleiten, der besser für die Lösung des Problems geeignet ist. In den folgenden Abschnitten wird im Detail untersucht, wie Ausnahmen ausgelöst werden, und es werden die Optionen betrachtet, um diese Ausnahmen innerhalb des Aufrufstapels zu propagieren.

8.4.1 Systemgesteuerte Ausnahmen

Wie im Beispiel in Listing 8.3 gezeigt, können reguläre ABAP-Anweisungen zur Laufzeit eine Ausnahme bewirken. Diese Ausnahmen werden automatisch von der ABAP-Laufzeitumgebung ausgelöst. Die Ausnahmetypen, die hervorgerufen werden können, sind im System vordefiniert, und ihren Namen ist das Präfix CX_SY_ vorangestellt. Eine Liste der möglichen Ausnahmen, die für eine bestimmte ABAP-Anweisung ausgelöst werden können, finden Sie in der ABAP-Schlüsselwortdokumentation.

Ausnahmen, die von der Laufzeitumgebung ausgelöst werden, weisen meist auf einen Fehler in Ihrer Programmlogik hin. Beispielsweise weist eine Ausnahme vom Typ CX_SY_ZERODIVIDE wahrscheinlich auf eine Stelle in Ihrem

Code hin, an der Sie vor einer Divisionsoperation den Wert eines Divisors nicht überprüft haben. Daher wird bei derartigen Laufzeitausnahmen von *ungeprüften Ausnahmen* gesprochen. Hier kann es sinnvoll sein, einen `CATCH`-Block zum Behandeln dieser Fehler zu implementieren, muss es aber nicht, denn diese Fehler sollten in einem gültigen Programm nie auftreten. Weitere Informationen zu geprüften und ungeprüften Ausnahmetypen erhalten Sie in Abschnitt 8.5.1, »Grundlegendes zu Ausnahmeklassentypen«.

8.4.2 Anweisung RAISE EXCEPTION

Meist müssen Sie sich keine Gedanken über systemgesteuerte Ausnahmen machen, nachdem Ihr Code sorgfältig getestet wurde. Dies heißt jedoch nicht, dass in Ihren Programmen keine Ausnahmesituationen auftreten. Nehmen Sie beispielsweise an, Sie werden gebeten, eine Utility-Methode zu schreiben, um die Bewertung der Kreditwürdigkeit eines Kunden zu überprüfen. Die Eingabe für diese Methode besteht aus der Kundennummer, die Ausgabe aus der Bewertung der Kreditwürdigkeit für diesen Kunden. Ein einfaches Gerüst dieser Methode ist in Listing 8.6 gezeigt.

```
CLASS lcl_customer DEFINITION.
  PUBLIC SECTION.
    METHODS:
      get_credit_rating IMPORTING im_customer_id
                                  TYPE bu_partner
                        RETURNING VALUE(re_rating)
                                  TYPE i.
ENDCLASS.

CLASS lcl_customer IMPLEMENTATION.
  METHOD get_credit_rating.
*     Read the customer master record from the database:
    SELECT SINGLE *
      INTO ...
      FROM but000
     WHERE partner EQ im_customer_id.

    IF sy-subrc NE 0.
      re_rating = -1.
      RETURN.
    ENDIF.
    ...
  ENDMETHOD.
ENDCLASS.
```

Listing 8.6 Behandlung von Fehlern in der Anwendungslogik – Teil I

Der erste Schritt in dieser Methode ist die Suche nach dem Stammsatz des Kunden, basierend auf der Kundennummer, die über den Eingabeparameter `im_customer_id` bereitgestellt wird. Betrachten Sie jedoch, was geschieht, wenn die angegebene Kundennummer nicht gültig ist. Da die Methodenlogik ohne eine gültige Kundennummer nicht fortgesetzt werden kann, wird eine Dummy-Bewertung der Kreditwürdigkeit (`-1`) zurückgegeben. An dieser Stelle wird davon ausgegangen, dass der Aufrufer der Methode den Wert der Kreditwürdigkeitsbewertung überprüft, um dessen Gültigkeit zu ermitteln.

Die in Listing 8.6 gezeigte Ausnahmebehandlungstechnik ist nicht sehr intuitiv. Gehen Sie zum Beispiel davon aus, dass die Kreditwürdigkeitsbewertung des Kunden, basierend auf dem in den USA bekannten und gängigen FICO®-Score, berechnet wird. Auf dieser Annahme beruhend, sollten Benutzer der Methode `get_credit_rating` gültige Bewertungen (Credit Scores) im Bereich 300 bis 850 erhalten. Die Rückgabe undefinierter Werte wie `-1` kann riskant sein, da unwissende Entwickler diesen Wert versehentlich falsch verwenden könnten. Aus Designsicht ist es sinnvoller, den Ablauf an dieser Stelle zu unterbrechen, um den Aufrufer auf diese Ausnahmesituation hinzuweisen. Zu diesem Zweck kann die Anweisung `RAISE EXCEPTION` verwendet werden.

Die Anweisung `RAISE EXCEPTION` wird eingesetzt, um eine Ausnahme eines bestimmten Typs explizit auszulösen. Die grundlegende Syntax für die Anweisung `RAISE EXCEPTION` ist in Listing 8.7 gezeigt.

- Einerseits ist das Verhalten der `RAISE EXCEPTION`-Anweisung mit dem der `CREATE OBJECT`-Anweisung vergleichbar. Beispielsweise wird über die Syntax in Listing 8.7 ein neues Ausnahmeobjekt vom Typ `cx_exception_type` angelegt. Ähnlich wie bei der `CREATE OBJECT`-Anweisung haben Sie die Möglichkeit, Ausgabeparameter anzugeben, die in den Konstruktor des Ausnahmeobjektes übergeben werden.
- Andererseits verhält sich die `RAISE EXCEPTION`-Anweisung insofern auch wie eine Kontrollanweisung, als sie den normalen Programmablauf unterbricht und die ABAP-Laufzeitumgebung veranlasst, den Aufrufstapel nach einem geeigneten `CATCH`-Block zur Behandlung der Ausnahme zu durchsuchen.

```
RAISE EXCEPTION TYPE cx_exception_type
  [EXPORTING
      f1 = a1
    f2 = a2
    ...].
```

Listing 8.7 Grundlegende Syntax der Anweisung RAISE EXCEPTION

Über die gezeigte Syntax können Sie eine Ausnahme auch mit einem vorhandenen Ausnahmeobjekt auslösen, wie in Listing 8.8 gezeigt wird. Sie können diese Form der `RAISE EXCEPTION`-Anweisung zum Beispiel verwenden, um eine Ausnahme an den Aufrufer *weiterzuleiten*, die innerhalb einer Methode nicht vollständig behandelt werden konnte.

```
RAISE EXCEPTION lr_ex.
```

Listing 8.8 Auslösung einer Ausnahme mit einem vorhandenen Ausnahmeobjekt

Nachdem Sie nun wissen, wie Ausnahmen ausgelöst werden, überarbeiten Sie die Methode `get_credit_rating` aus Listing 8.6 für die Verwendung klassenbasierter Ausnahmen. Listing 8.9 beginnt mit der Definition einer einfachen Ausnahmeklasse `lcx_customer_not_found`. Durch die Definition eines expliziten Ausnahmetyps können Sie Fehler bei der Suche nach Kunden nun direkt behandeln, indem Sie über die Anweisung `RAISE EXCEPTION` eine Ausnahme auslösen. Diese Anweisung hält die Verarbeitung an und erzwingt die Behandlung des Fehlers durch den Aufrufer der Methode.

```
CLASS lcx_customer_not_found DEFINITION
      INHERITING FROM cx_static_check.
ENDCLASS.

CLASS lcl_customer DEFINITION.
   PUBLIC SECTION.
      METHODS:
         get_credit_rating IMPORTING im_customer_id
                                 TYPE bu_partner
                           RETURNING VALUE(re_rating)
                                 TYPE i.
ENDCLASS.

CLASS lcl_customer IMPLEMENTATION.
   METHOD get_credit_rating.
*     Read the customer master record from the database:
      SELECT SINGLE *
        INTO ...
        FROM but000
       WHERE partner EC im_customer_id.

      IF sy-subrc NE 0.
        RAISE EXCEPTION TYPE lcx_customer_not_found.
      ENDIF.
      ...
```

```
  ENDMETHOD.
ENDCLASS.
```

Listing 8.9 Behandlung von Fehlern in der Anwendungslogik – Teil II

Wenn Sie versuchen, den Code in Listing 8.9 zu kompilieren, werden Sie während der Syntaxprüfung über eine Warnmeldung informiert, dass der Ausnahmetyp `lcx_customer_not_found` in der `RAISING`-Klausel der `get_credit_rating`-Methode nicht abgefangen wird oder deklariert ist. Sie haben zwei Möglichkeiten zur Behandlung von Ausnahmen, die über die Anweisung `RAISE EXCEPTION` ausgelöst werden:

- Sie können die Ausnahmen direkt über eine `TRY`-Anweisung behandeln.
- Befinden Sie sich in einer Prozedur (in einer Methode, in einem Funktionsbaustein oder in einem Unterprogramm), können Sie die Ausnahme an den Aufrufer der Prozedur weiterleiten.[2]

Sie haben bereits gesehen, wie Ausnahmen in einer `TRY`-Anweisung behandelt werden. Im folgenden Abschnitt erfahren Sie, wie Ausnahmen weitergeleitet werden.

8.4.3 Propagierung von Ausnahmen

Wie Sie gesehen haben, gibt es Fälle, in denen es nicht sinnvoll ist, eine Ausnahme direkt in einer Prozedur zu behandeln. So basiert die Logik in der Methode `get_credit_rating` aus Listing 8.9 beispielsweise auf der Annahme, dass im Eingabeparameter `im_customer_id` eine gültige Kundennummer übergeben wird. Wenn eine ungültige Kundennummer in die Methode übergeben wird, ist die weitere Ausführung der Methode daher nicht sinnvoll, da diese nicht über die erforderlichen Informationen verfügt, um ihre Aufgabe auszuführen.

Anstatt dies zu erzwingen, ist es sinnvoller, wenn die Methode explizit eine Ausnahme auslöst, damit der Aufrufer der Methode das Problem bearbeiten kann. Selbstverständlich kann ein Aufrufer nur auf Ausnahmen reagieren, wenn er über diese informiert ist. Diese Informationen werden in der Signatur einer Prozedur über den Zusatz `RAISING` bereitgestellt.

Listing 8.10 zeigt, wie der Zusatz `RAISING` zur Signatur der Methode `get_credit_rating` hinzugefügt wird. Über diesen Zusatz wird sichergestellt, dass

---

2 Ausnahmen zu dieser Regel sind Klassenkonstruktoren und Ereignisbehandler-Methoden. Es ist nicht sinnvoll, Ausnahmen aus diesen Methoden weiterzuleiten, da sie implizit von der ABAP-Laufzeitumgebung aufgerufen werden.

Aufrufer dieser Methode wissen, dass für Ausnahmen des Typs `lcx_customer_not_found` Logik implementiert werden muss.

```
CLASS lcl_customer DEFINITION.
  PUBLIC SECTION.
    METHODS:
      get_credit_rating IMPORTING im_customer_id
                                  TYPE bu_partner
                        RETURNING VALUE(re_rating)
                                  TYPE i
                          RAISING lcx_customer_not_found.
ENDCLASS.
```

Listing 8.10 Definition einer Methode mit dem Zusatz RAISING

Die grundlegende Form des Zusatzes `RAISING` für Methoden ist in Listing 8.11 gezeigt. Dasselbe Syntaxmuster gilt für Unterprogramme und Funktionsbausteine.

```
METHOD some_method RAISING cx_... cx_...
ENDMETHOD.
```

Listing 8.11 Grundlegende Syntax des Zusatzes RAISING

Es ist wichtig, den Zusatz `RAISING` nicht unbedacht und »verschwenderisch« einzusetzen, indem eine Methodensignatur mit jedem möglichen Ausnahmetyp versehen wird, der innerhalb einer Methode auftreten kann. Gehen Sie beispielsweise davon aus, dass die Methode `get_credit_rating` einen Webservice aufruft, um die Bewertung der Kreditwürdigkeit für den Kunden abzurufen. In diesem Fall kann während der Suche eine Vielzahl von Ausnahmen auftreten (zum Beispiel Probleme mit der Netzwerkkonnektivität etc.). Diese Ausnahmetypen stellen jedoch interne Implementierungsdetails dar, die vor den Benutzern verborgen werden sollten. Eine Möglichkeit für die Handhabung dieser Ausnahmen ist, sie in ein anderes, allgemeines Ausnahmeobjekt einzuschließen. Dies ist über den Eingabeparameter `PREVIOUS` des Konstruktors eines Ausnahmetyps möglich.

In Listing 8.12 wird die Methode `get_credit_rating` verändert, um eine Ausnahme des Typs `lcx_lookup_failed` auszulösen. Intern erfolgt die Suche nach der Kreditwürdigkeitsbewertung nun über einen Webservice-Aufruf, der über die SAP NetWeaver Process Integration (SAP NetWeaver PI), die offene Integrations- und Anwendungsplattform von SAP, gebrokert wird. Der Kürze halber werden die Details dieses Webservice an dieser Stelle nicht dargestellt. Doch wie Sie sehen, kann dieser Aufruf des Webservice Ausnahmen vom Typ CX_AI_SYSTEM_FAULT oder CX_AI_APPLICATION_FAULT auslösen. Anstatt diese technischen Ausnahmetypen explizit innerhalb der Methodensignatur zu deklarieren, schließt die Methodenimplementierung das Ausnahmeobjekt zur Laufzeit über den Parameter PREVIOUS in ein benutzerfreundlicheres Ausnahmeobjekt vom Typ lcx_lookup_failed ein. Durch diese Technik bleiben die diversen internen Ausnahmen, die während der Suche ausgelöst werden können, vor Benutzern verborgen. Selbstverständlich können Benutzer über das öffentliche Attribut PREVIOUS, das mit dem generischen Typ CX_ROOT definiert wird, auf die Details dieser auslösenden Ausnahmetypen zugreifen.

```
CLASS lcx_lookup_failed DEFINITION
      INHERITING FROM cx_static_check.
ENDCLASS.

CLASS lcl_customer DEFINITION.
   PUBLIC SECTION.
      METHODS:
         get_credit_rating IMPORTING im_customer_id
                               TYPE bu_partner
                           RETURNING VALUE(re_rating)
                               TYPE i
                             RAISING lcx_lookup_failed.
ENDCLASS.

CLASS lcl_customer IMPLEMENTATION.
   METHOD get_credit_rating.
*     Method-Local Data Declarations:
      DATA: lr_sys_ex TYPE REF TO cx_ai_system_fault,
            lr_app_ex TYPE REF TO cx_ai_application_fault.

      TRY.
         CALL ...
      CATCH cx_ai_system_fault INTO lr_sys_ex.
         RAISE EXCEPTION TYPE lcx_lookup_failed
            EXPORTING
               previous = lr_sys_ex.
      CATCH cx_ai_application_fault INTO lr_app_ex.
         RAISE EXCEPTION TYPE lcx_lookup_failed
            EXPORTING
               previous = lr_app_ex.
      ENDTRY.
   ENDMETHOD.
ENDCLASS.
```

Listing 8.12 Auslösung einer Ausnahme mit einem vorhandenen Ausnahmeobjekt

Über den Zusatz `EXCEPTIONS` können zudem nicht klassenbasierte Ausnahmen deklariert werden. Beispielsweise kann die Methode `get_credit_rating` über die in Listing 8.13 gezeigte Syntax definiert werden.

```
CLASS lcl_customer DEFINITION.
  PUBLIC SECTION.
    METHODS:
      get_credit_rating IMPORTING im_customer_id
                             TYPE bu_partner
                        RETURNING VALUE(re_rating)
                             TYPE i
                       EXCEPTIONS customer_not_found.
ENDCLASS.
```

Listing 8.13 Deklaration nicht klassenbasierter Ausnahmen für Methoden

Wie Sie jedoch in Abschnitt 8.1, »Gewonnene Erkenntnisse aus vorhergehenden Ansätzen«, gesehen haben, sind Ausnahmen wie `customer_not_found` nichts anderes als benannte Fehlercodes. Daher wird dringend empfohlen, die Verwendung nicht klassenbasierter Ausnahmen bei der Definition Ihrer Methoden zu vermeiden.

Um spezifische Ausnahmetypen festzulegen, die in Methoden globaler Klassen ausgelöst werden, müssen Sie explizit ein Kennzeichen auswählen, das die Verwendung klassenbasierter Ausnahmen anstelle der standardmäßigen nicht klassenbasierten Ausnahmen deklariert.

1. Für die Deklarierung der Ausnahmen, die in Methoden für globale Klassen ausgelöst werden, öffnen Sie die Klasse im Class Builder, platzieren den Cursor auf dem Namen der Methode, die bearbeitet werden soll, und klicken auf den Button Ausnahmen (siehe Abbildung 8.3).

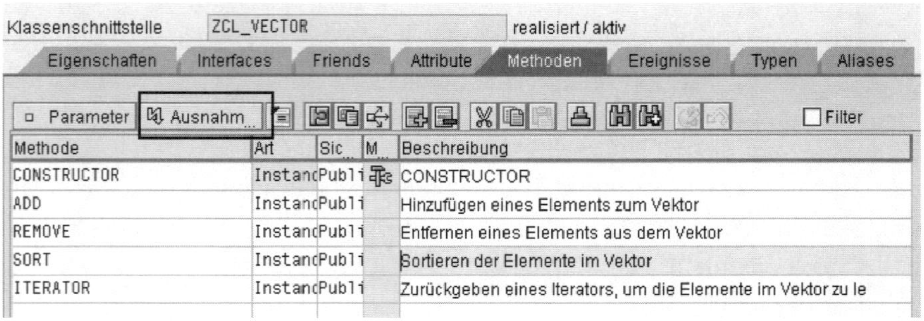

Abbildung 8.3 Öffnen des Editors für Methodenausnahmen

2. Markieren Sie im Fenster Ausnahmen zu Methode das Ankreuzfeld Ausnahmeklassen, um den Modus des Editors so zu ändern, dass klassenbasierte Ausnahmen konfiguriert werden können (siehe Abbildung 8.4).

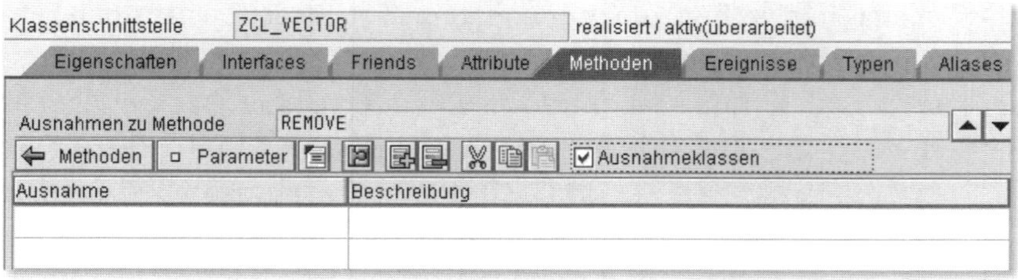

Abbildung 8.4 Aktivierung von klassenbasierten Ausnahmen für eine globale Methode

3. Geben Sie in der Ausnahmentabelle für die Methode in der Spalte Ausnahme den Namen der Ausnahmeklasse ein (siehe Abbildung 8.5).

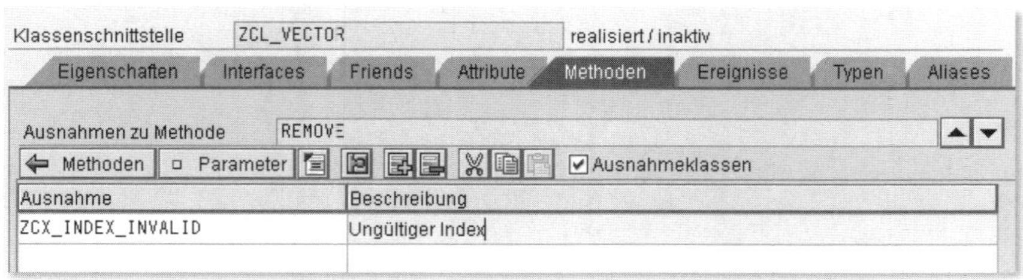

Abbildung 8.5 Hinzufügen von Ausnahmen zu globalen Methoden

In Abschnitt 8.5.1, »Grundlegendes zu Ausnahmeklassentypen«, werden Sie sehen, dass nicht immer alle Ausnahmetypen, die in einer Prozedur ausgelöst werden, über den Zusatz `RAISING` deklariert werden müssen. Werden die ausgelösten Ausnahmen allerdings nicht behandelt, tritt selbstverständlich ein Laufzeitfehler auf. Folglich können Ausnahmen nicht aus Verarbeitungsblöcken propagiert werden, die nicht über einen lokalen Datenbereich verfügen (zum Beispiel ein Unterprogramm, einen Funktionsbaustein oder eine Methode).

Wenn Sie zum Beispiel eine Ausnahme innerhalb des Ereignisses `START-OF-SELECTION` eines ausführbaren Report-Programms auslösen, besteht keine Möglichkeit, einen Ausnahmebehandler zu implementieren, um diese Ausnahme zu behandeln. Diese Regel wird durch den Compiler erzwungen, um zu verhindern, dass Sie Code implementieren, der mit Sicherheit einen Laufzeitfehler erzeugt. Dieselbe Regel gilt auch für Klassenkonstruktoren und Ereignisbehandler-Methoden, die implizit von der ABAP-Laufzeitumgebung aufgerufen werden.

8.5 Anlage von Ausnahmeklassen

Im Fall einer Ausnahmesituation sollten so viele Informationen wie möglich erfasst werden können, damit der designierte Ausnahmebehandler über alle erforderlichen Daten verfügt, um ordnungsgemäß zu reagieren bzw. den Fehler erfolgreich zu behandeln. Beim klassenbasierten Ausnahmebehandlungskonzept werden diese Informationen von einem Objekt erfasst, bei dem es sich um eine Instanz einer Klasse handelt, die von CX_STATIC_CHECK, CX_DYNAMIC_CHECK oder CX_NO_CHECK erbt. Jede dieser drei abstrakten Klassen ist eine Unterklasse der Wurzelausnahmeklasse CX_ROOT (siehe Abbildung 8.6).

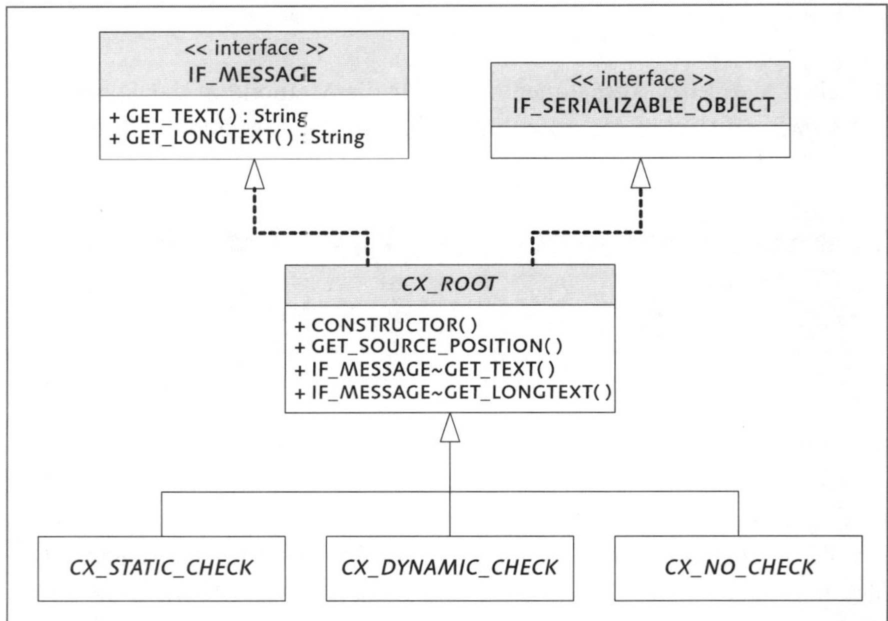

Abbildung 8.6 Klassendiagramm für den CX_ROOT-Vererbungsbaum

Wie in Abbildung 8.6 gezeigt, implementiert die Klasse CX_ROOT auch die Interfaces IF_SERIALIZABLE_OBJECT und IF_MESSAGE. Das Interface IF_SERIALIZABLE_OBJECT ermöglicht zum Beispiel die *Serialisierung (oder Komprimierung)* eines Objektes in eine Datei oder einen Netzwerk-Stream. Das Interface IF_MESSAGE definiert Methoden, um eine Kurztext- und eine Langtextbeschreibung der Fehlermeldung zu extrahieren. Weitere Informationen zu diesen Methoden finden Sie in Abschnitt 8.5.4, »Definition von Ausnahmetexten«.

8.5.1 Grundlegendes zu Ausnahmeklassentypen

Jeder der drei in Abbildung 8.6 gezeigten Unterklassentypen wird durch das Framework zur klassenbasierten Ausnahmebehandlung unterschiedlich gehandhabt. Wenn Sie eine benutzerspezifische Ausnahmeklasse anlegen, müssen Sie daher die Unterschiede zwischen diesen Basistypen kennen, da diese die Verwendung der verschiedenen Typen in Ihren Programmen beeinflussen. Tabelle 8.1 zeigt einen Überblick über die Unterschiede.

Ausnahmeklasse	Verwendungstyp
CX_STATIC_CHECK	Dieser Ausnahmetyp wird zur Darstellung geprüfter Fehlerbedingungen verwendet, die innerhalb der Logik eines Anwendungsprogramms auftreten können. Diese Ausnahmen müssen entweder explizit in der Schnittstelle einer Prozedur über den Zusatz RAISING deklariert oder lokal innerhalb einer TRY-Anweisung behandelt werden. Wird eine Ausnahme dieses Typs nicht ordnungsgemäß behandelt, gibt der Compiler während der Syntaxprüfung eine Warnmeldung aus.
CX_DYNAMIC_CHECK	Dieser Ausnahmetyp wird zur Darstellung ungeprüfter Fehlerbedingungen verwendet, die wahrscheinlich auf Fehler in der Programmlogik zurückzuführen sind. Die Standardausnahmeklasse CX_SY_ZERODIVIDE wird beispielsweise benutzt, um eine Situation anzuzeigen, in der versucht wurde, eine Division durch null auszuführen. Diese Art von Fehler sollte in der Praxis nicht auftreten; ist dies dennoch der Fall, kann er eventuell nicht ordnungsgemäß behandelt werden. Da ein Programm mit einer Vielzahl von mathematischen Operationen diese Art von Fehler in praktisch jeder Anweisung erzeugen kann, wird davon abgeraten, alle möglichen Ausnahmen zu behandeln, die auftreten könnten. Daher müssen Ausnahmen dieses Typs nicht explizit behandelt werden, und sie werden bei der statischen Syntaxprüfung während der Kompilierung nicht berücksichtigt. Wird eine solche Ausnahme nicht ordnungsgemäß behandelt, führt dies jedoch letztendlich zu einem Laufzeitfehler.
CX_NO_CHECK	Ausnahmen dieses Typs sind mit Ausnahmen vergleichbar, die von der Klasse CX_DYNAMIC_CHECK erben. Der primäre Unterschied ist, dass diese Arten von Ausnahmen automatisch weitergeleitet werden, wenn sie nicht explizit lokal in einer TRY-Anweisung behandelt werden. Mit anderen Worten, die RAISING-Klausel einer Methode, eines Unterprogramms etc. enthält implizit den Zusatz CX_NO_CHECK in ihrer Signatur, sodass keine zusätzlichen untergeordneten Klassen dieses Typs zur Signatur einer Prozedur hinzugefügt werden können.

Tabelle 8.1 Unterschiede zwischen den grundlegenden Ausnahmetypen

In den meisten Fällen werden Sie benutzerspezifische Ausnahmetypen, basierend auf der Oberklasse CX_STATIC_CHECK, definieren. Dadurch nehmen Sie die Unterstützung des Compilers in Anspruch, um sicherzustellen, dass Ausnahmen ordnungsgemäß von den Benutzern behandelt werden. Darüber hinaus können Sie so gewährleisten, dass potenzielle Ausnahmesituationen in der Prozedurschnittstelle angemessen dokumentiert werden.

8.5.2 Lokale Ausnahmeklassen

Spezifische Ausnahmen, die für eine bestimmte Anwendung einzigartig sind, können lokal über dieselbe Vorgehensweise definiert werden wie verschiedene andere lokale Klassen, die innerhalb dieses Buches angelegt wurden. Listing 8.14 zeigt die Definition einer lokalen Klasse lcx_local_exception.

```
CLASS lcx_local_exception DEFINITION
      INHERITING FROM cx_static_check.
ENDCLASS.
```

Listing 8.14 Definition einer lokalen Ausnahmeklasse

Lokale Ausnahmeklassen können die Definition eines Konstruktors und verschiedener Attribute enthalten. Es wird jedoch nicht empfohlen, in lokalen Ausnahmeklassen zusätzliche Methoden zu definieren oder geerbte Methoden zu redefinieren.

8.5.3 Globale Ausnahmeklassen

Bei der Definition einer Ausnahmeklasse legen Sie diese meist global im ABAP Repository an, sodass sie in anderen Programmen/Methoden wiederverwendet werden kann. Globale Ausnahmeklassen werden – wie andere globale Klassen – über den Class Builder definiert, der in die EXCEPTION BUILDER-Sicht wechselt, wenn Sie eine Ausnahmeklasse bearbeiten.

Wie in Abbildung 8.7 gezeigt, sieht das Dialogfenster ANLEGEN KLASSE etwas anders aus, wenn der Typ AUSNAHMEKLASSE ausgewählt ist. In diesem Fenster geben Sie einen Namen für die Ausnahmeklasse, die Oberklasse (dabei muss es sich um eine der drei Basisausnahmeklassen CX_STATIC_CHECK, CX_DYNAMIC_CHECK, CX_NO_CHECK oder eine Unterklasse dieser Typen handeln) sowie Informationen in einigen bekannten Feldern an, die Sie bereits bei der Definition anderer globaler Klassen gesehen haben. Das Ankreuzfeld MIT NACHRICHTENKLASSE wird ausgewählt, um Unterstützung für die Integration von Nachrichten bereitzustellen, die innerhalb einer Nachrichtenklasse (in Transaktion SE91) definiert werden. Diese Option wird in Abschnitt 8.5.5,

»Zuweisung von Ausnahmetexten zu Nachrichtennummern«, näher beschrieben.

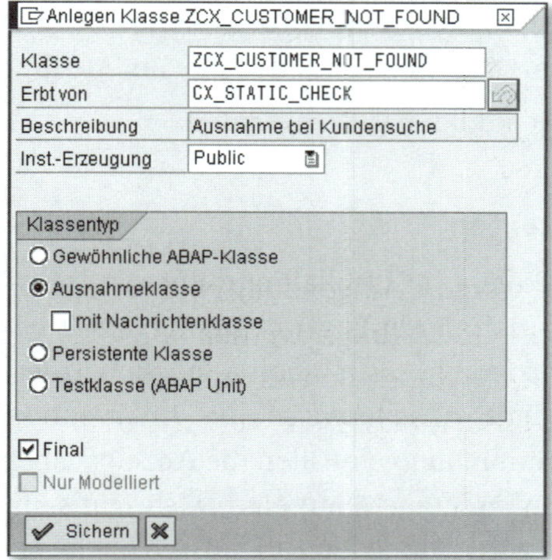

Abbildung 8.7 Anlegen einer globalen Ausnahmeklasse im Exception Builder

Bei der Benennung von Ausnahmeklassen muss das Präfix CX_ verwendet werden; anderenfalls gibt der Compiler eine entsprechende Meldung aus. Wie Sie in Abbildung 8.7 sehen, können Ausnahmeklassen im Kundennamensraum als ZCX_ definiert werden. Die Exception-Builder-Sicht ist größtenteils identisch mit der normalen Class-Builder-Sicht.

Abbildung 8.8 zeigt beispielsweise, dass eine kundeneigene Klasse ZCX_CUSTOMER_NOT_FOUND drei von der Basisausnahmeklasse CX_ROOT geerbte Methoden enthält. Zusätzlich wurde eine Standardkonstruktor-Methode angelegt. Wenn Sie jedoch versuchen, den Konstruktor zu bearbeiten, lässt der Exception Builder diesen Vorgang nicht zu. Dies ist beabsichtigt, da die erzeugte Konstruktormethode das richtige Interface und die richtige Implementierung enthält, um sicherzustellen, dass Ausnahmen immer korrekt initialisiert werden.

Klassenschnittstelle ZCX_CUSTOMER_NOT_FOUND realisiert / inaktiv

Eigenschaften | Interfaces | Friends | Attribute | Texte | Methoden | Ereig

Parameter | Ausnahm...

Methode	Art	Sic...	M...	Beschreibung
IF_MESSAGE~GET_TEXT	Instanc	Publi		Liefert Kurztext der Meldung
IF_MESSAGE~GET_LONGTEXT	Instanc	Publi		Liefert Langtext der Meldung
GET_SOURCE_POSITION	Instanc	Publi		Liefert Position im Quelltext.
CONSTRUCTOR	Instanc	Publi		CONSTRUCTOR

Abbildung 8.8 Einstiegsbild des Exception Builders

Insbesondere wird über diesen Initialisierungsprozess sichergestellt, dass Textbeschreibungen und vorhergehende Ausnahmen im Kontext gespeichert werden. Diese Informationen werden in den Instanzattributen TEXTID bzw. PREVIOUS gesichert, die von CX_ROOT geerbt werden. Im folgenden Abschnitt erfahren Sie, wie die Ausnahmetexte zu definieren sind, die im Attribut TEXTID gespeichert werden.

8.5.4 Definition von Ausnahmetexten

Beim Auftreten einer Ausnahme sollte diese im Idealfall mithilfe von innerhalb eines Ausnahmebehandler-Blocks definierter Logik ordnungsgemäß behandelt werden. Doch ist dies nicht bei jedem Ausnahmetyp möglich. Unerwartete Ausnahmesituationen erfordern üblicherweise die Intervention eines Benutzers. Diese Intervention kann in einigen Fällen die Anzeige einer Fehlermeldung auf dem Bildschirm, in anderen Fällen eine Nachricht sein, die in ein Fehlerprotokoll geschrieben wird. Auf jeden Fall müssen Sie in der Lage sein, einen aussagekräftigen beschreibenden Text zu erzeugen, damit ein Benutzer das Problem untersuchen kann. Der Exception Builder hilft Ihnen bei dieser Aufgabe, indem Sie *Ausnahmetexte* für globale Klassen definieren können.

Ausnahmetexte werden im Exception Builder auf der Registerkarte TEXTE definiert (siehe Abbildung 8.9). Der eigentliche Text wird jedoch im *Online Text Repository (OTR)* gespeichert. Das OTR ist ein zentrales Repository zum Speichern von Texten, die innerhalb des AS ABAP definiert werden, und das unter anderem Unterstützung für die Internationalisierung bietet.

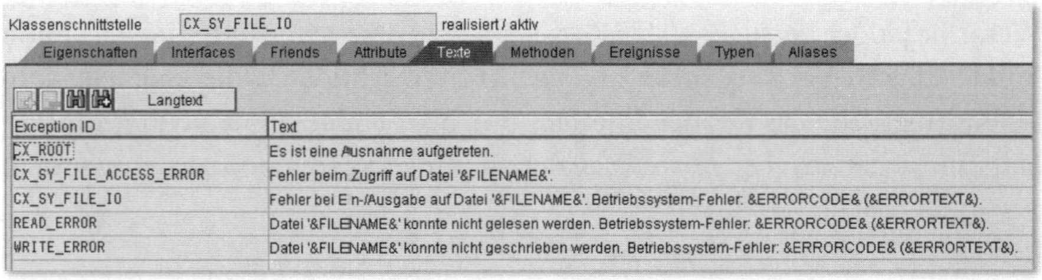

Klassenschnittstelle CX_SY_FILE_IO realisiert / aktiv

Eigenschaften | Interfaces | Friends | Attribute | Texte | Methoden | Ereignisse | Typen | Aliases

Langtext

Exception ID	Text
CX_ROOT	Es ist eine Ausnahme aufgetreten.
CX_SY_FILE_ACCESS_ERROR	Fehler beim Zugriff auf Datei '&FILENAME&'.
CX_SY_FILE_IO	Fehler bei E n-/Ausgabe auf Datei '&FILENAME&'. Betriebssystem-Fehler: &ERRORCODE& (&ERRORTEXT&).
READ_ERROR	Datei '&FILENAME&' konnte nicht gelesen werden. Betriebssystem-Fehler: &ERRORCODE& (&ERRORTEXT&).
WRITE_ERROR	Datei '&FILENAME&' konnte nicht geschrieben werden. Betriebssystem-Fehler: &ERRORCODE& (&ERRORTEXT&).

Abbildung 8.9 Definition von Ausnahmetexten im Exception Builder

Innerhalb des Exception Builders wird jeder Ausnahmetext mit einer eindeutigen Ausnahmetext-ID (READ_ERROR in Abbildung 8.10) definiert. Die Ausnahmetext-ID entspricht einem konstanten Attribut mit demselben Namen, das den Datentyp SOTR_CONC aufweist. Da diese konstanten Attribute im selben Namensraum liegen wie normale Attribute, empfiehlt es sich, die standardmäßige Namenskonvention für Konstanten (das Präfix CO_) zu verwenden, wenn Sie Ausnahmetext-IDs im Exception Builder definieren.

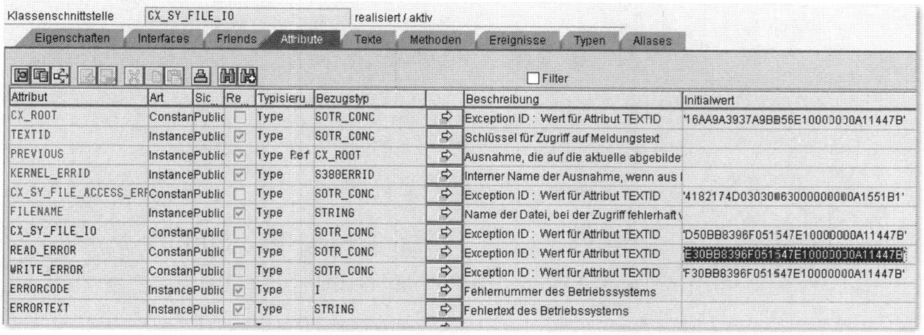

Abbildung 8.10 Lesen des OTR-Schlüssels im Exception Builder

Bei genauer Betrachtung sehen Sie, dass jedes konstante Attribut, das mit Bezug auf eine Ausnahmetext-ID definiert ist, mit einem hexadezimalen Zeichenkettenwert initialisiert wird. Dieser Wert ist der global eindeutige Schlüssel des entsprechenden Textobjektes im OTR. In Abbildung 8.10 ist beispielsweise der OTR-Schlüssel für die Ausnahme READ_ERROR markiert.

Sie können den jeweiligen OTR-Text anzeigen, indem Sie Transaktion SOTR_EDIT öffnen. Hier können Sie den OTR-Schlüssel im Feld KONZEPT eingeben, die gewünschte SPRACHE wählen und auf den Button ANZEIGEN klicken (siehe Abbildung 8.11).

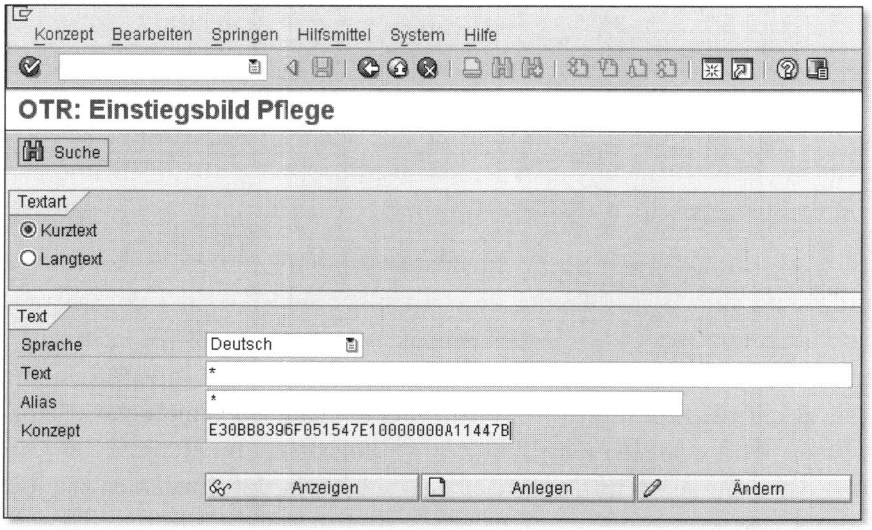

Abbildung 8.11 Suche nach Texten im OTR – Teil I

Abbildung 8.12 zeigt das Fenster KONZEPT ÄNDERN des OTR für den ausgewählten OTR-Schlüssel.

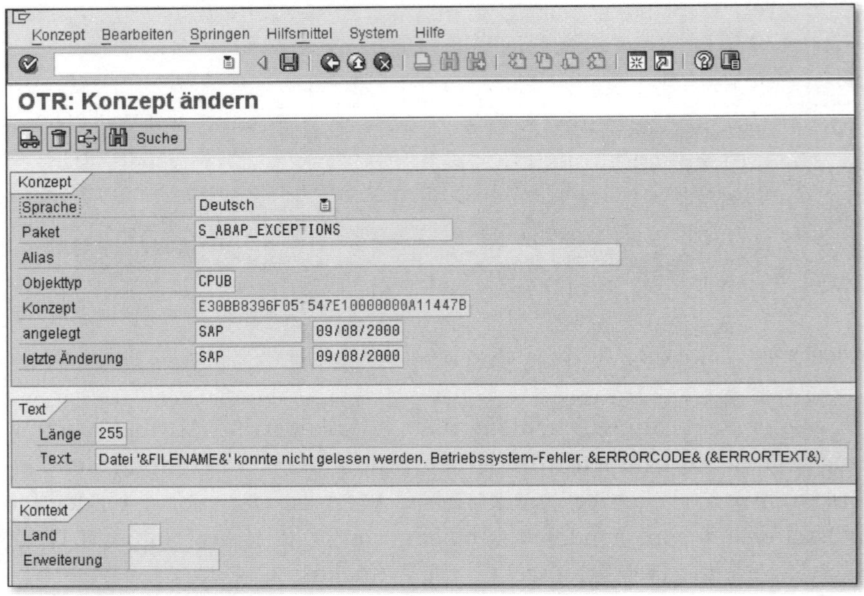

Abbildung 8.12 Suche nach Texten im OTR – Teil II

Sie können in Ihren Ausnahmetexten Textparameter definieren, indem Sie elementare Attributnamen zwischen kaufmännische Und-Zeichen (&) setzen. Der Ausnahmetext READ_ERROR der Ausnahmeklasse CX_SY_FILE_IO in Abbildung 8.9 enthält zum Beispiel drei Textparameter: &FILENAME&, &ERRORCODE& und &ERRORTEXT&. Zur Laufzeit ersetzt die Methode GET_TEXT, die im Interface IF_MESSAGE definiert ist und deren Implementierung über die Klasse CX_ROOT geerbt wird, diese Textparameter-Tags durch die Werte der entsprechenden Instanzattribute, die in der Klasse CX_SY_FILE_IO definiert sind, um dem Endbenutzer einen aussagekräftigeren Nachrichtentext anzuzeigen.

Damit Ausnahmeklassen Nachrichtenparameter unterstützen, müssen Daten an das Ausnahmeobjekt übergeben werden können. Wie Sie jedoch bereits aus Abschnitt 8.5.3, »Globale Ausnahmeklassen«, wissen, ist es nicht zulässig, den Konstruktor einer globalen Klasse zu bearbeiten. Dennoch kann die Schnittstelle des Konstruktors ergänzt werden, indem Sie öffentliche Instanzattribute definieren. Der Class Builder fügt Eingabeparameter unter Verwendung desselben Namens und derselben Typisierungsinformationen wie bei der Definition des Attributes hinzu. Zusätzlich erweitert er die Implementierung der Konstruktormethode um Zuweisungsanordnungen, die den Eingabeparameter innerhalb des Attributes speichern. So können Sie ein Ausnahmeobjekt mit allen relevanten Parametern anlegen, die Sie benötigen, um die Ausnahmesituation präzise zu definieren.

Der Code in Listing 8.15 zeigt zum Beispiel, wie eine Ausnahme vom Typ CX_SY_FILE_IO ausgelöst werden kann, wenn ein Lesefehler auftritt. In diesem Fall wurde der optionale Parameter FILENAME eingesetzt, um den Namen der Datei anzugeben, die nicht gelesen werden konnte.

```
DATA: lr_ex  TYPE REF TO cx_sy_file_io,
      lv_msg TYPE string.
TRY.
    ...
    RAISE EXCPETION TYPE cx_sy_file_io
      EXPORTING
        textid = cx_sy_file_io=>read_error
        filename = 'somefile.txt'.
CATCH cx_sy_file_io INTO lr_ex.
    lv_msg = lr_ex->get_text( ).
    MESSAGE lv_msg TYPE 'I'.
ENDTRY.
```

Listing 8.15 Abrufen von erläuterndem Text aus Ausnahmeinstanzen

8.5.5 Zuweisung von Ausnahmetexten zu Nachrichtennummern

Seit Release 6.40 des SAP NetWeaver Application Servers können Ausnahmetexte zu Nachrichtennummern innerhalb einer Nachrichtenklasse zugewiesen werden. Um diese Funktionalität in Ihren Ausnahmeklassen zu aktivieren, wählen Sie im Dialogfenster ANLEGEN KLASSE die Option MIT NACHRICHTENKLASSE (wie bereits in Abbildung 8.7 gezeigt).

Um zu veranschaulichen, wie Ausnahmetexte zu Nachrichtennummern zugewiesen werden, zeigt das Beispiel eine Ausnahmeklasse ZCX_USER_CREATE_FAILED, die eingesetzt wird, um Ausnahmen im Zusammenhang mit dem Anlegen von Benutzern in einer benutzerspezifischen Benutzerverwaltungs-API zu behandeln.

1. Zur Bereitstellung von Informationen zum jeweiligen Benutzer wurde ein öffentliches Instanzattribut USER_NAME angelegt, das zur Parameterschnittstelle der Methode CONSTRUCTOR hinzugefügt wird (siehe Abbildung 8.13).

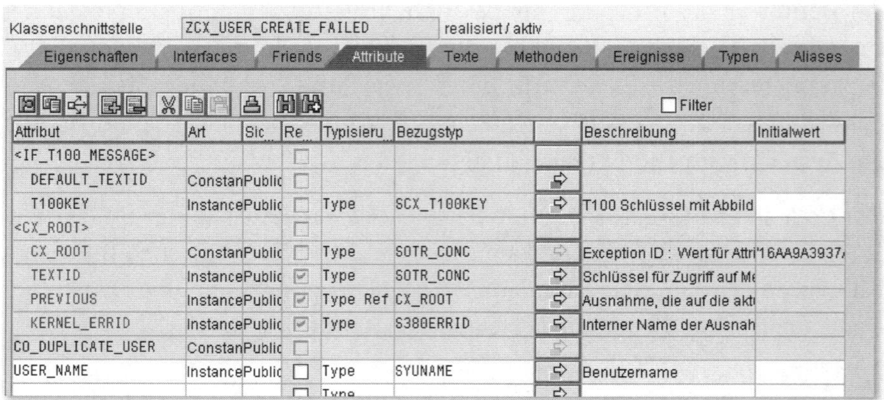

Abbildung 8.13 Definition von Parametern in ZCX_USER_CREATE_FAILED

2. Bei genauer Betrachtung der Registerkarte INTERFACES des Exception Builders sehen Sie, dass diese Ausnahmeklasse das Interface `IF_T100_MESSAGE` implementiert. `IF_T100_MESSAGE` ist ein geschachteltes Interface, das das Interface `IF_MESSAGE` einbettet, das üblicherweise mit Ausnahmeklassen verwendet wird. Das Interface `IF_T100_MESSAGE` definiert zudem einige Attribute, die die Zuweisung von Ausnahmetexten zu Nachrichtennummern unterstützen. Diese Details sind in den Implementierungen der Methoden `IF_MESSAGE~GET_TEXT` und `IF_MESSAGE~GET_LONGTEXT` in der Wurzelausnahmeklasse `CX_ROOT` gekapselt.

3. Um einen Ausnahmetext zu einer Nachrichtennummer zuzuweisen, können Sie einfach einen neuen Ausnahmetext erstellen und in der Symbolleiste oberhalb der Eingabetabelle mit dem Ausnahmetext auf den Button NACHRICHTENTEXT klicken.

   Das in Abbildung 8.14 gezeigte Dialogfenster ATTRIBUTE EINER AUSNAHMEKLASSE ZU EINER NACHRICHT ZUWEISEN wird geöffnet. In diesem Fenster weisen Sie die NACHRICHTENNUMMER 088 aus NACHRICHTENKLASSE 01 dem Ausnahmetext `CO_DUPLICATE_USER` zu.

4. Abbildung 8.15 zeigt diese Nachricht, wie in der Nachrichtenpflege, Transaktion SE91, definiert. Wie Sie sehen, können Sie den Nachrichtenparametern auch elementare Attribute aus der Klasse `ZCX_USER_CREATE_FAILED` zuweisen.

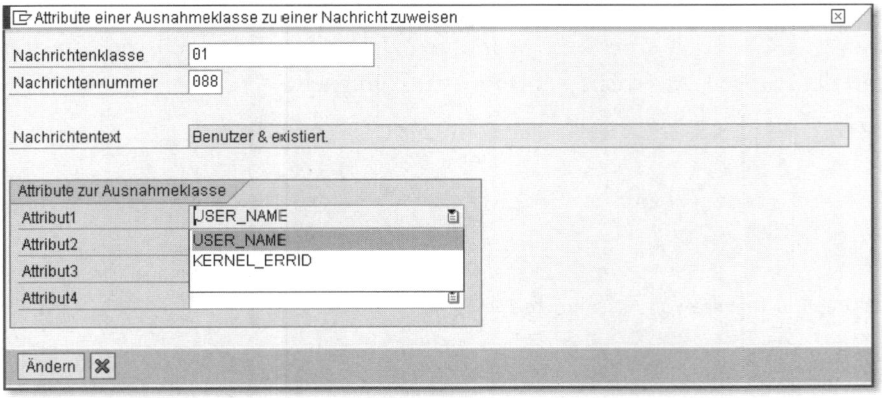

Attribute einer Ausnahmeklasse zu einer Nachricht zuweisen
Nachrichtenklasse 01
Nachrichtennummer 088
Nachrichtentext Benutzer & existiert.
Attribute zur Ausnahmeklasse
Attribut1 USER_NAME
Attribut2 USER_NAME
Attribut3 KERNEL_ERRID
Attribut4
Ändern

Abbildung 8.14 Zuweisung einer Nachrichtennummer zu einem Ausnahmetext

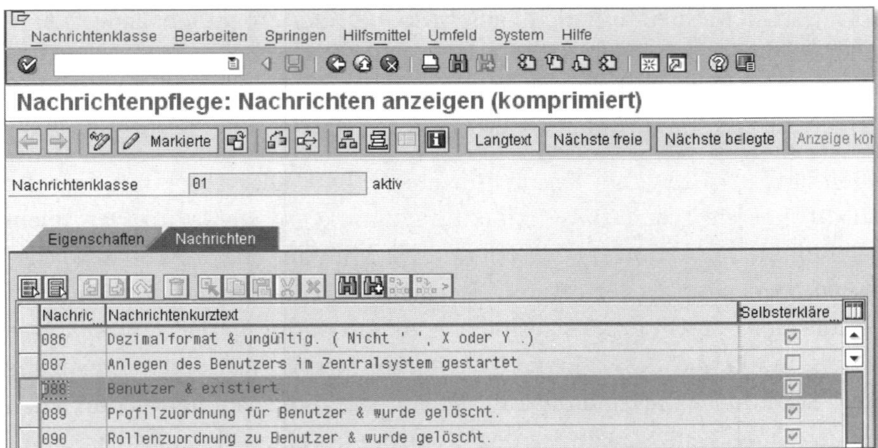

Abbildung 8.15 Anzeige einer Nachricht in der Nachrichtenpflege

Die Verwendung der Option zur Nachrichtenzuweisung für Ihre Ausnahmeklassen bietet den primären Vorteil, dass Sie eine bereits vorhandene Nachrichtenbasis nutzen können, die innerhalb der gesamten Entwicklungslandschaft gepflegt wird. Diese Nachrichten können mit Langtext und in andere Sprachen übersetzt mit den bekannten Werkzeugen in Transaktion SE91 gepflegt werden.

Ein weiterer Vorteil ist, dass die Anweisung `MESSAGE` in ABAP nun direkte Unterstützung für Ausnahmeklassen bietet, die das Interface `IF_T100_MESSAGE` implementieren. Diese Funktionalität wurde mit SAP NetWeaver 2004 eingeführt. Der Codeausschnitt in Listing 8.16 zeigt, wie die `MESSAGE`-Anweisung verwendet werden kann, um einen Ausnahmetext im Bildschirm auszugeben. In der Vergangenheit hätte der Nachrichtentext über die Methode GET_TEXT in eine String-Variable extrahiert werden müssen, um ihn mit der MESSAGE-Anweisung anzeigen zu können.

```
TRY.
   ...
CATCH cx_some_exception INTO lr_ex.
   MESSAGE lr_ex TYPE 'E'.
ENDTRY.
```

Listing 8.16 Anzeige von Ausnahmetexten mit der Anweisung MESSAGE

8.6 UML-Tutorial: Aktivitätsdiagramme

Das UML-Aktivitätsdiagramm ist ein Verhaltensdiagramm, das einen Überblick über den Ablauf innerhalb eines Moduls oder Programms liefert. Aktivitätsdiagramme sind eng verwandt mit Flussdiagrammen. Wie Sie sehen werden, bietet ein Aktivitätsdiagramm jedoch bestimmte Möglichkeiten, die ein Flussdiagramm nicht hat.

Abbildung 8.16 zeigt ein Beispiel für ein Aktivitätsdiagramm, mit dem der Ablauf eines einfachen ABAP-Extraktprogramms dargestellt wird. Der Ablauf beginnt mit der Aktion *Startknoten* und wird mit der ersten Aktion *Abfrageparameter empfangen* fortgesetzt. Beachten Sie, dass die hier verwendeten Aktionsnamen recht generisch sind. Die Aktion *Abfrageparameter empfangen* würde in diesem ABAP-Extraktprogramm beispielsweise die Erzeugung eines Selektionsbildes und die Eingabe von Selektionsparametern durch den Benutzer umfassen. Sie können dem Kontrollfluss eines Aktivitätsdiagramms über die Richtungspfeile zwischen den Aktionen folgen. Zum Schluss erreicht der Programmablauf die Aktion *Abschließende Aktivität (Endknoten)*.

Ein wichtiger Zusatz zu Aktivitätsdiagrammen im UML 2.0-Standard ist die Spezifizierung von *geschützten Knoten* (entspricht einem TRY-Block) und *Auffangknoten* (entspricht einem Ausnahmebehandler). Wie in Abbildung 8.16 gezeigt, ist die Aktion *Daten aus Datenbank extrahieren* ein geschützter Knoten, der eine Ausnahme (Selection Failed) auslösen kann. Wenn in der Datenbank keine Daten gefunden werden, die mit den angegebenen Selektionskriterien übereinstimmen, wird die Kontrolle an den Auffangknoten *»Keine Daten gefunden«-Nachricht anzeigen* übergeben. Innerhalb eines geschützten Knotens können auch mehrere Aktionen zu einer Gruppe zusammengefasst werden. In Abbildung 8.16 wurden beispielsweise alle I/O-Aktionen zu einer Gruppe in einem geschützten Knoten zusammengefasst, der auf Datei-I/O-Ausnahmen reagiert.

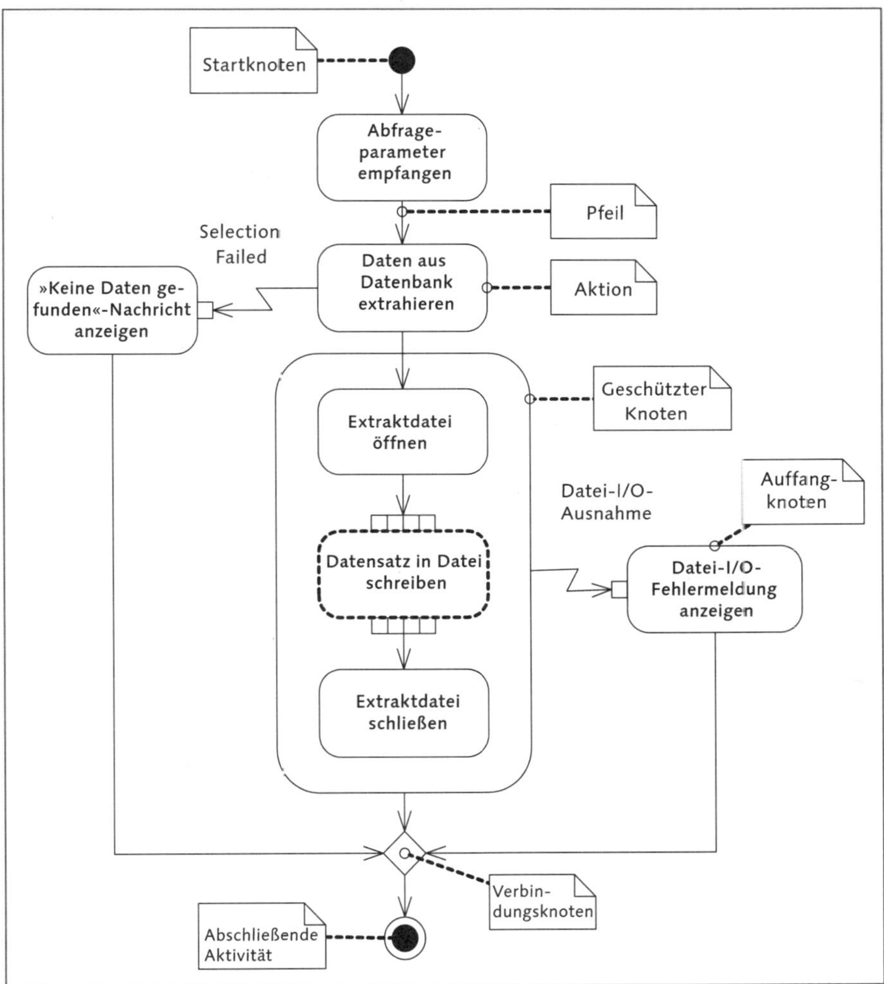

Abbildung 8.16 Beispiel für ein UML-Aktivitätsdiagramm

Beachten Sie im Diagramm in Abbildung 8.16, dass der Prozessfluss von jedem Auffangknoten zu einem diamantförmigen Knoten führt, der als *Verbindungsknoten* bezeichnet wird. Verbindungsknoten bieten eine praktische Möglichkeit, um mehrere Eingabeflüsse in einen gemeinsamen Ausgabefluss zu leiten.

Bei genauer Betrachtung der Aktion *Datensatz in Datei schreiben* in Abbildung 8.16 sehen Sie, dass die Umrandung dieser Aktion nicht wie bei den anderen Aktionen durch eine durchgezogene Linie, sondern durch eine gestrichelte Linie dargestellt ist. Diese gestrichelte Linie markiert einen *Erweiterungsbereich* innerhalb des Aktivitätsdiagramms. Im Prozessfluss in Abbildung 8.16 stellt der Erweiterungsbereich *Datensatz in Datei schreiben* (gemeinsam mit den Eingabe-Token (Eingabe-Pins), die als kleine Quadrate an der oberen Umrandung der Aktion abgebildet sind) eine Schleife dar, die die Extraktdatensätze aus der Datensuche iterativ in die Extraktdatei schreibt. Diese Art von Notation ist deutlich eleganter als die typische Verwendung von Bedingungen in Flussdiagrammen, um zu ermitteln, ob weitere Datensätze verarbeitet werden müssen etc.

Aktivitätsdiagramme zeichnen sich insbesondere dadurch aus, dass sie einfach zu lesen sind und es häufig keiner bzw. nur weniger Übersetzungen bedarf, damit sie auch für Teammitglieder ohne technischen Hintergrund verständlich sind. Daher sind sie ein ausgezeichnetes Kommunikationswerkzeug, um Mitgliedern des fachlichen Teams einen Programmablauf zu erläutern und mit diesen zu überarbeiten. Im Allgemeinen lässt sich ein Design, nach einer Einigung auf den Prozessfluss innerhalb eines Aktivitätsdiagramms, mithilfe von Interaktionsdiagrammen wie Sequenzdiagrammen etc. in einem technischen Kontext darstellen. Einige erweiterte Funktionen von Aktivitätsdiagrammen werden in Kapitel 12, »Arbeiten mit XML«, erläutert.

8.7 Zusammenfassung

Das klassenbasierte Ausnahmebehandlungskonzept vereinfacht die Behandlung von Fehlern, die in einer Anwendung auftreten können, deutlich. Die Definition eines einheitlichen Frameworks zur Behandlung von Ausnahmen ist für die Entwicklung wiederverwendbarer Komponenten von größter Bedeutung, da dieses ein konsistentes Modell für die Propagierung von Ausnahmen an Benutzer bietet. Insbesondere mithilfe des in Abschnitt 8.4.3, »Propagierung von Ausnahmen«, beschriebenen Zusatzes `RAISING` kann die Signatur von Methoden ergänzt und abgeschlossen werden, indem der API-Vertrag einer Methode vollständig spezifiziert wird.

In Kapitel 9, »Modultests mit ABAP Unit«, werden die Möglichkeiten zur Vereinfachung des Tests dieser Methoden untersucht, um sicherzustellen, dass die Implementierung dieser Methoden die im API-Vertrag festgelegten Bedingungen erfüllt.

Mit Modultests wird die Korrektheit einzelner Softwaremodule gemessen, sodass Entwickler Fehler innerhalb des Software-Entwicklungslebenszyklus früher ermitteln können. Modultest-Frameworks wie ABAP Unit unterstützen Entwickler beim Schreiben ausgereifter Modultests. In diesem Kapitel erfahren Sie, wie Sie Modultests mithilfe des Testing-Frameworks ABAP Unit entwickeln und ausführen.

9 Modultests mit ABAP Unit

Während der Implementierungsphase eines SAP-Projektes stellen Coding, Kompilierung, Aktivierung, Ausführung und Tests einzelner Entwicklungsobjekte eine einheitliche Routine für einen ABAP-Entwickler dar. Der in dieser Phase eher informelle Testprozess ist für Entwickler ein rascher Prüfpunkt, um sicherzustellen, dass sie sich auf dem richtigen Weg befinden. Werden Fehler ermittelt, wird der Code selbstverständlich umgehend geändert und erneut getestet. Sobald der Code in einem stabilen Zustand vorliegt, kann ein formalisierterer *Modultest* durchgeführt werden.

Mithilfe von Modultests wird die Richtigkeit einzelner Softwareeinheiten verifiziert. Bei der ABAP-Entwicklung bezieht sich dies meist auf eine einzelne Methode innerhalb einer Klasse, eines Unterprogramms, eines Funktionsbausteins etc. Wenn Sie bereits mit Modultests gearbeitet haben, erscheint Ihnen diese Herangehensweise möglicherweise etwas unorthodox, da die einzelnen Modultests für einen äußerst kleinen Bereich durchgeführt werden. Diese Verwirrung ist wahrscheinlich auf die IEEE-Definition (Institute of Electrical and Electronic Engineering) zurückzuführen, in der Modultests allgemein als das »Testen einzelner Hardware- oder Softwareeinheiten oder Gruppen verbundener Einheiten« beschrieben werden (Übersetzung des englischen Zitats).[1] Wie Sie sehen werden, unterstützt ABAP Unit beide Herangehensweisen an Modultests, und Sie können einzelne Modultests während der Testläufe flexibel zu Gruppen zusammenfassen.

1 Diese Erläuterung des Umfangs von Modultests stammt aus dem Buch *JUnit in Action* (Manning, 2004). Die tatsächliche Definition finden Sie in *IEEE Standard Computer Dictionary: A Compilation of IEEE Standard Computer Glossaries* (IEEE, 1990).

Eines der Hauptziele jedes Modultests ist die Bestätigung, dass die einzelnen Module ihre API-Verträge erfüllen. Indem Sie dieses Verhalten in einer frühen Phase verifizieren, lassen sich lästige Fehler auf Modulebene eliminieren, die eine nahtlose Integration und Funktionstests verhindern. In diesem Kapitel wird erläutert, wie Sie das Testwerkzeug ABAP Unit bei der Entwicklung und Ausführung von Modultests unterstützt.

9.1 ABAP Unit – Überblick

ABAP Unit ist ein Testing-Framework, mit dem Sie automatisierte Tests für einzelne Softwareeinheiten (zum Beispiel Funktionsbausteine, Klassenmethoden etc.) erzeugen können. Dieser Abschnitt liefert eine Einführung in die grundlegenden Konzepte von ABAP Unit sowie in die allgemeine Terminologie im Zusammenhang mit Modultest-Frameworks.

9.1.1 Notwendigkeit von Modultest-Frameworks

Modultests werden häufig *instinktiv* durchgeführt. So werden Modul-Pool-Anwendungen häufig getestet, indem der Entwickler auf dem Dynpro Buttons anklickt, um zu prüfen, was geschieht. Geschieht nichts Besonderes und wird ein Datensatz in die Datenbank geschrieben (dieser Vorgang kann in Transaktion SE16 verifiziert werden), funktioniert wahrscheinlich alles ordnungsgemäß. Eine sorgfältigere Untersuchung könnte zum Beispiel jedoch ergeben, dass bestimmte Dynpro-Übergänge oder -Eingaben dazu führen, dass der Datenbank-Datensatz nicht richtig geschrieben wird. In diesem Fall entscheiden sich Entwickler häufig für weitere Tests mithilfe des ABAP Debuggers. So können sie den Code Zeile für Zeile durchgehen, um beispielsweise zu verifizieren, dass die Eingaben regulär verarbeitet werden. Gelegentlich ist das manuelle Testen bestimmter Module aber so komplex, dass ein spezielles Testprogramm geschrieben werden muss. Diese provisorischen Programme enthalten üblicherweise Logik, um bestimmte Testaufgaben zu automatisieren, deren manuelle Ausführung zu schwierig wäre.

Nach der Vorstellung verschiedener Optionen zur Durchführung von Modultests werden einige der Probleme, die mit derartigen informellen Testmethoden einhergehen, betrachtet:

- Tests, die instinktiv durchgeführt werden, sind im Grunde nichts anderes als Funktionstests. Offensichtlich verfolgen Modultests und Funktionstests ein ähnliches Ziel: ein funktionierendes Produkt oder Modul.

Der Ansatz dieser beiden Testtypen ist jedoch völlig verschieden. Bei Funktionstests handelt es sich um Black-Box-Tests, die von Funktionsanalysten entworfen werden, die den Code, der zur Implementierung der getesteten Funktionalität verwendet wird, wenn überhaupt, nur in geringem Maße verstehen. Bei Modultests hingegen sollte es sich um White-Box-Tests handeln, die von Entwicklern mit umfassender Kenntnis des Codes entworfen werden, mit dem das getestete Modul implementiert wird. Diese Detailkenntnisse ermöglichen eine breitere Testabdeckung, sodass verborgene Abschnitte der Logik getestet werden können, die sich in einem Funktionstest häufig nur schwer analysieren lassen.

- Für jede der hier beschriebenen Ad-hoc-Techniken ist ein recht hoher manueller Aufwand für die Einrichtung und Ausführung des Tests erforderlich. Für Entwickler, die sich stattdessen neuen Entwicklungsaufgaben, Projekten etc. widmen könnten, sind sie daher reine Zeitverschwendung.
- Die Testergebnisse lassen sich nur schwer dokumentieren und interpretieren. Denn wie würden Sie eine Debugging-Sitzung dokumentieren? Häufig läuft diese Dokumentationsaufgabe darauf hinaus, in mühsamer Detailarbeit Screenshots zu erfassen und schrittweise mit Erläuterungen zu versehen.
- Ad-hoc-Tests lassen sich nur schwierig reproduzieren, da Entwickler häufig vergessen, eine grundlegende Einrichtung durchzuführen, oder innerhalb der gesamten Testsequenz einen Schritt überspringen.

Aufgrund dieser Probleme entschied sich Kent Beck,[2] ein Modultest-Framework zu entwickeln, mit dem sich einige der allgemein benötigten Elemente für die Erstellung und Ausführung automatisierter Modultests bereitstellen lassen. Die erste Version dieses Frameworks wurde für die Smalltalk-Sprache entwickelt und trug den Namen SUnit. Seither wurde dieses Testmodell (das heute umgangssprachlich als xUnit bezeichnet wird) angepasst, um Testing-Frameworks für andere Sprachen wie Java (JUnit), .NET (NUnit) und seit SAP NetWeaver 2004 auch für ABAP Objects zu erstellen. Der Name der SAP-Implementierung des xUnit-Test-Frameworks lautet ABAP Unit.

2 Kent Beck ist Begründer des *Extreme Programmings*, einer Software-Engineering-Methodologie, die unter anderem die testorientierte Entwicklung mithilfe von automatisierten Modultests befürwortet.

9.1.2 Modultests – Terminologie

Um zu verstehen, wie ABAP Unit eingesetzt wird, ist die Definition einiger grundlegender Begriffe erforderlich, die innerhalb des Frameworks verwendet werden (siehe Tabelle 9.1). Diese Begriffe (und die Konzepte, die sie darstellen) basieren weitgehend auf den Konzepten des xUnit-Haupt-Frameworks.

Begriff	Beschreibung
Testklasse	Eine Testklasse definiert eine Umgebung, um mehrere verbundene Modultests (als Testmethoden implementiert) auszuführen.
Testmethode	Testmethoden sind spezielle Instanzmethoden einer Testklasse, die aufgerufen werden können, um Testergebnisse zu erzeugen. Innerhalb des xUnit-Frameworks repräsentiert eine Testmethode einen einzelnen Modultest.
Fixture	Ein Fixture definiert eine Umgebung, um Modultests im richtigen Kontext auszuführen. Fixtures werden in speziellen Callback-Methoden konfiguriert, die innerhalb einer Testklasse definiert sind. Sie können in diesen Methoden Code einfügen, um die Ressourcen (zum Beispiel Datei-Handles, Verbindungen etc.) abzurufen und zu bereinigen, die innerhalb der Modultestmethoden verwendet werden.
Testaufgabe	In einer Testaufgabe werden Testklassen zu einer Gruppe zusammengefasst, sodass ihre Methoden gemeinsam in einem einzigen Testlauf ausgeführt werden können.
Testlauf	Ein Testlauf steuert die Ausführung einer Testaufgabe. Testläufe erzeugen Testergebnisse, die in der ABAP-Unit-Ergebnisanzeige abgebildet werden können.
Assertion	Innerhalb einer Testmethode wird mithilfe einzelner logischer Tests die Richtigkeit einer bestimmten Funktionalität bewertet. Sind diese Tests abgeschlossen, müssen die tatsächlichen Testergebnisse mit den erwarteten Ergebnissen verglichen werden, um zu ermitteln, ob der Test erfolgreich war oder nicht. Das ABAP-Unit-Framework unterstützt Sie bei diesem Vergleich durch eine allgemeine Utility-Klasse `CL_AUNIT_ASSERT`, die über eine Vielzahl nützlicher Methoden verfügt, um die Richtigkeit eines bestimmten logischen Tests zu bestätigen.

Tabelle 9.1 Grundlegende Terminologie zu ABAP Unit

9.1.3 Funktionsweise von ABAP Unit

Das Test-Framework ABAP Unit ist nahtlos in die ABAP Workbench integriert, sodass Sie Tests für ein ABAP-Programm denkbar einfach erstellen und ausführen können. Aus Entwicklungsperspektive sind ABAP-Unit-Tests nichts anderes als lokale Klassen, die innerhalb eines ABAP-Programms definiert werden (das heißt innerhalb von ausführbaren (oder Report-) Programmen, Modul-Pools, Class-Pool, Funktionsgruppen etc.). Diese Klassen enthalten spezielle parameterlose Instanzmethoden, die die eigentlichen Tests ausführen und deren Ergebnisse mit Utility-Methoden aus der Klasse `CL_AUNIT_ASSERT` verifizieren.

Tests können in der ABAP Workbench über verschiedene Menüoptionen einzeln oder per Integration mit dem Code Inspector (Transaktion SCI) als Batch ausgeführt werden. In beiden Fällen werden die tatsächlichen Tests als Gruppe in einer Testaufgabe zusammengefasst, die in einem Testlauf durchgeführt wird. Während des Testlaufs werden die einzelnen Testmethoden der Testklassen separat durch einen Testtreiber in der ABAP-Laufzeitumgebung ausgeführt.

Bevor die Testmethode aufgerufen wird, sucht die Laufzeitumgebung in der Testklasse jedoch nach einer speziellen Methode `setup`. Ist die Methode `setup` vorhanden, ruft die Laufzeitumgebung diese *vor* der Testmethode auf, um sicherzustellen, dass der Test ordnungsgemäß eingerichtet ist. Gleichermaßen führt die Laufzeitumgebung die Methode `teardown` aus (sofern vorhanden), nachdem die Testmethode abgeschlossen ist. Durch diese wichtige Funktion des Frameworks wird gewährleistet, dass jeder Test unabhängig von den anderen Tests ausgeführt wird. So können kaum merkliche Fehler leichter ermittelt werden, die mit unvorhergesehenen Abhängigkeiten zwischen Methoden etc. in Zusammenhang stehen.

Die Ergebnisse der verschiedenen Tests werden in der ABAP-Unit-Ergebnisanzeige dargestellt. Die in der ABAP-Unit-Ergebnisanzeige aufgeführten Details liefern Informationen darüber, welche Art von Fehler und an welcher Stelle dieser aufgetreten ist. Da die Details kontextsensitiv sind, können Sie innerhalb der ABAP Workbench zu der Stelle navigieren, an der der Fehler verursacht wurde.

9.2 Anlage von Modultestklassen

Testklassen werden weitgehend über dieselbe Vorgehensweise definiert und implementiert wie reguläre ABAP-Objects-Klassen. Allerdings müssen Testklassen und -methoden mit dem Zusatz `FOR TESTING` versehen werden. Listing 9.1 zeigt die grundlegende Form für die Definition einer ABAP-Objects-Testklasse.

```
CLASS lcl_my_test_class DEFINITION  "#AU Risk_Level Harmless
                       FOR TESTING. "#AU Duration Short
   [...]
ENDCLASS.
```

Listing 9.1 Grundlegende Form von ABAP-Unit-Testklassen

Wie bereits erwähnt, werden Testklassen als lokale Klassen innerhalb Ihres ABAP-Programms definiert.[3] Auf den ersten Blick scheint dies keine sehr sichere Vorgehensweise zu sein, da Sie möglicherweise potenziell gefährlichen Testcode in eine Produktivumgebung einführen. Der Zusatz `FOR TESTING` trennt das Programm jedoch effektiv in zwei separate Teile: den Testcode und den Produktivcode. Testcode wird üblicherweise nicht einmal in Produktivsystemen generiert (die Steuerung erfolgt über den AS ABAP-Profilparameter `abap/test_generation`). Und selbst wenn dies der Fall ist, führt das Test-Framework einen ABAP-Unit-Testlauf nicht in einem Produktivmandanten aus. So können Entwickler beruhigt und mit dem Wissen an die Arbeit gehen, dass ihr Testcode in einer Produktivumgebung keinen Schaden anrichten kann.

9.2.1 Testattribute

Bei der Definition einer Testklasse müssen Sie einige Attribute angeben, die von der ABAP-Laufzeitumgebung während der Ausführung eines Tests verwendet werden. In lokalen Klassen sind diese Attribute insofern keine traditionellen Attribute, als sie nicht über die Anweisung `DATA` definiert werden. Stattdessen werden sie als spezielle *Pseudokommentare* definiert, die nach der Anweisung `CLASS` hinzugefügt werden.

In Listing 9.1 sehen Sie, wie beide Pseudokommentare zur Definition der lokalen Testklasse `lcl_my_test_class` hinzugefügt wurden. Das Attribut `Risk_Level` beschreibt die Auswirkungen, die der Test auf das System haben könnte. Beispielsweise ist es möglich, dass Testmethoden in den getesteten Programmen eine Funktionalität aufrufen, die zu Änderungen an der Datenbank führen könnte. Testklassen, die mit diesem Risiko einhergehen, können, basierend auf mandantenabhängigen Customizing-Einstellungen, für die Ausführung eingeschränkt werden (diese Einstellungen werden im Ein-

3 Ab Release 7.0 des SAP NetWeaver Application Servers können Sie auch globale Testklassen anlegen. Globale Testklassen müssen als abstrakte Klassen definiert werden, dürfen nicht über Fixtures verfügen und können nur in lokalen Testklassen verwendet werden. Aufgrund dieser Beschränkungen wird die Verwendung globaler Testklassen in diesem Buch nicht untersucht.

führungsleitfaden (IMG) oder in Transaktion SAUNIT_CLIENT_SETUP definiert). So können Sie beispielsweise einen *Golden Client* vor den Nebenwirkungen eines Tests schützen, die andere Projekte beeinflussen könnten. Die möglichen Werte für das Attribut `Risk_Level` sind in Tabelle 9.2 aufgelistet.

Risikostufe	Potenzielle Nebenwirkungen
`Critical`	Der Test könnte die Systemeinstellungen, das Customizing etc. ändern.
`Dangerous`	Der Test könnte Datensätze in der Datenbank ändern.
`Harmless`	Keine Auswirkungen; der Test birgt keine Risiken.

Tabelle 9.2 Attributwerte zur Angabe der Risikostufe

Das Attribut `Duration` gibt die erwartete Ausführungsdauer einer Testklasse an. Über dieses Attribut kann die ABAP-Laufzeitumgebung erkennen, wann ein Testlauf zu lange dauert (möglicherweise aufgrund eines Fehlers im Testcode, zum Beispiel eine Endlosschleife). Die möglichen Werte dieses Attributes sind `Short`, `Medium` und `Long` mit den Standardwerten eine Minute, fünf Minuten bzw. eine Stunde. Diese Standardwerte können ebenfalls in Transaktion SAUNIT_CLIENT_SETUP angepasst werden.

9.2.2 Testmethoden

Testmethoden werden als parameterlose Instanzmethoden in einer Testklasse definiert. Die Signatur dieser Methoden erfordert zudem den Zusatz `FOR TESTING` (siehe Listing 9.2).

```
CLASS lcl_my_test_class DEFINITION  "#AU Risk_Level Harmless
                        FOR TESTING. "#AU Duration Short
  PRIVATE SECTION.
    METHODS:
      test_method1 FOR TESTING,
      test_method2 FOR TESTING.
ENDCLASS.
```

Listing 9.2 Definition von Testmethoden

Jede Testmethode in einer Testklasse entspricht einem einzigen Modultest. Folglich sollte eine Testmethode angelegt werden, um eine einzige Softwareeinheit (zum Beispiel eine Methode, einen Funktionsbaustein etc.) zu testen, nicht die gesamte Anwendung. Es ist wichtig, Modultests granular zu gestalten, sodass potenzielle Fehler im Detail untersucht werden können, die sich auf verschiedene Teile des Programms erstrecken könnten. Die Implementierung einer Testmethode umfasst meist lediglich einen einzigen Aufruf eines Moduls des getesteten Programms, auf den eine Statusprüfung mithilfe von Utility-Methoden folgt, die in der Klasse `CL_AUNIT_ASSERT` definiert sind.

Bei genauer Betrachtung des Codes in Listing 9.2 sehen Sie, dass die Testmethoden im privaten Bereich der Testklasse definiert wurden. Der Grund dafür ist, dass Testklassen implizit eine Freundschaftsbeziehung mit dem Testtreiber der ABAP-Laufzeitumgebung aufweisen. Daher sollten Testmethoden bevorzugt im privaten oder geschützten Bereich einer Testklasse definiert werden.

9.2.3 Verwaltung von Fixtures

Testklassen fassen verbundene Testmethoden (Modultests) zu einer logischen Einheit zusammen. In diesen Klassen können darüber hinaus spezielle Fixture-Methoden definiert werden, mit denen Sie Modultests einrichten und entfernen können. Diese Methoden verfügen über vordefinierte Namen, die automatisch von der ABAP-Laufzeitumgebung erkannt werden. Jede dieser Methoden wird im privaten Bereich der Klasse definiert und weist keine Parameter auf. Die verschiedenen Typen von Fixture-Methoden, die vom ABAP-Unit-Framework unterstützt werden, sind in Tabelle 9.3 aufgelistet.

Methodenname	Verwendungstyp
`setup`	Diese Instanzmethode wird vor dem Aufruf der einzelnen Testmethoden in der Testklasse aufgerufen.
`teardown`	Diese Instanzmethode wird nach jedem Aufruf einer Testmethode in der Testklasse aufgerufen.
`class_setup`	Diese Klassenmethode wird vor dem Aufruf der Testmethoden in der Testklasse einmalig aufgerufen.
`class_teardown`	Diese Klassenmethode wird aufgerufen, nachdem alle Testmethoden in der Testklasse aufgerufen wurden.

Tabelle 9.3 Fixture-Methoden und ihre Verwendung

Fixture-Methoden sind hervorragend geeignet, um einen gemeinsamen Initialisierungscode zu definieren, der für alle Testmethoden in einer Testklasse relevant ist. Insbesondere die Instanzmethoden `setup` und `teardown` eignen sich, um Code zu implementieren, über den sichergestellt wird, dass jeder Test unabhängig von den anderen und unter Verwendung der richtigen Laufzeitkonfiguration ausgeführt wird.

9.2.4 Generierung von Testklassen für globale Klassen

Sie können Testklassen für globale Klassen mithilfe des Werkzeugs für die Generierung von Testklassen generieren, das mit dem Class Builder bereitgestellt wird. Um auf dieses Werkzeug zuzugreifen, wählen Sie im Class Builder HILFSMITTEL • TESTKLASSENGENERIERUNG. Das in Abbildung 9.1 gezeigte Dialogfenster wird geöffnet. Dieses Fenster zeigt Optionen, um die Attribute für die Modultestklasse anzugeben, Testmethoden zu generieren etc.

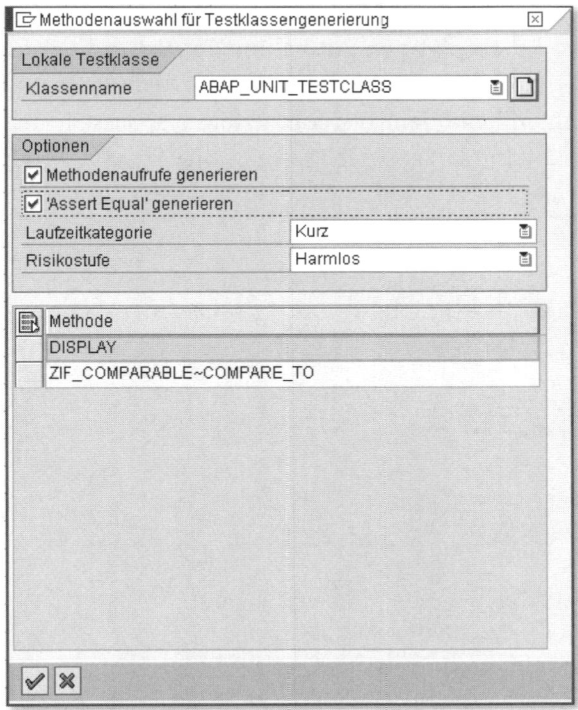

Abbildung 9.1 Generierung einer Testklasse im Class Builder

Um auf die generierte Testklasse zuzugreifen, wählen Sie im Class-Editor-Fenster des Class Builders den Menüpfad SPRINGEN • LOKALE TESTKLASSEN.

9.3 Fallbeispiel: Anlage eines Modultests in ABAP Unit

Nachdem Sie nun mit der grundlegenden Verfahrensweise zum Anlegen von Modultestklassen vertraut sind, betrachten Sie im Folgenden ein Beispiel. Das Programm `ZUNITTEST` in Listing 9.3 definiert eine einfache Klasse `lcl_account`, die zur Darstellung eines Bankkontos verwendet wird. Darüber hinaus definiert es eine Testklasse lcl_account_test mit einer einzigen Testmethode test_transfer, die eingesetzt wird, um das Verhalten der in der Klasse lcl_account definierten Methode transfer zu testen. Die Umgebung für diese Testmethode ist in der Fixture-Methode setup festgelegt, die zwei Kontoobjekte lr_checking (Girokonto) bzw. lr_savings (Sparkonto) instanziert und initialisiert. Es wird versucht, innerhalb der Testmethode mithilfe der Methode transfer einen Betrag von 1.000 US$ vom Girokonto auf das Sparkonto zu überweisen. Da diese Methode eine Ausnahme vom Typ lcx_insufficient_funds auslösen kann, ist der Methodenaufruf in einer TRY-Anweisung eingeschlossen. Tritt diese Art von Ausnahme auf, ist der Grund eine nicht ordnungsgemäße Einrichtung des Fixtures in der Methode setup. In diesem Fall ist es nicht sinnvoll, mit dem Test fortzufahren, sodass Sie den Test unter Verwendung der Methode FAIL der Klasse CL_AUNIT_ASSERT mit einem Fehler beenden können.

```
REPORT zunittest.

CLASS lcx_insufficient_funds DEFINITION
      INHERITING FROM cx_static_check.
ENDCLASS.

CLASS lcl_account DEFINITION.
   PUBLIC SECTION.
      DATA: account_id TYPE numc5 READ-ONLY,
            balance    TYPE bapicurr_d READ-ONLY.
      METHODS:
         constructor IMPORTING im_acct_id TYPE numc5,
         deposit IMPORTING im_amount TYPE bapicurr_d,
         withdrawal IMPORTING im_amount TYPE bapicurr_d
                    RAISING lcx_insufficient_funds,
         transfer IMPORTING im_amount TYPE bapicurr_d
                            im_to_account TYPE REF
                                           TO lcl_account
                  RAISING lcx_insufficient_funds.
ENDCLASS.
CLASS lcl_account IMPLEMENTATION.
   METHOD constructor.
      account_id = im_acct_id.
   ENDMETHOD.

   METHOD deposit.
      balance = balance + im_amount.
   ENDMETHOD.
```

```
  METHOD withdrawal.
    IF balance LT im_amount.
      RAISE EXCEPTION TYPE lcx_insufficient_funds.
    ENDIF.

    balance = balance - im_amount.
  ENDMETHOD.

  METHOD transfer.
    IF balance LT im_amount.
      RAISE EXCEPTION TYPE lcx_insufficient_funds.
    ENDIF.

    im_to_account->deposit( im_amount ).
  ENDMETHOD.
ENDCLASS.

CLASS lcl_account_test DEFINITION    "#AU Risk_Level Harmless
                       FOR TESTING. "#AU Duration Short
  PRIVATE SECTION.
    DATA: lr_checking TYPE REF TO lcl_account,
          lr_savings  TYPE REF TO lcl_account.

    METHODS:
      setup,
      test_transfer FOR TESTING,
      teardown.
ENDCLASS.

CLASS lcl_account_test IMPLEMENTATION.
  METHOD setup.
    CREATE OBJECT lr_checking
      EXPORTING
        im_acct_id = '10000'.

    CREATE OBJECT lr_savings
      EXPORTING
        im_acct_id = '20000'.

    lr_checking->deposit( '1500.00' ).
    lr_savings->deposit( '500.00' ).
  ENDMETHOD.

  METHOD test_transfer.
    TRY.
```

```
        CALL METHOD lr_checking->transfer
          EXPORTING
            im_amount     = '1000.00'
            im_to_account = lr_savings.
      CATCH lcx_insufficient_funds.
        CALL METHOD cl_aunit_assert=>fail
          EXPORTING
            msg = 'Insufficient funds...'.
      ENDTRY.

      CALL METHOD cl_aunit_assert=>assert_equals
        EXPORTING
          act = lr_savings->balance
          exp = '1500.00'
          msg = 'Savings account not credited correctly.'.

      CALL METHOD cl_aunit_assert=>assert_equals
        EXPORTING
          act = lr_checking->balance
          exp = '500.00'
          msg = 'Checking account not debited correctly.'.
    ENDMETHOD.

    METHOD teardown.
      CLEAR: lr_checking, lr_savings.
    ENDMETHOD.
ENDCLASS.
```

Listing 9.3 Einfaches Beispiel für einen Modultest

Sofern der Aufruf der Methode `transfer` keine Ausnahme auslöst, prüfen Sie die Ergebnisse mithilfe der Utility-Methode `ASSERT_EQUALS`, die mit der Klasse `CL_AUNIT_ASSERT` bereitgestellt wird. Diese Methode vergleicht den Ist-Wert des Attributes `balance` jedes Kontoobjektes mit dem Wert, der für die beiden Konten nach einer erfolgreichen Überweisung erwartet wird. Im nachfolgenden Abschnitt sehen Sie, dass bei diesem Test ein Fehler in der Logik der Methode `transfer` ermittelt wird. Beachten Sie ferner, dass eine Implementierung für die Fixture-Methode `teardown` in der Klasse `lcl_account_test` bereitgestellt wird. Hier werden die in der Methode `test_transfer` verwendeten Fixtures bereinigt. Wenn Sie sich nun entscheiden, zusätzliche Testmethoden hinzuzufügen, können Sie sicher sein, dass die Attribute `lr_checking` und `lr_savings` vor der Verwendung in einem Modultest regulär initialisiert werden.

9.4 Ausführung von Modultests

Nachdem Sie Ihre Modultests in ABAP Unit angelegt haben, können Sie sie auf unterschiedliche Weise ausführen. In den folgenden Abschnitten werden die Optionen erläutert, um Modultests einzeln über die ABAP Workbench oder als Batch über den Code Inspector auszuführen.

9.4.1 Integration mit der ABAP Workbench

Wie bereits erwähnt, ist das ABAP-Unit-Testwerkzeug nahtlos in die ABAP Workbench integriert. Daher lassen sich Testläufe problemlos über Standardmenüoptionen starten. Um beispielsweise einen Testlauf für das Programm ZUNITTEST in Listing 9.3 zu initiieren, wählen Sie in der Menüleiste PROGRAMM • TESTEN • MODULTEST (siehe Abbildung 9.2). Ähnliche Menüoptionen sind im Function Builder und Class Builder verfügbar.

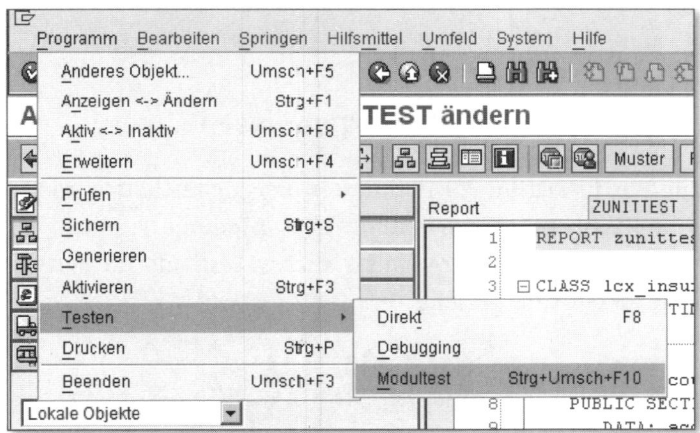

Abbildung 9.2 Ausführung eines Modultests in der ABAP Workbench

Bei in der ABAP Workbench initiierten Testläufen werden die im Programm definierten Testklassen in einer Testaufgabe zusammengefasst, die automatisch erzeugt wird. Da die Testmethoden unabhängig voneinander ausgeführt werden sollen, ist keine Abfolge für ihre Ausführung vordefiniert. Sind die Tests erfolgreich, wird eine entsprechende Meldung in der Statusleiste im unteren Bildschirmbereich eingeblendet. Werden im Modultest jedoch Fehler ermittelt, wird die ABAP-Unit-Oberfläche angezeigt. In Abschnitt 9.5, »Auswertung von Modultestergebnissen«, werden die Ergebnisse eines Testlaufs mit Fehlern untersucht.

9.4.2 Integration mit dem Code Inspector

Sie können ABAP-Unit-Tests auch im Code Inspector (Transaktion SCI) integrieren. Dieser wird verwendet, um zusätzliche statische Prüfungen für ABAP-Repository-Objekte durchzuführen. Beispiele für diese Prüfungen umfassen die Verifizierung von Namenskonventionen für Variablen, die ordnungsgemäße Verwendung von ABAP-Anweisungen etc. Wenngleich die Konfiguration und Verwendung dieses Werkzeugs im Rahmen dieses Buches nicht erläutert werden kann, soll an dieser Stelle darauf hingewiesen werden, dass es sich um ein äußerst nützliches Werkzeug für die Implementierung zusätzlicher Qualitätssicherungsschritte innerhalb des Entwicklungszyklus handelt. Die Integration von ABAP Unit im Code Inspector ermöglicht es Entwicklern, die Erstellung der Deliverables zu automatisieren, die üblicherweise in formalen Code-Reviews erforderlich sind (das heißt Belege für die Einhaltung von Projekt-Coding-Standards und positive Modultestergebnisse). Auf diese Weise lässt sich der Entwicklungsprozess insgesamt beschleunigen.

9.5 Auswertung von Modultestergebnissen

Bei der Ausführung des in Listing 9.3 definierten Beispieltestfalls wird ein Fehler in der für die Klasse `lcl_account` definierten Methode `transfer` ermittelt. In Abbildung 9.3 sind die Ergebnisse dieses Testlaufs im Fenster ABAP Unit: Ergebnisanzeige dargestellt.

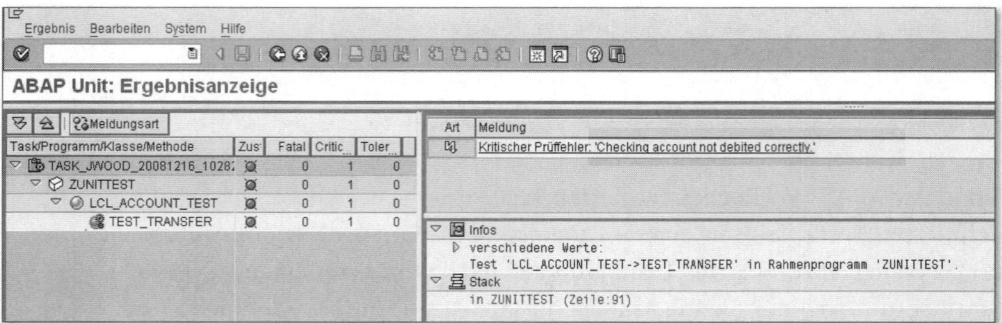

Abbildung 9.3 Anzeige von Testergebnissen in der ABAP-Unit-Ergebnisanzeige

Hier sehen Sie im linken Bildschirmbereich eine Baumstruktur, in der die automatisch generierte Testaufgabe mit den verknüpften Programmen und Testklassen/-methoden gezeigt ist, und dass in der Methode `test_transfer` ein kritischer Fehler ermittelt wurde. Wenn Sie in der Baumstruktur auf die Methode doppelklicken, wird rechts oben in der Ergebnisanzeige die mit dem Fehler verknüpfte Nachricht angezeigt. In diesem Fall ist die Nachricht *Checking account not debited correctly* mit der Nachricht identisch, die im Aufruf der Methode `ASSERT_EQUALS` verwendet wird, um den Kontostand des Girokontos nach der Überweisungsoperation zu prüfen.

Im Bildschirmbereich unten rechts sehen Sie, dass für den Kontostand des Girokontos nach der Überweisung anstelle von 1.500 US$ ein Wert von 500 US$ erwartet wurde. Das bedeutet, dass vergessen wurde, das Girokonto zu belasten, bevor der überwiesene Betrag in der Methode `transfer` der Klasse `lcl_account` dem Sparkonto gutgeschrieben wurde. Bei einer größeren Testaufgabe hätten weitere Fehler aus anderen Testmethoden generiert werden können. Daher sind die Stack-Informationen im Bildschirmbereich unten rechts äußerst nützlich, um zu ermitteln, an welcher Stelle eine Assertion nicht erfolgreich war.

Im Beispieltest in Listing 9.3 wurde der standardmäßige Fehlerschweregrad, der in der Methode `ASSERT_EQUALS` der Klasse `CL_AUNIT_ASSERT` definiert ist, akzeptiert. Der Eingabeparameter `level` unterstützt jedoch auch andere Schweregrade wie `Fatal` oder `Tolerable`. Innerhalb Ihrer einzelnen Testmethoden müssen Sie festlegen, wie kritisch ein bestimmter Fehler wirklich ist. Sie sollten sich Zeit nehmen, um die Dokumentation für die Klasse `CL_AUNIT_ASSERT` zu lesen. Auf diese Weise können Sie sich mit den verschiedenen Assertion-Methoden und ihren Parametern vertraut machen, um so den Nutzen Ihrer Modultests zu erhöhen.

9.6 Weg zur testorientierten Entwicklung

In seinem Buch *Extreme Programming Explained: Embrace Change* (Addison-Wesley, 1999) behauptet Kent Beck, »eine Programmfunktion ohne automatisierten Modultest ist schlichtweg nicht vorhanden« (Übersetzung des englischen Zitats). Diese Auffassung teilt er mit vielen Entwicklern, die sich einer neuen Softwaredesigntechnik verschrieben haben, die als *Test-Driven Development (TDD, testorientierte Entwicklung)* bezeichnet wird. Bei TDD liegt der Schwerpunkt deutlich stärker auf dem Testprozess, sodass Modultests geschrieben werden müssen, *bevor* die Entwicklung beginnt. Nachdem die Modultests in einem automatisierten Testing-Framework wie ABAP Unit geschrieben wurden, können Entwickler mit der schrittweisen Implementierung der Funktionalität beginnen, die in diesen Modultests beschrieben ist. Dabei erhalten sie kontinuierlich Feedback aus den Testläufen.

Auch wenn die vollständige Verwendung von TDD (und der Extreme-Programming-Methodologie, aus der diese Technik entstanden ist) für Ihr Entwicklungsteam zu kontrovers sein mag, darf der Nutzen von automatisierten Modultests mit hoher Qualität nicht unterschätzt werden. Es ist dringend notwendig, dass Sie Ihre ABAP-Unit-Tests so schnell wie möglich definieren, um sie in Ihren normalen Entwicklungsprozess zu integrieren. Diese Tests unterstützen Sie dabei, Ihre Zielvorgaben zu erfüllen, indem Sie umgehend Feedback erhalten, wenn einzelne Module von den Inhalten ihrer API-Verträge abweichen. Modultests geben zudem Auskunft über Bereiche Ihres Designs, für die weitere Arbeitsschritte erforderlich sind. Wenn Sie beispielsweise feststellen, dass ein Modul nur schwer zu testen ist, dann ist wahrscheinlich etwas nicht in Ordnung.

Und schließlich sollten Modultests Ihre Selbstsicherheit stärken und Sie dazu inspirieren, »Risiken« bei der Entwicklung einzugehen. In Kapitel 5, »Vererbung«, wurde beispielsweise das Konzept des Refactorings besprochen, um das Design eines vorhandenen Codes zu verbessern. Ohne Modultests zögern Sie möglicherweise, bestimmte Refactorings durchzuführen, weil Sie fürchten, versehentlich abhängigen Code zu beschädigen. Oder Sie sind aus demselben Grund zögerlich, wenn es um die Implementierung von Erweiterungen und Verbesserungen geht. Mit Modultests haben Sie jedoch die Möglichkeit, die Änderungen anzuwenden und umgehend zu erfahren, ob diese vorhandene Elemente innerhalb des Systems beschädigen. Ein umfassender Regressionstest ist in diesem Fall nicht erforderlich.

9.7 UML-Tutorial: Anwendungsfalldiagramme

Selbst wenn Sie UML bisher noch nicht häufig eingesetzt haben, haben Sie wahrscheinlich in verschiedenen Zusammenhängen schon einmal den Begriff *Anwendungsfall* gehört. Anwendungsfälle sind ein wichtiger Teil des UML-Standards, obwohl die UML-Spezifikation – ironischerweise – kaum Informationen dazu bietet, wie diese definiert werden. Stattdessen konzentriert sich der Standard auf das Anwendungsfalldiagramm, das nur eingeschränkte Informationen zu diesem Bereich liefert.

In seinem Buch *Use Cases effektiv erstellen* (mitp, 2008) definiert Alistair Cockburn einen Anwendungsfall als einen Vorgang, der »einen Vertrag zwischen den Stakeholdern eines Systems zu dessen Verhalten erfasst« (Übersetzung des englischen Zitats). Mit anderen Worten, Sie können sich einen Anwendungsfall als eine Methode für die Erfassung der funktionalen Anforderungen eines Systems oder eines Moduls vorstellen. Ein Anwendungsfall ist recht knapp gehalten und beschreibt ein einzelnes Interaktionsszenario zwischen einem anfordernden Benutzer oder System (der sogenannte *Akteur*) und dem jeweiligen System, das betrachtet wird. Jeder Anwendungsfall schildert ein *Haupterfolgsszenario*, das definiert, wie ein Akteur sein Ziel erreichen kann. Bei jedem Schritt innerhalb des Haupterfolgsszenarios kann ein Vorgang stattfinden, aufgrund dessen der Ablauf des Anwendungsfalls abweicht. Diese Abweichungsszenarien werden als *Erweiterungen* bezeichnet. Durch die Trennung dieser Erweiterungsszenarien vom Haupterfolgsszenario ist der Anwendungsfall deutlich leichter lesbar.

Die Entwicklung eines Anwendungsfalls ist ein Prozess der Zusammenarbeit, der eine gute Kommunikation innerhalb eines Projektteams erfordert. In den meisten Fällen sind an diesem Prozess maßgeblich Fachleute beteiligt, die nicht mit der UML vertraut sind. Daher empfiehlt es sich häufig, Anwendungsfallszenarien in Textform darzustellen. Ein Beispiel dieser Form wird in Abschnitt 9.7.2, »Beispiel für einen Anwendungsfall«, gezeigt.

9.7.1 Anwendungsfalldiagramme – Terminologie

Vor der Entwicklung eines Beispielanwendungsfalls ist es wichtig, die grundlegende Terminologie zu kennen. In Tabelle 9.4 finden Sie eine Beschreibung einiger der gängigsten Begriffe, die in diesem Zusammenhang verwendet werden.

Begriff	Beschreibung
Akteur	Ein Benutzer oder ein System, der bzw. das mit dem System interagiert, das besprochen wird. Aus der Perspektive des betrachteten Systems wird ein Akteur als die Rolle(n) definiert, die er innerhalb des Systems spielt.
Primärer Akteur	Der primäre Akteur ist der Akteur, der das Anwendungsfallszenario initiiert.
Gültigkeitsbereich	Der Gültigkeitsbereich beschreibt das betrachtete System.

Tabelle 9.4 Grundlegende Begriffe zu Anwendungsfällen

Begriff	Beschreibung
Vorbedingungen	Vorbedingungen formulieren, was wahr sein muss, bevor der Anwendungsfall beginnen kann. Die Vorbedingung für eine Webanwendung könnte zum Beispiel sein, dass der Benutzer vorschriftsmäßig authentifiziert wurde. In diesem Fall vereinfacht die Vorbedingung den Text des Anwendungsfallszenarios, da Sie vor einem bestimmten Schritt zum Beispiel keine weiteren Schritte einfügen müssen, um zu verifizieren, dass ein Benutzer authentifiziert ist.
Garantien	Eine Garantie beschreibt die Invarianten, die innerhalb eines Anwendungsfallszenarios vom System gepflegt werden. Ein Anwendungsfallszenario zur Beschreibung einer Überweisung von Geldsummen zwischen zwei Konten innerhalb eines Banksystems würde beispielsweise über Garantien verfügen, die sicherstellen, dass das Quellkonto ordnungsgemäß belastet und der überwiesene Betrag dem Zielkonto korrekt gutgeschrieben wird.
Haupterfolgsszenario	Das primäre Szenario des Anwendungsfalls, das schildert, wie ein Akteur sein Ziel erreicht. Sie können sich dieses Szenario als das ideale Szenario für den Anwendungsfall vorstellen.
Erweiterungsszenarien	Erweiterungsszenarien beschreiben ein alternatives Verhalten innerhalb des Haupterfolgsszenarios.

Tabelle 9.4 Grundlegende Begriffe zu Anwendungsfällen (Forts.)

9.7.2 Beispiel für einen Anwendungsfall

Wie bereits erwähnt, gibt es keine bindenden Regeln für die Definition von Anwendungsfällen. Das in Abbildung 9.4 gezeigte Anwendungsfallbeispiel enthält einige der eher allgemeinen Elemente, die bei der Definition von Anwendungsfalldokumenten verwendet werden.

Idealerweise sollte der Anwendungsfall in Abbildung 9.4 bei korrekter Vorgehensweise äußerst leicht zu lesen sein. Dies ist ein Anwendungsfall zur Online-Registrierung für eine Schulung. Zunächst werden der primäre Akteur, das betrachtete System sowie einige grundlegende Vorbedingungen für die Ausführung des Anwendungsfalls definiert. Anschließend wird mit dem Haupterfolgsszenario fortgefahren, das als Abfolge nummerierter Schritte festgelegt ist. Wie Sie sehen, wird jeder Schritt mit einer direkt und knapp formulierten Tätigkeitsbeschreibung versehen; das Herzstück dieser Tätigkeitsbeschreibung ist jeweils ein Tätigkeitsverb.

Fallbeispiel: Online-Registrierung für eine Schulung	
Primärer Akteur	Schulungsteilnehmer
Gültigkeitsbereich	Website zur Online-Registrierung für Schulungen
Vorbedingungen	Teilnehmer ist an der Schulungs-Website angemeldet
Haupterfolgsszenario	
1)	Teilnehmer durchsucht den Kurskatalog und wählt die gewünschte Schulung.
2)	Teilnehmer klickt zur Registrierung für eine Schulung auf einen Button.
3)	Teilnehmer gibt grundl. Kontaktdetails an (Name, E-Mail-Adresse usw.).
4)	Teilnehmer gibt Zahlungsinformationen an (z. B. Kreditkarte usw.).
5)	Teilnehmer sendet die Registrierungsanforderung.
6)	System verifiziert die Verfügbarkeit freier Plätze.
7)	System verifiziert Zahlungsinformationen, Autorisierung der Bezahlung.
8)	System zeigt Bestätigungsmeldung auf dem Bildschirm an.
9)	System sendet eine E-Mail zur Bestätigung der Registrierung.
Erweiterungen	
6a)	Schulung ist ausgebucht. • 1) System zeigt in Meldung an, dass die Schulung ausgebucht ist. • 2) Wechselt erneut zu Schritt 1 des Haupterfolgsszenarios.
7a)	Zahlungsinformationen sind ungültig. • 1) Teilnehmer kann eine andere Zahlungsart wählen oder den Vorgang abbrechen.

Abbildung 9.4 Beispiel für ein Anwendungsfalldokument

Um den Umfang des Diagramms gering zu halten, können Sie andere Anwendungsfälle referenzieren, indem Sie einfach eine Tätigkeitsbeschreibung unterstreichen. In Schritt 1 des Haupterfolgsszenarios wurde zum Beispiel der Satz *durchsucht den Kurskatalog und wählt die gewünschte Schulung* unterstrichen, um anzuzeigen, dass die Suchfunktion des Kurskatalogs in einem anderen Anwendungsfall dargestellt ist. Der Anwendungsfall in Abbildung 9.4 umfasst zudem einige Erweiterungsszenarien. Diese Szenarien schildern, was geschieht, wenn der Kurs bereits ausgebucht ist oder die Zahlungsinformationen ungültig sind.

Beachten Sie, dass das Beispiel in Abbildung 9.4 nur eine Möglichkeit darstellt, um einen Anwendungsfall zu dokumentieren. Ein Anwendungsfall gilt dann als gut ausgearbeitet, wenn er eine Interaktion mit dem System präzise beschreibt. Wenn Sie ein Anwendungsfalldokument lesen, sollten Sie rasch das *Wer*, *Was*, *Wann*, *Wo* und *Weshalb* einer bestimmten Interaktion innerhalb des Systems bestimmen können. Bei der Dokumentation von Anwendungsfällen ist weniger oft mehr.

9.7.3 Anwendungsfalldiagramm

Abbildung 9.5 zeigt ein Beispiel für ein Anwendungsfalldiagramm für den in Abbildung 9.4 beschriebenen Anwendungsfall. Wie Sie sehen, ist die grafische Notation für Anwendungsfälle in der UML recht einfach. Sie zeigt im Wesentlichen die Beziehungen zwischen Akteuren und Anwendungsfällen. Die Anwendungsfälle sind innerhalb eines rechteckigen Kästchens dargestellt, das für die Grenzen des Systems steht. Intern können Anwendungsfälle `include`-Beziehungen definieren, um ihre Abhängigkeiten von anderen Anwendungsfällen darzustellen.

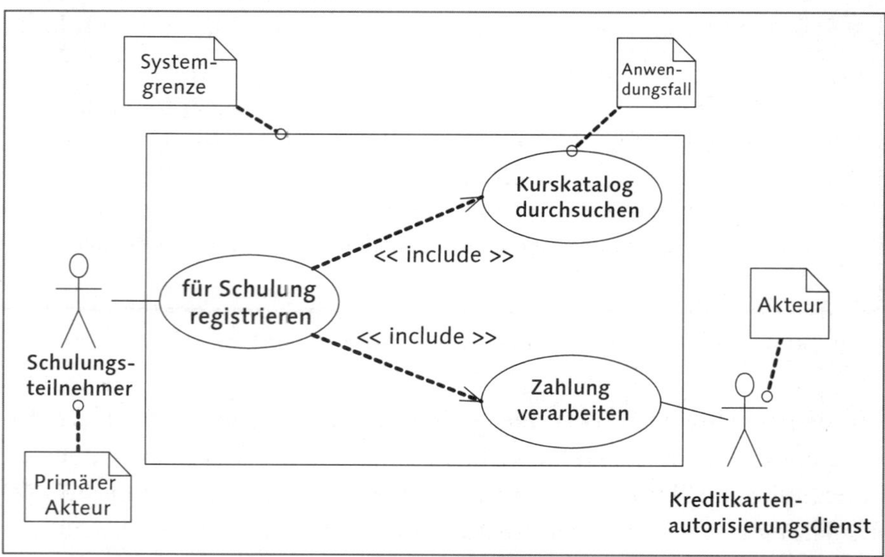

Abbildung 9.5 Beispiel für ein Anwendungsfalldiagramm

In seinem Buch *UML konzentriert* (Addison-Wesley, 2003) beschreibt Martin Fowler Anwendungsfalldiagramme als eine Art grafisches Inhaltsverzeichnis für eine Reihe von Anwendungsfalldokumenten. Das Anwendungsfalldiagramm in Abbildung 9.5 zeigt zum Beispiel einen groben Überblick über das System zur Kursregistrierung, seine Anwendungsfälle und die relevanten Akteure, die mit diesen Anwendungsfällen interagieren. Weitere Informationen zu einem bestimmten Anwendungsfall finden Sie in der detaillierten Anwendungsfalldokumentation, wie zum Beispiel in der in Abbildung 9.4 gezeigten.

9.7.4 Anwendungsfälle für die Verifizierung von Anforderungen

Anwendungsfälle bieten eine hervorragende Methode, um funktionale Anforderungen zu erfassen. Leider werden sie in SAP-Projekten jedoch kaum genutzt. Folglich fragen Sie sich als ABAP-Entwickler möglicherweise, weshalb Sie sich mit Anwendungsfällen beschäftigen sollten. Denn schließlich obliegt die Dokumentation funktionaler Anforderungen meist den an einem Projekt beteiligten Fachleuten.

Bei den meisten »Wasserfall-Methodologien«, die für SAP-Projekte eingesetzt werden, beginnt der Softwareentwicklungsprozess für Entwickler erst, nachdem eine funktionale Spezifikation geschrieben wurde. Dabei wird von Entwicklern häufig erwartet, sich diese Spezifikation einfach durchzulesen und mit dem Designprozess zu beginnen. Bevor er jedoch in dieser fortgeschrittenen Phase des Gesamtprojektablaufs mit seiner Arbeit beginnt, kontaktiert ein erfahrener Entwickler zunächst die Fachleute, um sicherzustellen, dass seine Interpretation der Anforderungen mit ihrer Sicht übereinstimmt. Anwendungsfälle können ein äußerst effektives Werkzeug sein, um solche Interpretationen zu dokumentieren.

Zudem lässt sich durch den geringen zusätzlichen Zeitaufwand für die Dokumentation von Anwendungsfällen das Leben des Entwicklers und anderer Beteiligter deutlich erleichtern, indem die Anforderungen in eine Form gebracht werden, die unkompliziert und einfach zu interpretieren ist. Diese Dokumentation ist ein entscheidender Teil eines technischen Designdokumentes, der verhindert, dass andere Entwickler zu einem späteren Zeitpunkt bei null anfangen und ein komplexes funktionales Design von Beginn an interpretieren müssen.

9.7.5 Anwendungsfälle und Tests

Anwendungsfälle sind zudem nützlich, wenn Sie mit der Entwicklung von Modul- oder Funktionstests beginnen. Jeder Aktionsschritt im Haupterfolgs- oder Erweiterungsszenario stellt eine Arbeitseinheit dar, die unabhängig von den anderen Einheiten getestet werden sollte. Zumindest sollte Ihnen diese Vorgehensweise einen ausgezeichneten Ausgangspunkt bieten, um Ihre Testszenarien einzugrenzen. Im Vergleich zur alternativen Möglichkeit, eine umfangreiche funktionale Spezifikation nach Testszenarien »zu durchkämmen«, zeigt sich schnell, wann sich der Aufwand lohnt, Anwendungsfälle zu dokumentieren.

9.8 Zusammenfassung

Modultests sind der letzte Prüfpunkt bei der Qualitätssicherung, den ein Entwicklungsobjekt durchlaufen muss, bevor es für die anderen Mitglieder eines Projektteams zur Verfügung gestellt wird. Um Entwicklungsobjekte mit hoher Qualität bereitzustellen, müssen Sie daher sicherstellen, dass diese ordnungsgemäß funktionieren. Die Entwicklung automatisierter Modultests mithilfe des Testing-Frameworks ABAP Unit vereinfacht diese Aufgabe, indem Sie robuste Testfälle anlegen können, mit denen wiederholbare Ergebnisse erzeugt werden.

In Kapitel 10, »Arbeiten mit dem SAP List Viewer«, werden eine Reihe von Fallbeispielen und einige typische Szenarien betrachtet, in denen ABAP-Objects-Klassen für gängige Entwicklungsaufgaben innerhalb eines SAP-Projektes verwendet werden.

Teil III
Fallbeispiele

Mit dem SAP Control Framework lassen sich benutzerspezifische Desktop-UI-Controls über ABAP-Programme verwalten, die remote auf dem SAP NetWeaver Application Server ausgeführt werden. Diese Controls führen durch die Nutzung komplexer, bereits auf dem Benutzerarbeitsplatz installierter Controls zu einem verbesserten Benutzererlebnis mit der klassischen Dynpro-Benutzeroberfläche. In diesem Kapitel erfahren Sie, wie Sie interaktive Reports mit dem SAP List Viewer und dem ALV-Objektmodell entwickeln.

10 Arbeiten mit dem SAP List Viewer

Dieses Kapitel beginnt mit der ersten von mehreren Fallstudien, die veranschaulichen, wie ABAP-Objects-Klassen in gängigen ABAP-Entwicklungsaufgaben eingesetzt werden. Der *SAP List Viewer* (auch bekannt als *ABAP List Viewer* oder *ALV*) ist ein flexibles UI-Control, mit dem strukturierte Daten in verschiedenen Formaten angezeigt werden können.

In der Vergangenheit hatten Sie zwei Möglichkeiten, wenn Sie mit den ALV-Werkzeugen arbeiten wollten:

- Sie konnten Funktionsbausteine aus der Reuse Library (zum Beispiel `REUSE_ALV_GRID_DISPLAY`) verwenden.
- Sie konnten mit dem Grid Control direkt über das SAP Control Framework (zum Beispiel über Proxy-Klassen `CL_GUI_ALV_GRID` etc.) interagieren.

Mit SAP NetWeaver 2004 hat SAP jedoch eine einheitliche API bereitgestellt, das sogenannte *ALV-Objektmodell*, das ausschließlich auf ABAP-Objects-Klassen basiert.

Im Laufe dieses Kapitels wird erläutert, wie mit dem ALV-Objektmodell ein einfacher Flugdaten-Query-Report erzeugt und implementiert wird. Dabei wird auf das Konzept der ABAP-Objects-Ereignisse zurückzukommen sein. Dieses Konzept zeigt, wie auf Ereignisse reagiert werden kann, die von Benutzern ausgelöst werden, die mit dem ALV Control auf ihren Frontend-Arbeitsplätzen interagieren.

10.1 SAP Control Framework – Überblick

Zu Beginn der Dynpro-Programmierung in der SAP R/3-Umgebung war die Liste der verfügbaren Bildschirmelemente, die einem klassischen Dynpro hinzugefügt werden konnten, auf einfache Beschriftungen, Eingabefelder, Buttons etc. eingeschränkt. Diese Elemente konnten zur Entwicklung von *funktionalen* Dynpros verwendet werden. Das Anlegen von High-Fidelity-Dynpros mit einem Look & Feel, mit dem viele Benutzer bereits durch die Arbeit in anderen bekannten Desktop-Anwendungen vertraut waren, gestaltete sich jedoch eher schwierig. SAP erkannte diese Schwachstellen und führte in Release 4.5 des Basis-Kernels das SAP Control Framework ein (hierbei handelt es sich um den Vorgänger des SAP Web Application Servers).

Dank der ausgereiften Technik des SAP Control Frameworks haben Sie die Möglichkeit, Custom-UI-Controls auf dem Desktop-Client eines Benutzers über eine ABAP-Anwendung zu verwalten, die remote auf dem AS ABAP ausgeführt werden. Diese Custom-Controls werden entweder mit der Komponententechnologie Microsoft ActiveX® oder Sun JavaBeans™ implementiert, abhängig von der Version des verwendeten SAP GUI-Clients. Durch die Unterstützung für gängige Komponentenmodelle wie ActiveX oder JavaBeans lassen sich zahlreiche Typen komplexer Controls in das klassische Dynpro-UI integrieren.

10.1.1 Architektur des SAP Control Frameworks

Wie Sie in Abbildung 10.1 sehen, umfasst die Architektur des SAP Control Frameworks zwei Bestandteile:

- Die Serverseite des Frameworks basiert auf einer Reihe von ABAP-Objects-Klassen, die zusammengefasst als *ABAP Objects Control Framework* bezeichnet werden. Dieses Framework enthält verschiedene Basisklassen, die die systemnahen Schnittstellen zwischen dem Applikationsserver und dem Frontend definieren, sowie mehrere Proxy-Klassen, in denen die Funktionalität von Custom-Controls im Hintergrund einer ABAP-Objects-Schnittstelle gekapselt ist. Diese Proxy-Klassen erben von der Basis-Control-Klasse `CL_GUI_CONTROL`.
- Die Client-Seite des Frameworks wird von einer speziellen Komponente verwaltet, die im SAP GUI-Client integriert ist und als *Automation Controller* bezeichnet wird. Der Automation Controller verwaltet alle Custom-Control-Instanzen, die auf dem SAP GUI-Frontend verwendet werden. Zudem organisiert er die Kommunikation zwischen den Custom-Controls

und dem ABAP Objects Control Framework. Diese RFC-basierte Kommunikation umfasst die Datenübertragung zwischen dem ABAP-Programm und den Custom-Controls sowie die Propagierung von auf dem Frontend ausgelösten Ereignissen an auf dem Backend registrierte Ereignisbehandler-Methoden. Für eine maximale Performance wird die gesamte Kommunikation in einer *Automation Queue* sowohl auf dem Client als auch auf dem Server gepuffert.

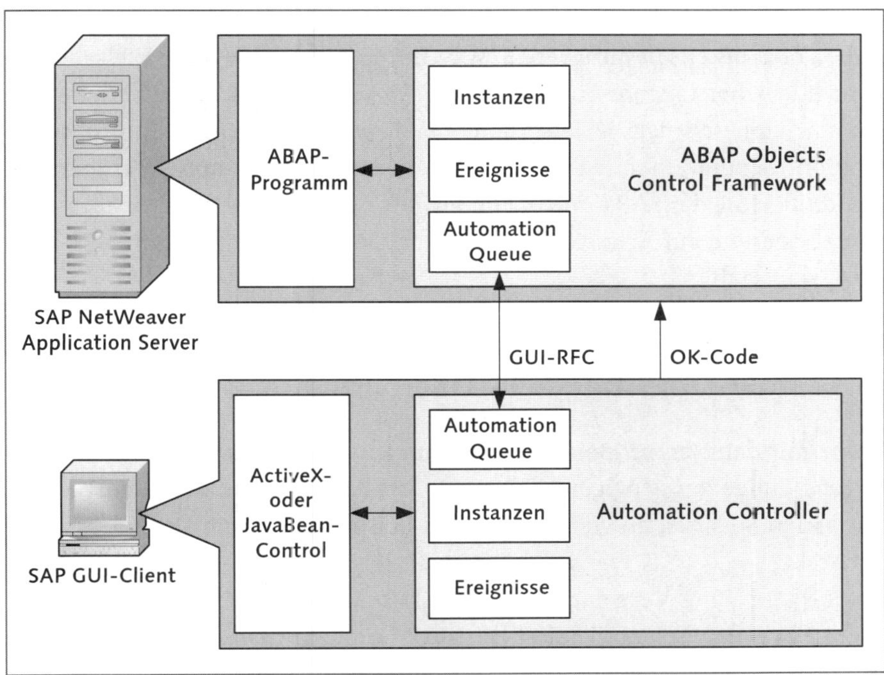

Abbildung 10.1 Architektur des SAP Control Frameworks

Einer der entscheidenden Vorteile bei der Arbeit mit dem Control Framework ist, dass ein Großteil der Funktionalität in einer Anwendung an den Frontend-Client delegiert werden kann. Das ALV Grid Control ist beispielsweise in der Lage, die angezeigten Daten zu sortieren und zu filtern, ohne dass eine Interaktion mit dem Server erforderlich ist. Auf diese Weise wird die Last des Applikationsservers verringert, und Benutzer erhalten ihre Ergebnisse wesentlich schneller, als wenn sie auf einen Dialogschritt warten müssten.

Wie in Abbildung 10.1 gezeigt, erfasst das SAP Control Framework auch Ereignisse, die auf dem Frontend-Client ausgelöst werden. Diese Ereignisse werden vom Framework an Ereignisbehandler-Methoden gesendet, die in einer speziellen ABAP-Objects-Klasse definiert sind. Die Signatur dieser Ereignisbehandler-Methoden enthält Informationen zum Ereignis sowie eine Referenz auf das *Senderobjekt* (das Proxy-Objekt für das Custom-Control). Diese Informationen ermöglichen eine anwendungsspezifische Reaktion auf das Ereignis. Ein entsprechendes Beispiel finden Sie in Abschnitt 10.4, »Ereignisbehandlung mit dem ALV-Objektmodell«.

10.1.2 Verfügbare Controls

Neben dem bereits besprochenen ALV Grid Control gibt es eine Vielzahl weiterer nützlicher Custom-Controls im AS ABAP, die sofort eingesetzt werden können, zum Beispiel spezielle Container-Typen, ein Kalender-Control sowie ein Control zum Einbetten eines Webbrowsers in ein Dynpro. Darüber hinaus können Sie das SAP Control Framework nutzen, um eigene Custom-Controls, basierend auf ActiveX-Komponenten, JavaBeans oder sogar .NET-Controls, zu gestalten.

10.2 ALV-Objektmodell – Überblick

Bevor mit dem Report-Beispielprogramm fortgefahren wird, werden nachfolgend einige der gängigeren Elemente des ALV-Objektmodells vorgestellt, mit denen Sie arbeiten werden. Für das Beispiel in diesem Kapitel wird die Klasse `CL_SALV_TABLE` verwendet, um die Ergebnisse der Flugdaten-Query anzuzeigen. Unter Verwendung dieser Klasse wird eine einfache zweidimensionale Tabelle in einer klassischen ABAP-Liste, ein GUI-Container in einem Dynpro-Bild oder eine Vollbild-Tabellenanzeige wiedergegeben. Der Einfachheit halber wird bei der Erstellung des Reports die standardmäßige Vollbild-Tabellenanzeige übernommen.

Wenn Sie sich die Eigenschaften der Klasse `CL_SALV_TABLE` genauer ansehen, werden Sie feststellen, dass sie mit dem Instanzierungstyp privat konfiguriert ist. Wie Sie aus Kapitel 4, »Objektinitialisierung und Bereinigung«, wissen, impliziert eine private Instanzierung, dass Instanzen der Klasse `CL_SALV_TABLE` nicht direkt über die Anweisung `CREATE OBJECT` angelegt werden können. Stattdessen hat SAP die spezielle Klassenmethode `FACTORY` bereitgestellt, mit der Sie eine Instanz des ALV-Werkzeugs abrufen können. *Factory-Methoden* vereinfachen das Anlegen von Objekten. Im Fall der Klasse `CL_SALV_TABLE` übernimmt die `FACTORY`-Methode die folgenden Aufgaben: Sie initialisiert die zugehörige GUI-Umgebung, füllt das Raster mit Daten und – der vielleicht wichtigste Aspekt – leitet die Metadaten dynamisch ab, die das AVL-Werkzeug zur Wiedergabe des Reports benötigt. In der Vergangenheit mussten diese Metadaten manuell in einer speziellen internen Tabellenvariablen, dem sogenannten *Feldkatalog*, erzeugt werden.

Das von der `FACTORY`-Methode zurückgegebene ALV-Tabellenobjekt ist voll funktionsfähig und kann über die `DISPLAY`-Methode im Bildschirm angezeigt werden. In der Regel möchten Sie jedoch verschiedene Aspekte der Tabelle anpassen, bevor Sie diese für die Benutzer bereitstellen. Im ALV-Objektmodell wurden diese Einstellungen in verschiedenen ABAP-Objects-Klassen gekapselt. Diese Klassen enthalten hauptsächlich Getter- und Setter-Methoden, mit denen Sie verschiedene Einstellungen konfigurieren können, um zu steuern, wie die Tabelle angezeigt oder wie mit der Tabelle interagiert werden soll. Das UML-Klassendiagramm in Abbildung 10.2 zeigt einige gängige Getter-Methoden, die in der Klasse `CL_SALV_TABLE` für den Zugriff auf Instanzen dieser Eigenschaftsklasse bereitgestellt werden. Weitere Informationen zu den Details einzelner Eigenschaftsklassen finden Sie im SAP Help Portal (*http://help.sap.com*).

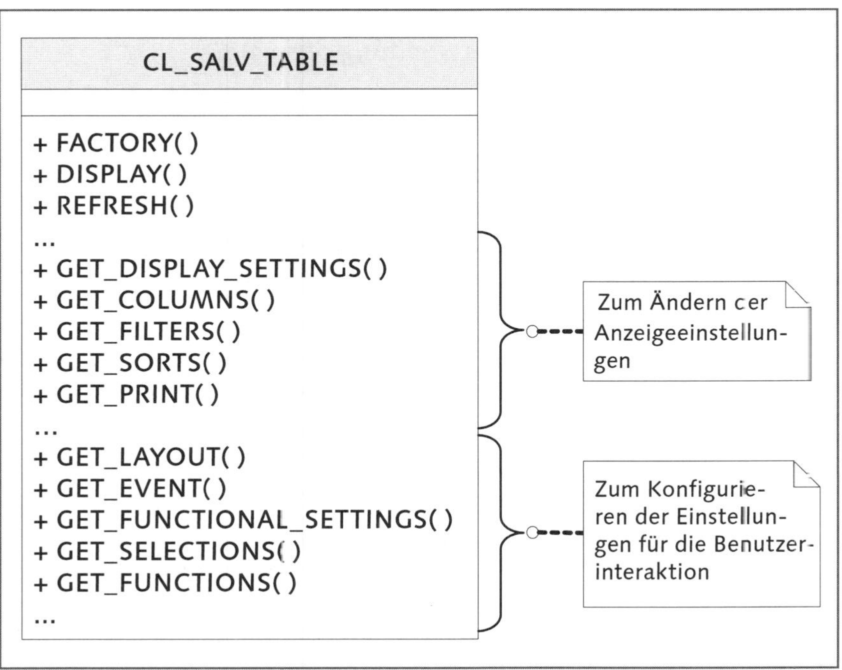

Abbildung 10.2 UML-Klassendiagramm für die Klasse CL_SALV_TABLE

10.3 Erste Schritte mit dem Flugdaten-Query-Report

Nun, da Sie über ein grundlegendes Verständnis des ALV-Objektmodells verfügen, können Sie mit der Entwicklung des Flugdaten-Query-Reports fortfahren. In den folgenden Abschnitten erfahren Sie, wie verschiedene Aspekte des Report-Programms im Einzelnen implementiert werden.

10.3.1 Erläuterung der Report-Anforderungen

Zu den allgemeinen Anforderungen für den Flugdaten-Query-Report gehört die Anzeige eines Satzes anstehender Flüge gemäß einiger grundlegender Selektionskriterien durch den Benutzer. Die Daten für diesen Report werden dem bekannten *Flugdatenmodell* entnommen, das in zahlreichen Standardbeispielen von SAP verwendet wird. Die Suchergebnisse der Flugdaten-Query werden in einem ALV Grid Control angezeigt. Zur Veranschaulichung des ABAP-Objects-Eventings können Benutzer anschließend in den Suchergebnissen auf einen bestimmten Flug doppelklicken und so ein Popup-Fenster öffnen, in dem die Anzahl an verfügbaren Plätzen für den ausgewählten Flug angezeigt wird.

10.3.2 Report-Design unter Verwendung des MVC-Entwurfsmusters

Um die Wiederverwendbarkeit zu maximieren, können Sie die verschiedenen Aspekte des Reports in separaten Schichten isolieren. Eine weit verbreitete Methode für die Organisation von GUI-Anwendungen ist der Einsatz des bekannten MVC-Entwurfsmusters (Model-View-Controller). Das MVC-Entwurfsmuster trennt die *Benutzeroberflächenschicht* (*View*) von der zugrunde liegenden *Geschäftsmodellschicht*, sodass diese unabhängig voneinander variiert werden können. Die verbindende Komponente zwischen den beiden Schichten wird als *Controller* bezeichnet. Controller fungieren für die Anwendung als »Verkehrspolizisten« – sie steuern das Benutzererlebnis, indem sie auf Benutzerereignisse reagieren, das Geschäftsmodell abfragen und aktualisieren sowie den geeigneten View auswählen.

Bei Einhaltung dieser Best Practices für das UI-Design wird der Flugdaten-Query-Report in drei Schichten gegliedert, die vom MVC-Entwurfsmuster vorgegeben sind. Der Einfachheit halber werden die Regeln jedoch hier nicht immer strikt befolgt, sodass sich die Ausführungen auf die Aspekte des Designs konzentrieren können, die den in diesem Kapitel besprochenen Themen entsprechen. Diese Abkürzungen werden gegebenenfalls kenntlich gemacht, sodass Sie wissen, welche Bereiche des Designs in der Praxis etwas mehr Arbeitsaufwand für einen Report erfordern.

10.3.3 Entwicklung der Flugmodellklasse

Da die Basis jeder Anwendung das zugrunde liegende Geschäftsmodell ist, beginnt die Entwicklung des Beispiel-Reports mit dem Anlegen einer Modellklasse, die die Interaktion mit dem SAP-Flugdatenmodell kapselt. Normalerweise sollten Sie es vorziehen, Ihre Modellklassen global zu entwickeln, damit sie einfacher wiederverwendet werden können. Der Einfachheit halber (und um die ABAP-Objects-Syntax zu üben) legen Sie nun eine lokale Modellklasse `lcl_flight_model` innerhalb eines Include-Programms `ZALVFLIGHT_CLASSES` an (siehe Listing 10.1). Die Klasse `lcl_flight_model` definiert eine einzelne, öffentliche Instanzmethode `query_flights`, die die Standard-BAPI-Funktion `BAPI_FLIGHT_GETLIST` verwendet, um anhand von grundlegenden Suchkriterien Daten aus der Flugdatenbank abzufragen.

```
*&---------------------------------------------------------------*
*& Include ZALVFLIGHT_CLASSES                                     *
*&---------------------------------------------------------------*
TYPES: ty_flight_list TYPE STANDARD TABLE
                        OF bapisfldat,
       ty_date_range  TYPE STANDARD TABLE
                        OF bapisfldra.

CLASS lcl_flight_model DEFINITION.
  PUBLIC SECTION.
    METHODS:
      query_flights
        IMPORTING im_from        TYPE s_airport
                  im_depart_date TYPE s_date
                  im_to          TYPE s_airport
                  im_return_date TYPE s_date
        EXPORTING ex_results     TYPE ty_flight_list.
ENDCLASS.

CLASS lcl_flight_model IMPLEMENTATION.
  METHOD query_flights.
*   Method-Local Data Declarations:
    DATA: ls_from_dest  TYPE bapisfldst,
          ls_to_dest    TYPE bapisfldst,
          lt_date_range TYPE ty_date_range.
    FIELD-SYMBOLS:
      <lfs_date_range> LIKE LINE OF lt_date_range.
```

```
*     Populate the from/to destination structures:
      ls_from_dest-airportid = im_from.
      ls_to_dest-airportid = im_to.

*     Build the selection date range - as necessary:
      IF NOT im_depart_date IS INITIAL.
         APPEND INITIAL LINE TO lt_date_range
                    ASSIGNING <lfs_date_range>.
         <lfs_date_range>-low = im_depart_date.

         IF NOT im_return_date IS INITIAL.
            <lfs_date_range>-sign   = 'I'.
            <lfs_date_range>-option = 'BT'.
            <lfs_date_range>-high   = im_return_date.
         ELSE.
            <lfs_date_range>-sign   = 'I'.
            <lfs_date_range>-option = 'EQ'.
         ENDIF.
      ENDIF.

*     Use the standard BAPI to perform the flight query:
      CALL FUNCTION 'BAPI_FLIGHT_GETLIST'
         EXPORTING
            destination_from = ls_from_dest
            destination_to   = ls_to_dest
         TABLES
            date_range       = lt_date_range
            flight_list      = ex_results.
   ENDMETHOD.
ENDCLASS.                        "lcl_flight_model
```

Listing 10.1 Flugdatenmodellklasse

Normalerweise würden Sie die Suchergebnisse innerhalb der Modellinstanz speichern, sodass Sie weitere Geschäftsmethoden zur Bearbeitung dieser Daten etc. definieren können. Die Klasse `CL_SALV_TABLE` erfordert jedoch den direkten Zugriff auf die angezeigte interne Tabelle, damit die vorhandenen Datensätze sortiert werden können. Diese Anforderung ist schwer zu erfüllen, da Sie vermeiden möchten, dass die Datenattribute in der öffentlichen Schnittstelle der Klasse `lcl_flight_model` offengelegt werden. Verbunden mit einem etwas höheren Zeitaufwand könnte ein Framework in der Controller-Schicht entwickelt werden, das diese Daten mithilfe von Getter- und Setter-Methoden nahtlos *anbindet*, indem es ein *Data Binding* realisiert. Diese Technik wird beispielsweise im MVC-Framework in Verbindung mit der BSP-Technologie (Business Server Pages) eingesetzt. Um dieses Beispiel einfach zu halten, werden die Suchergebnisse in den Parameter `ex_results` der Methode `query_flights` exportiert, sodass sie in der Controller-Klasse lokal zwischengespeichert werden können.

10.3.4 Entwicklung der Report-Controller-Klasse

Die anfängliche Controller-Klasse für den Report sollte sehr einfach gehalten sein. Das einzige *Ereignis*, auf das sie reagieren muss, ist eine Anforderung zur Anzeige des Reports. Listing 10.2 zeigt die erste Übergabe an die Controller-Klassendefinition für den Flugdaten-Query-Report. Die Klasse `lcl_query_ctrl`, die ebenfalls Teil des Include-Programms `ZALVFLIGHT_CLASSES` ist, stellt die öffentliche Instanzmethode `do_display_report` bereit, um Anforderungen zur Anzeige des Reports im Bildschirm zu verarbeiten.

```
*&---------------------------------------------------------*
*& Include ZALVFLIGHT_CLASSES                              *
*&---------------------------------------------------------*
CLASS lcl_flight_model IMPLEMENTATION.
...
ENDCLASS.                       "lcl_flight_model

CLASS lcl_query_ctrl DEFINITION.
  PUBLIC SECTION.
    METHODS:
      constructor,
      do_display_report
        IMPORTING im_from        TYPE s_airport
                  im_depart_date TYPE s_date
                  im_to          TYPE s_airport
                  im_return_date TYPE s_date.
  PRIVATE SECTION.
    DATA: flight_model TYPE REF TO lcl_flight_model,
          flight_list  TYPE ty_flight_list,
          grid         TYPE REF TO cl_salv_table.

    METHODS:
      show_grid.
ENDCLASS.

CLASS lcl_query_ctrl IMPLEMENTATION.
  METHOD constructor.
*   Inititalize the flight model:
    CREATE OBJECT flight_model.
  ENDMETHOD.

  METHOD do_display_report.
```

```
*     Use the model method "query_flights" to query the
*     flight database:
      REFRESH flight_list.
      CALL METHOD flight_model->query_flights
        EXPORTING
          im_from        = im_from
          im_depart_date = im_depart_date
          im_to          = im_to
          im_return_date = im_return_date
        IMPORTING
          ex_results     = flight_list.

*     Display the result set in an ALV grid:
      show_grid( ).
    ENDMETHOD.

    METHOD show_grid.
*     Implementation deferred for now...
    ENDMETHOD.
ENDCLASS.                          "lcl_query_ctrl
```

Listing 10.2 Implementierung der Controller-Klasse für die Flugdaten-Query

Sobald im View als Folge einer Eingabe ein Ereignis ausgelöst wird, reagiert der Controller auf dieses Ereignis, indem das Model benachrichtigt und der geeignete View für den Benutzer ausgewählt wird. In einem typischen ABAP-Report-Programm wird dem Benutzer zunächst ein *Selektionsbild* gezeigt. Das im Flugdaten-Query-Report für die Benutzer festgelegte Selektionsbild enthält Parameter, über die die Benutzer die Ergebnisse der Flugdaten-Query nach Ziel oder Datumsbereich filtern können. Nach der Eingabe dieser Daten können Benutzer den Report ausführen, indem sie auf den Button AUSFÜHREN klicken (siehe Abbildung 10.3).

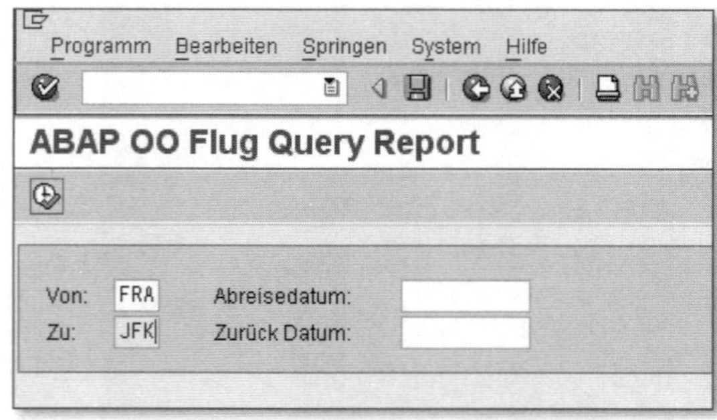

Abbildung 10.3 Definition von Selektionskriterien für den Flugdaten-Query-Report

Wenn ein Benutzer den Report ausführt, wird der Ereignisblock `START-OF-SELECTION` ausgelöst. In Listing 10.3 können Sie sehen, dass das Report-Programm `ZALVFLIGHT` dieses Ereignis an eine Instanz der benutzerspezifischen Controller-Klasse `lcl_query_ctrl` delegiert, indem die Instanzmethode `do_display_report` aufgerufen wird.

```
*&---------------------------------------------------------------------*
*& Report ZALVFLIGHT                                                   *
*&---------------------------------------------------------------------*
REPORT zalvflight.

INCLUDE zalvflight_classes.

DATA: lr_controller TYPE REF TO lcl_query_ctrl.

SELECTION-SCREEN BEGIN OF BLOCK blk_main WITH FRAME.
   SELECTION-SCREEN BEGIN OF LINE.
      SELECTION-SCREEN COMMENT 1(5) text-t02.
      PARAMETERS p_from TYPE s_airport OBLIGATORY.
      SELECTION-SCREEN COMMENT 15(15) text-t03.
      PARAMETERS p_dptdat TYPE s_date.
   SELECTION-SCREEN END OF LINE.

   SELECTION-SCREEN BEGIN OF LINE.
      SELECTION-SCREEN COMMENT 1(5) text-t04.
      PARAMETERS p_to TYPE s_airport OBLIGATORY.
      SELECTION-SCREEN COMMENT 15(15) text-t05.
      PARAMETERS p_retdat TYPE s_date.
   SELECTION-SCREEN END OF LINE.
SELECTION-SCREEN END OF BLOCK blk_main.

LOAD-OF-PROGRAM.
   CREATE OBJECT lr_controller.

START-OF-SELECTION.
   CALL METHOD lr_controller->do_display_report
      EXPORTING
         im_from        = p_from
         im_depart_date = p_dptdat
         im_to          = p_to
         im_return_date = p_retdat.
```

Listing 10.3 Integration des Controllers in einen ausführbaren Report

Innerhalb der Methode do_display_report (siehe Listing 10.3) werden die eingegebenen Selektionsbildparameter verwendet, um das Flugdatenmodell abzufragen. Dabei ruft die Methode query_flights, wie Sie in Listing 10.1 sehen konnten, die Standard-BAPI-Funktion BAPI_FLIGHT_GETLIST auf, um die Flugdaten-Query auszuführen. Die Ergebnisse werden im privaten Instanzattribut flight_list zwischengespeichert, das in der Klasse lcl_query_ctrl definiert ist.

Nachdem das Flugdatenmodell abgefragt wurde, ist die nächste Aufgabe des Controllers, Benutzern einen View mit den Flugdaten-Query-Ergebnissen anzuzeigen. In diesem Fall ist der View in der Klasse CL_SALV_TABLE gekapselt. Die private Hilfsmethode show_grid der Klasse lcl_query_ctrl wird verwendet, um diesen View für die Benutzer auszuwählen. Die Implementierung der Methode show_grid wird im folgenden Abschnitt erläutert.

10.3.5 Implementierung der Report-Sicht

Dank der Einfachheit des ALV-Objektmodells ist die Auswahl eines Views mithilfe der Controller-Klasse lcl_query_ctrl unkompliziert. Listing 10.4 zeigt die Implementierung der Hilfsmethode show_grid, über die der View mit den Flugdaten-Query-Ergebnissen angezeigt wird.

```
CLASS lcl_query_ctrl IMPLEMENTATION.
  ...
  METHOD show_grid.
*   Method-Local Data Declarations:
    DATA: lr_grid_ex TYPE REF TO cx_salv_msg,
          lv_message TYPE string,
          lr_functions TYPE REF TO cl_salv_functions.

*   Use the factory method to create an instance of the
*   ALV grid:
    TRY.
      CALL METHOD cl_salv_table=>factory
        IMPORTING
          r_salv_table = grid
        CHANGING
          t_table      = flight_list.
    CATCH cx_salv_msg INTO lr_grid_ex.
      lv_message = lr_grid_ex->get_text( ).
      MESSAGE lv_message TYPE 'I'.
      RETURN.
    ENDTRY.
```

```
*     Enable the standard ALV toolbar:
      lr_functions = grid->get_functions( ).
      lr_functions->set_all( abap_true ).

*     Display the ALV grid:
      grid->display( ).
    ENDMETHOD.
ENDCLASS.
```

Listing 10.4 Anzeige der Sicht mit den Flugdaten-Query-Ergebnissen

Wie in Listing 10.4 zu sehen ist, wird ein Großteil der Arbeit von der zuvor erwähnten FACTORY-Methode der Klasse CL_SALV_TABLE erledigt. Führen Sie die folgenden Schritte aus, um den Aufruf dieser Methode zu vereinfachen:

1. Klicken Sie im ABAP Editor auf den Button MUSTER, um den Assistenten zum Einfügen von Mustern zu öffnen, der in Abbildung 10.4 gezeigt wird.

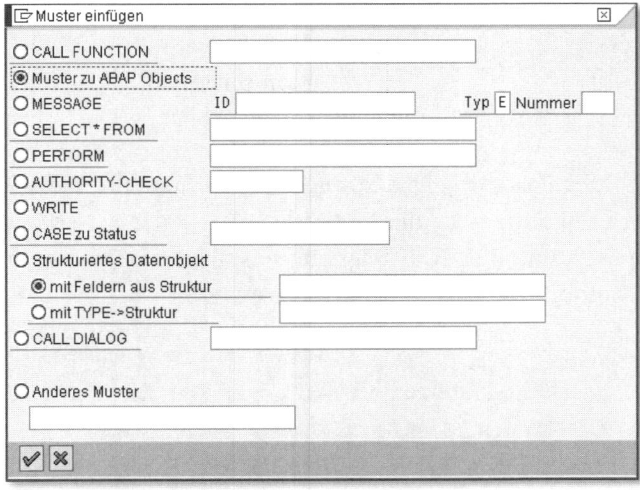

Abbildung 10.4 Arbeiten mit dem ABAP-Objects-Mustergenerator – Teil I

2. Markieren Sie den Auswahlbutton MUSTER ZU ABAP OBJECTS, und drücken Sie auf [↵].

3. Das Dialogfenster OO ANWEISUNGSMUSTER wird geöffnet (siehe Abbildung 10.5). Dieses Fenster bietet verschiedene Optionen, zum Beispiel für die Erzeugung von Methodenaufrufen oder die Auslösung von Ereignissen.[1] Ver-

1 Beachten Sie, dass der ABAP-Objects-Mustergenerator nur mit globalen Klassen arbeiten kann, die im ABAP Repository definiert sind.

wenden Sie das Muster CALL METHOD, um die für den Aufruf der FACTORY-Methode der Klasse CL_SALV_TABLE erforderliche Syntax zu erzeugen.

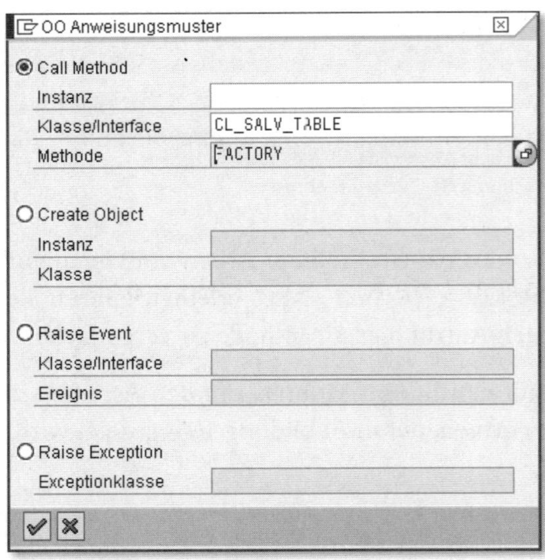

Abbildung 10.5 Arbeiten mit dem ABAP-Objects-Mustergenerator – Teil II

Nach der Instanzierung des Rasterobjektes können Sie die standardmäßige ALV-Symbolleiste aktivieren, indem Sie die Methode SET_ALL der Klasse CL_SALV_FUNCTIONS aufrufen. Abbildung 10.6 zeigt ein Beispiel des angezeigten Reports, der über die Methode show_grid generiert wurde.

Liste Bearbeiten Springen Einstellungen System Hilfe

ABAP OO Flug Query Report

Air	Fluggesellschaft	Flu	Flugdatum	Start	Abflugstadt	Ziel	Ankunftstadt	Abflugzeit	Ankunft	Datum	Flugpreis	Währ	Iso
UA	United Airlines	3517	11/26/2007	FRA	FRANKFURT	JFK	NEW YORK	10:40:00	12:55:00	11/26/2007	611.0100	USD	USD
UA	United Airlines	3517	12/24/2007	FRA	FRANKFURT	JFK	NEW YORK	10:40:00	12:55:00	12/24/2007	611.0100	USD	USD
UA	United Airlines	3517	01/21/2008	FRA	FRANKFURT	JFK	NEW YORK	10:40:00	12:55:00	01/21/2008	611.0100	USD	USD
UA	United Airlines	3517	02/18/2008	FRA	FRANKFURT	JFK	NEW YORK	10:40:00	12:55:00	02/18/2008	611.0100	USD	USD
UA	United Airlines	3517	03/17/2008	FRA	FRANKFURT	JFK	NEW YORK	10:40:00	12:55:00	03/17/2008	611.0100	USD	USD
UA	United Airlines	3517	04/14/2008	FRA	FRANKFURT	JFK	NEW YORK	10:40:00	12:55:00	04/14/2008	611.0100	USD	USD
UA	United Airlines	3517	04/28/2008	FRA	FRANKFURT	JFK	NEW YORK	10:40:00	12:55:00	04/28/2008	611.0100	USD	USD
UA	United Airlines	3517	05/12/2008	FRA	FRANKFURT	JFK	NEW YORK	10:40:00	12:55:00	05/12/2008	611.0100	USD	USD
UA	United Airlines	3517	05/28/2008	FRA	FRANKFURT	JFK	NEW YORK	10:40:00	12:55:00	05/28/2008	611.0100	USD	USD
UA	United Airlines	3517	06/09/2008	FRA	FRANKFURT	JFK	NEW YORK	10:40:00	12:55:00	06/09/2008	611.0100	USD	USD
UA	United Airlines	3517	07/07/2008	FRA	FRANKFURT	JFK	NEW YORK	10:40:00	12:55:00	07/07/2008	611.0100	USD	USD
UA	United Airlines	3517	08/04/2008	FRA	FRANKFURT	JFK	NEW YORK	10:40:00	12:55:00	08/04/2008	611.0100	USD	USD
UA	United Airlines	3517	09/01/2008	FRA	FRANKFURT	JFK	NEW YORK	10:40:00	12:55:00	09/01/2008	611.0100	USD	USD
UA	United Airlines	3517	09/29/2008	FRA	FRANKFURT	JFK	NEW YORK	10:40:00	12:55:00	09/29/2008	611.0100	USD	USD
UA	United Airlines	3517	10/27/2008	FRA	FRANKFURT	JFK	NEW YORK	10:40:00	12:55:00	10/27/2008	611.0100	USD	USD
UA	United Airlines	3517	11/24/2008	FRA	FRANKFURT	JFK	NEW YORK	10:40:00	12:55:00	11/24/2008	611.0100	USD	USD
UA	United Airlines	3517	12/22/2008	FRA	FRANKFURT	JFK	NEW YORK	10:40:00	12:55:00	12/22/2008	611.0100	USD	USD
LH	Lufthansa	400	12/01/2007	FRA	FRANKFURT	JFK	NEW YORK	10:10:00	11:34:00	12/01/2007	666.0000	EUR	EUR
LH	Lufthansa	400	12/29/2007	FRA	FRANKFURT	JFK	NEW YORK	10:10:00	11:34:00	12/29/2007	666.0000	EUR	EUR
LH	Lufthansa	400	01/26/2008	FRA	FRANKFURT	JFK	NEW YORK	10:10:00	11:34:00	01/26/2008	666.0000	EUR	EUR
LH	Lufthansa	400	02/23/2008	FRA	FRANKFURT	JFK	NEW YORK	10:10:00	11:34:00	02/23/2008	666.0000	EUR	EUR
LH	Lufthansa	400	03/22/2008	FRA	FRANKFURT	JFK	NEW YORK	10:10:00	11:34:00	03/22/2008	666.0000	EUR	EUR
LH	Lufthansa	400	04/19/2008	FRA	FRANKFURT	JFK	NEW YORK	10:10:00	11:34:00	04/19/2008	666.0000	EUR	EUR
LH	Lufthansa	400	04/28/2008	FRA	FRANKFURT	JFK	NEW YORK	10:10:00	11:34:00	04/28/2008	666.0000	EUR	EUR

Abbildung 10.6 Anzeige der Flugdaten-Query-Ergebnisse in einer ALV-Tabelle

Wie Sie in Listing 10.7 sehen können, bestehen einige Abhängigkeiten zwischen der View-Klasse CL_SALV_TABLE und dem zugrunde liegenden Datenmodell. In der Vergangenheit waren das Datenmodell und das Grid Control wesentlich enger aneinander gekoppelt, da Entwickler dazu gezwungen waren, Sicht-Metadaten (den ALV-Feldkatalog) bereitzustellen. SAP konnte diese Abhängigkeiten jedoch durch die im Design des ALV-Objektmodells angewendeten Kapselungstechniken eliminieren und so eine flexiblere Report-Entwicklung ermöglichen.

10.4 Ereignisbehandlung mit dem ALV-Objektmodell

In Abschnitt 10.3, »Erste Schritte mit dem Flugdaten-Query-Report«, ist der Flugdaten-Query-Report bereits weit fortgeschritten. Eine Anforderung wurde jedoch noch nicht implementiert – die Ereignisbehandlungslogik. Sie wird benötigt, um die Anzahl an verfügbaren Plätzen anzuzeigen, wenn der Benutzer in der Report-Liste auf einen Flug doppelt klickt. In diesem Abschnitt wird der Flugdaten-Query-Report überarbeitet, sodass dieser die ABAP-Objects-Eventing-Funktionalität nutzt, um diese Anforderung zu erfüllen.

10.4.1 Integration von Ereignisbehandler-Methoden in den Controller

Wie in Kapitel 2, »Arbeiten mit Objekten«, erläutert wurde, werden ABAP-Objects-Ereignisse von Ereignisbehandler-Methoden bearbeitet. Diese Methoden werden gemäß der Schnittstelle definiert, die für das auslösende Ereignis festgelegt ist, und können in jeder Klasse angelegt werden, für die die Klasse sichtbar ist, die das Ereignis definiert. In diesem Report-Beispiel wird eine Ereignisbehandler-Methode üblicherweise in der Controller-Klasse platziert.

Listing 10.5 zeigt, dass der Klasse lcl_query_ctrl die Ereignisbehandler-Methode on_double_click hinzugefügt wurde. Diese Ereignisbehandler-Methode reagiert auf das Ereignis double_click, das in der Klasse CL_SALV_EVENTS_TABLE definiert ist. Die Behandlung dieses Ereignisses wird in Abschnitt 10.4.3, »Reaktion auf Ereignisse«, beschrieben.

```
CLASS lcl_query_ctrl DEFINITION.
  PUBLIC SECTION.
    METHODS:
```

```
        constructor,
        do_display_report
          IMPORTING im_from         TYPE s_airport
                    im_depart_date  TYPE s_date
                    im_to           TYPE s_airport
                    im_return_date  TYPE s_date,
        on_double_click FOR EVENT double_click
                              OF cl_salv_events_table
                        IMPORTING row
                                  column
                                  sender.
    PRIVATE SECTION.
      DATA: flight_model TYPE REF TO lcl_flight_model,
            flight_list  TYPE ty_flight_list,
            grid         TYPE REF TO cl_salv_table.

      METHODS:
        show_grid.
  ENDCLASS.
```

Listing 10.5 Definition einer Ereignisbehandler-Methode für den Report

10.4.2 Registrierung von Ereignisbehandler-Methoden

Durch die einfache Definition einer Ereignisbehandler-Methode wie in Listing 10.4 wird die Controller-Klasse noch nicht als Listener für das Ereignis `double_click` der Klasse `CL_SALV_EVENTS_TABLE` *registriert*. Die Registrierung muss stattdessen zur Laufzeit über die `SET HANDLER`-Anweisung erfolgen. Listing 10.6 zeigt, wie die Controller-Methode `on_double_click` mit der `SET HANDLER`-Anweisung registriert wurde, um das Programm auf Ereignisse abzuhören, die in der Klasse `CL_SALV_EVENTS_TABLE` ausgelöst werden.

```
METHOD show_grid.
*  Method-Local Data Declarations:
   DATA: lr_grid_ex    TYPE REF TO cx_salv_msg,
         lv_message    TYPE string,
         lr_functions  TYPE REF TO cl_salv_functions,
         lr_events     TYPE REF TO cl_salv_events_table.

*  Use the factory method to create an instance of the
*  ALV grid:
   TRY.
      CALL METHOD cl_salv_table=>factory
        IMPORTING
          r_salv_table = grid
        CHANGING
```

```
          t_table      = flight_list.
   CATCH cx_salv_msg INTO lr_grid_ex.
      lv_message = lr_grid_ex->get_text( ).
      MESSAGE lv_message TYPE 'I'.
      RETURN.
   ENDTRY.

*  Enable the standard ALV toolbar:
   lr_functions = grid->get_functions( ).
   lr_functions->set_all( abap_true ).

*  Register the event handler method "on_double_click" so
*  that we can respond to double-click events on the grid:
   lr_events = grid->get_event( ).
   SET HANDLER me->on_double_click FOR lr_events.

*  Display the ALV grid:
   grid->display( ).
ENDMETHOD.
```

Listing 10.6 Registrierung des Controllers als Ereignisbehandler

10.4.3 Reaktion auf Ereignisse

Nachdem die Ereignisbehandler-Methode `on_double_click` registriert wurde, muss nun die erforderliche Logik implementiert werden, um die Anzahl an verfügbaren Plätzen für den vom Benutzer ausgewählten Flug anzuzeigen. Listing 10.7 zeigt ein Beispiel für diese Logik. In diesem Beispiel wird der vom Ereignis bereitgestellte Eingabeparameter `row` benutzt, um den vom Benutzer in den Flugdaten-Query-Ergebnissen ausgewählten Flug zu ermitteln. Sobald diese Daten vorliegen, können aus der Tabelle `SFLIGHT` weitere Informationen zum Flug abgefragt werden. Dabei werden die Felder `SEATSMAX` und `SEATSOCC` zur Berechnung der Anzahl an verfügbaren Plätzen für den Flug verwendet. Anschließend werden die Ergebnisse mithilfe der `MESSAGE`-Anweisung in einem Popup-Fenster angezeigt.

```
METHOD on_double_click.
*  Method-Local Data Declarations:
   DATA: ls_selected_flight TYPE bapisfldat,
         ls_flight_info     TYPE sflight,
         lv_open_seats      TYPE numc5,
         lv_message         TYPE string.

*  Read the selected flight record from the model
*  using the "row" index provided by the event:
```

```
   READ TABLE flight_list
        INDEX row
         INTO ls_selected_flight.

*  Use the key of the selected flight record to extract
*  additional flight information from table SFLIGHT:
   SELECT SINGLE *
     INTO ls_flight_info
     FROM sflight
    WHERE carrid EQ ls_selected_flight-airlineid
      AND connid EQ ls_selected_flight-connectid
      AND fldate EQ ls_selected_flight-flightdate.

*  Calculate the total number of available seats left
*  on the flight:
   lv_open_seats =
      ls_flight_info-seatsmax - ls_flight_info-seatsocc.
   SHIFT lv_open_seats LEFT DELETING LEADING '0'.
   SHIFT ls_flight_info-connid LEFT DELETING LEADING '0'.

*  Display the results in a pop-up message:
   CONCATENATE 'There are'(001)
               lv_open_seats
               'seats available on Flight'(002)
               ls_flight_info-connid
          INTO lv_message
     SEPARATED BY space.

   MESSAGE lv_message TYPE 'I'.
ENDMETHOD.
```

Listing 10.7 Implementierung der Ereignisbehandler-Methode

10.4.4 Auslösung von Ereignissen auf dem Frontend

Nachdem alle in diesem Abschnitt beschriebenen Änderungen aktiviert wurden, kann der Report erneut ausgeführt werden, um das `double_click`-Ereignis zu testen. In Abbildung 10.7 sehen Sie die Popup-Meldung, die durch das Doppelklicken auf einen Flugdatensatz in der Liste mit den Suchergebnissen generiert wird.

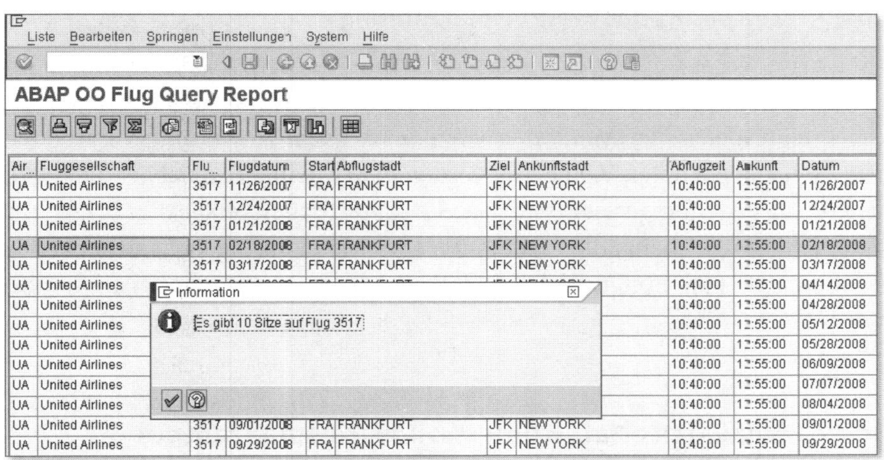

Abbildung 10.7 Auslösung des Doppelklick-Ereignisses im Report

Hinter den Kulissen propagiert das SAP Control Framework das `double_click`-Ereignis des ALV Grid Controls auf dem Frontend zurück an das ABAP Objects Control Framework. Intern wird das Ereignis in einer Instanz der Klasse `CL_SALV_EVENTS_TABLE` erfasst und über die Methode `RAISE_DOUBLE_CLICK` an die Ereignisbehandler-Methode weitergeleitet. Dabei verwendet die Methode `RAISE_DOUBLE_CLICK` die Anweisung `RAISE EVENT`, um das Instanzereignis auszulösen. Die Syntax für die Anweisung `RAISE EVENT` zeigt Listing 10.8.

```
RAISE EVENT evt
   [EXPORTING
      e1 = f1
      e2 = f2
      ...].
```

Listing 10.8 Syntaxdiagramm für die Anweisung RAISE EVENT

Beachten Sie, dass die Anweisung `RAISE EVENT` die Bereitstellung von Aktualparametern für alle nicht optionalen Formalparameter erfordert, die in der Ereignisschnittstelle definiert sind. Der implizite `sender`-Parameter wird der Selbstreferenzvariablen `me` zugeordnet, die in Kapitel 5, »Vererbung«, beschrieben wurde.

10.4.5 Zeitpunkt der Ereignisbehandlung

Ereignisse werden synchron verarbeitet. Anders ausgedrückt: Sobald ein Ereignis über die `RAISE EVENT`-Anweisung ausgelöst wird, werden alle registrierten Ereignisbehandler-Methoden vor der nächsten Anweisung verarbeitet. Die Ereignisbehandler-Methoden werden in der Reihenfolge abgearbeitet, in der sie im System registriert wurden. Sie sollten daher keine Abhängigkeiten zwischen Ereignisbehandler-Methoden entwickeln, da Sie nicht sicherstellen können, dass eine Ereignisbehandler-Methode vor einer anderen ausgeführt wird.

10.5 UML-Tutorial: Kommunikationsdiagramme

Eine der schwierigsten Phasen des OOAD-Prozesses (objektorientierte Analyse und Design) ist die Zuweisung von Rollen und Verantwortlichkeiten zu den Klassen, die während der strukturellen Analysephase identifiziert wurden. An diesem Punkt des Prozesses wird lediglich auf allgemeine Verhaltensdiagramme (das heißt Aktivitätsdiagramme, Anwendungsfalldiagramme etc.) sowie einige Klassen- und Objektdiagramme zurückgegriffen, die die modellierten Klassen beschreiben. Assoziationen in Klassendiagrammen tragen zwar zum Verständnis der Beziehungen zwischen diesen Klassen bei, sind jedoch zur Beschreibung des Systemverhaltens im Hinblick auf diese Klassen nicht sehr nützlich.

Diese Detailinformationen zum Verhalten werden häufig in einem Sequenzdiagramm erfasst, wie es auch in Abschnitt 3.6, »UML-Tutorial: Sequenzdiagramme«, gezeigt wurde. Ein Sequenzdiagramm ist ein Beispiel für ein *Interaktionsdiagramm*. Interaktionsdiagramme heben den Daten- und Kontrollfluss zwischen Objekten hervor, die in einem System interagieren. In diesem Abschnitt wird ein weiterer Typ von Interaktionsdiagramm in der UML vorgestellt, der als *Kommunikationsdiagramm* bezeichnet wird.

Kommunikationsdiagramme (in UML 1.x als *Kollaborationsdiagramme* bezeichnet) kombinieren Elemente aus Klassen-, Objekt-, Sequenz- und Anwendungsfalldiagrammen in der grafischen Notation (siehe Abbildung 10.8). Dieses Kommunikationsdiagramm zeigt dieselbe Interaktion für eine *Bargeldauszahlung*, die in Abschnitt 3.6 gezeigt wurde. In diesem Zusammenhang wurde die Interaktion zwischen Objekten am Beispiel der Bargeldauszahlung an einem Geldautomaten veranschaulicht.

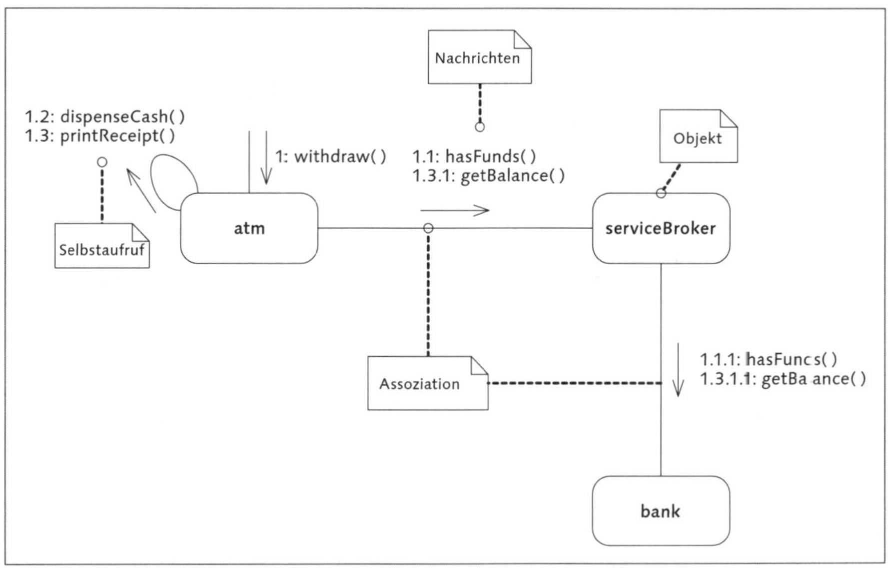

Abbildung 10.8 Beispiel für ein UML-Kommunikationsdiagramm

Wie erkennbar ist, gibt es zahlreiche Gemeinsamkeiten zwischen diesen beiden Diagrammen. Welche Notation Sie verwenden, ist weitgehend reine Geschmackssache. Viele Entwickler bevorzugen jedoch Kommunikationsdiagramme, um ihre Ideen zu veranschaulichen, da diese einfacher zu skizzieren sind als Sequenzdiagramme, da die Objekte nicht in einer zweidimensionalen Grafik organisiert werden müssen. Tatsächlich können Sie Kommunikationsdiagramme entwickeln, indem Sie ein Objektdiagramm um verschiedene Nachrichten erweitern.

Eine Herausforderung bei der Arbeit mit Kommunikationsdiagrammen ist das Schema für die geschachtelte Dezimalnummerierung (siehe Abbildung 10.8). Halten Sie den Umfang des Kommunikationsdiagramms möglichst gering, damit die Nachrichtennummern nicht zu verschachtelt und dann nur noch schwer zu lesen sind.

Der vielleicht wichtigste Aspekt eines Kommunikationsdiagramms ist, dass der Schwerpunkt bei der Entwicklung von Interaktionen zwischen Klassen auch weiterhin auf statischen Assoziationen liegt. Diese Visualisierung ist wichtig, da Sie so Ihre architektonische Sichtweise nicht verlieren, wenn Sie die Verbindungen zwischen Ihren Klassen zur Laufzeit herstellen.

10.6 Zusammenfassung

In diesem Kapitel wurde aufgezeigt, wie standardmäßige und benutzerspezifische ABAP-Objects-Klassen gemeinsam verwendet werden können, um ein interaktives Report-Programm zu implementieren. In den meisten Fällen konnte die Verwendung von reportspezifischen Ereignisblöcken minimiert werden, indem verschiedene Aspekte des Reports gemäß dem MVC-Entwurfsmuster in Schichten gekapselt wurden. Diese Schichten sind nützlich, um spezifische Änderungen zu isolieren und so den Wartungs- und Erweiterungsaufwand erheblich zu reduzieren.

Darüber hinaus wurde erläutert, wie das ABAP-Objects-Eventing eingesetzt werden kann, um flexibel auf Benutzerereignisse zu reagieren. Selbstverständlich ist die Verwendung derartiger Ereignisse nicht auf die GUI-Entwicklung begrenzt; ABAP-Objects-Ereignisse können in jeder Anwendung eingesetzt werden, in der ein verteiltes Ereignisbehandlungssystem implementiert werden muss.

Kapitel 11, »Object Services in ABAP«, zeigt Möglichkeiten auf, um Objekte mithilfe von Object Services persistent zu speichern.

Instanzen von ABAP-Objects-Klassen sind standardmäßig transient. Das heißt, dass diese Objekte gelöscht werden, sobald ein Programm beendet wird. In diesem Kapitel wird beschrieben, wie das Object-Services-Framework eingesetzt werden kann, um persistente Objekte anzulegen, deren Zustand nach der Beendigung eines Programms in einer persistenten Datenablage gepflegt wird.

11 Object Services in ABAP

Innerhalb dieses Buchs wurden einige der verschiedenen Beziehungstypen besprochen, die Sie zwischen Klassen und Interfaces erstellen können. In Kapitel 6 haben Sie erfahren, wie Sie Polymorphie einsetzen können, um diese Beziehungen zu nutzen, indem Sie verbundene Objekte zur Laufzeit austauschen. Dank der großen Flexibilität, die mit Polymorphie möglich ist, können ausgereifte *Software-Frameworks* entwickelt werden.

Software-Frameworks bieten eine Grundlage für die Erstellung von Lösungen, die eine bestimmte Art von Problem beheben. Dabei stellt das Framework den Großteil der Lösungsinfrastruktur bereit. Sie müssen lediglich einige strategische kundeneigene Klassen in das Framework integrieren, um ein angepasstes Verhalten zu implementieren. Ein Beispiel für ein solches Software-Framework in der ABAP-Welt ist das *Object-Services-Framework*.

Die Object Services stellen verschiedene Dienste bereit, um *persistente Objekte* anzulegen und mit diesen zu arbeiten. Persistente Objekte bieten eine Abstraktion, der eine persistente Datenablage zugrunde liegt. So können Sie in Ihren Programmen mit einem rein objektorientierten Datenmodell anstelle eines relationalen Datenmodells arbeiten. In diesem Kapitel erfahren Sie, wie Sie den Class Builder verwenden, um *persistente Klassen* anzulegen. Darüber hinaus veranschaulichen einige Beispiele, wie die erzeugten API-Methoden der persistenten Klassen benutzt werden, um grundlegende CRUD-Operationen (Create, Retrieve, Update, and Delete) für persistente Objekte auszuführen, ohne wissen zu müssen, wie die Persistenz dieser Objekte im Hintergrund umgesetzt wird.

11.1 Objektrelationales Mapping – Konzepte

Vor der Beschäftigung mit den Details des Object-Services-Frameworks müssen Sie zunächst die Konzepte verstehen, von denen es abgeleitet wurde. Das Object-Services-Framework ist eine ABAP-basierte Implementierung[1] eines Werkzeugs für *objektrelationales Mapping (ORM)*. ORM-Werkzeuge werden für die Kapselung von Persistenzdetails in persistenten Klassen eingesetzt, indem ein *Mapping* für ein Persistenzdatenmodell auf ein objektorientiertes Datenmodell durchgeführt wird. Konzeptionell weisen persistente Klassen keine außergewöhnlichen Merkmale auf; im Hintergrund müssen beispielsweise nach wie vor SQL-Anweisungen ausgeführt werden, um mit der Datenbank zu interagieren. Der Unterschied ist jedoch, dass das ORM-Werkzeug diese Details für Sie übernimmt.

Die Verwendung von ORM-Werkzeugen bietet eine Reihe von Vorteilen:

- In erster Linie reduzieren sie den Umfang an Programmcode, den Sie für die Implementierung persistenter Klassen schreiben müssen.
- Zudem arbeiten Sie mit persistenten Objekten auf exakt dieselbe Weise wie mit transienten Objekten. Durch diese Transparenz müssen Sie sich keine Gedanken um Probleme mit der Persistenz machen, sondern können sich auf Ihr Design konzentrieren, das auf einem reinen Objektmodell basiert.
- Und schließlich bietet die Kapselung der Persistenzdetails innerhalb eines Frameworks die Möglichkeit, die Performance mithilfe von Techniken für das Caching, eine späte Initialisierung etc. zu verbessern.

11.2 Persistenzdienst

Wie Sie in Kapitel 4, »Objektinitialisierung und Bereinigung«, erfahren haben, beginnt der Lebenszyklus eines Objektes mit der Ausführung der Anweisung `CREATE OBJECT`, um das Objekt anzulegen, und endet, wenn der Garbage Collector das Objekt zerstört. Innerhalb dieses Lebenszyklus können Daten in Attributen gespeichert werden. Die Daten innerhalb dieser Attribute sind jedoch *transient*, das heißt, wenn ein Objekt zerstört wird, gilt dies auch für die in den internen Attributen gespeicherten Daten. Häufig ist es jedoch sinnvoll, diese Daten nach dem Zerstören des Objektes zu erhalten, sodass sie zu einem späteren Zeitpunkt erneut abgerufen werden können. Dies

1 Object Services wurden mit Release 6.10 des SAP Web AS bereitgestellt.

bedeutet normalerweise, dass die Daten über SQL-Anweisungen in einer Datenbank gespeichert (oder *persistent* gemacht) werden. Das Objekt kann so zu einem späteren Zeitpunkt mithilfe von SQL-Abfragen für die Extrahierung der Daten (möglicherweise zum Beispiel in der Konstruktormethode) erneut angelegt werden.

Wenn Sie mit kleinen Entitätsobjekten arbeiten, ist der Aufwand für die manuelle Erstellung einer Persistenzschicht in Ihren Klassen wahrscheinlich nicht allzu groß. Wird das Datenmodell jedoch erweitert und komplexer, wird der Mapping-Prozess wesentlich aufwendiger, sodass viele ABAP-Entwickler versucht sind, diesen Vorgang abzukürzen.

Gehen Sie beispielsweise von einem Objektmodell aus, mit dem ein Transaktionsdokument (zum Beispiel ein Auftrag) gekapselt werden soll, das über Kopf- und Einzelpositionsdetails verfügt, die in ABAP-Dictionary-Tabellen gespeichert sind. Idealerweise würden Sie mithilfe von Kompositionstechniken ein Objektmodell mit einem Objekt *Auftragskopf* anlegen, das eine Sammlung aus *Auftragspositionsobjekten* verwaltet. Nachdem der gesamte Code für das Mapping der Auftragskopftabelle in die Header-Klasse implementiert ist, entscheidet sich ein Entwickler jedoch möglicherweise, auf Positionsebene auf diesen Entwicklungsschritt zu verzichten. So zieht es der Entwickler vielleicht vor, die Positionsdetails in einem internen Tabellenattribut zu speichern, dessen Zeilentyp bereits direkt mit einer Positionstabelle kompatibel ist, die über die Anweisung `SELECT` abgefragt wird. In diesem Fall wird die Effektivität des Objektmodells mit zunehmender Anzahl an prozeduralen Elementen verringert.

Um die Lücke zwischen Objekt- und Persistenzdatenmodellen zu schließen, hat SAP den *Persistenzdienst* als Teil des Object-Services-Frameworks eingeführt. Der Persistenzdienst ist eine Softwareschicht, die die Arbeit mit persistenten Objekten vereinfacht. Wie Abbildung 11.1 zeigt, bietet der Persistenzdienst eine Abstraktionsschicht zwischen einem persistenten Objekt und der zugrunde liegenden Datenablage.

Es gibt keine wesentlichen Unterschiede zwischen einer persistenten Klasse und einer normalen ABAP-Objects-Klasse, das heißt auch Instanzen persistenter Klassen sind transient. Werden diese transienten Objekte jedoch über den Persistenzdienst verwaltet, entspricht ihr *Verhalten* dem Verhalten persistenter Objekte innerhalb eines ABAP-Programms.

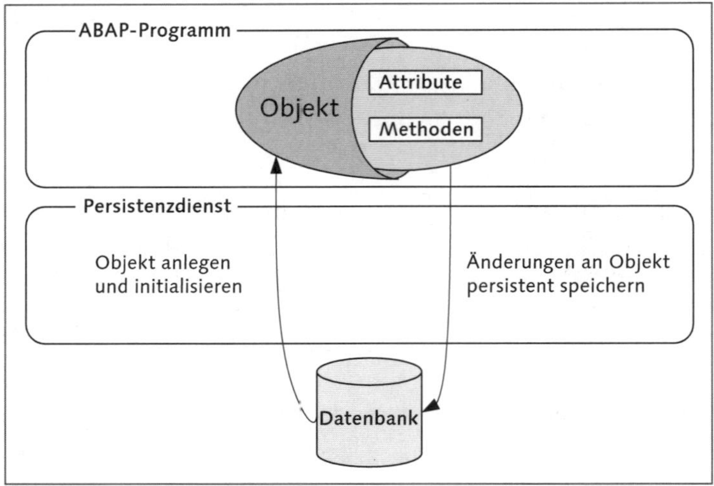

Abbildung 11.1 Grundlegende Positionierung des Persistenzdienstes

Wie in Abbildung 11.1 gezeigt, extrahiert der Persistenzdienst zum Beispiel Daten aus der zugrunde liegenden AS ABAP-Datenbank und initialisiert das persistente Objekt für ein ABAP-Programm. Auf ähnliche Weise übermittelt der Persistenzdienst die Persistenz von Änderungen, die innerhalb des Programms an diesen Objekten vorgenommen werden. In den folgenden Abschnitten erhalten Sie weitere Informationen zur Beziehung zwischen einem persistenten Objekt und dem Persistenzdienst.

11.2.1 Verwaltete Objekte

Der Persistenzdienst ist für das Arbeiten mit Instanzen *persistenter Klassen* konzipiert. Persistente Klassen werden im Class Builder angelegt und gepflegt. Neben der eigentlichen persistenten Klasse erzeugt der Class Builder einige zusätzliche *Agentenklassen*, um die Details der Interaktion zwischen Objekten der persistenten Klasse und dem Persistenzdienst auf unterster Systemebene zu verwalten. Im UML-Klassendiagramm, das in Abbildung 11.2 gezeigt wird, lauten die Namen dieser Agentenklassen `CA_PERSISTENT` bzw. `CB_PERSISTENT`. Die Methoden der Agentenklassen werden für die *Verwaltung* von Objekten persistenter Klassen, wie zum Beispiel `CL_PERSISTENT`, eingesetzt. Folglich werden Objekte persistenter Klassen als *verwaltete Objekte* bezeichnet.

Wie der Name vermuten lässt, wird der Lebenszyklus eines verwalteten Objektes von einem separaten Objekt gesteuert. Im Fall des Persistenzdienstes handelt es sich bei diesem separaten Objekt um eine Instanz der Agentenklasse, die das *Singleton-Muster* aufweist.

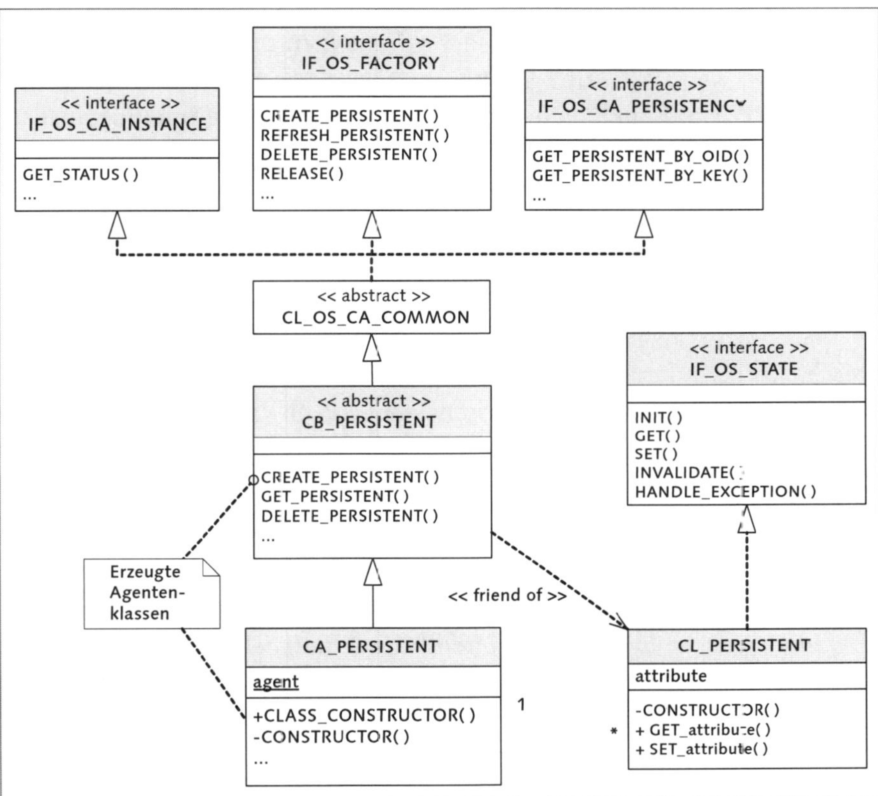

Abbildung 11.2 Klassendiagramm für eine persistente Klasse

Der Begriff *Singleton* bezieht sich auf ein Entwurfsmuster,[2] das die Instanzierung einer Klasse auf ein einziges Objekt einschränkt. Das Klassendiagramm in Abbildung 11.2 zeigt, dass das Singleton-Objekt für die Klasse `CA_PERSISTENT` in einem Klassenattribut `agent` gespeichert ist, das innerhalb der Methode `CLASS_CONSTRUCTOR` instanziert wird, wenn in einem ABAP-Programm erstmalig auf die Agentenklasse `CA_PERSISTENT` zugegriffen wird.

Möglicherweise fragen Sie sich nun, weshalb der Class Builder anstelle einer Agentenklasse zwei dieser Klassen erzeugt hat. Diese Frage lässt sich rasch beantworten: Zur Trennung der Concerns entschied SAP sich für die Anwen-

2 Dieses Muster wurde ursprünglich in der Beschreibung der vier klassischen Entwurfsmuster (»Gang of Four«) eingeführt, die unter dem Titel *Entwurfsmuster: Elemente wiederverwendbarer objektorientierter Software* (Addison-Wesley, 2004) veröffentlicht wurde.

dung eines mehrschichtigen Ansatzes für die Integration benutzerspezifischer persistenter Klassen in den Persistenzdienst.

Wie Sie in Abbildung 11.2 sehen, ist die Agentenklasse CB_PERSISTENT als abstrakte Klasse definiert, die von der allgemeinen abstrakten Framework-Klasse CL_OS_CA_COMMON erbt. Die Klasse CB_PERSISTENT ist eng in den Persistenzdienst integriert und definiert die Persistenzabbildungsfunktionalität auf unterster Systemebene für die persistente Klasse. Diese Funktionalität wird von der Agentenklasse CA_PERSISTENT geerbt. Da die Details der untersten Systemebene jedoch im Bereich PROTECTED SECTION der Klasse CB_PERSISTENT festgelegt sind, ist der Zugriff auf diese Details innerhalb der Klasse CA_PERSISTENT eingeschränkt. Dies ist wichtig, da die Agentenklasse CA_PERSISTENT zur Verbesserung der Funktionalität redefiniert und erweitert werden kann. In diesem Fall wird durch den mehrschichtigen Ansatz verhindert, dass Entwickler über die Klassenakteur-API zu viele Details der untersten Systemebene preisgeben.

Wenn all diese Beschreibungen Sie verwirren, seien Sie unbesorgt, die tatsächliche Nutzung eines Klassenagenten ist nicht ganz so kompliziert. In den meisten Fällen arbeiten Entwickler mit der Agentenklasse CA_.... Auch dies ist ein Beispiel für die Bereitstellung eines äußerst ausgereiften Frameworks über eine einfache und intuitive öffentliche Schnittstelle. In Abschnitt 11.4, »Arbeiten mit persistenten Objekten«, wird erläutert, wie Sie mit dieser Schnittstelle interagieren.

11.2.2 Mapping-Konzepte

Um eine persistente Klasse definieren zu können, muss zunächst ein Mapping zwischen dem Objektmodell und der zugrunde liegenden Persistenzschicht erstellt werden. Tabelle 11.1 zeigt drei verschiedene Arten von Mapping-Strategien, die Sie in Ihren persistenten Klassen anwenden können. Diese Mapping-Arten bieten die erforderliche Flexibilität, um entweder bereits vorhandene relationale Datenmodelle zu nutzen oder völlig neue Datenmodelle zu erzeugen.

Bedenken Sie jedoch, dass es möglich sein muss, diese Modelle mithilfe von ABAP-Dictionary-Objekten darzustellen. Diese ABAP-Dictionary-Objekte müssen vorhanden sein, *bevor* Sie versuchen, ein Mapping im Class Builder anzulegen. Die von SAP bereitgestellten ORM-Werkzeuge erzeugen diese Objekte nicht automatisch.

Mapping-Typ	Beschreibung
Über Business Key	Kann für das Mapping einer vorhandenen Tabelle im ABAP Dictionary verwendet werden, die über einen semantischen Primärschlüssel verfügt. Der Business Key für die Standardtabelle `BUT000` ist zum Beispiel das Feld `Partner`.
Über Instanz-GUID	Wird für das Mapping von Tabellen verwendet, deren Primärschlüssel ein einziges Feld vom Typ `OS_GUID` umfasst. GUID bezieht sich in diesem Fall auf eine vom System generierte *global eindeutige Kennung (Globally Unique Identifier)*.
Über Instanz-GUID und Business Key	Bei diesem Mapping-Typ werden beide Techniken kombiniert. In diesem Fall verfügt die Zieltabelle über einen semantischen Primärschlüssel und ein Nichtschlüsselfeld vom Typ `OS_GUID`, das als Teil eines eindeutigen Sekundärindexes definiert ist. Durch die Kombination dieser Schlüssel ist es möglich, über einen Business Key oder über einen Instanz-GUID auf ein persistentes Objekt zuzugreifen.

Tabelle 11.1 Arten der Persistenzabbildung

Normalerweise basiert die Persistenzabbildung auf mindestens einer relationalen Datenbanktabelle. Beachten Sie, dass der Persistenzdienst auch andere Speichermedien, wie zum Beispiel Dateien, unterstützt. Unabhängig vom zugrunde liegenden Speichermedium, muss ein ABAP-Dictionary-Objekt (eine Tabelle, ein View oder eine Struktur) als Grundlage für Ihr Mapping verwendet werden. Im Folgenden wird erläutert, wie verschiedene ABAP-Dictionary-Objekte eingesetzt werden können, um Sie bei der Erstellung Ihrer Persistenzabbildungen zu unterstützen:

- **Ein-Tabellen-Mapping**
  In den meisten Fällen ordnen Sie die Attribute Ihrer persistenten Klasse einer einzigen ABAP-Dictionary-Tabelle zu. Dabei müssen alle Felder der Tabelle Attributen in der persistenten Klasse zugeordnet werden. Selbstverständlich ist es manchmal nicht sinnvoll, alle Felder einer Tabelle Ihrer persistenten Klasse zuzuweisen. Bei einer großen Tabelle mit einer Vielzahl von Feldern soll zum Beispiel möglicherweise nur eine Untermenge an Feldern zugeordnet werden, die für ein bestimmtes Verwendungsszenario relevant sind. In diesem Fall können Sie einen View mit einer Untermenge an Feldern anlegen, die zugewiesen werden sollen, und diesen View anschließend für die Persistenzabbildung nutzen.

- **Mehr-Tabellen-Mapping**
  Es ist auch möglich, mehrere Tabellen einer einzigen persistenten Klasse zuzuordnen. Als einzige Voraussetzung gilt in diesem Fall, dass alle Tabellen exakt denselben Primärschlüssel aufweisen. Der Persistenzdienst ist zur Laufzeit intelligent genug, um die relevanten Attribute, die im Mapping verwendet wurden, mit den verknüpften Tabellen zu verbinden, sodass die Objektdaten korrekt auf die verschiedenen Tabellen verteilt werden.
- **Struktur-Mappings**
  Für komplexere Mappings können auch Strukturtypen verwendet werden. Strukturtypen werden üblicherweise verwendet, um die Persistenzabbildung auf Dateien etc. zu implementieren. Sie können jedoch auch benutzt werden, um persistente Klassen zuzuordnen, die eine *One-to-Many-Beziehung* zu einem anderen persistenten Klassentyp aufweisen (zum Beispiel ein Auftrag und die einzelnen Positionen). Da Strukturtypen sich nicht auf eine tatsächliche Datenbanktabelle beziehen, kann das ORM-Werkzeug selbstverständlich nicht den Code generieren, um die Daten als persistent zu speichern. Stattdessen müssen Sie eine eigene Logik zum Speichern der persistenten Daten in persistenten Klassen implementieren, die von einer Struktur zugeordnet wurden.

11.2.3 Grundlegendes zur Klassenakteur-API

Haben Sie die Persistenzabbildung für Ihre Klassen fertiggestellt, ist der nächste Schritt die Aktivierung Ihrer Änderungen im Class Builder. Dabei verwendet der Class Builder die Mapping-Details, um die persistente Klasse mit ihren verknüpften Agentenklassen zu erstellen. Das in Abbildung 11.2 gezeigte UML-Klassendiagramm zeigt die Beziehungen zwischen diesen Klassen. Darüber hinaus zeigt es einige nützliche Methoden, die Sie einsetzen können, um Objekte Ihrer persistenten Klassen abzurufen und mit diesen zu arbeiten.

Die Namen der Methoden sind meist selbsterklärend (so verwenden Sie die Methode `CREATE_PERSISTENT` beispielsweise zum Anlegen eines persistenten Objektes etc.). Die Erzeugung einiger dieser Methoden variiert jedoch abhängig davon, welche Art von Mapping Sie implementieren. Die Basisagentenklasse `CB_...` verfügt zum Beispiel nicht über die Methoden `GET_PERSISTENT` und `DELETE_PERSISTENT`, wenn die persistenten Objekte nicht über Business Keys verwaltet werden. In diesem Fall müssen Sie stattdessen Methoden verwenden, die aus den Interfaces `IF_OS_FACTORY` und `IF_OS_CA_PERSISTENCY` implementiert sind.

Weitere Informationen zu diesen Methoden finden Sie im SAP Help Portal (*http://help.sap.com*). In Abschnitt 11.4, »Arbeiten mit persistenten Objekten«, finden Sie zudem einige konkrete Beispiele für diese Methoden.

11.3 Anlage von persistenten Klassen

Nun möchten Sie sicherlich endlich mit einigen Praxisbeispielen beginnen. In den nachfolgenden Abschnitten wird schrittweise eine Reihe persistenter Klassen entworfen, um einen Teil eines Datenmodells für die Erstellung eines Systems zur Online-Kursregistrierung zu modellieren. Dabei werden zwei separate persistente Klassen `ZCL_OS_PERSON` und `ZCL_OS_ADDRESS` angelegt, wobei Instanzen der Klasse `ZCL_OS_PERSON` optional mit einer Instanz der Klasse `ZCL_OS_ADDRESS` verknüpft sein können. Die Datenbanktabellen, auf denen diese persistenten Klassen basieren, sind in Abbildung 11.3 und Abbildung 11.4 gezeigt. Zur Vereinfachung wird die Gesamtzahl an Feldern minimiert, die zur Darstellung einer bestimmten Entität verwendet werden. So enthält die Tabelle `ZCA_PERSON` beispielsweise nur einen GUID-basierten Schlüssel, Felder zur Darstellung des Vor- und Nachnamens der Person sowie zwei Referenzfelder, über die eine Person mit einer Adresse verknüpft werden kann. Gleichermaßen enthält die Tabelle `ZCA_ADDRESS` lediglich einen GUID-basierten Schlüssel und einige grundlegende Adressfelder.

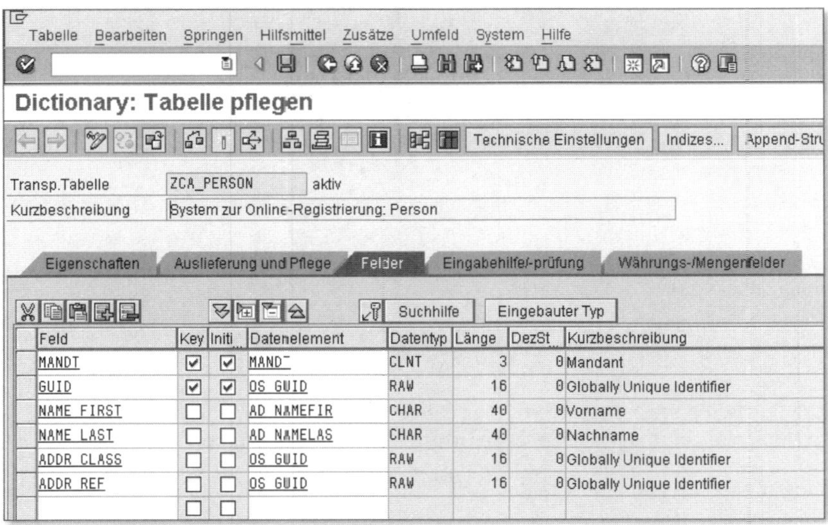

Feld	Key	Initi...	Datenelement	Datentyp	Länge	DezSt...	Kurzbeschreibung
MANDT	☑	☑	MANDT	CLNT	3	0	Mandant
GUID	☑	☑	OS_GUID	RAW	16	0	Globally Unique Identifier
NAME_FIRST	☐	☐	AD_NAMEFIR	CHAR	40	0	Vorname
NAME_LAST	☐	☐	AD_NAMELAS	CHAR	40	0	Nachname
ADDR_CLASS	☐	☐	OS_GUID	RAW	16	0	Globally Unique Identifier
ADDR_REF	☐	☐	OS_GUID	RAW	16	0	Globally Unique Identifier
	☐	☐					

Abbildung 11.3 ABAP-Dictionary-Tabellendefinition für Personenentität

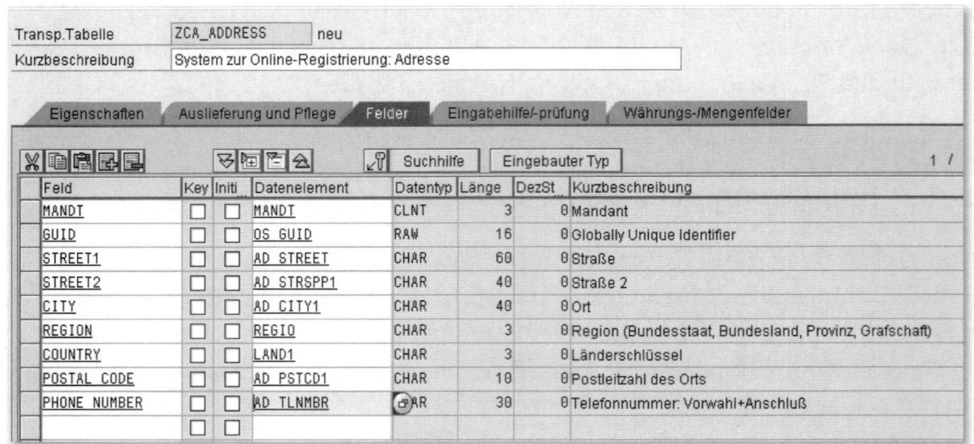

Transp.Tabelle ZCA_ADDRESS neu
Kurzbeschreibung System zur Online-Registrierung: Adresse

Eigenschaften | Auslieferung und Pflege | Felder | Eingabehilfe/-prüfung | Währungs-/Mengenfelder

Suchhilfe | Eingebauter Typ | 1 /

Feld	Key	Initi...	Datenelement	Datentyp	Länge	DezSt...	Kurzbeschreibung
MANDT	☐	☐	MANDT	CLNT	3	0	Mandant
GUID	☐	☐	OS_GUID	RAW	16	0	Globally Unique Identifier
STREET1	☐	☐	AD_STREET	CHAR	60	0	Straße
STREET2	☐	☐	AD_STRSPP1	CHAR	40	0	Straße 2
CITY	☐	☐	AD_CITY1	CHAR	40	0	Ort
REGION	☐	☐	REGIO	CHAR	3	0	Region (Bundesstaat, Bundesland, Provinz, Grafschaft)
COUNTRY	☐	☐	LAND1	CHAR	3	0	Länderschlüssel
POSTAL_CODE	☐	☐	AD_PSTCD1	CHAR	10	0	Postleitzahl des Orts
PHONE_NUMBER	☐	☐	AD_TLNMBR	AR	30	0	Telefonnummer: Vorwahl+Anschluß
	☐	☐					

Abbildung 11.4 ABAP-Dictionary-Tabellendefinition für Adressentität

11.3.1 Anlage einer persistenten Klasse im Class Builder

In den meisten Fällen werden persistente Klassen über exakt dieselbe Vorgehensweise angelegt wie andere globale Klassen im Class Builder. Der einzige Unterschied betrifft den Klassentyp, den Sie auswählen.

1. Wählen Sie als KLASSENTYP die PERSISTENTE KLASSE (siehe Abbildung 11.5).

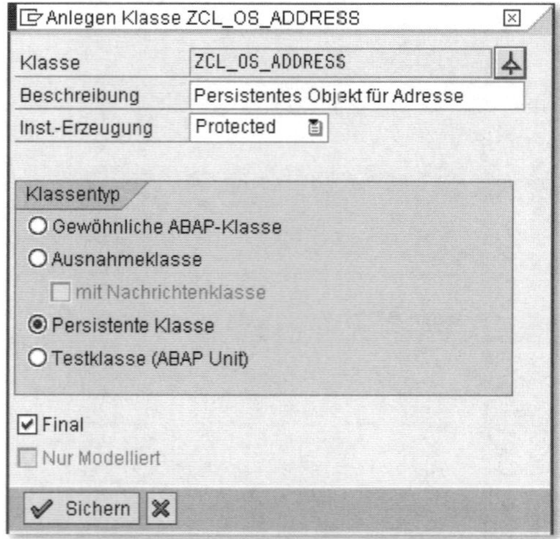

Abbildung 11.5 Anlegen der persistenten Klasse ZCL_OS_ADDRESS

2. Klicken Sie auf SICHERN. Sie gelangen in das Class-Editor-Fenster des Class Builders, in dem Sie mit der Bearbeitung der persistenten Klassen beginnen können.

   Abbildung 11.6 zeigt die Klasse `ZCL_OS_ADDRESS` nach der anfänglichen Erstellung. Da Sie die persistenten Felder für diese Klasse noch nicht zugeordnet haben, enthält die Klasse lediglich Implementierungen für die Methoden, die im Interface `IF_OS_STATE` definiert sind.

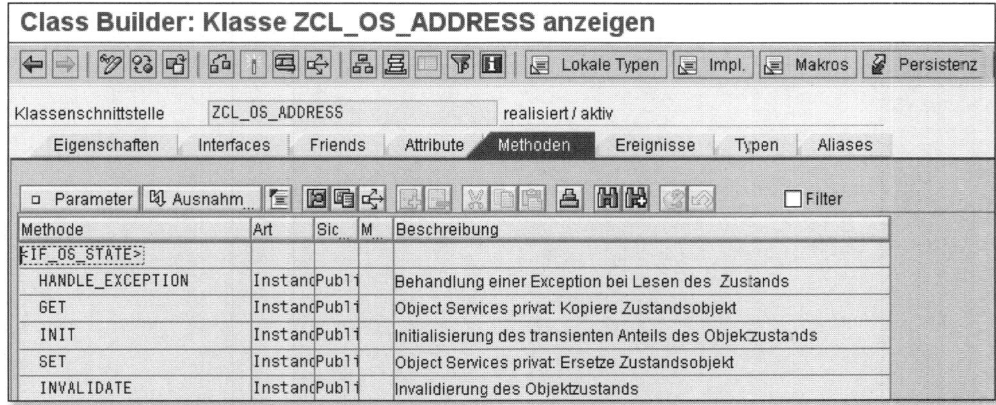

Abbildung 11.6 Bearbeitung einer persistenten Klasse

11.3.2 Definition persistenter Attribute mit dem Mapping Assistant

Nachdem Sie eine persistente Klasse angelegt haben, können Sie deren Persistenzabbildung definieren:

1. Klicken Sie in der Symbolleiste des Class-Editor-Fensters auf den Button PERSISTENZ (siehe Abbildung 11.6). Der Mapping Assistant wird geöffnet (siehe Abbildung 11.7).
2. Zunächst werden Sie aufgefordert, eine Tabelle, einen View oder eine Struktur anzugeben, die als Grundlage für die Persistenzabbildung verwendet werden soll. In Abbildung 11.7 wird zum Beispiel die Persistenzabbildung für die Klasse `ZCL_OS_ADDRESS` unter Verwendung der Tabelle `ZCA_ADDRESS` (deren Felder in Abbildung 11.4 gezeigt wurden) definiert.

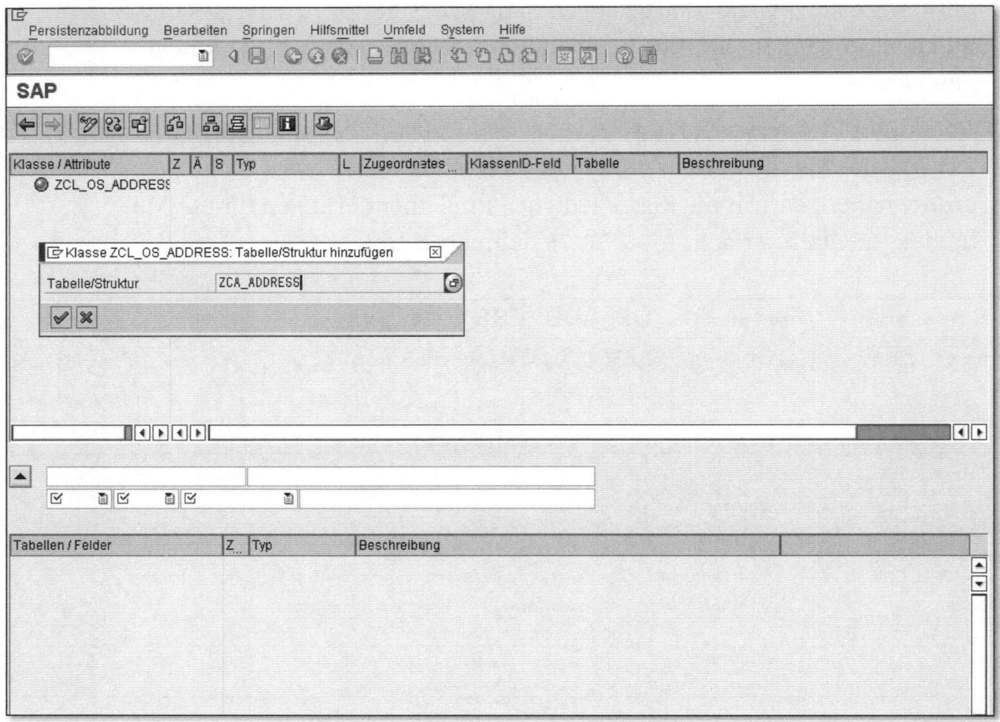

Abbildung 11.7 Definition von Persistenz mit dem Mapping Assistant

3. Nachdem Sie das relevante ABAP-Dictionary-Objekt ausgewählt haben, beginnen Sie mit der Bearbeitung der persistenten Attribute der Klasse, indem Sie im unteren Bereich des Mapping Assistants in der Anzeige TABELLEN / FELDER auf ein beliebiges Feld doppelklicken.
4. Das Feld wird in den Bearbeitungsbereich in der Bildschirmmitte geladen (siehe Abbildung 11.8). Bearbeiten Sie den Attributnamen (der nicht mit dem Eintrag im TABELLE/STRUKTUR-Feld identisch sein muss), die Beschreibung, die Sichtbarkeit, den Zugriff und den Zuordnungstyp.
5. In den meisten Fällen sind die Standardeigenschaften, die der Mapping Assistant für ein bestimmtes Feld definiert, korrekt. Sie können den Zugriff auf ein bestimmtes Feld jedoch selbstverständlich einschränken, indem Sie die Sichtbarkeits- und Zugriffseigenschaften anpassen. Darüber hinaus ist es möglicherweise erforderlich, den Zuordnungstyp für bestimmte Felder zu ändern.

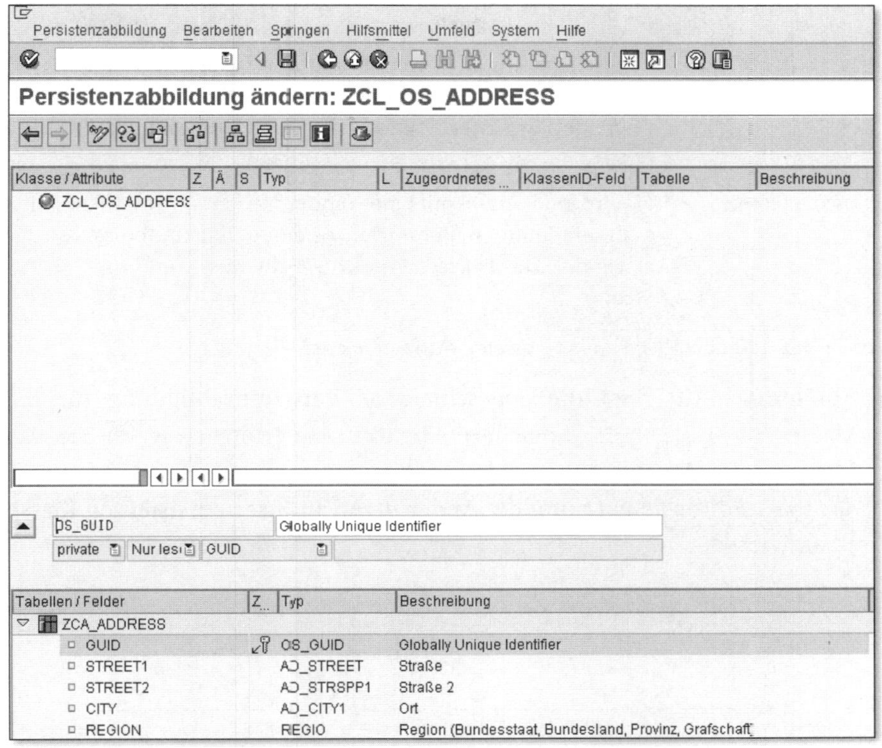

Abbildung 11.8 Mapping von persistenten Klassenattributen

Tabelle 11.2 zeigt eine Beschreibung der Zuordnungstypen, die für ein Attribut konfiguriert werden können.

Zuordnungstyp	Bedeutung
Business Key	Wird vom Mapping Assistant für Primärschlüsselfelder einer ABAP-Dictionary-Tabelle abgeleitet, die über einen semantischen Primärschlüssel verfügt. Dieser Zuordnungstyp kann nicht geändert werden.
GUID	Wird vom Mapping Assistant für das Primärschlüsselfeld einer ABAP-Dictionary-Tabelle abgeleitet, die über einen GUID-basierten Primärschlüssel verfügt. Dieser Zuordnungstyp kann nicht geändert werden.
Wertattribut	Wird zur Definition von Nichtschlüsselattributen eines ABAP-Dictionary-Objektes verwendet.

Tabelle 11.2 Zuordnungstypen für persistente Attribute

Zuordnungstyp	Bedeutung
Klassenidentifikator	Wird gemeinsam mit einem anderen TABELLE/STRUKTUR-Feld zur eindeutigen Identifizierung einer Objektreferenz verwendet. Das TABELLE/STRUKTUR-Feld muss vom Typ `OS_GUID` sein.
Objektreferenz	Wird gemeinsam mit einem anderen TABELLE/STRUKTUR-Feld zur eindeutigen Identifizierung einer Objektreferenz verwendet. Das TABELLE/STRUKTUR-Feld muss vom Typ `OS_GUID` sein.

Tabelle 11.2 Zuordnungstypen für persistente Attribute (Forts.)

6. Abbildung 11.9 zeigt die abgeschlossene Persistenzabbildung für die Klasse `ZCL_OS_ADDRESS`. Speichern Sie Ihre Änderungen, wenn Sie das Mapping der Attribute abgeschlossen haben, und wechseln Sie erneut in das Class-Editor-Fenster, um die Änderungen an Ihrer persistenten Klasse zu aktivieren.

Klasse / Attribute	Z	Ä	S	Typ	L	Zugeordnetes ...	KlassenID-Feld	Tabelle	Beschreibung
ZCL_OS_ADDRES:									
OS_GUID						GUID		ZCA_ADDRESS	Globally Unique Identifier
STREET1				AD_STREET		STREET1		ZCA_ADDRESS	Straße
STREET2				AD_STRSPP1		STREET2		ZCA_ADDRESS	Straße 2
CITY				AD_CITY1		CITY		ZCA_ADDRESS	Ort
REGION				REGIO		REGION		ZCA_ADDRESS	Region (Bundesstaat, Bundesland, Provinz, Grafscha
COUNTRY				LAND1		COUNTRY		ZCA_ADDRESS	Länderschlüssel
POSTAL_CODE				AD_PSTCD1		POSTAL_CODE		ZCA_ADDRESS	Postleitzahl des Orts
PHONE_NUMBI				AD_TLNMBR		PHONE_NUMB...		ZCA_ADDRESS	Telefonnummer: Vorwahl+Anschluß

Abbildung 11.9 Details der persistenten Attribute für die Klasse ZCL_OS_ADDRESS

7. Aktivieren Sie Ihre Änderungen zum ersten Mal, werden Sie gefragt, ob auch der Klassenakteur aktiviert werden soll (siehe Abbildung 11.10). Wählen Sie JA, um die Klassenakteure für die Klasse `ZCL_OS_ADDRESS` (die Klassen `ZCA_OS_ADDRESS` und `ZCB_OS_ADDRESS`) zu erzeugen.

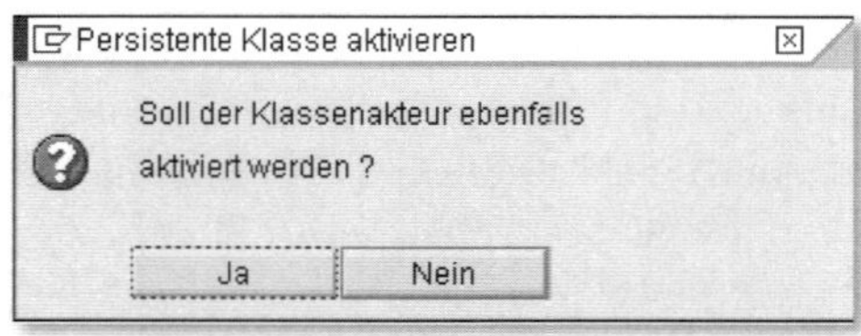

Abbildung 11.10 Aktivierung des Klassenakteurs für eine persistente Klasse

Abbildung 11.11 zeigt die erzeugten Getter- und Setter-Methoden für die Klasse `ZCL_OS_ADDRESS` nach der Aktivierung.

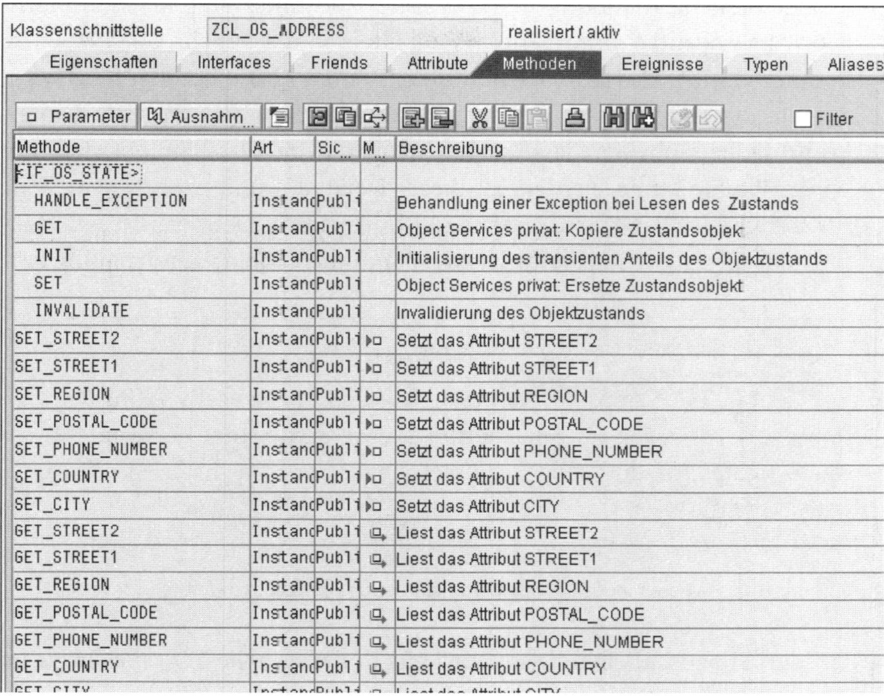

Methode	Art	Sic...	M...	Beschreibung
<IF_OS_STATE>				
HANDLE_EXCEPTION	Instanc	Publi		Behandlung einer Exception bei Lesen des Zustands
GET	Instanc	Publi		Object Services privat: Kopiere Zustandsobjekt
INIT	Instanc	Publi		Initialisierung des transienten Anteils des Objektzustands
SET	Instanc	Publi		Object Services privat: Ersetze Zustandsobjekt
INVALIDATE	Instanc	Publi		Invalidierung des Objektzustands
SET_STREET2	Instanc	Publi		Setzt das Attribut STREET2
SET_STREET1	Instanc	Publi		Setzt das Attribut STREET1
SET_REGION	Instanc	Publi		Setzt das Attribut REGION
SET_POSTAL_CODE	Instanc	Publi		Setzt das Attribut POSTAL_CODE
SET_PHONE_NUMBER	Instanc	Publi		Setzt das Attribut PHONE_NUMBER
SET_COUNTRY	Instanc	Publi		Setzt das Attribut COUNTRY
SET_CITY	Instanc	Publi		Setzt das Attribut CITY
GET_STREET2	Instanc	Publi		Liest das Attribut STREET2
GET_STREET1	Instanc	Publi		Liest das Attribut STREET1
GET_REGION	Instanc	Publi		Liest das Attribut REGION
GET_POSTAL_CODE	Instanc	Publi		Liest das Attribut POSTAL_CODE
GET_PHONE_NUMBER	Instanc	Publi		Liest das Attribut PHONE_NUMBER
GET_COUNTRY	Instanc	Publi		Liest das Attribut COUNTRY

Abbildung 11.11 GET- und SET-Methoden für die Klasse ZCL_OS_ADDRESS

11.3.3 Arbeiten mit Objektreferenzen

Sämtliche Attribute, die für die Klasse ZCL_OS_ADDRESS definiert wurden, basieren auf einfachen, elementaren Tabellenfeldern. Die Klasse ZCL_OS_PERSON bietet jedoch einen interessanten Aspekt. Wie Sie wissen, soll es möglich sein, eine Instanz der Klasse ZCL_OS_ADDRESS mit der Instanz ZCL_OS_PERSON zu verknüpfen. Um diese Art von Bindung zu erhalten, müssen dem Typ ZCL_OS_ADDRESS zwei Fremdschlüsselfelder vom Typ OS_GUID zugeordnet werden.

1. Erstellen Sie über die in Abschnitt 11.3.1, »Anlage einer persistenten Klasse im Class Builder«, beschriebenen Schritte eine persistente Klasse ZCL_OS_PERSON.
2. Ordnen Sie die Felder der Tabelle ZCA_PERSON zu, wie in Abschnitt 11.3.2, »Definition persistenter Attribute mit dem Mapping Assistant«, gezeigt. Gehen Sie bei der Zuordnung der Datenbankfelder ADDR_CLASS und ADDR_REF jedoch mit Bedacht vor. Diese Felder werden gemeinsam verwendet, um ein Objektreferenzattribut mit dem Namen ADDRESS eindeutig zu definieren.

3. Beachten Sie in Abbildung 11.12, dass der Zuordnungstyp KLASSENIDENTIFIKATOR verwendet wurde, um das Quellfeld in der Tabelle ZCA_PERSON zu definieren, über das der GUID der persistenten Klasse bereitgestellt wird, auf die die Objektreferenz zeigt. Dieser Klassen-GUID wird im Hintergrund jeder globalen Klasse zugewiesen, die im Class Builder definiert wird. Wie Sie sehen werden, ist dieses Detail auf unterster Systemebene für Verwender der Klassenakteur-API transparent. Dennoch ist ein Mapping auf dieses Attribut erforderlich, damit die Objektreferenz gültig ist.

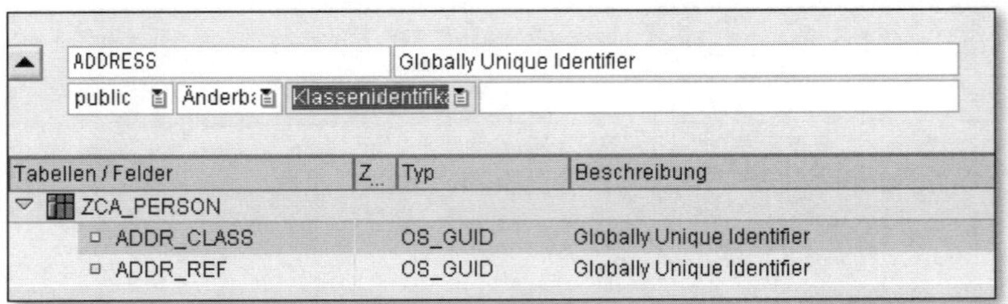

Abbildung 11.12 Festlegung des Klassenidentifikators für eine Objektreferenz

4. Ordnen Sie abschließend das Quellfeld in der Tabelle ZCA_PERSON zu, in dem der Instanz-GUID eines tatsächlichen persistenten Objektes vom Typ ZCL_OS_ADDRESS gespeichert wird. Beachten Sie an dieser Stelle, dass die Objektreferenzzuordnung mit der zuvor angelegten Klasse ZCL_OS_ADDRESS qualifiziert ist. Diese Informationen werden vom Class Builder benötigt, um die SET_- und GET_-Methoden für dieses Objektreferenzattribut ordnungsgemäß zu erzeugen. Abbildung 11.13 zeigt, wie dieses Feld für die Klasse ZCL_OS_PERSON konfiguriert wurde.

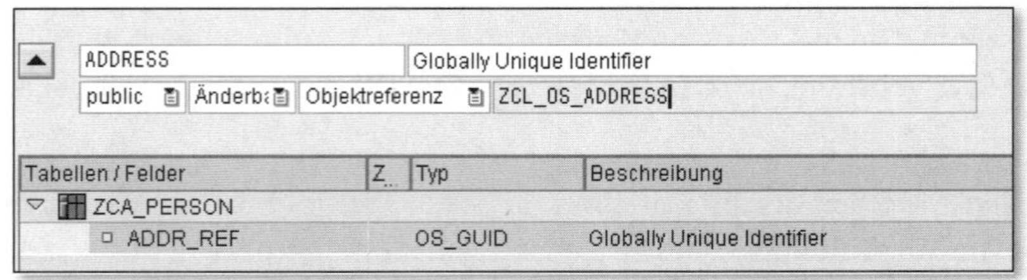

Abbildung 11.13 Definition der Objektreferenz

Abbildung 11.14 zeigt die abgeschlossenen Attributdetails für die Objektreferenz ADDRESS. In Abbildung 11.15 und Abbildung 11.16 sehen Sie zudem die Signatur der generierten Methoden SET_ADDRESS and GET_ADDRESS.

Klasse / Attribute	Z	Ä	S	Typ	L	Zugeordnetes...	KlassenID-Feld	Tabelle	Beschreibung
ZCL_OS_PERSON									
OS_GUID	i					GUID		ZCA_PERSON	Globally Unique Identifier
NAME_FIRST				AD_NAMEFIR		NAME_FIRST		ZCA_PERSON	Vorname
NAME_LAST				AD_NAMELAS		NAME_LAST		ZCA_PERSON	Nachname
ADDRESS				ZCL_OS_ADD...		ADDR_REF	ADDR_CLASS	ZCA_PERSON	Globally Unique Identifier

Abbildung 11.14 Attributdetai s für die Objektreferenz ADDRESS

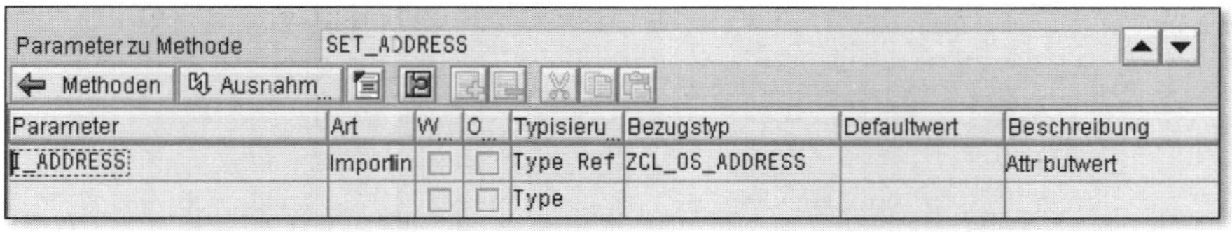

Parameter zu Methode SET_ADDRESS

Methoden | Ausnahm...

Parameter	Art	W...	O...	Typisieru...	Bezugstyp	Defaultwert	Beschreibung
I_ADDRESS	Importin	☐	☐	Type Ref	ZCL_OS_ADDRESS		Attr butwert
		☐	☐	Type			

Abbildung 11.15 Signatur für die Methode SET_ADDRESS

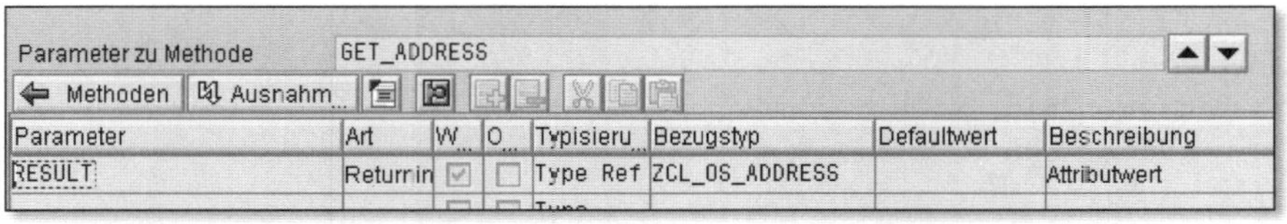

Parameter zu Methode GET_ADDRESS

Methoden | Ausnahm...

Parameter	Art	W...	O...	Typisieru...	Bezugstyp	Defaultwert	Beschreibung
RESULT	Returnin	☑	☐	Type Ref	ZCL_OS_ADDRESS		Attributwert

Abbildung 11.16 Signatur für die Methode GET_ADDRESS

11.4 Arbeiten mit persistenten Objekten

Nach der Definition einer Reihe von persistenten Klassen werden im Folgenden verschiedene Möglichkeiten betrachtet, um unter Verwendung der generierten API-Methoden der verknüpften Klassenagenten mit persistenten Objekten dieser Klassen zu interagieren.

11.4.1 Anlage neuer persistenter Objekte

Der erforderliche Code zum Anlegen neuer persistenter Objekte ist ausgesprochen unkompliziert. Listing 11.1 zeigt, wie Sie persistente Objekte vom Typ `ZCL_OS_ADDRESS` und `ZCL_OS_PERSON` anlegen.

```
DATA: lr_address_agent TYPE REF TO zca_os_address,
      lr_address       TYPE REF TO zcl_os_address,
      lr_person_agent  TYPE REF TO zca_os_person,
      lr_person        TYPE REF TO zcl_os_person.

TRY.
*  First, create an address instance:
```

```
   lr_address_agent = zca_os_address=>agent.
   CALL METHOD lr_address_agent->create_persistent
      EXPORTING
         i_city         = 'Mos Eisley'
         i_country      = 'TAT'
         i_phone_number = '999\st-\st555\st-\st5555'
         i_postal_code  = '99999\st-\st9999'
         i_region       = 'SKY'
         i_street1      = '123 Millennium Falcon Way'
      RECEIVING
         result         = lr_address.

*  Next, create a person instance:
   lr_person_agent = zca_os_person=>agent.
   CALL METHOD lr_person_agent->create_persistent
      EXPORTING
         i_address    = lr_address
         i_name_first = 'Andersen'
         i_name_last  = 'Wood'
      RECEIVING
         result       = lr_person.

*  Must execute COMMIT WORK to persist the objects:
   COMMIT WORK.
CATCH cx_os_object_existing.
ENDTRY.
```

Listing 11.1 Anlegen persistenter Objekte

In beiden Fällen musste eine Referenz auf die verknüpfte Agentenklasse über das Klassenattribut AGENT abgerufen werden, das für die jeweiligen Agentenklassen (das heißt die Klassen ZCA_OS_ADDRESS und ZCA_OS_PERSON) definiert ist. Mithilfe dieser Referenzen wurde anschließend die Methode CREATE_PERSISTENT aufgerufen, die in den Agentenklassen erzeugt wurde. Beachten Sie, dass die Schnittstelle der Methode erweitert wurde, um bei der Erzeugung die Initialisierung von Wert- und Referenzattributen zuzulassen.

Um die Objekte tatsächlich in der Datenbank zu speichern, musste die Anweisung COMMIT WORK verwendet werden. Beachten Sie, dass der Persistenzdienst vor der Ausführung einer INSERT-Anweisung im Hintergrund nicht prüft, ob bereits ein über Business Keys zugeordnetes persistentes Objekt vorhanden ist. Folglich ist es möglich, dass durch die COMMIT WORK-Anweisung eine Ausnahme vom Typ CX_OS_OBJECT_EXISTING ausgelöst wird.

Da diese Ausnahme jedoch in einem Verbuchungsbaustein ausgelöst wird, würde dieser Ausnahmetyp nie in einem CATCH-Block (wie beispielsweise in Listing 11.1 gezeigt) abgefangen. Daher sollten Sie es sich vor der Anlage eines neuen persistenten Objektes mit einem bestimmten Business Key zur Gewohnheit machen, stets mithilfe der Methode GET_PERSISTENT zu prüfen, ob bereits persistente Objekte dieses Typs vorhanden sind.

11.4.2 Lesen persistenter Objekte mit dem Query-Dienst

Ist eine persistente Klasse über Business Keys zugeordnet, erzeugt der Class Builder in der Agentenklasse eine Methode GET_PERSISTENT. Die Signatur der Eingabeparameter für diese Methode stimmt mit den semantischen Primärschlüsselfeldern überein, die in der Zieldatenbanktabelle definiert sind. Daher können Sie diese Methode aufrufen, um ein bestimmtes persistentes Objekt unter Verwendung eines Business Keys abzurufen.

Häufig haben Sie jedoch nicht den vollständigen Primärschlüssel zur Hand, wenn Sie nach einem persistenten Objekt suchen müssen. Haben Sie Ihre persistenten Klassen zudem über einen Instanz-GUID zugeordnet, benötigen Sie eine andere Möglichkeit für den Zugriff auf die persistenten Objekte, da es unwahrscheinlich ist, dass Ihnen zufällig der erforderliche Hexadezimalschlüssel vorliegt. Diese erweiterte Art des Lookup-Verhaltens kann mit dem *Query-Dienst* umgesetzt werden.

Als Teil des Object-Services-Frameworks ermöglicht der Query-Dienst die Suche nach und das Abrufen von einzelnen oder mehreren persistenten Objekten mithilfe von Querys, die auf *logischen Ausdrücken* basieren. Diese logischen Ausdrücke sind mit den Ausdrücken vergleichbar, die Sie wahrscheinlich aus der Verwendung der SQL-Anweisung SELECT kennen. Im Zusammenhang mit dem Query-Dienst sind diese Ausdrücke jedoch innerhalb eines Objektes gekapselt, das das Interface IF_OS_QUERY implementiert.

Querys werden über ein *Query-Manager-Objekt* angelegt, das über einen Aufruf einer Klassenmethode GET_QUERY_MANAGER in der Klasse CL_OS_SYSTEM aktiviert werden kann. Das Query-Manager-Objekt enthält eine einzige Instanzmethode CREATE_QUERY, mit der Sie die Query-Instanz anlegen. Die Methode CREATE_QUERY bietet Parameter, um *Filter* und eine *Sortierreihenfolge* für die Ergebnisse zu definieren. Weitere Informationen zu den verschiedenen Filtern und Sortierbedingungen, die Sie in Ihren Querys verwenden können, finden Sie im SAP Help Portal (*http://help.sap.com*).

Der Codeausschnitt in Listing 11.2 zeigt, wie der Query-Dienst verwendet werden kann, um nach persistenten Objekten vom Typ ZCL_OS_PERSON zu suchen. Diese einfache Query enthält einen Filter für das Attribut NAME_FIRST der Klasse ZCL_OS_PERSON. Diese Query wird über einen Aufruf der Methode GET_PERSISTENT_BY_QUERY (in Interface IF_OS_CA_PERSISTENCY definiert) an den Persistenzdienst übergeben. Diese Methode gibt eine interne Tabelle vom Typ OSREFTAB zurück. Der Zeilentyp dieser internen Tabelle ist eine Referenz auf den generischen Typ OBJECT. Folglich musste ein Widening Cast durchgeführt werden, um eine Schnittstelle mit den resultierenden persistenten Objekten zu erhalten.

```
DATA: lr_agent      TYPE REF TO zca_os_person,
      lt_people     TYPE osreftab,
      lr_oref       TYPE REF TO object,
      lr_person     TYPE REF TO zcl_os_person,
      lr_query_mgr  TYPE REF TO if_os_query_manager,
      lr_query      TYPE REF TO if_os_query,
      lv_first_name TYPE string.

TRY.
*  Create a new query based on the first name attribute of
*  the "Person" persistent object:
   lr_agent = zca_os_person=>agent.
   lr_query_mgr = cl_os_system=>get_query_manager( ).
   lr_query = lr_query_mgr->create_query(
      i_filter = 'NAME_FIRST = PAR1' ).

*  Retrieve the set of "Person" objects matching the filter
*  condition:
   lt_people =
     lr_agent->if_os_ca_persistency~get_persistent_by_query(
        i_query = lr_query
        i_par1  = 'Paige' ).

*  Display the results:
   LOOP AT lt_people INTO lr_oref.
      lr_person ?= lr_oref.
      lv_first_name = lr_person->get_name_first( ).
      lv_last_name = lr_person->get_name_last( ).
      WRITE: / 'Name is: ', lv_first_name, lv_last_name.
   ENDLOOP.
CATCH cx_os_object_not_found.
CATCH cx_os_query_error.
ENDTRY.
```

Listing 11.2 Suche nach Personenobjekten mit dem Query-Dienst

11.4.3 Aktualisierung persistenter Objekte

Nachdem Sie eine Referenz auf ein persistentes Objekt erhalten haben, können Sie Änderungen an den persistenten Attributen vornehmen, indem Sie die erzeugten Setter-Methoden aufrufen. Listing 11.3 zeigt die Aktualisierung des Attributes `CITY` des persistenten Objektes `ZCL_OS_ADDRESS`, das mit einem über eine Query aufgerufenen Personenobjekt verknüpft ist.

```
DATA: lr_agent   TYPE REF TO zca_os_person,
      lr_person  TYPE REF TO zcl_os_person,
      lr_address TYPE REF to zcl_os_address.

TRY.
*  Execute a query to retrieve a person object:
   ...

*  Retrieve the address associated with that person:
   lr_address = lr_person->get_address( ).

*  Update the "CITY" attribute on the address object:
   lr_address->set_city( 'Far Far Away' ).
   COMMIT WORK.
CATCH cx_os_object_not_found.
CATCH cx_os_query_error.
ENDTRY.
```

Listing 11.3 Aktualisierung eines persistenten Objektes

Wie bei der ursprünglichen Erstellung des persistenten Objektes muss auch hier die Anweisung `COMMIT WORK` ausgeführt werden, damit der Persistenzdienst die Änderungen tatsächlich in die Datenbank propagiert.

11.4.4 Löschung persistenter Objekte

Sie können ein persistentes Objekt mithilfe der Methode `DELETE_PERSISTENT` löschen, die im implementierten Interface `IF_OS_FACTORY` definiert ist. Listing 11.4 zeigt, wie diese Methode zum Löschen eines persistenten Objektes vom Typ `ZCL_OS_PERSON` aufgerufen wird. Auch hier muss die `COMMIT WORK`-Anweisung ausgeführt werden, um den Löschvorgang innerhalb des Persistenzdienstes auszulösen.

```
DATA: lr_agent   TYPE REF TO zca_os_person,
      lr_person  TYPE REF TO zcl_os_person.

TRY.
```

```
  *  Execute a query to retrieve a person object:
     ...

  *  Delete the person object:
     lr_agent->if_os_factory~delete_persistent( lr_person ).
     COMMIT WORK.
  CATCH cx_os_object_not_found.
  CATCH cx_os_query_error.
  ENDTRY.
```

Listing 11.4 Löschung eines persistenten Objektes

11.5 UML-Tutorial: Erweiterte Sequenzdiagramme

In diesem Abschnitt werden einige erweiterte Merkmale und Optionen des UML-Sequenzdiagramms beschrieben. Als Referenz für diese Erläuterungen wurde das Sequenzdiagramm aus Abschnitt 3.6, »UML-Tutorial: Sequenzdiagramme«, in Abbildung 11.17 überarbeitet, sodass es nun einige der erweiterten Merkmale umfasst, die in den nachfolgenden Abschnitten betrachtet werden.

11.5.1 Anlage und Löschung von Objekten

Während einer Aktivierung ist es nicht unüblich, dass eine Methode dynamisch ein anderes Objekt anlegen muss, um eine bestimmte Aufgabe auszuführen. Wie in Abbildung 11.17 gezeigt, wird das Anlegen eines Objektes durch eine Nachricht initiiert. Der Nachrichtenname ist optional, gemäß der allgemeinen Konvention lautet er jedoch `new`. Beachten Sie, dass das Objektkästchen für das Objekt `receipt` an der Nachricht zum Anlegen des Objektes ausgerichtet ist. Diese Notation gibt Auskunft darüber, dass das Objekt zu Beginn der Interaktion nicht vorhanden war. Nachdem ein Objekt angelegt wurde, können Sie wie bei anderen Objekten innerhalb des Sequenzdiagramms Nachrichten an dieses Objekt senden.

Handelt es sich bei dem angelegten Objekt um ein temporäres Objekt (zum Beispiel eine lokale Variable innerhalb einer Methode), können Sie den Löschvorgang für das Objekt darstellen, indem Sie die Objektlebenslinie mit einem X beenden (siehe Abbildung 11.17). Ein Objekt kann ein anderes Objekt auch explizit löschen, indem eine Nachricht vom anfordernden Objekt einem X auf der Lebenslinie des Zielobjektes zugeordnet wird.

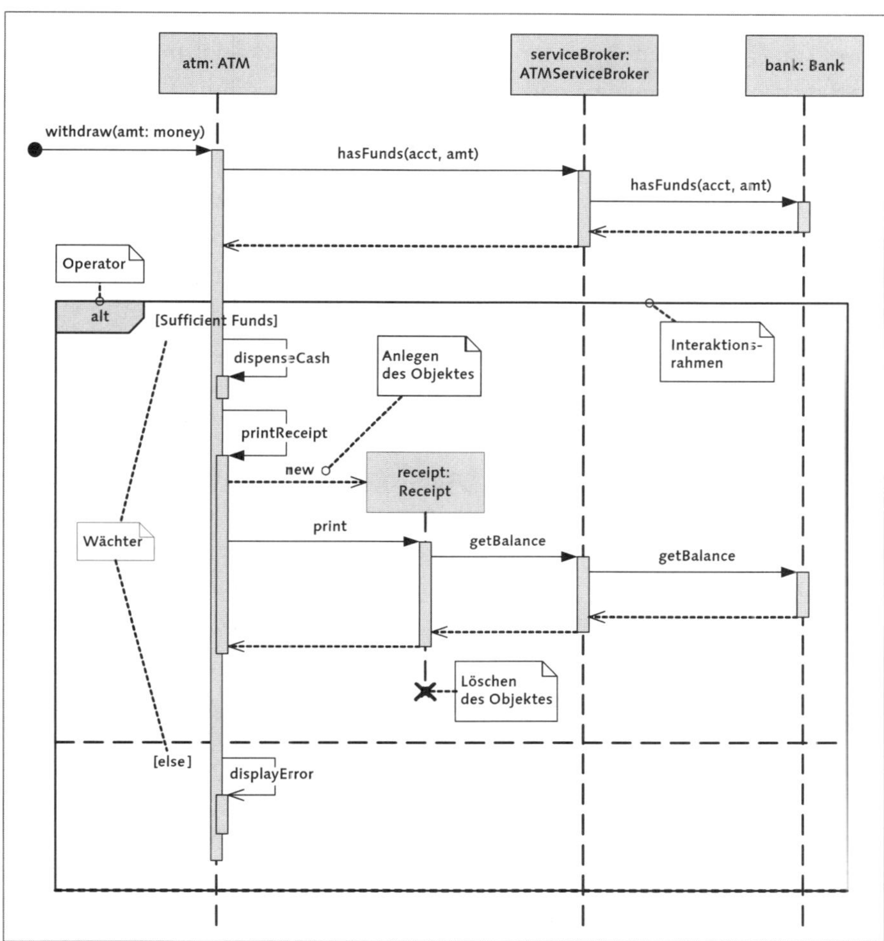

Abbildung 11.17 Sequenzdiagramm für die Bargeldauszahlung an einem Geldautomaten

11.5.2 Darstellung von Kontrolllogik mit Interaktionsrahmen

Normalerweise sollte in einem Sequenzdiagramm keine umfangreiche Kontrolllogik dargestellt werden. In manchen Fällen ist es jedoch sinnvoll, High-Level-Logik in ein Diagramm aufzunehmen, um die Interaktion zwischen den Objekten zu veranschaulichen. In UML 2.0 wird dieser Kontrollfluss mithilfe von *Interaktionsrahmen* dargestellt.

In einem Interaktionsrahmen wird ein Bereich des Sequenzdiagramms als Ausschnitt innerhalb eines rechteckigen Rahmens dargestellt. Die in einem Interaktionsrahmen dargestellte Funktionalität wird durch einen *Operator* beschrieben, der oben links innerhalb des Rahmens angezeigt wird.

Das Sequenzdiagramm in Abbildung 11.17 zeigt zum Beispiel einen Interaktionsrahmen, der den Operator `alt` verwendet. Der Operator `alt` wird eingesetzt, um konditionale Logik wie eine `IF...ELSE`- oder `CASE`-Anweisung darzustellen. Die Zweige dieser konditionalen Logik werden durch eine horizontale gestrichelte Linie getrennt. Zudem enthält jeder Zweig der Logik einen bedingten Ausdruck, der als *Wächterbedingung* bezeichnet wird. Wie der Name vermuten lässt, steuern diese Wächterbedingungen, ob der Kontrollfluss mit einem bestimmten Zweig der konditionalen Logik fortgesetzt wird oder nicht. Im Sequenzdiagramm in Abbildung 11.17 gibt das Objekt `atm` beispielsweise nur dann Bargeld aus, wenn eine ausreichend hohe Summe auf dem Konto vorhanden ist. Anderenfalls wird in der Konsole eine Fehlermeldung angezeigt.

Tabelle 11.3 beschreibt einige der grundlegenden Operatoren, die in Interaktionsrahmen verwendet werden können. An dieser Stelle ist jedoch erneut darauf hinzuweisen, dass Interaktionsrahmen nur äußerst selten eingesetzt werden sollten. Wenn Sie eine komplexere Logik darstellen müssen, ziehen Sie ein Aktivitätsdiagramm oder sogar einen einfachen Pseudocode in Betracht.

Operator	Verwendungstyp
`alt`	Wird zur Darstellung konditionaler Logik wie einer `IF...ELSE`- oder `CASE`-Anweisung verwendet.
`opt`	Wird zur Darstellung eines optionalen Logikabschnitts wie einer einfachen `IF`-Anweisung verwendet.
`par`	Wird zur Darstellung eines parallelen Verhaltens verwendet. In diesem Fall wird jedes Fragment innerhalb des Interaktionsrahmens parallel ausgeführt.
`loop`	Wird zur Darstellung verschiedener Arten von Schleifenstrukturen verwendet (das heißt `LOOP`, `DO` etc.).
`ref`	Wird für die Referenzierung einer Interaktion verwendet, die in einem anderen Sequenzdiagramm definiert ist.
`sd`	Wird verwendet, um ein eingebettetes Sequenzdiagramm innerhalb des aktuellen Sequenzdiagramms einzuschließen.

Tabelle 11.3 Operatoren in Interaktionsrahmen

11.6 Zusammenfassung

In diesem Kapitel haben Sie erfahren, wie das Object-Services-Framework eingesetzt werden kann, um eine robuste Persistenzschicht zu entwickeln, die ausschließlich auf ABAP-Object-Klassen basiert. Es wurde erneut verdeutlicht, welch großen Nutzen die objektorientierte Programmierung bietet, indem benutzerspezifische persistente Klassen nahtlos in das Persistenzdienst-Framework integriert werden.

In vielerlei Hinsicht konnte lediglich ein kleiner Teil der Funktionalität erläutert werden, die das Object-Services-Framework bereitstellt. Insbesondere war es im Rahmen dieses Buches nicht möglich, die Funktionen des Transaktionsdienstes zu betrachten, über den Sie Ihre persistenten Objekte in das SAP-Transaktionskonzept integrieren können. Daher wird für die Arbeit an Beispielen für persistente Objekte empfohlen, die SAP Online-Hilfe zu lesen, um weitere Informationen zu diesen erweiterten Funktionen zu erhalten.

In Kapitel 12, »Arbeiten mit XML«, erfahren Sie, wie Sie unter Verwendung von ABAP-Objects-Klassen mit XML-Dokumenten arbeiten.

Bei XML handelt es sich um eine für die Erstellung von strukturierten Dokumenten verwendete Meta-Auszeichnungssprache. In ihrer kurzen Geschichte hat sich XML zur Lingua Franca für den Informationsaustausch in der IT-Branche entwickelt. In diesem Kapitel wird die Anwendung von XML mit der ABAP-Objects-basierten iXML Library beschrieben.

12 Arbeiten mit XML

Die *Extensible Markup Language (XML)* ist eine Meta-Auszeichnungssprache, die für die Erstellung strukturierter Dokumente eingesetzt wird. Gefördert vom *World Wide Web Consortium (http://www.w3.org)*, entstand XML als Untermenge der *Standard Generalized Markup Language (SGML)* in den späten 1990er-Jahren, um einen Standard für die Erstellung strukturierter Dokumente bereitzustellen, die über das Internet ausgetauscht werden können. Seither hat sich die Verwendung von XML über viele verschiedene Anwendungsdomänen verbreitet. Heute ist XML in allen Bereichen zu finden.

In diesem Kapitel wird die Arbeit mit XML unter Verwendung der objektorientierten *iXML Library* erläutert, die mit dem SAP NetWeaver Application Server bereitgestellt wird. Es ist kein Problem, wenn Sie zuvor nie mit XML gearbeitet haben; vor der eingehenden Beschäftigung mit dem XML-Programmiermodell werden zunächst einige grundlegende XML-Konzepte besprochen. Zur Veranschaulichung dieser Konzepte werden einige Beispiele entwickelt, die Ihnen zeigen, wie XML-Dokumente innerhalb eines ABAP-Programms erstellt und verwendet werden.

12.1 XML – Überblick

Nüchtern betrachtet, ist XML lediglich ein Standard, mit dessen Hilfe das Format textbasierter Dokumente definiert werden kann. Dies mag zunächst enttäuschen, weil XML an sich scheinbar nichts *bewegt*. Dennoch erfüllt XML einen sehr wichtigen Zweck im modernen Informationszeitalter: die Strukturierung und Organisation verschiedener Datentypen. Diese einfache Fähigkeit ist ein Teil der Grundlage, auf der viele neue und erstaunliche Anwendungen entwickelt werden.

12.1.1 Warum wird die Extensible Markup Language benötigt?

Um den Verwendungszweck dieser Sprache zu verstehen, muss Ihnen die Platzierung von XML klar sein. Wie bereits erwähnt, handelt es sich bei XML um eine *Meta-Auszeichnungssprache*. Diese Definition bedarf einer Erklärung. Mittels einer *Auszeichnungssprache* wird ein Dokument mit Anweisungen *markiert*, die definieren, wie der Inhalt organisiert, formatiert wird etc. Normalerweise verwenden Auszeichnungssprachen zu diesem Zweck besondere Hinweise, die als *Tags* bezeichnet werden. Tags werden verwendet, um Informationen innerhalb eines Dokumentes zu bezeichnen und zu kategorisieren.

Wenn Sie bereits mit *HTML (Hypertext Markup Language)* gearbeitet haben, kennen Sie schon eine Auszeichnungssprache, die zur Formatierung ihres Inhalts Tags verwendet. HTML wird eingesetzt, um die Struktur und das Format von Webseiten zu definieren. Abbildung 12.1 zeigt ein Beispiel für das Markup eines HTML-Dokumentes. Hier sehen Sie Tags (oder *Elemente*), die durch die Escape-Zeichen »Kleiner als« und »Größer als« (< und >) markiert sind. Beispielsweise definieren die Tags `<head>` und `</head>` die *Überschrift* des HTML-Dokumentes.

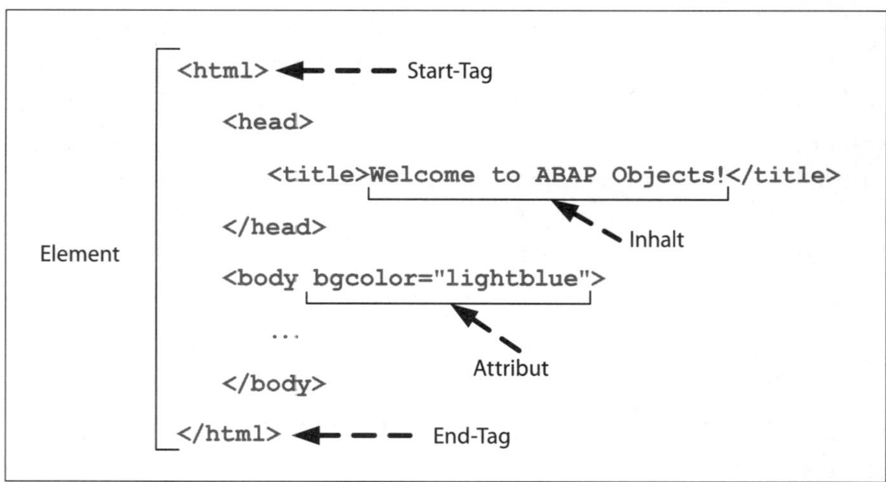

Abbildung 12.1 Beispiel für das Markup eines HTML-Dokumentes

Wie Sie in Abschnitt 12.1.2, »Grundlegendes zur XML-Syntax«, sehen werden, ähnelt die im HTML-Markup gezeigte Syntax in Abbildung 12.1 der Syntax, die für die Erstellung von XML-Markup verwendet wird. Wie jedoch zuvor bereits erwähnt, handelt es sich bei XML nicht um eine normale Auszeichnungssprache, sondern um eine *Meta-Auszeichnungssprache*. Dies bedeutet im Wesentlichen, dass XML kein bestimmtes Markup definiert (definierte Tags wie `<head>`, `<body>` etc.), sondern verwendet wird, um *andere* Auszeichnungssprachen wie XHTML zu definieren.

Um dieses ehrgeizige Ziel zu erreichen, wurde der XML-Standard extrem flexibel gestaltet. Diese Flexibilität unterstützt die Erstellung einer breiten Vielzahl an Dokumentformaten, sodass Sie das Format nach dem Prinzip *Form follows Function (Form folgt Funktion)* anpassen können. Mit anderen Worten: Da der XML-Standard nur wenige Vorgaben bei den Elementen und dem Inhalt eines Dokumentes macht, müssen Sie ein Anwendungsdatenmodell nicht aufwendig in die Grenzen eines notdürftig passenden Standards zwängen. Stattdessen können Sie das Dokumentformat mittels domänenspezifischer Begriffe definieren, die das Dokument *selbsterklärend* gestalten. Durch diese Eigenschaft von XML sind XML-Dokumente sowohl für Menschen als auch für Computer leichter zu lesen und zu interpretieren.

Ein Großteil der Vorzüge von XML liegt in der Einfachheit dieses Standards. Anstatt ein komplexes oder proprietäres binäres Dateiformat zu definieren, haben die Entwickler des XML-Standards ein offenes, textbasiertes Format definiert, das Unterstützung für mehrere Sprachen mit Unicode bietet. Die Offenheit des XML-Standards vereinfacht den Informationsaustausch zwischen heterogenen Systemen. Dies zeigt sich vielleicht am deutlichsten in der explosionsartigen Verbreitung von Webservice-Technologien der letzten Jahre, die XML für die Definition von Protokollen für den Nachrichtenaustausch etc. verwenden.

12.1.2 Grundlegendes zur XML-Syntax

Die XML-Syntax ist relativ unkompliziert aufgebaut und einfach zu erlernen. XML-Dokumente sind in einer Serie von *Elementen* organisiert. Die grundlegende Syntax für die Definition eines Elementes in XML wird in Listing 12.1 gezeigt.

```
<element_name [attribute_name="attribute_value"...]>
   <!-- Element Content -->
</element>
```

Listing 12.1 Grundlegende Syntax für die Definition eines XML-Elementes

Außerdem können Sie anhand der Syntax in Listing 12.2 leere Elemente (Elemente ohne Inhalt) definieren. Da diese Elemente keinen Inhalt besitzen, ist kein schließendes Tag erforderlich. Stattdessen wird das Element-Tag durch die Zeichen /> als vollständig markiert.

```
<element_name [attribute_name="attribute_value"...] />
```

Listing 12.2 Syntax für die Definition leerer Elemente in XML

Elemente können *verschachtelt* werden. Der Inhalt eines Elementes kann wiederum zusätzliche *untergeordnete* Elemente umfassen. Somit bilden XML-Dokumente eine baumförmige Struktur, die mit einem einzelnen *Wurzelelement (Root)* beginnt. Wurzelelementen ist naturgemäß kein Element übergeordnet.

Zur Veranschaulichung dieses Konzeptes wird ein XML-Dokument gezeigt, das zur Darstellung einer Leseliste verwendet wird. Das Dokument in Listing 12.3 enthält eine Leseliste für Entwickler, die an weiteren Informationen zur ABAP-Programmierung interessiert sind.

```
<?xml version="1.0" encoding="UTF-8"?>
<!-- This is an XML comment. -->
<ReadingList>
   <Topic>ABAP Programming</Topic>
   <RecommendedBooks>
      <Book isbn="978-1-59229-039-0">
         <Title>The Official ABAP Reference</Title>
         <Author>Horst Keller</Author>
         <Publisher>SAP PRESS</Publisher>
      </Book>

      <Book isbn="978-1-59229-139-7">
         <Title>Next Generation ABAP Development</Title>
         <Author>Rich Heilman</Author>
         <Author>Thomas Jung</Author>
         <Publisher>SAP PRESS</Publisher>
      </Book>
   </RecommendedBooks>
</ReadingList>
```

Listing 12.3 Beispiel für ein XML-Dokument

Das in Listing 12.3 gezeigte XML-Dokument beginnt mit der optionalen *XML-Deklarationsanweisung*. In der XML-Deklarationsanweisung werden einige grundlegende Informationen über die Version des verwendeten XML-Standards sowie über die Zeichencodierung des eigentlichen Inhalts bereitgestellt, um XML-Prozessoren bei der Interpretation der Daten zu unterstützen. Die Syntax für eine XML-Deklarationsanweisung lautet `<?xml version="1.0" encoding="..."?>`. Die nächste Anweisung zeigt, wie Kommentare in ein XML-Dokument eingebettet werden können. Die grundlegende Syntax für die Erstellung von Kommentaren in XML lautet `<!-- Comment Text -->`.

Das Wurzelelement des Beispieldokumentes einer Leseliste heißt passenderweise `<ReadingList>`. Das Element `<ReadingList>` enthält zwei untergeordnete Elemente namens `<Topic>` und `<RecommendedBooks>`. In gleicher Weise kann das Element `<RecommendedBooks>` mehrere `<Book>`-Elemente enthalten (die in ihrer eigenen Ordnung ebenfalls komplexe Elemente darstellen). Innerhalb eines bestimmten Elementes können Sie feststellen, dass einfacher Textinhalt oder zusätzliche untergeordnete Elemente definiert wurden.

Ein weiterer Aspekt der in Listing 12.3 gezeigten XML-Syntax ist die Definition eines *Attributes*. Ein Attribut ist ein Name-/Wertpaar, das eine Eigenschaft eines XML-Elementes beschreibt. Beispielsweise wird in Listing 12.3 ein `<Book>`-Element durch ein Attribut namens `isbn` mit einer *ISBN (International Standard Book Number)* näher bestimmt. Die ISBN könnte genauso leicht innerhalb eines untergeordneten Elementes erfasst werden. Allerdings ist es oft praktisch, Attributdetails auf derselben Ebene innerhalb des Elementes selbst zu definieren, anstatt die Dokumentstruktur abwärts durchlaufen zu müssen, um die Informationen zu finden.

Selbst in einem grundlegenden XML-Dokument wie in Listing 12.3 ist sofort festzustellen, wie tief und komplex ein XML-Dokument werden kann. Computer sind jedoch recht gut in der Verarbeitung baumartiger Datenstrukturen, wie sie in XML-Dokumenten definiert werden. Ein Beispiel hierfür finden Sie in Abschnitt 12.5, »Fallbeispiel: Lesen eines XML-Dokumentes«. Abbildung 12.2 zeigt die XML-Struktur für das Beispieldokument in Listing 12.3.

Bei XML-Markup ist die Groß-/Kleinschreibung relevant. Beispielsweise unterscheiden sich die Elementnamen `<ReadingList>`, `<READINGLIST>` und `<readinglist>` innerhalb eines XML-Dokumentes. Die typische Konvention zur Definition von XML-Markup ist die *Kamelschreibweise*. Bei dieser Schreibweise notieren Sie zusammengesetzte Wörter oder Phrasen, indem Sie das erste Zeichen jedes Wortes groß schreiben (Beispiel: `ReadingList`).

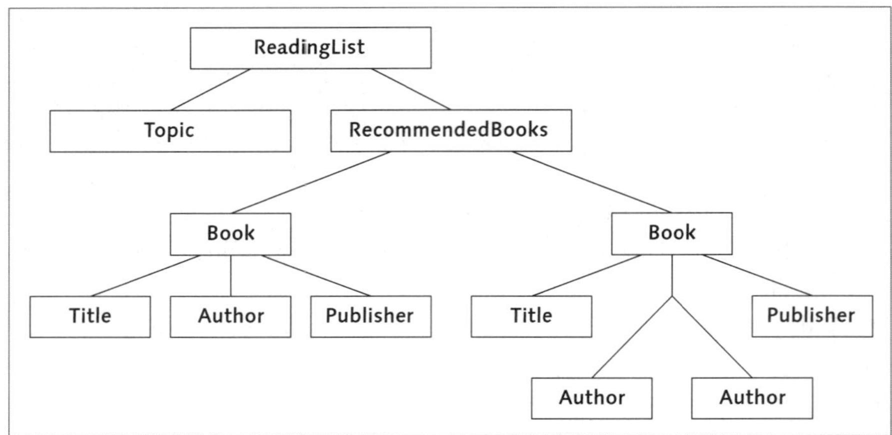

Abbildung 12.2 XML-Baumstruktur für das Beispieldokument einer Leseliste

12.1.3 Definition der XML-Semantik

XML-Dokumente, die den in Abschnitt 12.1.2, »Grundlegendes zur XML-Syntax«, beschriebenen Syntaxregeln folgen, werden als *wohlgeformt* betrachtet. Eine strenge Durchsetzung der XML-Syntaxregeln vereinfacht die Interpretation von Dokumenten für einen XML-Prozessor erheblich, da ein großer Teil des Rätselratens entfällt. Um in XML codierte Dokumente dennoch effektiv auszutauschen, benötigen Sie eine Möglichkeit zur Beschreibung des Dokumentes, sodass alle am Nachrichtenaustausch beteiligten Parteien wissen, welches Format zu erwarten ist. Zwei der gängigsten Methoden für die Beschreibung von XML-Dokumenten sind *Document Type Definitions (DTD)* und *XML Schema*.

DTDs und XML Schema sind Beispiele für Sprachen, die für die Festlegung eines XML-Schemas verwendet werden. In diesem Fall bezieht sich der Begriff *Schema* auf das Format oder die Gliederung des Inhalts innerhalb eines XML-Dokumentes. Schemasprachen werden benutzt, um einem Dokument *Einschränkungen* aufzuerlegen und so zu gewährleisten, dass das Dokument einem vereinbarten Standard gemäß *gültig* ist, das heißt, mit diesem konform geht. Beispielsweise verwenden zahlreiche Industriezweige XML-Schema-Sprachen, um Standardformate für verschiedene gängige Dokumenttypen zu definieren (zum Beispiel Rechnungen, Bestellungen etc.).

Aufgrund ihrer fortgeschrittenen Möglichkeiten hat die XML-Schema-Sprache DTDs als Standard für die Definition von XML-Schemata überholt. Auch wenn die Beschreibung der Syntax von XML-Schema-Dokumenten über den Rahmen dieses Buches hinausgeht, sehen Sie in Listing 12.4 ein Beispiel eines

XML-Schema-Dokumentes für das in Listing 12.3 gezeigte Leselistenbeispiel. Dieses Schemadokument definiert Einschränkungen für die Leseliste, indem die Datentypen bestimmter Elemente, ihre Kardinalitäten etc. vorgegeben werden. In einem einfachen Beispiel wie diesem werden dem Inhalt der einzelnen Elemente wenige Einschränkungen auferlegt. Zum Beispiel wurden nur `<Author>`-Elemente angegeben, die Inhalt vom Typ `xsd:string` enthalten können. In der Praxis würden Sie zum Beispiel Beschränkungen für die Länge des Namens angeben.

```
<?xml version="1.0" encoding="UTF-8"?>
<xsd:schema xmlns:xsd="http://www.w3.org/2001/XMLSchema"
            xmlns:tns="http://www.sap-press.com"
            targetNamespace="http://www.sap-press.com">

   <!-- Definition of "ReadingList" root element -->
   <xsd:element name="ReadingList">
      <xsd:complexType>
         <xsd:sequence>
            <xsd:element name="Topic" type="xsd:string"
                         minOccurs="1" />
            <xsd:element name="RecommendedBooks"
                         type="tns:RecommendedBooks" />
         </xsd:sequence>
      </xsd:complexType>
   </xsd:element>

   <xsd:complexType name="RecommendedBooks">
      <xsd:sequence>
         <xsd:element name="Book" type="tns:Book"
                      minOccurs="0" maxOccurs="unbounded" />
      </xsd:sequence>
   </xsd:complexType>

   <xsd:complexType name="Book">
      <xsd:attribute name="isbn" type="xsd:string"
                     use="required" />
      <xsd:sequence>
         <xsd:element name="Title" type="xsd:string"
                      minOccurs="1" />
         <xsd:element name="Author" type="xsd:string"
                      minOccurs="1" maxOccurs="unbounded" />
         <xsd:element name="Publisher" type="xsd:string" />
      </xsd:sequence>
   </xsd:complexType>
</xsd:schema>
```

Listing 12.4 XML-Schema für das Beispieldokument einer Leseliste

12.2 XML-Verarbeitungskonzepte

Einer der vielen Vorteile der Entwicklung eines Standards für das Dokument-Markup ist, dass ein solcher Standard unabhängigen Softwareherstellern ermöglicht, leistungsstarke Werkzeuge zur Dokumentverarbeitung zu entwickeln, die zur Verarbeitung eines beliebigen gültigen XML-Dokumentes verwendet werden können. In diesem Abschnitt wird erläutert, wie XML mittels eines *Parsers* verarbeitet wird. In diesem Zusammenhang lernen Sie auch die XML-Verarbeitungswerkzeuge kennen, die im AS ABAP zur Verfügung stehen.

12.2.1 Verarbeitung der Extensible Markup Language mithilfe eines Parsers

Wann immer Sie mit einer externen Datenquelle wie einer Datei arbeiten, müssen Sie Code implementieren, um den Rohinhalt der Datei in Datenvariablen zu konvertieren und umgekehrt. Diese Konvertierungslogik ist im Programm häufig hartcodiert und kann daher nicht leicht wiederverwendet werden. Um beispielsweise eine Datei mit Dateneinträgen fester Länge richtig zu interpretieren, muss der Code intelligent genug sein, um zu verstehen, welche Positionen in einem Dateieintrag bestimmten Variablen entsprechen etc. Technisch wird dieser Konvertierungsprozess als *Parsing* bezeichnet. Ein Parser erhält Eingabedaten aus einem Datenstrom, stellt sicher, dass die Daten die korrekte Syntax besitzen und kopiert diese Daten anschließend in eine benutzerfreundlichere Datenstruktur.

Der selbsterklärende Charakter von XML ermöglicht die Definition generischer Parser, die zum Parsen aller wohlgeformten XML-Dokumente verwendet werden können. Zwei der gängigeren Verarbeitungsmodelle für XML-Parser sind die APIs *Simple API for XML (SAX)* und *Document Object Model (DOM)*. Auf das DOM-Verarbeitungsmodell wird im nächsten Abschnitt noch genauer eingegangen. Weitere Informationen zur SAX finden Sie im Buch *Learning XML* (O'Reilly, 2003).

12.2.2 XML-Modellierung mit dem Document Object Model

Das Document Object Model stellt ein XML-Dokument als baumartige Datenstruktur dar. Jedes Element im XML-Dokument wird als *Knoten* dargestellt, beginnend beim Wurzelknoten. Ausgehend vom Wurzelknoten, stellt die DOM-API Methoden bereit, um die Struktur zu durchlaufen, untergeordnete Elemente und ihre Attribute zu lesen etc. Einer der Vorteile des Document Object Models ist, dass das gesamte Dokument in den Speicher gelesen wird, sodass Sie das Dokument als Ganzes bearbeiten können. Natürlich kann dies auch von Nachteil sein, wenn Sie mit umfangreichen Dokumenten arbeiten. In diesem Fall ist möglicherweise die Arbeit mit der SAX-API oder einem anderen Verarbeitungsmodell vorzuziehen.

12.2.3 Merkmale der iXML Library

Die *iXML Library* ist eine ABAP-Objects-basierte API, die ABAP-Entwicklern den Zugriff auf einen XML 1.0-kompatiblen Parser ermöglicht. Dieser Parser unterstützt das DOM-basierte Verarbeitungsmodell, sodass Sie XML-Dokumente mithilfe der DOM-API sowohl verwenden als auch erstellen können. Zusätzlich bietet die iXML Library auch XML-Rendering-Dienste, die Ihnen das Rendering (oder die Konvertierung) von XML-Inhalten in verschiedene Formate, Codierungen etc. ermöglichen.

Die iXML Library wurde mit Release 4.6C des Basis-Kernels zur Verfügung gestellt. (Dies war der Vorgänger des SAP Web/SAP NetWeaver Application Servers.) In den nächsten Abschnitten wird die iXML Library verwendet, um einige XML-Beispieldokumente zu erstellen und zu bearbeiten.

12.3 Fallbeispiel: Entwicklung einer ADT-Leseliste

Da Sie nun eine gewisse Vorstellung von XML besitzen, kann mit der Entwicklung einiger Beispiele begonnen werden, in denen die iXML Library verwendet wird. In diesem Abschnitt wird mit der Entwicklung einer ADT-Klasse (abstrakter Datentyp) zur Darstellung des Leselistenbeispiels begonnen, das in Abschnitt 12.1.2, »Grundlegendes zur XML-Syntax«, beschrieben wurde. Die Entwicklung der ADT-Klasse folgt hierbei den objektorientierten Designprinzipien, indem die XML-Details innerhalb der Klasse gekapselt werden.

Im gesamten Buch wurde der interne Zustand der Klassen üblicherweise anhand grundlegender ABAP-Datentypen dargestellt. Auch wenn dieser Ansatz oft praktisch ist, ist er keine zwingende Anforderung. Im Fall der `Reading List`-Klasse wird es beispielsweise vorgezogen, die Liste in einer DOM-basierten Datenstruktur zu speichern. Natürlich wird durch gute objektorientierte Designprinzipien sichergestellt, dass derartige Details vor dem Endbenutzer verborgen werden.

Das UML-Klassendiagramm in Abbildung 12.3 zeigt die wichtigsten iXML-Klassen und -Interfaces, die zur Entwicklung der `Reading List`-Klasse verwendet werden. Sie sehen, dass in der iXML Library ausgiebig Interfaces eingesetzt werden. Das iXML-Design ist tatsächlich ein klassisches Beispiel für das Prinzip der *Programmierung in ein Interface*. Die grundlegende Idee besteht darin, eine API, basierend auf generischen Interfaces anstatt auf konkreten Implementierungen, bereitzustellen. Auf diese Weise erhält SAP die Flexibilität, die Implementierungsweise der iXML Library (durch Einbindung eines anderen XML-Parsers etc.) zu ändern, ohne die Benutzer der API zu beeinträchtigen.

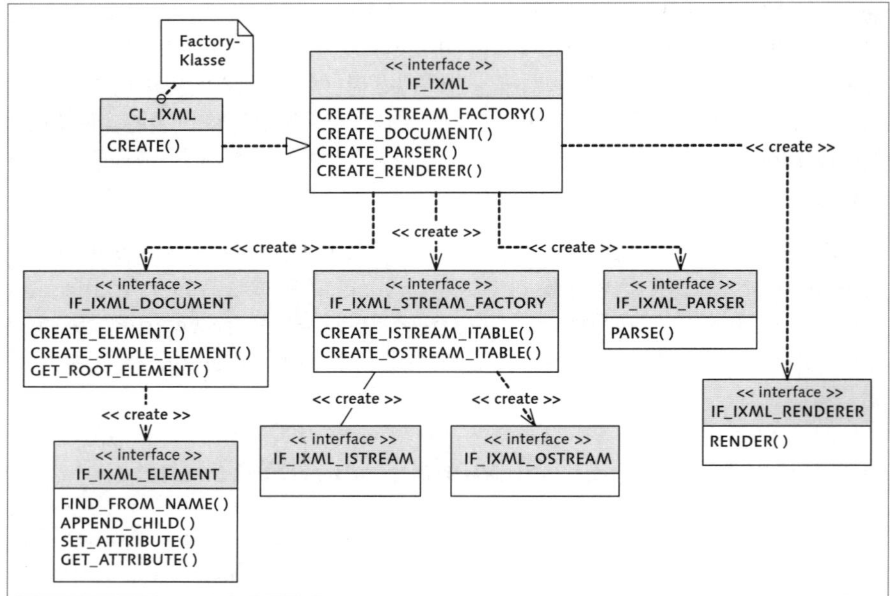

Abbildung 12.3 UML-Klassendiagramm für wichtige iXML-Klassen und -Interfaces

Der Ausgangspunkt für die Arbeit mit der iXML Library ist das Basis-Interface `IF_IXML`. Sie erhalten eine Referenz auf ein Objekt, das dieses Interface implementiert, indem Sie die Klassenmethode `CREATE` der Factory-Klasse `CL_IXML` aufrufen. Wie Sie in Abbildung 12.3 feststellen können, definiert das Interface `IF_IXML` eine Reihe von Factory-Methoden, die verwendet werden können, um Referenzen auf verschiedene Objekte und Dienste innerhalb der iXML Library zu erhalten.

Sobald eine Referenz auf das Factory-Objekt `IF_IXML` vorliegt, haben Sie zwei Optionen zum Anlegen eines DOM-basierten XML-Dokumentes:

- Möchten Sie ein XML-Dokument aus einer externen Datenquelle (zum Beispiel einer Datei) laden, müssen Sie das Dokument zunächst in einen *Input-Stream* einlesen und anschließend mithilfe des XML-Parsers analysieren, der mit der iXML Library bereitgestellt wird. Referenzen auf die Objekte IF_IXML_ISTREAM und IF_IXML_PARSER können über die Instanzmethoden CREATE_STREAM_FACTORY und CREATE_PARSER des Interface IF_IXML bezogen werden.

- Möchten Sie ein ganz neues XML-Dokument anlegen, rufen Sie die Instanzmethode CREATE_DOCUMENT des Interface IF_IXML auf.

Unabhängig vom Ansatz, ist das Ergebnis dieser Erstellungsvorgänge eine DOM-basierte XML-Dokumentinstanz, die das Interface IF_IXML_DOCUMENT implementiert. Von hier aus können Sie die in diesem Interface definierten Methoden verwenden, um die einzelnen Elemente des Dokumentes anzulegen und zu bearbeiten. Elemente im DOM-basierten Dokument werden als Objekte dargestellt, die das IF_IXML_ELEMENT-Interface implementieren.

Nun bestehen die Voraussetzungen, um die Reading List-Klasse zu entwickeln. Im Code in Listing 12.5 wird die lokale Klasse lcl_reading_list definiert, die zur Darstellung des Leselisten-ADT verwendet wird. Ein erster zu beachtender Aspekt ist, dass der Instanzierungskontext für diese Klasse über den Zusatz CREATE PRIVATE definiert wurde. Diese Einschränkung zwingt Benutzer, eine neue Leseliste über die Erzeugungsklassenmethoden create_new_list und create_from_file anzulegen. Die Methode create_new_list kann für die Generierung einer neuen Liste ohne Bücherempfehlungen verwendet werden. Mit der Methode create_from_file kann eine bereits bestehende XML-basierte Leseliste in den Kontext geladen werden.

```
CLASS lcl_reading_list DEFINITION CREATE PRIVATE.
  PUBLIC SECTION.
    CLASS-METHODS:
      class_constructor,
      create_new_list  IMPORTING im_topic TYPE string
                       RETURNING VALUE(re_list)
                            TYPE REF TO lcl_reading_list,
      create_from_file RETURNING VALUE(re_list)
                            TYPE REF TO lcl_reading_list
                         RAISING cx_ixml_parse_error.

    METHODS:
      add_book IMPORTING im_isbn      TYPE string
                         im_title     TYPE string
                         im_authors   TYPE string_table
                         im_publisher TYPE string,
      display,
      serialize RAISING cx_sy_file_io.
```

```
  PRIVATE SECTION.
    TYPE-POOLS: ixml.
    TYPES: ty_xml_line(1024) TYPE x.

    CONSTANTS: CO_OPEN_DIALOG TYPE i VALUE 1,
               CO_SAVE_DIALOG TYPE i VALUE 2.

    CLASS-DATA:
      factory        TYPE REF TO if_ixml,
      stream_factory TYPE REF TO if_ixml_stream_factory.

    DATA: xml_document TYPE REF TO if_ixml_document,
          list_node    TYPE REF TO if_ixml_element,
          books_node   TYPE REF TO if_ixml_element.

    METHODS:
      constructor,
      upload_list_file RAISING cx_ixml_parse_error,
      get_filename      IMPORTING im_dialog_type TYPE i
                        RETURNING VALUE(re_filename)
                            TYPE string.
ENDCLASS.
```

Listing 12.5 Definition der lokalen Klasse LCL_READING_LIST

Zusätzlich zu den Erzeugungsmethoden definiert die Klasse `lcl_reading_list` auch andere Methoden, um der Leseliste Bücher hinzuzufügen, die Leseliste in einem Browser anzuzeigen und eine überarbeitete Leseliste in einer XML-Datei zu speichern. Diese Methoden werden in den folgenden Abschnitten näher untersucht.

Zu guter Letzt können Sie feststellen, dass eine Reihe von Klassen- und Instanzattributen, basierend auf einigen der iXML-Interface-Typen, definiert wurde, die in Abbildung 12.3 zu sehen sind. Das Anlegen und Verwenden dieser Interface-Referenzattribute werden ebenfalls in den folgenden Abschnitten behandelt.

12.4 Fallbeispiel: Erstellung eines XML-Dokumentes

In diesem Abschnitt geht es um die Anlage eines neuen XML-Dokumentes mittels der iXML Library und der in Listing 12.5 definierten Klasse `lcl_reading_list`. Der Vorgang ist relativ unkompliziert.

1. Beziehen Sie eine Referenz auf das iXML-Factory-Objekt.
2. Legen Sie mithilfe dieses Factory-Objektes eine neue DOM-basierte XML-Dokumentinstanz an.
3. Bearbeiten Sie das XML-Dokument, indem Sie verschiedene Elemente anlegen.

Die grundlegende Logik wird im Implementierungsteil der in Listing 12.6 gezeigten Klasse lcl_reading_list aufgeführt.

```
CLASS lcl_reading_list IMPLEMENTATION.
  METHOD class_constructor.
*   Obtain a reference to the iXML factory object:
    factory = cl_ixml=>create( ).

*   Obtain a reference to the iXML stream factory:
    stream_factory =
      factory->create_stream_factory( ).
  ENDMETHOD.

  METHOD constructor.
*   Create an instance of the reading list document:
    xml_document = factory->create_document( ).
  ENDMETHOD.

  METHOD create_new_list.
*   Use the private constructor to create an instance
*   of a DOM-based XML document:
    CREATE OBJECT re_list.

*   Build the "ReadingList" root element:
    re_list->list_node =
      re_list->xml_document->create_simple_element(
        name = 'ReadingList'
        parent = re_list->xml_document ).

*   Build the "Topic" element:
    re_list->xml_document->create_simple_element(
      name = 'Topic'
      value = im_topic
      parent = re_list->list_node ).

*   Build the "RecommendedBooks" element:
    re_list->books_node =
      re_list->xml_document->create_simple_element(
        name = 'RecommendedBooks'
```

```
            parent = re_list->list_node ).
    ENDMETHOD.
    ...
ENDCLASS.
```

Listing 12.6 Anlegen eines neuen Leselistendokumentes

Beachten Sie in dem in Listing 12.6 gezeigten Implementierungscode, dass eine Referenz zum iXML-Attribut `factory` innerhalb der Methode `class_constructor` und nicht in der Instanzkonstruktor-Methode bezogen wird. In diesem Fall war es sinnvoll, das Attribut `factory` für alle Objektinstanzen gemeinsam zu nutzen. In gleicher Weise wird eine Referenz auf die iXML-Stream-Factory im Klassenattribut `stream_factory` bezogen. Informationen zur Verwendung von I/O-Streams folgen später.

Benutzer können eine neue Leseliste anlegen, indem sie die Klassenmethode `create_new_list` aufrufen. Diese Methode überlässt das Anlegen der `IF_IXML_DOCUMENT`-Instanz (das heißt des Attributes `xml_document`) der privaten `constructor`-Methode. Nachdem das DOM-basierte Dokument angelegt wurde, können Sie das Wurzelelement `<ReadingList>` mithilfe der Instanzmethode `CREATE_SIMPLE_ELEMENT` des Interface `IF_IXML_DOCUMENT` anlegen. Diese Methode gibt eine Referenz auf ein `IF_IXML_ELEMENT`-Objekt zurück, das im `list_node`-Instanzattribut gespeichert ist. Von hier aus können Sie die Methode `CREATE_SIMPLE_ELEMENT` rekursiv aufrufen, um die untergeordneten Elemente `<Topic>` und `<RecommendedBooks>` für den Wurzelknoten `<ReadingList>` anzulegen. Das Thema der Leseliste wird über den Eingabeparameter `im_topic` der Methode `create_new_list` bereitgestellt.

Die Methode `create_new_list` gibt eine Instanz vom Typ `lcl_reading_list` zurück. Anfangs ist diese Leseliste leer. Um der Leseliste Bücher hinzuzufügen, müssen Benutzer die Instanzmethode `add_book` aufrufen, deren Implementierung in Listing 12.7 gezeigt wird.

```
CLASS lcl_reading_list IMPLEMENTATION.
    ...
    METHOD add_book.
*       Method-Local Data Declarations:
        DATA: lr_book_node    TYPE REF TO if_ixml_element,
              lv_author       TYPE string.

*       Build the new "Book" element:
        lr_book_node =
          xml_document->create_element( name = 'Book' ).
```

```
      lr_book_node->set_attribute(
        name = 'isbn' value = im_isbn ).

      xml_document->create_simple_element(
        name = 'Title'
        value = im_title
        parent = lr_book_node ).

      xml_document->create_simple_element(
        name = 'Publisher'
        value = im_publisher
        parent = lr_book_node ).

      LOOP AT im_authors INTO lv_author.
        xml_document->create_simple_element(
          name = 'Author'
          value = lv_author
          parent = lr_book_node ).
      ENDLOOP.

*     Add the "Book" element to the book collection:
      books_node->append_child( lr_book_node ).
    ENDMETHOD.
    ...
ENDCLASS.
```

Listing 12.7 Hinzufügen von Büchern zur Leseliste

Diese Methode generiert zunächst ein neues <Book>-Element über die Methode CREATE_ELEMENT des Interface IF_IXML_DOCUMENT. Zu diesem Zeitpunkt handelt es sich hierbei um ein eigenständiges Element, das nicht mit einer Leseliste verknüpft ist. Bevor Sie allerdings das <Book>-Element an die Liste anhängen, müssen die relevanten Attribute und untergeordneten Elemente für das Buch erstellt werden. In diesem Fall wird das Attribut isbn über die Instanzmethode SET_ATTRIBUTE festgelegt, die im IF_IXML_ELEMENT-Interface definiert ist. Anschließend werden die Elemente <Title>, <Publisher> und <Author> über die Methode CREATE_SIMPLE_ELEMENT bestimmt. Nachdem das <Book>-Element erstellt wurde, wird es zuletzt dem Knoten <RecommendedBooks> zugewiesen, indem die Instanzmethode APPEND_CHILD für das Instanzattribut books_node aufgerufen wird.

Nach der Generierung der Leseliste soll es möglich sein, die Liste als XML-Datei auf dem Benutzerarbeitsplatz zu speichern. Listing 12.8 zeigt, wie die öffentliche Instanzmethode serialize für diesen Zweck definiert wird.

```
CLASS lcl_reading_list IMPLEMENTATION.
  ...
  METHOD serialize.
*   Method-Local Data Declarations:
    DATA: lr_ostream  TYPE REF TO if_ixml_ostream,
          lt_xml      TYPE TABLE OF ty_xml_line,
          lr_renderer TYPE REF TO if_ixml_renderer,
          lv_retcode  TYPE i,
          lv_filesize TYPE i,
          lv_filename TYPE string.

*   Prompt the user for the name of the output file:
    lv_filename = get_filename( CO_SAVE_DIALOG ).

*   Create an XML output stream:
    lr_ostream =
      stream_factory->create_ostream_itable(
        table = lt_xml ).

*   Render the XML document into the XML output stream:
    lr_renderer =
      factory->create_renderer(
        ostream  = lr_ostream
        document = xml_document ).
    lv_retcode = lr_renderer->render( ).
    IF lv_retcode NE 0.
      RAISE EXCEPTION TYPE cx_sy_file_io
        EXPORTING
          textid   = cx_sy_file_io=>write_error
          filename = lv_filename.
    ENDIF.

*   Download the XML file to the user's workstation:
    lv_filesize = lr_ostream->get_num_written_raw( ).

    CALL METHOD cl_gui_frontend_services=>gui_download
      EXPORTING
        bin_filesize = lv_filesize
        filename     = lv_filename
        filetype     = 'BIN'
      CHANGING
        data_tab     = lt_xml
      EXCEPTIONS
        others       = 24.
```

```
      IF sy-subrc NE 0.
        RAISE EXCEPTION TYPE cx_sy_file_io
          EXPORTING
            textid   =
              cx_sy_file_io=>cx_sy_file_access_error
            filename = lv_filename.
      ENDIF.
    ENDMETHOD.

    METHOD get_filename.
*     Method-Local Data Declarations:
      DATA: lt_files    TYPE filetable,
            lv_retcode  TYPE i,
            lv_path     TYPE string,
            lv_fullpath TYPE string.

*     Let the user select a file from his workstation:
      CASE im_dialog_type.
        WHEN CO_OPEN_DIALOG.
          CALL METHOD
              cl_gui_frontend_services=>file_open_dialog
            CHANGING
              file_table = lt_files
              rc         = lv_retcode
            EXCEPTIONS
              others     = 5.

          READ TABLE lt_files INDEX 1 into re_filename.
        WHEN CO_SAVE_DIALOG.
          CALL METHOD
              cl_gui_frontend_services=>file_save_dialog
            CHANGING
              filename = re_filename
              path     = lv_path
              fullpath = lv_fullpath
            EXCEPTIONS
              others   = 4.
      ENDCASE.
    ENDMETHOD.
    ...
ENDCLASS.
```

Listing 12.8 Serialisierung der Leseliste in eine XML-Datei

Die erste Aufgabe der `serialize`-Methode besteht in der Anlage einer *Output-Stream-Instanz*. Der Begriff *Stream* bezieht sich auf eine Bytesequenz.

Daher steht ein iXML-Output-Stream für eine Bytesequenz, die als ABAP-Datenobjekt dargestellt wird. In der serialize-Methode wird der rohe XML-Inhalt in eine interne Tabellenvariable lt_xml eingebunden. Nach dem Anlegen des Output-Streams besteht der nächste Schritt im *Rendern* (oder Konvertieren) des DOM-basierten XML-Dokumentes in dieses Output-Stream-Objekt. Dieses Ziel wird über ein XML-Renderer-Objekt erreicht, das das IF_IXML_RENDERER-Interface implementiert. Dieses Interface definiert die Instanzmethode RENDER, die für die Serialisierung des XML-Dokumentes in die interne Tabellenvariable lt_xml verwendet wird. Zu guter Letzt werden die standardmäßigen CL_GUI_FRONTEND_SERVICES-Klassenfunktionen verwendet, um den Benutzern das Speichern der XML-Datei auf ihrem lokalen Arbeitsplatz zu erlauben.

Das in Listing 12.9 gezeigte Report-Programm ZIXMLWRITER veranschaulicht, wie mithilfe der Klasse lcl_reading_list ein Leselistendokument angelegt und serialisiert werden kann. Zunächst wird eine neue Leseliste zur ABAP-Programmierung mittels der Erzeugungsmethode create_new_list angelegt. Anschließend wird die Methode add_book aufgerufen, um der Liste den Titel »ABAP Basics« hinzuzufügen. Schließlich wird die Leseliste durch Aufrufen der Methode serialize in einer Datei gespeichert. Im nächsten Abschnitt erfahren Sie, wie diese XML-Datei mit dem in der iXML Library bereitgestellten Parser analysiert wird.

```
REPORT zixmlwriter.

INCLUDE: zxmllib.                      "Reading List ADT
DATA: gr_reading_list TYPE REF TO lcl_reading_list,
      lt_authors      TYPE string_table.

START-OF-SELECTION.
*  Create a new "ABAP Programming" reading list:
   gr_reading_list =
      lcl_reading_list=>create_new_list(
         'ABAP Programming' ).

*  Add a book to the list:
   APPEND 'Guenther Faerber' TO lt_authors.
   APPEND 'Julia Kirchner'   TO lt_authors.

   CALL METHOD gr_reading_list->add_book
      EXPORTING
         im_isbn       = '978-1-59229-153-3'
         im_title      = 'ABAP Basics'
```

```
        im_authors   = lt_authors
        im_publisher = 'SAP PRESS'.

*   Serialize the generated XML file:
    gr_reading_list->serialize( ).
```

Listing 12.9 Beispielprogramm zum Testen der Erstellung einer Leseliste

12.5 Fallbeispiel: Lesen eines XML-Dokumentes

In Abschnitt 12.4, »Fallbeispiel: Erstellung eines XML-Dokumentes«, haben Sie erfahren, wie Sie mit der DOM-API ein ganz neues XML-Dokument erstellen. Außerdem wurde gezeigt, wie das XML-Dokument in eine Ausgabedatei serialisiert wird. Diese Datei werden Sie zu einem späteren Zeitpunkt häufig lesen und/oder ändern wollen. Um die XML-Datei wieder in den Kontext einzulesen, müssen Sie den XML-Parser nutzen. Listing 12.10 zeigt, wie diese Logik innerhalb der Erzeugungsklassenmethode `create_from_file` implementiert wird. Dadurch wird ein Großteil der Arbeit an die private Hilfsmethode `upload_list_file` delegiert.

```
CLASS lcl_reading_list IMPLEMENTATION.
    ...
    METHOD create_from_file.
*       Create an instance of the reading list:
        CREATE OBJECT re_list.

*       Upload a pre-existing reading list file into context:
        re_list->upload_list_file( ).

*       Obtain references to the index nodes:
        re_list->list_node =
            re_list->xml_document->get_root_element( ).

        re_list->books_node =
            re_list->list_node->find_from_name(
                name = 'RecommendedBooks' ).
    ENDMETHOD.

    METHOD upload_list_file.
*       Method-Local Data Declarations:
        DATA: lt_files        TYPE filetable,
              lv_retcode      TYPE i,
              lv_filename     TYPE string,
              lv_filesize     TYPE i,
```

```
          lt_xml         TYPE TABLE
                           OF ty_xml_line,
          lr_istream     TYPE REF TO if_ixml_istream,
          lr_parser      TYPE REF TO if_ixml_parser,
          lr_parse_error TYPE REF TO if_ixml_parse_error,
          lv_error_code  TYPE i,
          lv_reason      TYPE string,
          lv_line        TYPE i,
          lv_column      TYPE i.

*     Let the user select a file on his workstation:
      lv_filename = get_filename( CO_OPEN_DIALOG ).

*     Upload the file from the client's workstation:
      CALL METHOD cl_gui_frontend_services=>gui_upload
        EXPORTING
          filename   = lv_filename
          filetype   = 'BIN'
        IMPORTING
          filelength = lv_filesize
        CHANGING
          data_tab   = lt_xml
        EXCEPTIONS
          others     = 19.

*     Convert the raw XML content into an XML input stream:
      lr_istream =
        stream_factory->create_istream_itable(
          table = lt_xml
           size = lv_filesize ).
      IF lr_istream IS INITIAL.
        RAISE EXCEPTION TYPE cx_ixml_parse_error
          EXPORTING
            textid =
              cx_ixml_parse_error=>cx_ixml_parse_error
            code   = sy-subrc
            reason = 'Could not read the XML list file!'.
      ENDIF.

*     Parse the XML file into a DOM-based XML document:
      lr_parser =
        factory->create_parser(
          stream_factory = stream_factory
          istream        = lr_istream
          document       = xml_document ).
```

```
*     Check the results:
      lv_retcode = lr_parser->parse( ).
      IF lv_retcode NE 0.
*       Propagate the parse exception to the caller:
        lr_parse_error = lr_parser->get_error( 0 ).
        lv_error_code = lr_parse_error->get_number( ).
        lv_reason = lr_parse_error->get_reason( ).
        lv_line = lr_parse_error->get_line( ).
        lv_column = lr_parse_error->get_column( ).

        RAISE EXCEPTION TYPE cx_ixml_parse_error
          EXPORTING
            textid =
              cx_ixml_parse_error=>cx_ixml_parse_error
            code   = lv_error_code
            reason = lv_reason
            line   = lv_line
            column = lv_column.
      ENDIF.
    ENDMETHOD.
    ...
ENDCLASS.
```

Listing 12.10 Parsen einer XML-basierten Leselistendatei

In Listing 12.10 wird erneut die Standardklasse CL_GUI_FRONTEND_SERVICES verwendet, um die XML-Datei in eine interne Tabellenvariable lt_xml zu lesen. Anschließend wird ein *Input-Stream-Objekt* angelegt, das zum Einfügen der Roheingabe aus der XML-Datei in den XML-Parser eingesetzt wird. Danach wird eine Referenz auf eine XML-Parser-Instanz aktiviert, die das IF_IXML_PARSER-Interface implementiert. Zuletzt wird das XML-Dokument über die PARSE-Methode analysiert, die im IF_IXML_PARSER-Interface definiert ist. Durch diese Methode wird ein Rückgabewert erstellt, der darauf hinweist, ob der Parser das Dokument erfolgreich analysiert hat. Für den Fall, dass Parsing-Fehler aufgetreten sind (beispielsweise durch nicht wohlgeformten XML-Inhalt), können Sie die GET_ERROR-Methode aufrufen, um eine Referenz auf ein Objekt zu erhalten, das das IF_IXML_PARSE_ERROR-Interface implementiert. Dieses Objekt bietet verschiedene Methoden, die Details zu dem Fehler angeben: die Zeilennummer/Spalte, in der der Fehler aufgetreten ist, eine textbasierte Beschreibung des Fehlers etc.

Sind während des Parsing-Vorgangs keine Fehler aufgetreten, wird das generierte DOM-basierte XML-Dokument im Instanzattribut xml_document gespeichert. Praktischerweise prüft die create_from_file-Methode auch die

Elemente <ReadingList> und <RecommendedBooks> und speichert Referenzen darauf innerhalb der Instanzattribute list_node bzw. books_node. Die Zwischenspeicherung dieser Informationen vereinfacht die spätere Bearbeitung des XML-Dokumentes über öffentliche Instanzmethoden etc.

Um ein korrektes Parsen des XML-Dokumentes sicherzustellen, wurde eine display-Methode implementiert, über die ein abgeleitetes XML-Dokument in einem Browser-Fenster angezeigt werden kann. Diese Anzeigefunktionalität wird durch den Standardfunktionsbaustein SDIXML_DOM_TO_SCREEN ermöglicht (siehe Listing 12.11).

```
CLASS lcl_reading_list IMPLEMENTATION.
  ...
  METHOD display.
*   Display the XML document in a browser:
    CALL FUNCTION 'SDIXML_DOM_TO_SCREEN'
      EXPORTING
        document    = xml_document
      EXCEPTIONS
        no_document = 1
        others      = 2.
  ENDMETHOD.
  ...
ENDCLASS.
```

Listing 12.11 Anzeige der Leselistendatei in einem Browser

Das Report-Programm ZIXMLREADER in Listing 12.12 zeigt, wie die aktualisierte lcl_reading_list-Klasse zum Lesen einer bereits vorhandenen XML-Datei in den Speicher verwendet werden kann. Nach dem Laden des DOM-basierten XML-Dokumentes kann die öffentliche add_book-Methode aufgerufen werden, um der Liste zusätzliche Bücher hinzuzufügen. Das aktualisierte Dokument wird durch Aufrufen der display-Methode in einem Browser-Fenster angezeigt (siehe Abbildung 12.4).

```
REPORT zixmlreader.

INCLUDE: zxmllib.                    "Reading List ADT
DATA: gr_reading_list TYPE REF TO lcl_reading_list,
      lt_authors      TYPE string_table.

START-OF-SELECTION.
* Read an existing reading list document into context:
  gr_reading_list =
    lcl_reading_list=>create_from_file( ).
```

```
* Add another book to the list:
  APPEND 'Horst Keller' TO lt_authors.

  CALL METHOD gr_reading_list->add_book
    EXPORTING
      im_isbn      = '978-1-59229-039-0'
      im_title     = 'The Official ABAP Reference'
      im_authors   = lt_authors
      im_publisher = 'SAP PRESS'.

* Display the updated document in a browser:
  gr_reading_list->display( ).
```

Listing 12.12 Beispielprogramm zum Lesen einer vorhandenen Liste

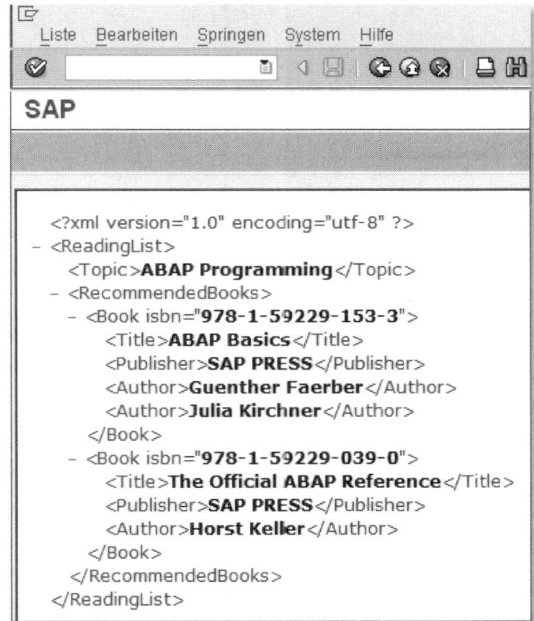

Abbildung 12.4 Anzeige des überarbeiteten XML-Dokumentes in einem Browser

12.6 UML-Tutorial: Erweiterte Aktivitätsdiagramme

In Abschnitt 8.6, »UML-Tutorial: Aktivitätsdiagramme«, haben Sie gelernt, wie elementare Prozessabläufe über Aktivitätsdiagramme modelliert werden. In diesem Abschnitt werden diese grundlegenden Fähigkeiten erweitert und einige der fortgeschrittenen Kontrollflusselemente betrachtet, die für Aktivitätsdiagramme im UML 2-Standard bereitgestellt werden.

Das in Abbildung 12.5 gezeigte Aktivitätsdiagramm stellt den Workflow-Prozess von Mitarbeiter-Urlaubsanträgen dar.

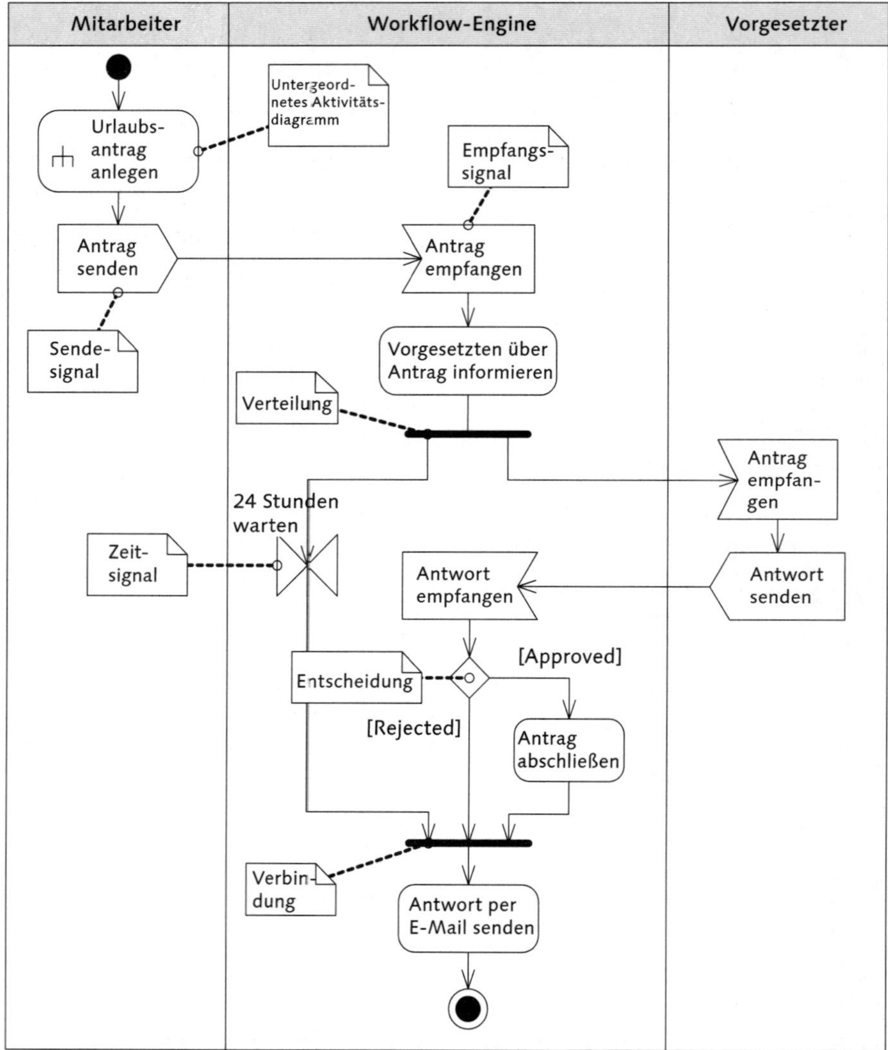

Abbildung 12.5 Erweitertes UML-Aktivitätsdiagramm

Um diesen Prozess effektiv über alle relevanten Parteien/Systeme hinweg zu verfolgen, ist das Diagramm in rechteckige Schwimmbahnen (Swimlanes) aufgeteilt, die als *Partitionen* bezeichnet werden. Partitionen können so bezeichnet werden, dass sie eine Klasse, eine Person oder eine Rolle, ein System, eine Organisation etc. darstellen. Die Grundidee besteht darin, zu zeigen, wer in diesem Prozessfluss welche Aufgaben übernimmt. In diesem Fall initiiert ein Mitarbeiter den Workflow-Prozess, indem er einen Urlaubsantrag stellt. In dieser Aktion (das heißt `Urlaubsantrag anlegen`) werden Sie jedoch feststellen, dass sich links neben dem Aktionssymbol ein kleines gegabeltes Symbol befindet. Diese Notation weist darauf hin, dass die Aktion `Urlaubsantrag anlegen` eigentlich eine Unteraktivität ist, deren Details in einem anderen Aktivitätsdiagramm beschrieben werden.

Wenn Sie den Prozessfluss in Abbildung 12.5 verfolgen, werden Sie feststellen, dass die nächste Aktion nach dem Anlegen des Urlaubsantrags darin besteht, den Antrag an eine Workflow-Engine zu senden. Dieser Einreichungsprozess wird durch spezielle Aktionstypen dargestellt, die *Signale* genannt werden. Die Signale weisen hier darauf hin, dass der Workflow-Prozess den Antrag von einem externen Prozess erhalten hat. Signale können außerdem verwendet werden, um andere komplexe synchrone und asynchrone Nachrichtenszenarien darzustellen.

Nachdem die Workflow-Engine den Urlaubsantrag erhalten hat, wird dieser an den Vorgesetzten des Mitarbeiters (beispielsweise per E-Mail) weitergeleitet. Zu diesem Zeitpunkt befindet sich der Workflow-Prozess in einer Warteschleife, in der mehrere Ergebnisse möglich sind. Die Warteschleife wird durch ein *Verzweigungselement* (Fork) dargestellt. An dieser Stelle gibt es zwei Möglichkeiten.

- Idealerweise erhält der Vorgesetzte den Antrag (wieder über eine Signalaktion), verarbeitet ihn und sendet eine Antwort an die Workflow-Engine zurück.
- Reagiert der Vorgesetzte jedoch nicht innerhalb von 24 Stunden, sollte der Prozess beendet werden. Diese 24-Stunden-Wartezeit wird durch ein *Zeitsignal* (das heißt das fliegenförmige Symbol in Abbildung 12.5) dargestellt.

In beiden Fällen läuft der Prozess an einem *Verbindungselement* wieder zusammen. Von hier aus wird eine E-Mail-Nachricht (positiv oder negativ) zurück an den initiierenden Mitarbeiter weitergeleitet, und der Prozess wird wie gewohnt beendet.

Ein anderes Element des Aktivitätsdiagramms, das bisher noch nicht besprochen wurde, ist der diamantförmige *Entscheidungsknoten* in Abbildung 12.5. Dieser Knoten sieht genau wie der in Abschnitt 8.6, »UML-Tutorial: Aktivitätsdiagramme«, beschriebene *Verbindungsknoten* aus. In diesem Fall gibt es jedoch eine Eingabe und mehrere Ausgaben im Gegensatz zu mehreren Eingaben und einer einzigen Ausgabe. Jede der Ausgaben eines Entscheidungsknotens ist mit einem bestimmten Wächterbedingungstext (zum Beispiel `[Approved]` oder `[Rejected]`) versehen, der die Bedingungen beschreibt, unter denen dieser spezielle Ausgabepfad ausgewählt wird. Sie können sich vorstellen, dass Entscheidungsknoten sich sehr gut für die Darstellung einer `IF/ELSE`- oder `CASE`-Anweisung in einem Prozessfluss eignen.

In vielerlei Hinsicht berühren selbst die fortgeschrittensten Elemente, die in diesem Abschnitt beschrieben werden, kaum die Oberfläche der zahlreichen Darstellungsmöglichkeiten, die Aktivitätsdiagramme bieten. Weitere Informationen zu Aktivitätsdiagrammen finden Sie in *UML Distilled* von Martin Fowler (Addison-Wesley, 2004).

12.7 Zusammenfassung

In diesem Kapitel haben Sie die objektorientierten Fähigkeiten angewendet, die Sie im Verlauf dieses Buches erlangt haben, um die Arbeit mit der objektorientierten iXML Library zu erlernen. Die in diesem Kapitel verwendeten Designtechniken entsprechen einem der Hauptthemen in diesem Buch: der Kapselung der Komplexität innerhalb einer Klasse. In diesem Fall haben Sie XML-Verarbeitungsdetails in einem Interface verpackt, das besser auf das Konzept einer *Leseliste* abgestimmt ist. Verwender der Klasse `lcl_reading_list` können diese Abstraktion nutzen, ohne die Verwendung der iXML Library hinter den Kulissen nachvollziehen zu müssen.

Diese kurze Einführung in XML bietet die Grundlage, die Sie benötigen, um auch andere XML-basierte Technologien wie XSLT, Webservices etc. zu verstehen. Wenn Sie mehr über einige dieser Konzepte erfahren möchten, lesen Sie *XML-Datenaustausch in ABAP* (SAP-Hefte, 2006).

13 Ausblick

Sie sollten nun gewappnet sein, um in Ihrem nächsten Projekt mit der Anwendung objektorientierter Programmiertechniken zu beginnen. Diese Übergangsphase kann in einer Umgebung, in der die Mehrheit Ihrer Kollegen prozedurale Methoden anwendet, oftmals schwierig sein. Daher ist es hier besonders wichtig, sich an die grundlegenden Regeln zu halten und sorgfältig gekapselte Klassen mit hoher Kohäsion zu entwickeln.

Denn schließlich soll die Verwendung der Objekte auch dann einfach sein, wenn ihre Implementierung nicht ganz so problemlos war. Solche Objekte eignen sich ausgezeichnet, um das Interesse weiterer Mitglieder Ihres Projektteams zu wecken, wenn diese bei der Ausführung ihrer Aufgaben immer häufiger auf Ihre Klassen stoßen. Mit anderen Worten, wenn Sie den Grundstein legen, werden sich Ihre Mühen bezahlt machen.

In vielerlei Hinsicht konnte in diesem Buch lediglich auf einen äußerst kleinen Bereich der objektorientierten Programmierung eingegangen werden. Selbstverständlich ist das Verständnis der objektorientierten Syntax und der grundlegenden theoretischen Konzepte wichtig. Um Ihre Effektivität als objektorientierter Programmierer jedoch zu maximieren, müssen Sie sich eine objektorientierte Denkweise aneignen, und dazu benötigen Sie Zeit und Erfahrung.

Um die Lernkurve zu erhöhen, ist es sinnvoll, sich ausgereifte objektorientierte Designs anzusehen, die von erfahrenen objektorientierten Entwicklern angelegt wurden. Hier stellt der Designkatalog in *Entwurfsmuster: Elemente wiederverwendbarer objektorientierter Software* (Addison-Wesley, 2004) einen guten Ausgangspunkt dar. Zudem sind einige dieser Entwurfsmuster aus ABAP-zentrischer Perspektive in *Design Patterns in Object-Oriented ABAP* (SAP-Hefte, 2006) beschrieben.

Hoffentlich hat sich der Kauf dieses Buches für Sie gelohnt, und Sie sind mit Ihrem Lernerfolg zufrieden. Mit den soliden Grundkenntnissen im Bereich der objektorientierten Programmierung, die Ihnen in diesem Buch vermittelt wurden, sind Sie bestens vorbereitet für den Umstieg vom prozeduralen zum objektorientierten ABAP, den SAP kontinuierlich fortsetzt. Mit Blick auf die Zukunft ist das Buch *ABAP – Next Generation* (SAP PRESS, 2007) zu empfehlen.

Anhang

A Debugging von Objekten ... 349
B Der Autor ... 359

A Debugging von Objekten

Bei Beginn der Arbeit an Ihren Programmen mit Objekten ist es hilfreich, die einzelnen Schritte eines Programms interaktiv durchlaufen zu können, um die den verschiedenen Attributen zugewiesenen Werte zu überprüfen und die Programmablauflogik nachzuverfolgen. In diesem Anhang wird die Verwendung des ABAP Debuggers erläutert, um ABAP-Objects-Klassen zu korrigieren. Für die Inhalte dieses Anhangs wird vorausgesetzt, dass Sie bereits mit dem Debugging von Programmen mithilfe des ABAP Debuggers vertraut sind. Wenn Sie dieses Werkzeug in der Vergangenheit noch nicht verwendet haben, sollten Sie zunächst die relevante Dokumentation im SAP Help Portal (*http://help.sap.com*) lesen, da in diesem Abschnitt keine grundlegenden Konzepte behandelt werden.

Vor Release 6.40 des SAP NetWeaver Application Servers stand Entwicklern nur ein Debugger-Werkzeug zur Verfügung. Aufgrund bestimmter Einschränkungen entschied sich SAP im Laufe der Zeit jedoch, den neuen ABAP Debugger zu implementieren, der auf einer anderen, flexibleren Architektur basiert. Die Unterschiede zwischen diesen beiden Debugger-Typen können im Rahmen dieses Buches zwar nicht im Detail erläutert werden, das Debugging von Objekten wird jedoch in zwei Abschnitten dargestellt, in denen Sie erfahren, wie Sie Objekte unter Verwendung beider Werkzeuge debuggen können.

A.1 Debugging von Objekten mit dem klassischen ABAP Debugger

Im Großen und Ganzen ist die Handhabung von Objekten in einem Debugger-Modus mit der Arbeit mit normalen Datenobjekten, Prozeduren etc. vergleichbar. Dennoch sind gewisse Elemente des Debugging-Prozesses objektspezifisch. In diesem Abschnitt werden einige dieser Konzepte hervorgehoben.

A.1.1 Anzeige und Bearbeitung von Attributen

Sie können ein Objekt in ABAP Objects in einem Debugging-Modus anzeigen, indem Sie die folgenden Schritte ausführen:

1. Wenn Sie sich nicht bereits im Anzeigemodus FELDER befinden, wählen Sie diesen Anzeigemodus, indem Sie unterhalb der Anwendungssymbolleiste auf den Button FELDER klicken.
2. Wählen Sie die Objektreferenzvariable aus, die auf das zu untersuchende Objekt zeigt, indem Sie in der Anzeige mit dem ABAP-Programmcode auf den Namen der Referenzvariablen doppelklicken. Alternativ können Sie den Namen der Referenzvariablen im Abschnitt FELDNAMEN eingeben und auf [↵] drücken (siehe Abbildung A.1).

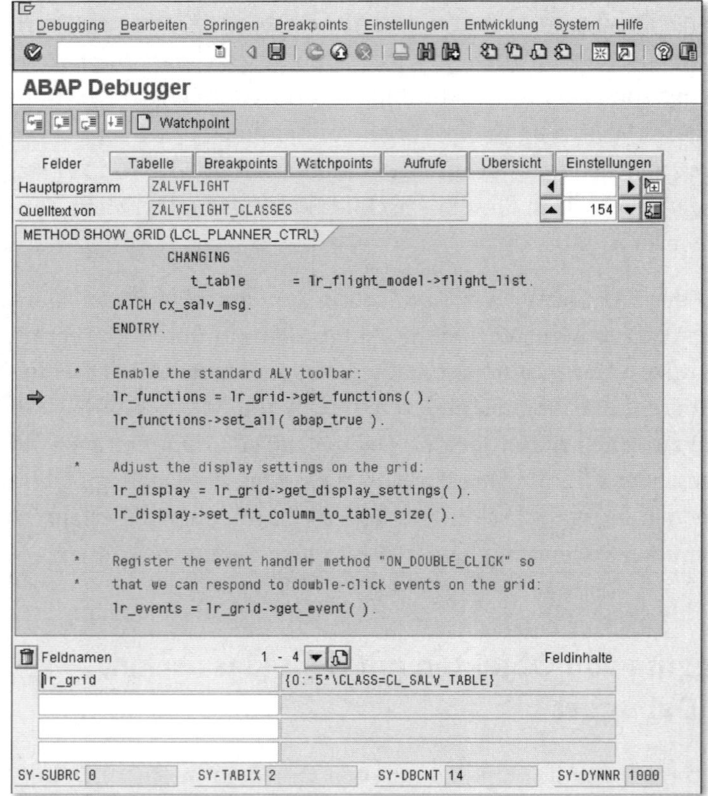

Abbildung A.1 Auswahl einer Objektreferenzvariablen zur Anzeige

3. Wie Sie in Abbildung A.1 sehen, enthält die Anzeige FELDINHALTE für eine Objektreferenzvariable lediglich die interne Objekt-ID des Objektes, auf das die Objektreferenzvariable zeigt. Um die Werte der Attribute in diesem Objekt anzuzeigen, doppelklicken Sie auf die Objekt-ID. Dadurch wird der Anzeigemodus OBJEKT geöffnet, wie in Abbildung A.2 zu sehen ist.

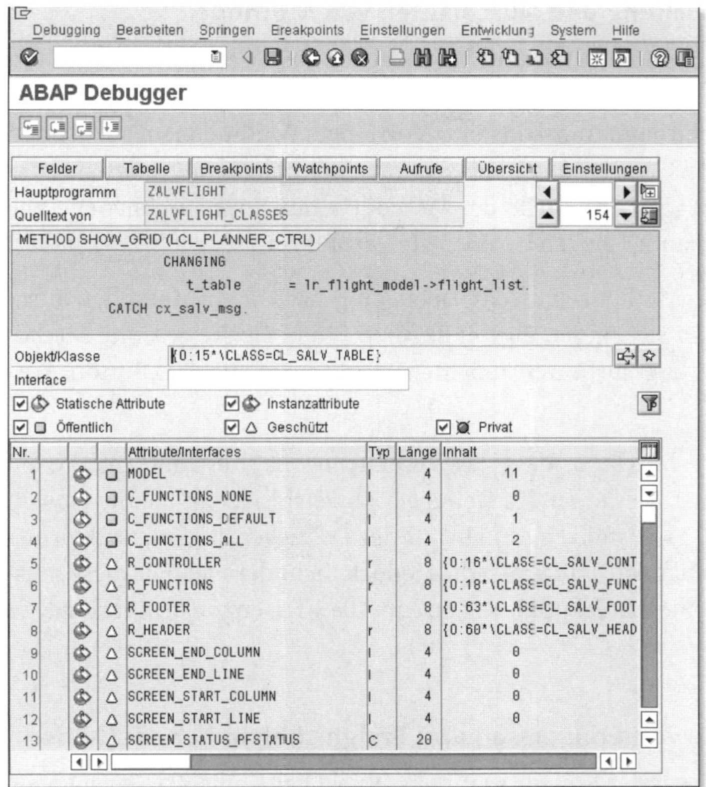

Abbildung A.2 Anzeige der Attribute eines Objektes bzw. einer Klasse

4. Im Anzeigemodus OBJEKT können Sie einzelne einfache Attribute bearbeiten, indem Sie in der Spalte ATTRIBUTE/INTERFACES auf ihren Namen doppelklicken. Gleichermaßen können Sie komplexe Typen bearbeiten, indem Sie einen Drilldown für Strukturen, interne Tabellen und eingebettete Objekte ausführen.

5. Darüber hinaus lässt sich die Anzeige filtern, um spezifische Typen von Attributen anzuzeigen. Beachten Sie zum Beispiel in Abbildung A.2, dass sowohl die statischen als auch die Instanzattribute für ein Objekt vom Typ `CL_SALV_TABLE` angezeigt werden. Sie können Attribute auch nach der Zuweisung des Sichtbarkeitsbereichs (öffentlich, privat oder geschützt) filtern.

6. Wenn die Klasse des untersuchten Objektes ein Interface implementiert, können Sie die Attributliste filtern, um ausschließlich die Felder anzuzeigen, die innerhalb des Interface definiert sind.

A.1.2 Untersuchung und Durchlaufen von Methoden

Der Prozess zum Durchlaufen und Untersuchen der Methodenlogik unterscheidet sich nicht von den entsprechenden Schritten für ein Unterprogramm oder einen Funktionsbaustein. Vor einem Methodenaufruf können Sie auf den Button EINZELSCHRITT klicken, um den Implementierungscode der Methode zu debuggen. Innerhalb der Methode können Sie anschließend wie gewohnt nacheinander einzelne Codezeilen ausführen.

Möchten Sie die Methode und das Debugging nach dem Methodenaufruf fortsetzen, klicken Sie auf den Button RETURN. Wenn Sie die gesamte Methodenimplementierung ausführen möchten, klicken Sie auf den Button AUSFÜHREN.

Dabei sollten Sie beachten, dass das Verhalten von Konstruktormethoden von dem normaler Methoden im Debugger abweicht. Wenn Sie die Anweisung `CREATE OBJECT` ausführen, durchläuft der Debugger die Konstruktormethode. Bei Klassenkonstruktoren ist dies jedoch nicht der Fall. Für diese müssen Sie explizit einen Breakpoint setzen, um die Klassenkonstruktorlogik zu debuggen.

A.1.3 Anzeige von Ereignissen und Ereignisbehandler-Methoden

Zur Anzeige registrierter Ereignisse für ein Objekt bzw. eine Klasse gehen Sie wie folgt vor:

1. Öffnen Sie im Debugger den Anzeigemodus OBJEKT.
2. Klicken Sie auf den Button EREIGNISSE, um vom Objektmodus in den Ereignismodus zu wechseln (siehe Abbildung A.3).
3. In dieser Sicht sind alle Ereignisse, die für das Objekt bzw. die Klasse definiert sind, sowie alle registrierten Behandlerobjekte für die Ereignisse aufgeführt. Sie können zu den Objekten in der Spalte BEHANDLEROBJEKT navigieren, um Breakpoints in den Ereignisbehandler-Methoden für das Debugging von Ereignisbehandlungsszenarios zu setzen. Manchmal kann dies in Frameworks nützlich sein, wenn nicht ganz klar ist, wo Ereignisbehandler registriert sind etc.

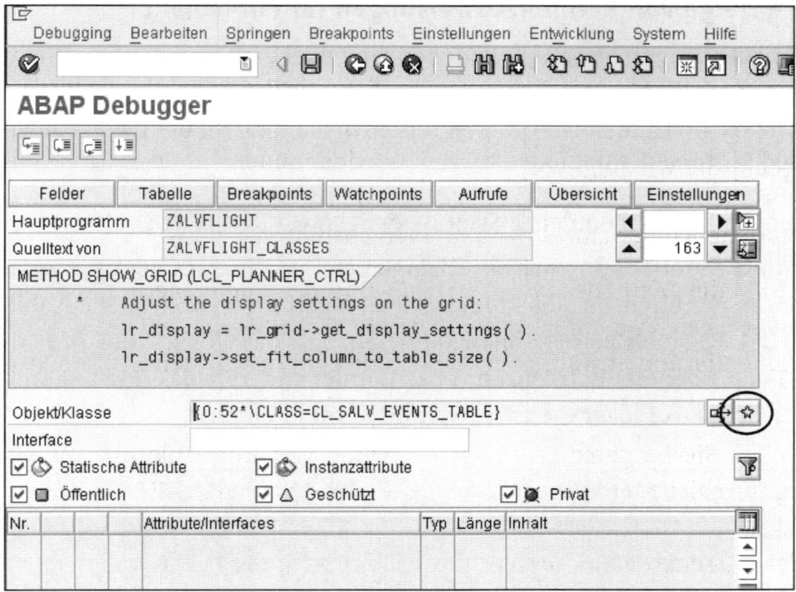

Abbildung A.3 Anzeige der registrierten Ereignisse für ein Objekt – Teil I

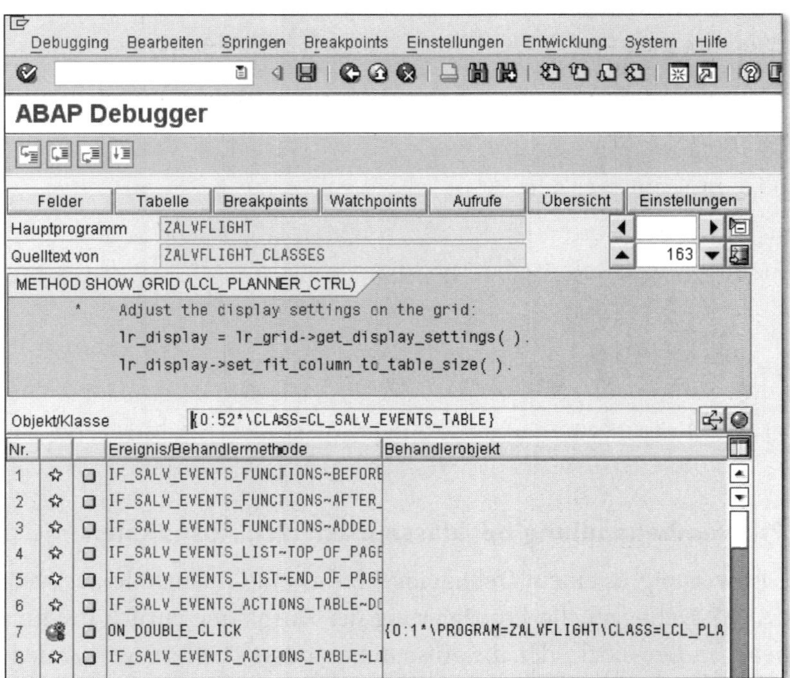

Abbildung A.4 Anzeige der registrierten Ereignisse für ein Objekt – Teil II

A.1.4 Anzeige von Referenzzuweisungen für ein Objekt

Es können Situationen eintreten, in denen ein Objekt auf unerwartete Weise bearbeitet wird. In diesen Fällen ist es möglich, dass mehr als eine Referenz auf das Objekt vorhanden ist. Um Referenzzuweisungen für ein Objekt anzuzeigen, gehen Sie wie folgt vor:

1. Wählen Sie in der Menüleiste SPRINGEN • SYSTEM • REFERENZ SUCHEN.
2. Über diese Menüoption wird ein Dialogfenster geöffnet, in dem alle Referenzen auf das fragliche Objekt im System aufgeführt werden (siehe Abbildung A.5). Beispielsweise können Sie sehen, dass das Objekt vom Typ `CL_SALV_TABLE` über vier Referenzen verfügt, unter anderem das Attribut `grid` aus der Klasse `lcl_query_ctrl` sowie die Kernel-Referenz.

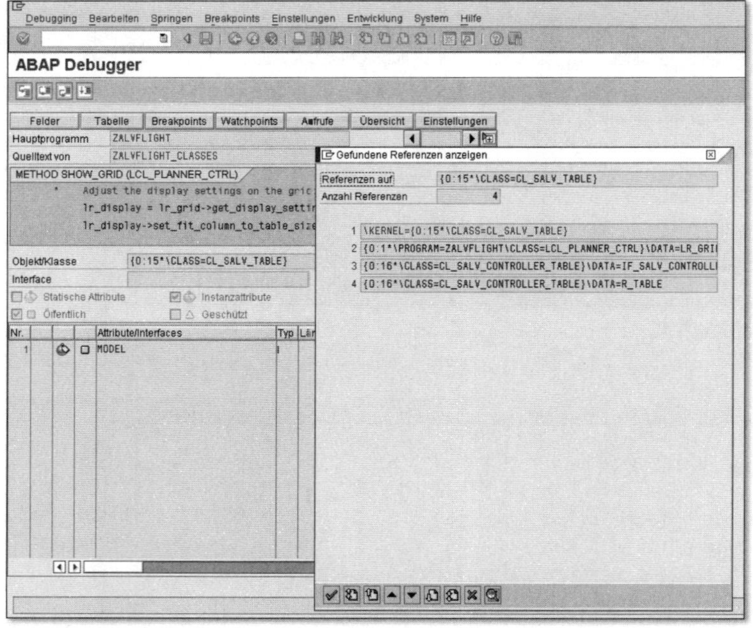

Abbildung A.5 Anzeige von Referenzzuweisungen für ein Objekt

A.1.5 Problembehandlung bei klassenbasierten Ausnahmen

Löst eine Anweisung in einem Debugging-Modus eine Ausnahme aus, verfolgt der ABAP Debugger die Propagierung der Ausnahme zurück bis zum Ausnahmebehandler-Block, der die Ausnahme erfasst – sofern vorhanden. Häufig werden Sie auf Debugging-Szenarien stoßen, in denen ein Entwickler entschieden hat, die Ausnahmesituation nicht in einem Ausnahmeobjekt zu erfassen. Diese Information kann für das Debugging komplexer Ausnahmesituationen entscheidend sein. Aus diesem Grund können Sie die Einstellungen für den Debugger-Modus so ändern, dass ein Ausnahmeobjekt erzeugt wird, das Sie zur Problembehandlung nutzen können. Zur Konfiguration dieser Einstellung führen Sie die folgenden Schritte aus:

1. Wählen Sie den Anzeigemodus EINSTELLUNGEN, und aktivieren Sie das Ankreuzfeld AUSNAHMEOBJEKT IMMER ANLEGEN (siehe Abbildung A.6).

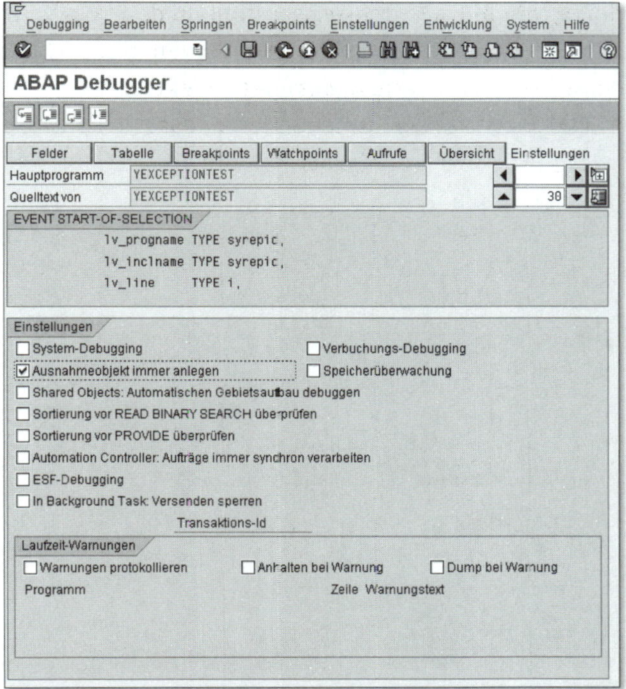

Abbildung A.6 Aktivierung der Option für das automatische Anlegen von Ausnahmeobjekten

2. Wird die Ausnahme ausgelöst, wird der Cursor am Anfang des `CATCH`-Blocks platziert, der zur Behandlung der Ausnahme definiert wurde. Ist dieser `CATCH`-Block nicht mit dem Zusatz `INTO` definiert, können Sie das Ausnahmeobjekt anzeigen, indem Sie auf den Button AUSNAHMEOBJEKT ANZEIGEN klicken (siehe Abbildung A.7). Anderenfalls können Sie wie bei jeder normalen Objektreferenzvariablen auf die Ausnahmeobjektreferenz doppelklicken.
3. Das Ausnahmeobjekt wird im Anzeigemodus OBJEKT wie jeder andere Objekttyp angezeigt. In diesem Fall können Sie die Ausnahmekette neben benutzerspezifischen Attributen, die die Ausnahmesituation näher definieren, über das Attribut `PREVIOUS` verfolgen (siehe Abbildung A.8).

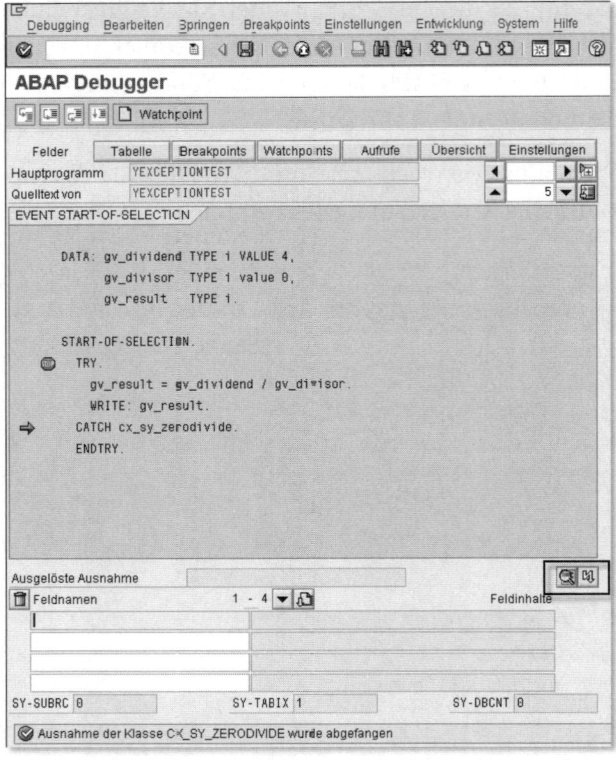

Abbildung A.7 Anzeige eines Ausnahmeobjektes – Teil I

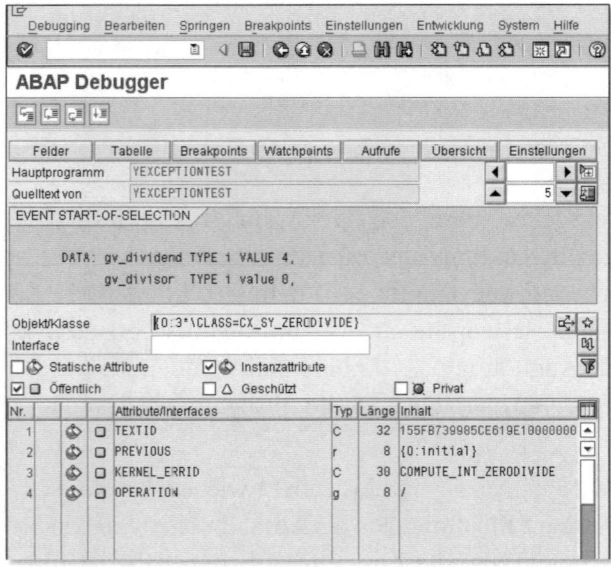

Abbildung A.8 Anzeige eines Ausnahmeobjektes – Teil II

A.2 Debugging von Objekten mit dem neuen ABAP Debugger

In vielerlei Hinsicht ist das Debugging von Objekten im neuen ABAP Debugger und im klassischen ABAP Debugger vergleichbar. Aus funktionaler Sicht ist der wesentliche Unterschied das Layout des Anzeigebereichs OBJEKT. Innerhalb des Debugger-Fensters ist in jedem der verschiedenen Variablenanzeigebereiche ein kontextsensitiver Zugriff auf diese Sicht möglich. Beispielsweise wird durch einen Doppelklick auf die Objekt-ID in der in Abbildung A.9 gezeigten Spalte WERT der in Abbildung A.10 gezeigte Anzeigemodus OBJEKT geöffnet.

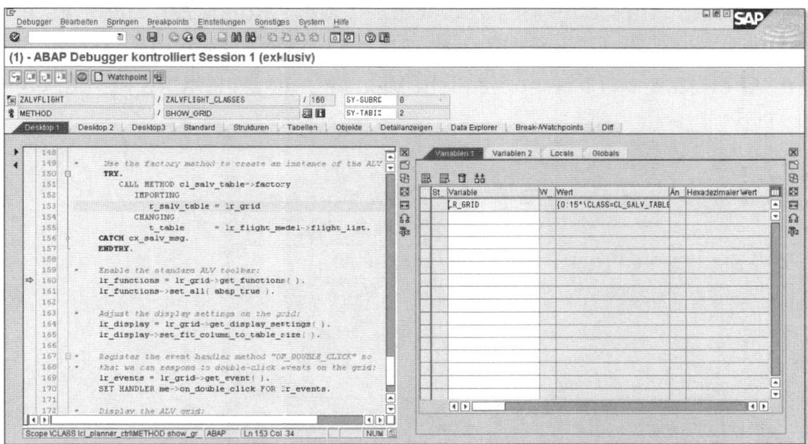

Abbildung A.9 Grundlegendes Layout des neuen ABAP Debuggers

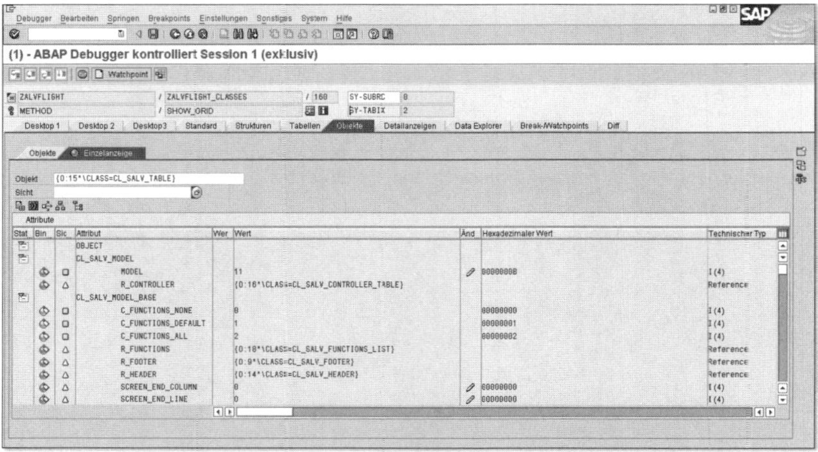

Abbildung A.10 Anzeige von Objekten mit dem neuen ABAP Debugger

Wie in Abbildung A.10 zu sehen ist, wurde die Anzeige OBJEKT im neuen ABAP Debugger erheblich verbessert. In dieser neuen Anzeige werden die Attribute des Objektes bzw. der Klasse standardmäßig entsprechend der Vererbungshierarchie hierarchisch angeordnet. Diese Funktion können Sie deaktivieren, indem Sie unmittelbar über der Attributanzeige auf den Button SUPERKLASSEN EIN/AUS klicken. Ereignisse und ihre registrierten Ereignisbehandler-Methoden werden über den Button EREIGNISSE angezeigt. Referenzen zu dem betreffenden Objekt lassen sich über den Button REFERENZEN ANZEIGEN abbilden.

Zusätzlich zu den vom klassischen ABAP Debugger übernommenen Standardfunktionen bietet der neue ABAP Debugger eine Funktion, um die Vererbungshierarchie eines Objektes zur Laufzeit abzubilden. Auf diese Funktion können Sie über den Button VERERBUNGSHIERARCHIE ANZEIGEN zugreifen. Abbildung A.11 zeigt die Sicht VERERBUNGSBEZIEHUNG für ein Objekt vom Typ `CL_SALV_TABLE`.

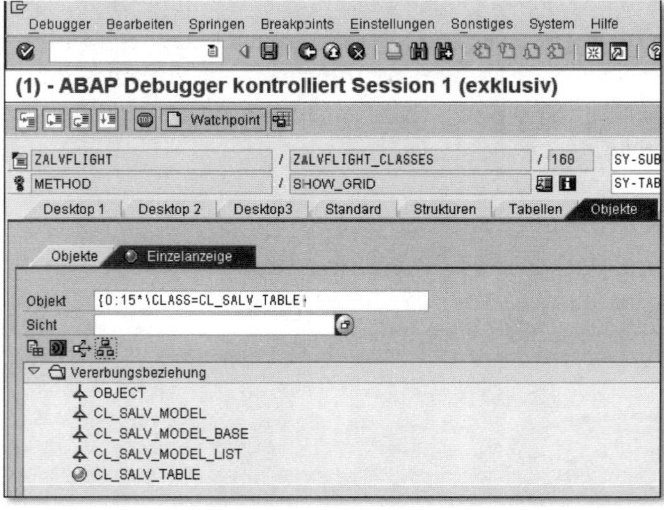

Abbildung A.11 Anzeige der Vererbungshierarchie eines Objektes

B Der Autor

James Wood ist Gründer und Principal Consultant der Bowdark Consulting, Inc., einer Consulting- und Trainingsorganisation für SAP NetWeaver. Mit mehr als sieben Jahren Erfahrung als Software Engineer ist James Wood auf kundenspezifische Entwicklungen in den Bereichen ABAP Objects, Java/J2EE, SAP NetWeaver Process Integration und SAP NetWeaver Portal spezialisiert.

Bevor er im Jahr 2006 Bowdark Consulting, Inc. gründete, war er als SAP NetWeaver-Consultant bei SAP America, Inc. und der IBM Corporation beschäftigt und an einer Vielzahl von SAP-Implementierungen beteiligt. Sein Software-Engineering-Studium an der Texas Tech University schloss er mit einem Master ab. Weitere Informationen zu James Wood und der Originalausgabe von diesem Buch finden Sie auf seiner Website: *http://www.bowdarkconsulting.com*.

Index

A

ABAP 95
ABAP Debugger
Anzeigemodus 350
Debugging von Objekten 349
Debugging-Typ 349
klassischer 349
neuer 349
Objektanzeige 351
Release 349
Vererbungshierarchie 358
Werkzeug 349
ABAP Editor
Muster 283
ABAP List Viewer → SAP List Viewer
ABAP Objects 23
Anweisung 54
Deklarationsteil 43
Implementierungsteil 43
Syntaxübersicht 43
ABAP Unit 247
ABAP Workbench 250, 259
abap/test_generation 252
Beispiel 255
Code Inspector 260
Ergebnisanzeige 260
Fehlerschweregrad 261
Fixture 254
Modultest 259, 260
Release-Version 249
SAUNIT_CLIENT_SETUP 253
Testgenerierung 252
Testklasse 251, 255
Testlauf 260
Überblick 248
ABAP-Sichtbarkeitsbereich 44, 100
PRIVATE SECTION 44, 101
PROTECTED SECTION 44, 101, 142
PUBLIC SECTION 44, 101
Zuweisung 101
abstrakte Klasse 149
abstrakte Methode 149
abstrakter Datentyp 69, 98, 106, 327
ALV → SAP List Viewer
ALV-Objektmodell 271, 274
Beispielprogramm 276
CL_SALV_EVENTS_TABLE 285
CL_SALV_TABLE 274
Ereignisbehandlung 285
Release 271
Überblick 274
Anweisung
CATCH 218, 222
CATCH, INTO 222
CLASS 25
CLASS DEFINITION 44, 105, 139
CLASS DEFINITION, CREATE 125
CLASS DEFINITION, DEFERRED 105
CLASS DEFINITION, INHERITING FROM 139
CLASS IMPLEMENTATION 54
CLASS DEFINITION 150, 152, 252
CLASS DEFINITION, ABSTRACT 150
CLASS DEFINITION, FINAL 152
CLASS DEFINITION, FOR TESTING 252
CLASS-DATA 45
CLEANUP 218, 224, 225
CONSTANTS 45
CREATE OBJECT 56, 169
CREATE OBJECT, TYPE 169
DATA 45, 55
IF 126
RAISE EVENT 52, 289
RAISE EXCEPTION 227, 228
SET HANDLER 286
TRY 218, 220, 223
TRY, CATCH 218, 220, 223
TRY, CLEANUP 218
TYPE REF TO 55
TYPE-POOLS 53
Anwendungsfall 262
Akteur 263
Anforderung 267
Beispieldokument 264
Definition 263
Erweiterung 263, 264
Garantie 264
Gültigkeitsbereich 263

Anwendungsfall (Forts.)
Haupterfolgsszenario 263, 264
Identifizierung von Testfall 268
primärer Akteur 263
Terminologie 263
Vorbedingung 264
Assertion
CL_AUNIT_ASSERT 251
Attribut 45
Benennung 46
CLASS-DATA 45
CONSTANTS 45
DATA 45
Definitionsbeispiel 45
Instanzattribut 45
Klassenattribut 45
Konstante 45
READ-ONLY 103
Ausdruck
Beispiel 87
CL_ABAP_MATCHER 86
CL_ABAP_REGEX 86
Definition 86
Literalzeichen 86
Metazeichen 86
regulärer 86
Selektionsbildeingabe 87
Suchmuster 86
Telefonnummernbeispiel 86
Ausnahme 215
Ausnahmedetail 220
Ausnahmeklassentyp 235
CX_ROOT 234
Exception Builder 236
Laufzeitfehler 219
Methode 232
nicht klassenbasierte 217, 232
RAISE EXCEPTION 227
ungeprüfte 226
Ausnahmebehandlung
Ad-hoc-Ausnahmebehandlung 215
CATCH 220
CLEANUP 224
Cross-Cutting Concern 215
Gültigkeitsbereich 218
klassenbasiertes 217
Nachrichtentabellenparameter 217
Propagierung von Ausnahmen 229
Propagierungsregel 233
Ausnahmebehandlung (Forts.)
RAISE EXCEPTION 226
Rückgabewertparameter 216
Strategie 216
systemgesteuerte Ausnahme 225
TRY 218
Ausnahmeklasse 234, 236
CX_AI_APPLICATION_FAULT 231
CX_AI_SYSTEM_FAULT 231
CX_DYNAMIC_CHECK 234, 235
CX_NO_CHECK 234, 235
CX_ROOT 220
CX_STATIC_CHECK 234, 235
CX_SY_ARITHMETIC_ERROR 223
CX_SY_ARITHMETIC_OVERFLOW 223
CX_SY_FILE_IO 240
CX_SY_MOVE_CAST_ERROR 220
CX_SY_ZERODIVIDE 223
globale 236, 240
Klassenhierarchie 234
Kundennamensraum 237
lokale 236
Nachrichtenklasse 241
PREVIOUS 230
Standardausnahmetyp 220, 225
Ausnahmetext 238
Konstante 238
MESSAGE 243
Nachrichtennummer 241, 242
OTR 239
Textparameter 240
Auszeichnungssprache 320
Element 320
Tag 320
Automation Controller
Eventing 273
Funktion 272

B

Business Address Services 53

C

C++ 23
Casting
?TO 170
Beispiel 167

Casting (Forts.)
Definition 168
dynamischer Typ 168
grundlegende Regel 169
impliziter Narrowing Cast 169
inkompatibler Typ 168
Narrowing Cast 169
Operator (?=) 170
statischer Typ 166
Widening Cast 170
Class Builder 73, 74
ABAP Workbench 73
Attribut 77
Class Editor 77
Ereignis 82
Exception-Builder-Sicht 236
Klasse 75
Klassenkomponente 77
Mapping Assistant 303
Methode 79
Object Navigator 74
Typ 84
Class-Pool
Definition 74

D

Datenobjekt
dynamischer Typ 118, 166, 168
Fernbedienung 167
Konvertierung 166
statischer Typ 166
Datentyp
abstrakter 25, 69, 98, 106, 327
Funktionsgruppe 98
Klasse 106
lcl_date 69
Leselisten-ADT 327
Debugger
Layout 357
Debugging
Attribut 349
Ausnahme 354
Ausnahmeobjekt 355
CREATE OBJECT 352
Ereignis 352
Methode 352
neuer ABAP Debugger 357
Objekt 349
Debugging (Forts.)
Problembehandlung 354
Referenzzuweisung 354
Design
komponentenbasiertes 195
SAP-Komponentenmodell 195
Design by Contract 29, 108
Invariante 108
Nachbedingung 108
Vorbedingung 108
Diamantproblem 174
Document Object Model → DOM
DOM 326
dynamische Objektzuordnung 114
dynamischer Typ 118, 166, 168
dynamisches Datenobjekt 118

E

elementares Interface 175
Entwicklung
testorientierte 261
Entwicklungsklasse 198
Ereignis 51
Auslösung 289
CLASS-EVENTS 52
Deklarationssyntax 51, 52
EVENTS 51
EXPORTING 52
RAISE EVENT 52, 289
Senderobjekt 52
SET HANDLER 286
Verarbeitungsverhalten 290
Ereignisbehandler-Methode 52, 274, 285, 286
Beispiel 287
Deklarationssyntax 52
Eingabeparameterschnittstelle 52
Gültigkeitsbereich 51
Implementierung 287
Extensible Markup Language → XML

F

Factory-Muster 274
finale Klasse 152
finale Methode 153
Freund 104
Beispiel 105

Freund (Forts.)
Beziehung 105
Definition 104
Gegenargument 106
Syntax 104
Funktion
BAPI_FLIGHT_GETLIST 277
funktionale Methode 49
Funktionsbaustein
SDIXML_DOM_TO_SCREEN 340
Funktionsgruppe 95
Beispiel 96
Daten 95
Einschränkung 95
Funktionsbaustein 95
zustandslose 96

G

Garbage Collection 128
ABAP-Laufzeitumgebung 128
CLEAR 129
Destruktormethode 129
geschachteltes Interface 188
globale Ausnahmeklasse 236, 240
globale Klasse 43

H

HTML 320

I

Implementierung
Ansatz 100
Ausblenden 28, 93
Beispiel 106
Daten 102
Getter-Methode 103
Reaktion 108
Setter-Methode 103
Instanzierungskontext 124
CREATE 125
Definition 125
Erzeugungsklassenmethode 126
Muster 125
Option 125
Instanzkomponente 44, 57
Definition 44
Instanzkomponente (Forts.)
Objektkomponentenselektor-Operator 57
Interaktionsrahmen 315
allgemeiner Operator 316
alt-Operator 316
Beispiel 316
loop-Operator 316
Notation 315
opt-Operator 316
par-Operator 316
ref-Operator 316
sd-Operator 316
Wächterbedingung 316
Interface 27
ABAP Objects 175
ALIASES 189
Aliasname 189
Definition 175, 176
elementares 175
geschachteltes 188
Gültigkeitsbereich 175
IF_MESSAGE 234
IF_SERIALIZABLE_OBJECT 234
IF_T100_MESSAGE 242
Implementierung 177, 178
INTERFACES 178, 188
Komponente 176
Komponentengültigkeitsbereich 189
Komponenten-Interface 188
Komponentenselektor-Operator 179
öffentlicher Sichtbarkeitsbereich 175
Schachtelung 188
Syntax 175
Vertrag einer Klasse 188
Verwendung 180
ZIF_COMPARABLE 176
Interface-Referenzvariable
Casting 185
polymorphe Verwendung 185
Ist-ein-Beziehung 32
Iterator 185
CL_SWF_UTL_ITERATOR 185
iXML Library 319
API-Architektur 327
CL_IXML 328
DOM-basiertes XML-Dokument 328
IF_IXML 328
IF_IXML_DOCUMENT 329

iXML Library (Forts.)
IF_IXML_ELEMENT 329
IF_IXML_ISTREAM 329
IF_IXML_PARSE_ERROR 339
IF_IXML_PARSER 329, 339
IF_IXML_RENDERER 336
Interface 327
Merkmal 327
Release 327
Verwendungsbeispiel 327

J

Java 23

K

Kapselung 28, 93
geringste Rechte 143
Kombination 99
Zweck 100
Klasse 25
abstrakte 149
Agentenklasse 296
Architektur 296
Attribut 25
CL_SALV_TABLE 274, 275
Class Builder 302, 307
Class-Pool 43
Definition 85, 103, 150, 151, 301
Delegierung 149
Dummy-Methode 149
Erweiterung 137
finale 152
globale 43
IF_OS_STATE 303
INCLUDE-Programm 73
Kennzeichnung 152
Klassenakteur-API 300
lokale 43
Methode 25, 82
Namenskonvention 75
OBJECT 138
Objektreferenz 307
öffentliche Schnittstelle 101
Option 76
persistente 293
Persistenzmodell 294
Persistenzschicht 295
Klasse (Forts.)
private Schnittstelle 101
Programm 67
Sichtbarkeit 28, 73
Syntaxübersicht 43
Typeingabe 84
Vererbung 137, 152
Vergleich 95
Verwendungsszenario 150
Vorlage 149
Klassenakteur-API
Agentenklasse 297
Architektur 296
CREATE_PERSISTENT 310
GET_PERSISTENT 311
IF_OS_CA_PERSISTENCY 300, 312
IF_OS_FACTORY 300
nützliche Methode 300
klassenbasiertes Ausnahmebehandlungskonzept 217
Klassenkomponente 44, 60
Definition 44
Klassenkomponentenselektor 62
Kontext 60
statische 44
Verwendungsbeispiel 60
klassischer ABAP Debugger 349
Kohäsion 27
Komponente 43
Definition 44
Deklarierung 44
Instanzkomponente 44
Klassenkomponente 44
Namensraum 45
komponentenbasiertes Design 195
Komponentensichtbarkeit 100
Komposition 30, 154
Beispiel 155
Bevorzugung 157
Definition 155
Hat-ein-Beziehung 155
Weiterleitung 186
Konstante
Lesbarkeit 46
Namenskonvention 45
Verwendungsbeispiel 62
Konstruktor 118
Aufrufkette 119
Definition 119, 120, 122

Konstruktor (Forts.)
- *garantierte Initialisierung* 118
- *Instanz* 118, 120
- *Instanzkonstruktorverhalten* 120
- *Klasse* 122
- *Klassenattribut* 122
- *Klassenkonstruktorverhalten* 123

Kopplung
- *lose* 29

L

Leselisten-ADT 329
- *add_book* 332
- *CL_GUI_FRONTEND_SERVICES* 336
- *create_from_file* 337
- *create_new_list* 330
- *display* 340
- *Grundstruktur* 330
- *Klassenkonstruktur-Methode* 332
- *neues XML-Dokument* 330
- *privater Instanzierungskontext* 329
- *serialize* 333
- *XML-Dokument* 337
- *ZIXMLREADER* 340

lokale Ausnahmeklasse 236
lokale Klasse 43
lose Kopplung 29

M

Mapping
- *Konzept* 294
- *objektrelationales* 294
- *Vorteil* 294
- *Werkzeug* 294

Mapping Assistant 303
- *Business Key* 305
- *GUID* 305
- *Klassenidentifikator* 306
- *Objektreferenz* 306
- *Tabellen-/Felderanzeige* 304
- *Wertattribut* 305
- *Zuordnungstyp* 304

Meta-Auszeichnungssprache
- *Definition* 321

Methode 47
- *ABSTRACT* 150
- *abstrakte* 149

Methode (Forts.)
- *Ausdruck* 64, 66, 67
- *Boolesche* 64
- *CALL METHOD* 59, 64
- *CASE* 67
- *CHANGING* 47
- *CLASS-METHODS* 51
- *COMPUTE* 66
- *DEFAULT* 50
- *Definition* 150, 151, 153
- *Deklarationsbeispiel* 50
- *Deklarationssyntax* 47, 49, 51
- *DELETE* 67
- *EXCEPTIONS* 217
- *EXPORTING* 47
- *finale* 153
- *FOR TESTING* 253
- *funktionale* 49
- *Implementierung* 53
- *IMPORTING* 47, 66
- *LOOP* 67
- *METHOD...ENDMETHOD* 54
- *Methodensignatur* 48
- *METHODS* 47
- *MODIFY* 67
- *MOVE* 66
- *Namenskonvention* 51
- *Operand* 64
- *OPTIONAL* 50
- *Parameter* 47
- *Parameternamenskonvention* 48
- *Parameterschnittstelle* 47
- *RAISING* 229
- *Redefinition* 145, 146
- *RETURNING* 49
- *Syntaxbeispiel* 66
- *Variable* 54
- *Verwendungsbeispiel* 64

Methodensignatur
- *Definition* 48

Model-View-Controller → MVC
Modultest 247
- *ABAP Unit* 247
- *Ad-hoc-Test* 248
- *Assertion* 250
- *Black-Box-Test* 249
- *Fixture* 250
- *IEEE-Definition* 247
- *informeller Testprozess* 248

Modultest (Forts.)
Modultest-Framework 248
Terminologie 250
testorientierte Entwicklung 261
Umfang 247
Validierung API-Vertrag 248
White-Box-Test 249
Modultest-Framework 248
ABAP Unit 249
automatisierter Test 249
Muster
ABAP Objects 283
Anweisung 283
Assistent 283
MVC 276
ABAP-Report 280
Controller 276
Controller-Klasse 279
Data Binding 278
Kopplung 285
Modell 276
Modellklasse 277
Report-Beispiel 276
View 282

N

Narrowing Cast
Definition 169
Eingabeparameter 172
neuer ABAP Debugger 349
nicht klassenbasierte Ausnahme 217, 232

O

Object Services 293
Persistenzdienst 295
Query-Dienst 311
Objekt 25, 43
Aktualisierung 313
Anlage 113
COMMIT WORK 310
CREATE OBJECT 56, 114
dynamische Zuordnung 113
Header-Daten 117
Identität 99
Initialisierung und Bereinigung 113
Objekt (Forts.)
Instanz 27, 309
Löschung 313
Performanceoptimierung 130
persistentes 293, 309
Selbstreferenz (me) 59
Speicherverwaltungskonzept 114
SWF_UTL_OBJECT_TAB 182
transientes 294
Unabhängigkeit 99
verwaltetes 296
Objektkomponentenselektor 57
Verwendungsbeispiel 58
Objektlebenszyklus 113
objektorientierte Analyse und Design → OOAD
objektorientierte Programmierung 23, 98
Objektreferenzvariable 27, 55, 117
Beziehung 57
Definition 55
Deklarationskontext 56
Deklarationssyntax 55
erweiterte Zuweisung 165
kompatibler Typ 166
Pseudoreferenzvariable 144
Selbstreferenz (me) 59
Zuweisung 56, 166
Objektreferenzzuweisung
Beispieldarstellung 56
MOVE 56
Zuweisungsoperator (=) 56
objektrelationales Mapping 294
Objektzuordnung
dynamische 114
Online Text Repository → OTR
OOAD 35, 290
Klassenbeziehung 136
Problemraum 136
Verantwortlichkeit 113
OOP → objektorientierte Programmierung
Option
SUPPLIED 126
OTR 238

P

Package Builder
Object Navigator 201
Paket 204
Paketschnittstelle 205
Transaktion 201
Verwendungserklärung 207
Paket
Common Closure Principle 210
Common Reuse Principle 210
Objekt 69
SAP-Anwendungshierarchie 203
Softwarekomponente 203
Static Dependency Principle 210
Typ 203
Paketkonzept 198
Definition 198
Designtipp 209
Einbettung 204
Entwicklungsklasse 198
Hauptpaket 198, 200
Package Builder 201
Paketprüfung 209
Paketschnittstelle 205
Release-Version 198
SAP-Anwendungshierarchie 203
Strukturpaket 198, 199
Teilpaket 198, 200
Verwendungserklärung 207
Paketprüfungswerkzeug 209
ABAP Workbench 209
Parameter 47
Aktualparameter 48
Beispiel 48
CHANGING 47
Definition 48
EXPORTING 47
Formalparameter 48
IMPORTING 47
Referenzübergabe 48
RETURNING 49
Standardverhalten 49
Syntax 47
Wertübergabe 48
Performance
Designüberlegung 130
Klassenattributverwendung 132
Optimierung 130
Performance (Forts.)
späte Initialisierung 130
Wiederverwendung 131
persistente Klasse 293
persistentes Objekt 293, 309
Persistenzabbildung 298
Beispiel 303
Business Key 299
Ein-Tabellen-Mapping 299
Instanz-GUID 299
Mapping Assistant 303
Mehr-Tabellen-Mapping 300
Strategie 298
Struktur-Mapping 300
Persistenzdienst
Aktualisierung 313
Architektur 295
CX_OS_OBJECT_EXISTING 310
Löschung 313
Mapping-Konzept 298
mehrschichtiger Ansatz 298
persistente Klasse 296
Überblick 294
verwaltetes Objekt 296
Verwaltung 295
Polymorphie 32, 165
Beispiel 171
Erweiterbarkeit 173
Flexibilität 173
Methodenaufruf 171
Programmierung
ABAP 95
Datenunterstützung 98
Einschränkung 94
funktionale Zerlegung 94
Kopplung 95
objektorientierte 23
Prozedur 94
prozedurale 94, 99, 135
strukturierte 94
Verfeinerung 94

Q

Query-Dienst 311
CL_OS_SYSTEM 311
Ergebnissortierreihenfolge 311
Filter 311
IF_OS_QUERY 311

Query-Dienst (Forts.)
logischer Ausdruck 311
Query-Manager 311
Verwendungsbeispiel 312

R

Refactoring 157
Beispiel 157
Move Method 158
Refactoring-Assistent 157, 158
Beispiel 158
Erweiterung 159
Zugriff 158
Referenzparameter
Beispiel 49
Definition 49
Referenzvariable 27
regulärer Ausdruck 86
Reuse Library 271
REUSE_ALV_GRID_DISPLAY 271

S

SAP Control Framework
ABAP Objects Control Framework 272
ALV Grid Control 274
Architektur 272
Automation Controller 272
Automation Queue 273
Basis-Release 272
benutzerdefiniertes Control 274
CL_GUI_CONTROL 272
Custom-Container 274
Custom-Control 272
HTML-Viewer-Control 274
JavaBeans-Control 272
Kalender-Control 274
Microsoft ActiveX-Control 272
Proxy-Klasse 272
Überblick 272
verteilte Verarbeitung 273
SAP List Viewer 271
Feldkatalog 275
SAP NetWeaver Application Server
ABAP-Instanz 114
ABAP-Laufzeitumgebung 114
Benutzersitzung 114
Erweiterungsspeicher 116
SAP NetWeaver Application Server (Forts.)
Hauptmodus 114
interner Modus 114
Multiplexing von Workprozessen 116
Performanceoptimierung 118
Programmaufrufstapel 114
Rollpuffer 114
Shared Memory 114
Speicherarchitektur 114
Workprozess 114
SAP-Flugdatenmodell 277
SAP-Komponentenmodell 195
Hierarchie 195
Paket 196
Produkt 195
Softwarekomponente 195
SAX 326
Schnittstelle 173
Definition 173
Selbstreferenzvariable 59
SGML 319
Simple API for XML → SAX
Singleton-Entwurfsmuster 297
Implementierung 297
Software-Framework 293
Object Services 293
Softwarekomponente
HOME 196
installierte 196
LOCAL 196
Version 196
Sortierung
Insertion Sort 183
Standard Generalized Markup Language → SGML
statische Klassenkomponente 44
statischer Typ 166
strukturierte Programmierung 94

T

Tabellentyp
OSREFTAB 312
Testklasse
Anlage 251
Attribut 252
Beispiel 255
CL_AUNIT_ASSERT 254

Testklasse (Forts.)
Duration 253
Fixture-Methode 254
grundlegende Form 251
Risk_Level 252
Testmethode 253
testorientierte Entwicklung 261
Transaktion
SAUNIT_CLIENT_SETUP 253
SE24 74
transientes Objekt 294
Typ 53
dynamischer 166
Gültigkeitsbereich 53
Namenskonvention 53
statischer 166
TYPE-POOLS 53
TYPES 53
Verwendung 53
Verwendungsbeispiel 53

U

UML 35
UML-Aktivitätsdiagramm 244
abschließende Aktivität 244
Aktion 244
Auffangknoten 244
Beispiel 244
Entscheidungsknoten 343
Erweiterungsbereich 246
geschützter Knoten 244
Notation 244
Partition 342
Signal 343
Startknoten 244
Verbindung 343
Verbindungsknoten 245
Verzweigung 343
Wächterbedingung 344
Zeitsignal 343
UML-Anwendungsfalldiagramm 262
Beispiel 266
Notation 266
Verwendung 267
UML-Diagramm 35
Interaktionsdiagramm 111
Kardinalitätsnotation 40
Notiz 41
UML-Diagramm (Forts.)
Verhaltensdiagramm 109
UML-Klassendiagramm 36
Abhängigkeit 161
Abhängigkeitsnotation 160
abstrakte Klasse 162
alternative Notation 162
Assoziation 40
Attributnotation 37
Generalisierung 160
Generalisierungsnotation 160, 190
Interface-Notation 190
Klassennotation 37
Komponenten-Interface 190
Komposition 161
Kompositionsnotation 161
Notation 191, 192
Operationsnotation 38
UML-Kommunikationsdiagramm 290
Benutzerfreundlichkeit 291
Interaktionsdiagramm 290
Kollaborationsdiagramm 290
Notation 290
Nummerierungsschema 291
Objektdiagramm 291
UML-Objektdiagramm 88
Definition 88
Notation 89
Objektfeldnotation 89
UML-Paketdiagramm 210
Abhängigkeit 211
Abhängigkeitsnotation 211
Beispiel 211
flexible Notation 212
Notation 211
Paket 211
Sichtbarkeit 212
UML-Sequenzdiagramm 109
einfaches Beispiel 110
gefundene Nachricht 110
Interaktionsrahmen 315
Nachricht 110, 111
New 314
Notation 109
Objektaktivierungsbalken 110
Objektlebenslinie 110, 314
Rückgabenachricht 111
Selbstaufruf 111

UML-Zustandsdiagramm 132
Endzustand 133
Notation 132
Startzustand 132
Transition 132
Transitionsbeschriftung 132
Zustand 132
Unified Modeling Language → UML

V

Variable
Attribut 55
Benennung 55
Verwendung 54
Vektor 181
Iterator 185
Verwendungsbeispiel 186
ZCL_VECTOR 181
Vererbung 31, 135
abstrakte Klasse 149
Baum 137, 138
Beziehung 140
Definition 138, 139
Diamantproblem 174
Einfachvererbung 174
finale Klasse 149
Generalisierung 136
Implementierungsvererbung 165
Instanzkonstruktor 147
Ist-ein-Beziehung 32, 154
Klassenkomponente 145
Klassenkonstruktor 148, 149
Komponente 144
Komposition 154
Kopie 140
Mehrfachvererbung 174
Oberklasse 31, 137, 146
öffentliche Schnittstelle 165
Pseudoreferenz 144
Redefinition 145
redundanter Code 135
Schnittstelle 142
Schnittstellenvererbung 165, 174
Sichtbarkeit 144, 145
Spezialisierung 136
Unterklasse 31, 137
Vererbungsschnittstelle 142
verwaltetes Objekt 296

W

W3C 319
Widening Cast
Compiler-Prüfung 170
Definition 170
Risiko 170
Wiederverwendung 30
wohlgeformtes XML-Dokument 324
World Wide Web Consortium → W3C

X

XML 319
Datenmodell 321
Format 321
Groß-/Kleinschreibung 323
leeres Element 322
Markup-Konvention 323
Meta-Auszeichnungssprache 320
Offenheit 321
selbsterklärendes Dokument 321
Semantik 324
Syntaxübersicht 321
Überblick 319
Verarbeitungskonzept 326
Webservice 344
XSLT 344
Zweck 320
XML-Attribut 323
Beispiel 323
XML-Dokument
Baumstruktur 323
Beispiel 322
Deklarationsanweisung 322
DTD 324
Gültigkeit 324
Kommentarsyntax 323
wohlgeformt 324
Wurzelelement 322
XML Schema 324
XML-Element 321
Verschachtelung 322
XML-Parser 326
DOM-Verarbeitungsmodell 326
Funktion 326
SAX-Verarbeitungsmodell 326
XML-Schema 324
Beispiel 324

XML-Schema (Forts.)
Einschränkung 324
Standard 324

Z

Zeiger 116
Definition 116
Zusatz
RAISING 229, 230
zustandslose Funktionsgruppe 96

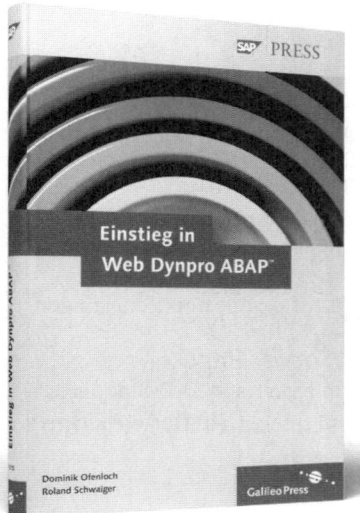

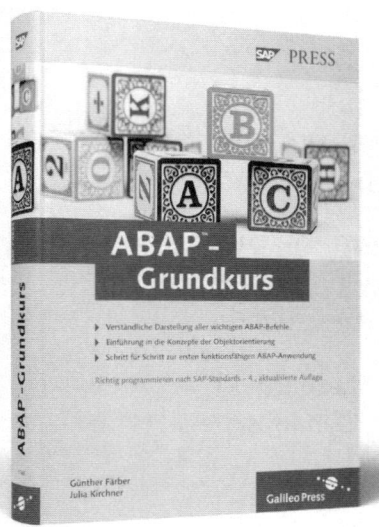

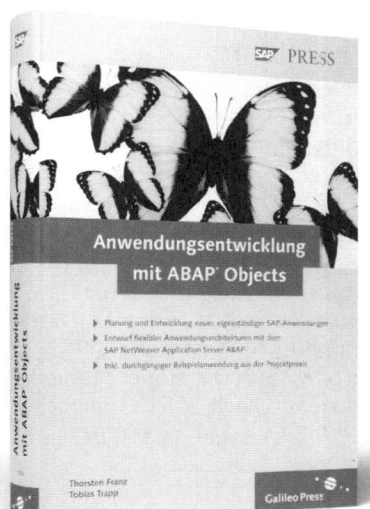

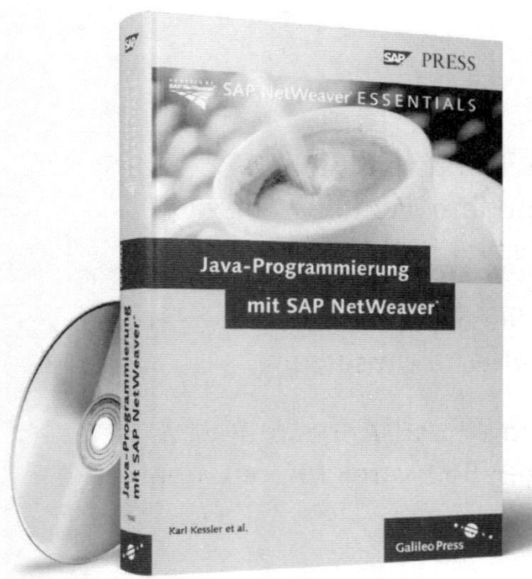

2., aktualisierte und erweiterte Auflage zum SAP NetWeaver Application Server Java (Release 7.1)

Neue Themen: Java EE 5, EJB 3.0, SAP NetWeaver Composition Environment u. v. m.

Mit Beispielanwendungen zu Web Dynpro, Visual Composer, CAF und Developer Studio

Inklusive Gutschein für die SAP NetWeaver CE 7.1 Trial Version

Karl Kessler et al.

Java-Programmierung mit SAP NetWeaver

Der SAP NetWeaver Application Server Java hat sich weiterentwickelt: Lernen Sie mit der 2., aktualisierten und erweiterten Auflage unseres Standardwerkes alle Neuerungen kennen. Wie die erfolgreiche Vorauflage versetzt Sie auch dieses Buch in die Lage, den AS Java richtig in Ihre Entwicklungslandschaft einzubinden, ihn zu konfigurieren und die mitgelieferten Tools produktiv zu nutzen. Sie erhalten dabei tiefe Einblicke in sämtliche Themengebiete rund um die Programmierung von Java-Anwendungen auf dem Applikationsserver von SAP: Business-Logik, Persistenz, Skalierbarkeit, Wartbarkeit und User-Interface-Design.

719 S., 2. Auflage 2008, mit DVD-Gutschein, 69,90 Euro, 115,– CHF
ISBN 978-3-8362-1042-3

>> www.sap-press.de/1480

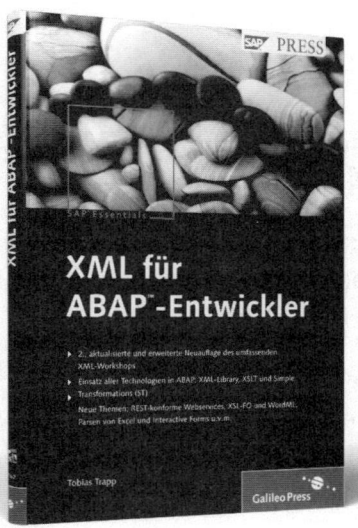

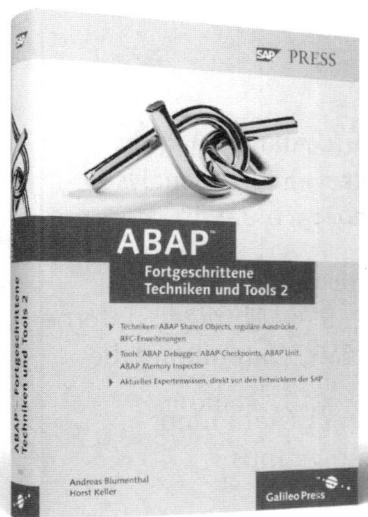

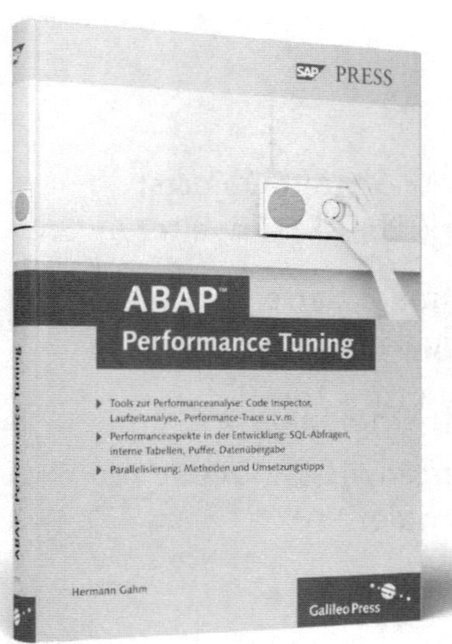

Tools zur Performanceanalyse: Code Inspector, Laufzeitanalyse, Performance-Trace u.v.m.

Performanceaspekte in der Entwicklung: SQL-Abfragen, interne Tabellen, Puffer, Datenübergabe

Parallelisierung: Methoden und Umsetzungstipps

Hermann Gahm

ABAP Performance Tuning

Endlich ein Buch, das sich ausschließlich mit der Performance von ABAP-Programmen befasst! Dieses Kompendium zum ABAP-Tuning erläutert Ihnen alles, was Sie zur Analyse und zur Optimierung Ihrer Eigenentwicklungen brauchen: Sie lernen die Hintergründe der SQL-Verarbeitung, der Datenpufferung, der internen Tabellen sowie der Datenübergabe kennen. Besprochen werden außerdem ABAP- und Performance-Trace, Code Inspector und Memory Inspector.

372 S., 2009, 69,90 Euro, 115,– CHF
ISBN 978-3-8362-1211-3

>> www.sap-press.de/1821

Die offiziellen SAP-Regeln zur ABAP-Entwicklung

Ausführlich kommentierte Beispiele zu gutem und schlechtem Programmierstil

Mit zahlreichen Empfehlungen für die Programmierpraxis

Horst Keller, Wolf Hagen Thümmel

ABAP-Programmierrichtlinien

Sie wissen, wie man korrektes ABAP schreibt – aber wie schreibt man eigentlich stilistisch gutes ABAP? Die Antwort finden Sie in unseren offiziellen SAP-Programmierrichtlinien. Nach Programmieraufgaben geordnet erfahren Sie, wie robustes und gutes ABAP aussehen muss. Die Autoren stellen Regeln vor und geben Ihnen konkrete Empfehlungen, die anhand von ausführlich kommentierten Codebeispielen für guten und schlechten Programmierstil illustriert werden.

ca. 310 S., 69,90 Euro, 115,– CHF
ISBN 978-3-8362-1286-1, Mai 2009

>> www.sap-press.de/1922

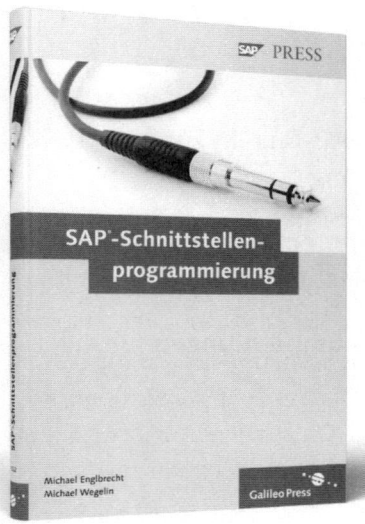

PRESS

Sagen Sie uns Ihre Meinung und gewinnen Sie einen von 5 SAP PRESS-Buchgutscheinen, die wir jeden Monat unter allen Einsendern verlosen. Zusätzlich haben Sie mit dieser Karte die Möglichkeit, unseren aktuellen Katalog und/oder Newsletter zu bestellen. Einfach ausfüllen und abschicken. Die Gewinner der Buchgutscheine werden persönlich von uns benachrichtigt. Viel Glück!

MITMACHEN & GEWINNEN!

▶ **Wie lautet der Titel des Buches, das Sie bewerten möchten?**

▶ **Wegen welcher Inhalte haben Sie das Buch gekauft?**

▶ **Haben Sie in diesem Buch die Informationen gefunden, die Sie gesucht haben? Wenn nein, was haben Sie vermisst?**

- ☐ Ja, ich habe die gewünschten Informationen gefunden.
- ☐ Teilweise, ich habe nicht alle Informationen gefunden.
- ☐ Nein, ich habe die gewünschten Informationen nicht gefunden. Vermisst habe ich:

▶ **Welche Aussagen treffen am ehesten zu?** (Mehrfachantworten möglich)

- ☐ Ich habe das Buch von vorne nach hinten gelesen.
- ☐ Ich habe nur einzelne Abschnitte gelesen.
- ☐ Ich verwende das Buch als Nachschlagewerk.
- ☐ Ich lese immer mal wieder in dem Buch.

▶ **Wie suchen Sie Informationen in diesem Buch?** (Mehrfachantworten möglich)

- ☐ Inhaltsverzeichnis
- ☐ Marginalien (Stichwörter am Seitenrand)
- ☐ Index/Stichwortverzeichnis
- ☐ Buchscanner (Volltextsuche auf der Galileo-Website)
- ☐ Durchblättern

▶ **Wie beurteilen Sie die Qualität der Fachinformationen nach Schulnoten von 1 (sehr gut) bis 6 (ungenügend)?**

☐ 1 ☐ 2 ☐ 3 ☐ 4 ☐ 5 ☐ 6

▶ **Was hat Ihnen an diesem Buch gefallen?**

▶ **Was hat Ihnen nicht gefallen?**

▶ **Würden Sie das Buch weiterempfehlen?**

☐ Ja ☐ Nein

Falls nein, warum nicht?

▶ **Was ist Ihre Haupttätigkeit im Unternehmen?**
(z.B. Management, Berater, Entwickler, Key-User etc.)

▶ **Welche Berufsbezeichnung steht auf Ihrer Visitenkarte?**

▶ **Haben Sie dieses Buch selbst gekauft?**

- ☐ Ich habe das Buch selbst gekauft.
- ☐ Das Unternehmen hat das Buch gekauft.